전기와 국가의 부(富)

A QUESTION OF POWER:
ELECTRICITY AND THE WEALTH OF NATIONS

전기와 국가의 부(富)

A QUESTION OF POWER: ELECTRICITY AND THE WEALTH OF NATIONS
by Robert Bryce, Copyright ⓒ 2020 Robert Bryce
Preface Copyright ⓒ 2023 by Robert Bryce

This edition published by arrangement with PublicAffairs, an imprint of Basic Books Group, a division of Hachette Book Group, Inc., New York, NY, USA. All rights reserved.

Korean edition is published by arrangement with Basic Books Group
through Duran Kim Agency, Co. Ltd.
Korean Translation Copyright ⓒ 2025 by Sung An Dang, Inc.

All rights reserved. No part of this book may be reproduced or transmitted in any form or by any means, electronic or mechanical, including photocopying, recording or by any information storage retrieval system, without permission from Basic Books Group.

이 책의 한국어판 저작권은 듀란킴 에이전시를 통한 PublicAffairs(Basic Books Group의 임프린트, Hachette Book Group Inc.의 자회사, 미국 뉴욕) 독점 계약으로 BM ㈜도서출판 성안당에 있습니다.
저작권법에 의하여 한국 내에서 보호를 받는 저작물이므로 무단전제와 무단복제를 금합니다.

한국어판 판권 소유 : BM ㈜도서출판 성안당
ⓒ 2025 BM ㈜도서출판 성안당 Printed in Korea

전기와 국가의 부(富)

로버트 브라이스(Robert Bryce) 지음
이강덕 옮김

BM (주)도서출판 성안당

로버트 브라이스의 다른 작품

『파이프 드림스(Pipe Dreams)』

『크로니즈(Cronies)』

『거짓말의 분출(Gusher of Lies)』

『권력에 목마른(Power Hungry)』

『더 작고, 더 빠르고, 더 가볍고, 더 밀도가 높고, 더 저렴하게
(Smaller Faster Lighter Denser Cheaper)』

로린에게 이 책을 바친다

전기가 들어왔다! 악마, 천사, 강력한 물리력, 무엇이든 할 수 있을 듯한 힘! … 꿈일까, 아니면 현실일까. 물질 세계는 눈 깜박하는 동안 전기로 수천 킬로미터 밖에서도 진동하는 거대한 신경망이 되어 버린 것일까?

— **너대니얼 호손**(NATHANIEL HAWTHORNE),
『일곱 박공의 집(*The House of the Seven Gables*)』, 1851년

차례

저자 소개/역자 소개 ··· 06
일러스트레이션 목록 ··· 10
감사의 글 ··· 12
역자 서문 당연한 듯 당연하지 않은, 우리의 현재와 미래를 바꾸는 전기(電氣) ··· 17

도입 안톤 루이스 지역 ··· 21

| 제1부 | **현대성을 의미하는 전기**

01 전기 입문 ··· 37
02 전기의 변혁적인 힘 ·· 47
03 수직 도시 ··· 63
04 새로운 (전기) 합의 ·· 81
05 전력망의 확장 ·· 95
06 전기의 사각지대에 놓인 여성 ·· 109

| 제2부 | **수많은 사람들은 왜 여전히 어둠 속에 갇혀 있고
그들은 무엇을 하고 있을까?**

07 우리 집 냉장고와 세상 ··· 127
08 전기의 필수 요소: 무결성, 자본, 연료 ································ 135
09 미국식 전쟁 방법 ··· 145
10 베이루트의 발전소 마피아 ··· 157
11 석탄 없이 조명을 유지하는 건 불가능하다 ························· 169

| 제3부 | **고전력에서의 전망**

12 새로운 (전기) 경제 ······································· 187
13 화폐의 전기화 ··· 206
14 대마초 재배에 사용하는 전기 ····················· 218
15 대정전(Blackout)의 폐해 ····························· 231

| 제4부 | **21세기 테라와트**

16 테라와트 챌린지 ·· 247
17 완전 재생 가능하다는 착각 ························ 254
18 이 땅은 내 땅이다 ······································· 279
19 원자력의 필요성 ·· 316
20 미래의 그리드 ··· 341

결론 전기는 인간의 권리가 되었다 ··· 353

부록 A SI 수치 설계 및 전력 단위 ··· 359
부록 B 일반 배터리에 저장된 전기의 비용 가치 ··· 361
주석 ··· 362
참고 문헌 ··· 399
색인 ··· 401

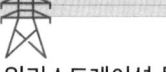

일러스트레이션 목록

그래픽

- 글로벌 GDP와 전기 소비량(1980~2014년) ··· 60
- 기독교와 이슬람교 인구의 글로벌 성장 예측(2015~2060년) ··· 115
- 고전력, 저전력, 초저전력 세상(2012년) ··· 131
- 부패와 1인당 연간 전기 사용량(2012년) ··· 139
- 레바논의 석유에서 생산된 전기 비율(1971~2014년) ··· 166
- 연료별 세계 전력 생산 점유율(1985~2017년) ··· 174
- 자이언트 파이브의 합산 전기 소비량 증가와 시가 총액 증가 (2012~2017년) ··· 191
- 새로운 기술 대기업과 구 기업 간의 독과점 비교 ··· 196
- 자이언트 파이브(알파벳, 아마존, 애플, 페이스북, MS)의 전기 소비량(2017년) ··· 199
- 자이언트 파이브의 재생 가능 에너지 및 전기 발전 능력 총합 (2018년) ··· 205
- 고전력의 대마초: 가정, 병원, 데이터센터와 비교한 대마초 재배 주택의 전력 밀도 ··· 227
- 미국 평균 대비 캘리포니아 전기 요금(2011~2017년) ··· 263
- 전 세계 1인당 재생 가능 에너지 소비량(2016년) ··· 270
- 뉴욕시 전력: 연간 16.4TWh의 전기 생산을 위해 원자력과 풍력 에너지가 요구하는 토지 면적 비교 ··· 321
- 테라와트 챌린지: 2015년 전 세계 각국의 발전 용량 및 2040년 글로벌 용량 예측 ··· 351
- SI 수치 설계 및 전력 단위 ··· 359-360
- 일반 배터리에 저장된 전기의 비용 가치 ··· 361

사진

- 프랭크 스프래그, 1892 ··· 74
- 1893년 포스탈 텔레그래프 빌딩의 건축물 사진 ··· 76
- 2017년 당시 포스탈 텔레그래프 빌딩 사진 ··· 76
- 미국 몬태나주 상원 의원 버튼 휠러 ··· 91

- 미국 네브래스카주 상원 의원 조지 노리스 ⋯ 92
- 1956년 1월 8일, 샘 레이번 미 하원 의장과
  린든 존슨 상원 의원 ⋯ 97
- 1938년 캘리포니아주 산호아킨 계곡의
  시골 전기화 작업 ⋯ 102
- 2016년 레헤나 자마달과 조야슈리 로이, 인도 벵골 서부 ⋯ 110
- 2016년 마즐리시푸쿨의 여성들 ⋯ 112
- 레디 킬로와트(Reddy Kilowatt) ⋯ 116
- 2016년 인도 델리의 한 시장 거리 위의 전기선과 통신선 ⋯ 141
- 2017년 후세인 무슬, 레바논 베이루트의 운전사 ⋯ 158
- 튀르키예의 카라데니즈 지주회사가 소유하고 있는
  파트마굴 술탄 발전선 ⋯ 168
- 2016년 인도 콜카타 거리 풍경 ⋯ 177
- 2017년 콜로라도 덴버의 암시장 대마초 재배 현장 ⋯ 219
- 2016년에 세워진 위스콘신주 덴마크 근처의
  풍력 에너지 반대 표지판 ⋯ 306
- 2016년 8월 4일, 위스콘신주 라이트빌, 로즈와 데이브 부부 ⋯ 308
- 인디언 포인트 에너지 센터, 뉴욕주 뷰캐넌, 2018년 ⋯ 331

 표

- [표 1] 국립 공학 아카데미가 선정한 20세기 가장 위대한 공학적
  업적 20가지 ⋯ 58
- [표 2] 무수히 많은 조각 천 같은 미국의 전력망(2015~2016년) ⋯ 105
- [표 3] 모두 전기 빈곤국인 아동 결혼율 상위 10개 국가 ⋯ 119
- [표 4] 세계가 직면한 10대 문제 ⋯ 248

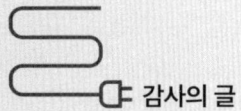 감사의 글

많은 사람들이 이 책을 출판하는 데 큰 도움을 주었다. 먼저 이 책을 최대한 잘 만들 수 있도록 격려와 지원을 아끼지 않은 퍼블릭어페어 출판사의 팀원들인 클라이브 프리들, 피터 오스노스, 카이틀린 카루더스-부서, 리즈 다나, 제이미 라이퍼에게 감사한 마음을 전한다. 또한 내 소중한 친구이자 편집자인 리사 카우프만에게 감사를 전한다. 리사는 정리되지 않은 수많은 생각의 조각들을 논리정연한 원고로 다듬는 데 매우 큰 도움을 주었다. 그녀의 통찰력과 인내심 어린 지침이 없었더라면 이 책은 세상에 나올 수 없었을 것이다. 그리고 지난 19년 동안 고단한 시간을 보내면서도 나와 대화를 나누며 앞만 보고 작업에만 전념할 수 있도록 격려를 아끼지 않았던 에이전트 댄 그린 덕분에 포기하지 않고 일을 다시 시작할 수 있었다.

이 책과 함께 제작된 다큐멘터리 영화 〈전기, 어떻게 세상을 설명하는가(Juice: How Electricity Explains the World)〉의 제작 팀에도 감사를 전한다. 좋은 친구이자 협력자인 타이슨 컬버는 2016년에 영화 제작을 의논하기 시작한 이후, 나의 충실한 사업 동료이자 훌륭한 경청자였다. 영화 제작에는 타이슨 외에도 디애나 드헤븐, 제임스 트레클, 존 무디, 디노 마글라스, 매튜 L. 윌리스, 테드 파워스 등이 참여했다. 영화 제작에 중요한 역할을 해주었던 다른 주요 인물들인 크리스 라이트, 리즈 라이트, 스티븐 R. 앤더슨, 버드 브리검, 롤랜드 프리츠커, 레이첼 프리츠커, 레이 로트록, 에드 슈바이처, 스테파니 슈바이처, 데이비드 코스텔로, 슈바이처 공학 연구소, 아서 스미스 등 모두에게 깊은 감사를 드린다.

맨해튼 연구소의 전 동료들도 이 책을 쓰는 긴 과정 내내 나를 성원해 주었다. 특히 하워드 후석, 트로이 세닉, 바네사 멘도자, 베르나데트 서튼, 그리고 전 연구소장 래리 모네의 인내심과 격려에 감사드린다.

오스틴의 싱어송라이터 루디 포스터의 가장 유명한 앨범 타이틀(《경이로운 루디 포스터(The Phenomenal Ruthie Foster)》)을 빌리자면 조야슈리 로이 박사는 경이로운 여성이다. 2016년 말에 로린, 타이슨과 함께 콜카타를 방문했을 때 자다브푸르 대학 경제학과 교수로 재직하고 있던 조야슈리는 우리에게 항상 호의적이고 지원을 아끼지 않았다. 그녀는 싱가포르 비디야 사가르 대학과 인도 벵골 서부의 시골 마을에 방문할 수 있도록 주선해 주었고, 우리가 인도의 루피화를 구할 수 있게 도움을 주었다. 이때는 인도 나렌드라 모디 총리가 '폐화(demonetization)'라는 강력한 화폐 통용 금지 조치를 시행한 지 몇 주 되지 않은 상황이라 그러한 일을 한다는 것은 쉽지 않았다. 이 조치로 인하여 500루피와 1,000루피 지폐의 약 80%가 단숨에 불법 화폐로 전락하여 사용하지 못하게 되었다. 그녀는 집회를 주선하고, 참을성 있게 현지 지리를 설명해 주었으며, 동시통역까지 담당해 주었다. 언젠가 그녀의 친절에 보답할 날이 꼭 오기를 바란다. 또한 우리가 잘 여행할 수 있게 도와준 콜카타와 난디니 다스와 수만 두타에 있는 조야슈리의 동료들에게도 깊이 감사한다. 인도 동부 서벵골주의 도시인 미드나포르로 초대해 주었을 뿐 아니라, 벵골 서부의 여러 시골 마을로 우리를 안내해 준 세박 자나 박사에게도 감사를 드린다.

오스틴에 있는 파크사이드 커뮤니티 스쿨의 이사회 임원이자 친구인 지미 나소는 대단한 사람이었다. 지미 나소, 그리고 항상 쾌활한 성품을 지닌 그의 처남인 시몬 나짐은 베이루트 주변을 안내해 주고, 모임을 주선하고 아랍어 속어를 가르쳐 주었다. 지미와 시몬이 레바논에 보인 사랑 덕분에 우리도 레바논을 사랑하게 되었다.

내 친구 J. 폴 옥서는 이 책의 구상 중 일부를 실현할 수 있게 도움을 주었고, 뉴욕에 있는 아이슬란드 영사관 홀리뉘르 그뷔드욘손 영사에게 나를 소개했다. 그 후 홀리뉘르는 레이캬비크에서 내게 수많은 지인을 연결해 주었다. 아이슬란드 국립 전력기관인 랜스버쿤(Landsvirkjun)의 티나 트라우스타도티르와 난나 발트빈스도티르는 부르펠 수력발전소를 안내해 준 훌륭한 가이드였다. 기슬리 카트리나르손(Gísli Kr. Katrínarson)은 아이슬란드가 고성능 컴퓨팅의 주요 거점이 된 이유를 설명해 주었고, 헬무트 로스는 제네시스 마이닝(Genesis Mining)의 운영 및 암호화폐 사업을 소개해 주었다.

브레이크스루(Breakthrough) 연례행사에 참석할 수 있게 도움을 준 브레이크스루 연구소에도 감사를 전한다. 이 행사를 통해 책에 필요한 저명인사들과의 인터뷰를 다수 진행할 수 있었다. 테드 노드하우스, 알렉스 트렘바스, 제시카 러버링에게 감사의 인사를 전한다. 버클리에 있는 사무실에서 인터뷰할 수 있게 도와 준 마이클 셸런버거와 그가 이끄는 환경 단체인 '환경 진보(Environmental Progress)'의 직원들에게도 감사한다.

제 친구이자 그래픽 전문가인 세스 마이어스는 매번 인내심 넘치고 성실하게 임해 주었다. 숫자를 의미 있는 그래픽으로 바꾸는 마술사 같은 그의 솜씨 덕분에 이 책은 더욱 읽기 쉽고 흥미로워졌다. 기획 초기에 주드 클레멘트와 예브게니 페이먼도 연구 지원과 격려를 아끼지 않았다. 내 모든 책에서 유쾌하면서도 꼼꼼하게 사실 관계를 확인해 준 미미 바르다지에게도 감사를 전한다.

또한 출간을 준비하며 여러 단계의 원고를 교열해 준 사람들에게 매우 감사한다. 내 친구 로버트 엘더 주니어는 정말 참을성 있고 신중한 독자였다. 미시간대학교 화학과 명예 교수이자 장인이신 폴 라스무센은 출판될 원고를 모두 읽고, 통찰력과 피드백을 제공해 줌으로써 여러 번 귀중한 관점을 제시해 주었다.

피터 Z. 그로스만, 조 커닝엄, 존 세네트, 렉스 리볼로, 크리스 페더슨, 스티브 브릭, 스탠 자쿠바, 오마르 카더, 크리스 코튼, 브라이언 샤한도 유익한 의견을 제시해 주었다. 그리고 인내심 있는 독자이자 전력망에 관련된 문제에 대해 자문했을 때 답변해 준 친구이자 동료인 조나단 레서에게도 감사한다.

이 책이 전기에 초점을 맞추고 있다는 점에서, 이 책을 집필하는 데 쓴 기술적 도구들은 흥미롭다. 내 랩톱 컴퓨터인 맥북 에어를 충전하려면 약 50W의 전력을 소비해야 한다. 반면 이 랩톱과 함께 사용하는 선더볼트 모니터는 100W를 더 소비했다.

마지막으로 내 아내 로린에게 감사해야겠다. 1982년 핼러윈에서 첫 데이트를 한 이후로 우리는 줄곧 함께였다. 지극한 사랑과 변함없는 성원을 보내 준 그녀는 내가 수차례 반복 작업을 하는 와중에도 힘든 시기를 잘 헤쳐나갈 수 있도록 지원을 아끼지 않았다. 그리고 우리 아이들인 메리, 마이클, 제이콥에게도 고마움을 전한다. 그들은 에너지, 전력, 전기에 관한 숱한 강의를 잘 견뎌 주었다. 물론 아닐 수도 있겠지만, 나는 아이들이 이 탐구를 재미있어하는 것 같았다.

만약 이 책에 오류가 있다면 모두 내 책임이다. 만일 이 책을 읽은 독자 여러분 중 누군가가 어떤 오류를 발견한다면, 다음 판에서 수정할 수 있도록 부디 연락해 주길 바란다.

2020년 6월 11일
텍사스 오스틴에서
로버트 브라이스

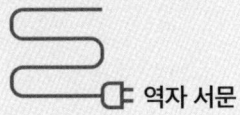 역자 서문

당연한 듯 당연하지 않은,
우리의 현재와 미래를 바꾸는 에너지, 전기(電氣)

 디지털 시계의 알람이 울리면 잠에서 깨어 전등 스위치를 켜고 아침을 맞이한다. 전기밥솥에서 밥을 퍼 놓고, 어제 먹다 남긴 국을 인덕션으로 데우는 동안, 냉장고에서 몇 가지 반찬을 꺼내 아침 식사를 챙긴다. 밤새 도착한 문자 메시지나 이메일을 스마트폰으로 확인하고, 인공지능 스피커로 오늘 날씨를 듣는다. 출퇴근 시간대의 지하철은 항상 사람들로 붐비고, 대부분의 사람들은 비슷한 모습으로 스쳐 지나간다. 음악 스트리밍 서비스로 좋아하는 음악을 들으며 인터넷 검색을 하다 보면, 출근길의 번잡함도 견딜 만하다. 올여름 휴가에 다녀올 여행지에 소재한 숙소의 후기와 현지 날씨, 항공권을 검색하다 보니 스마트폰 충전을 깜박했다는 걸 깨닫는다. 다행히 가방

속 보조 배터리를 꺼내 곧바로 충전할 수 있으니 큰 문제는 없다. 늘 그랬던 것처럼, 회사에 도착하자마자 제일 먼저 사무실의 전등과 컴퓨터의 전원을 켜고, 커피 추출기에서 아메리카노를 한 잔 내린다. 그런 다음에는 오후에 있을 중요한 회의 자료 파일을 수정하는 것으로 하루의 업무를 시작한다.

익숙한 일상의 모습이다. 우리 삶 속에는 다양한 첨단 기술이 녹아 있고, 사는 방식들은 계속 변해 간다. 시간과 공간을 넘어 자유롭게, 눈부신 기술의 혜택을 누리며 살게 해 주는 오늘날의 문명 사회의 동력은 과연 무엇일까?

제4차 산업 혁명으로 일컫는 현대 기술 발전의 기초를 이루는 주요 요소를 꼽자면, 단연코 '전기(electricity)'를 빼놓을 수 없다. 모든 전자 제품을 작동시키고, 최상의 서비스를 제공하려면 전기가 반드시 필요하다. 일상생활에서 전기의 영향력이 미치지 않는 곳은 없다. 전기가 없다면, 혹은 정전 사태가 오래간다면, 우리 삶의 모든 순간은 엉망이 되어 버릴 것이다.

이 점을 누가 부인할 수 있을까? 우리는 매달 전기 요금 고지서를 확인하며, 한 달 동안 전기를 얼마나 사용했는지를 확인해 보곤 한다. 하지만 이 전기가 어떤 방식으로 생산되고, 어떤 원리로 나에게 전달되는지, 또 전기가 없다면 어떻게 살아가야 하는지까지 굳이 신경쓰지는 않는다. 더 나아가 전기가 지구 온난화와 같은 환경 문제와 연관이 있고, 전기를 풍부하게 사용할 수 있다는 것만으로 국가마다 부(富)의 격차가 생길 수 있다는 점 등을 직관적으로 인지하기는 매우 어렵다. 이렇듯 전기는 코드를 꽂기만

하면 항상 쓸 수 있는 무한한 자원처럼 보이기 때문에 이와 관련된 문제는 별로 새로울 것도 없어 보인다.

처음 이 책의 원서를 받았을 때, 대체 전기에 대해 무슨 이야기를 할 수 있을까 하는 의문이 들었다. 전기를 생산하는 방식들, 가령 화력, 수력, 풍력, 태양열, 원자력에 관한 이야기일까? 미래의 모습을 그리는 공상 과학 소설처럼 무한한 에너지 자원에 관한 이야기일까? 아니면 전기에 관한 과학적인 이야기들을 늘어놓을까?

예상과는 다르게, 저자는 너무나 익숙한 '전기'라는 하나의 키워드를 중심으로 불평등, 인권, 나아가 환경 문제까지 풀어내는 깊은 통찰력을 보여주었다. 그는 그리 오래되지 않은 역사에도 불구하고, 인간의 삶과 생활방식을 급속하게 변화시킨 전기야말로 오늘날 인류의 생존과 인권에 절실하고 필수불가결한 요소임을 강조하고 있다. 저자의 말에 따르면, 놀랍게도 현재 전체 인류 가운데 약 30억 명이, 특히 여성(소녀 포함) 같은 약자들이 전기의 혜택을 누리지 못하고 낙후된 환경 속에서 고된 집안일에 매여 불공정하고 불평등한 삶을 살고 있다.

저자를 통해 눈으로 직접 보고, 귀로 직접 듣는 것 같은 생생한 현장감을 맛보다 보니, 그가 만난 사람들의 생각이 손에 잡히듯 생생하게 다가왔다. 그래서 번역가이기 이전에 한 사람의 독자로서 나는 이 책을 손에서 놓지 못했다. 전기는 절대로 당연하게 주어진 것이 아니다. '전기는 곧 권력'이라 여기는 전력 독과점 세력을 끊임없이 견제하고, 재생 가능 에너지의 환상도 경계해야 한다. 독자들은 이 책을 통해 우리 삶의 현재와 미래에 영향을 미치는 전기를 얼마나 많은 이들이 사용해야 하는지 철저하게 탐구해 가는 과정에 매료될 것이다.

마지막으로 이 책과 더불어 저자가 제작한 다큐멘터리 영화인 〈전기, 어떻게 세상을 설명하는가〉가 보여주듯 여러 국가와 현장을 방문하고, 다양한 인물을 만나면서 저자가 얻은 생각과 느낌을 번역문으로 잘 전달하기 위하여 무척 고민했다. 이 책을 통해 얻게 될 통찰력과 감동이 사람마다 같을 수는 없다. 그러나 저자가 결론에서 밝히고 있듯이, 인류에게 중요한 에너지 자원인 전기를 전 세계 사람들이 모두 저렴한 가격으로 마음껏 넉넉하게 사용할 수 있어야 한다는 것에는 충분히 공감할 수 있으리라 기대한다.

오늘날 많은 사람이 인류 역사상 그 어느 때보다도 더 오랫동안, 더 자유롭고, 더 건강한 삶을 살고 있다. 이는 대부분 전기가 주는 혜택 덕분이다.

전 세계적으로 값싸고, 풍부하며 안정적인 전기를 지구상의 모든 사람에게 공급하려면 많은 시간이 걸릴 것이다. 하지만 그것은 인류의 꾸준한 노력으로 충분히 해낼 수 있는 일이다. 그 날이 하루빨리 오기를 기대한다.

2025년 여름
백련산 연구실에서
이강덕

 도입

안톤 루이스 지역

> 저에너지 고소득 국가는 없다.
> - **토드 모스**, 에너지 성장 허브1

전기는 다른 어떤 에너지 형태보다도 인류를 눈부시게 변화시켰다. 전기의 시대가 열린 지 140년 정도밖에 되지 않았지만 전기는 우리가 살아가고, 소통하며, 배우고, 먹는 방식을 모두 바꾸어 놓았다. 이는 인류에게 전례 없는 번영의 시기를 맞이하게 했다. 인류 역사상 이렇게 많은 사람이 부와 번영 속에서 살았던 적은 없었다. 전기는 계속해서 우리의 삶을 풍요롭게 변화시키고 있다. 해외의 낯선 도시를 탐색할 수 있게 하는 아이폰 속의 지도부터 인터넷에 접속하기만 하면 이용할 수 있는 엄청난 양의 정보에 이르기까지, 우리는 우리가 의식하지 못하는 상황에서도 전기를 사용하고 있다. 우리가 사용하는 거의 모든 기술에는 안정적인 전기 흐름이 필요하다. 그러나 이 흐름에 점점 더 많이 연결할수록, 다른 한편에서는 셀 수도 없이 많은 사람들이 뒤처져 살아가고 있는 것도 사실이다.

대체로 빈부격차는 충분한 전력을 소유한 이들과 그렇지 못한 이들, 다시 말해서 적은 양의 전력을 사용하거나 그마저도 전혀 사용하지 못하는 이들 사이의 불균형이라 정의할 수 있다. 부유한 국가의 사람들은 안정적으로 전력을 공급받는 것을 당연한 권리처럼 생각한다. 우리는 전력과 인간 사이에 존재하는 힘의 관계에 대해 거의 생각하지 않는다. 그러나 우리는 전기에 의존하고부터, 전력이 충분히 공급되지 않을 때에는 취약성이 나타난다. 이 영향을 확인하려면, 허리케인 '마리아'가 푸에르토리코의 전력망을 완전히 파괴하고 난 후, 주민들에게 어떤 일이 일어났는지 살펴보면 쉽게 알 수 있다. 이 치명적인 폭풍은 수천 명의 푸에르토리코 주민들을 암흑 속에 빠뜨렸다. 그들 중에는 윌프레도 로크, 아이리스 오르티즈 부부와 어린 세 딸도 있었다.

안톤 루이스 지역에 있는 이 부부의 소박한 집으로 가는 가파른 진입로를 운전해 가면서, 처음 눈에 들어온 것은 오렌지색 전선이었다. 갈색 끈 조각으로 묶여 있던 이 전선은 부부의 집 앞 도로 위 2m가 채 안 되는 위치에 매달려 있었다. 그 전선은 울타리 옆에 놓인 4,500와트(W) 휘발유 발전기 근처에 있었는데 진입로 좌측에 세워 놓은 두서너 개의 나무 기둥 덕분에 높은 위치에 묶여 있었다. 진입로 우측에는 두어 번 매듭지어진 밧줄과 전선이 집 난간에 고정되어 있었다.

체격이 약간 건장하고 활력 넘쳐 보이는 윌프레도가 반갑게 우리를 맞이해 주었다. 그와 그의 아내는 이야기를 하고 싶어 했다. 허리케인 '마리아'의 위력은 예상보다 훨씬 강력했다. 푸에르토리코의 수도 산후안에서 남동쪽으로 1시간 정도 떨어진 녹색 구릉 지대 근처, 아스팔트 도로와 진입로를 구분 짓는 무거운 철제 문을 닫으면서, 윌프레도는 스페인어로 말했다. "우리는 이 참사에 미리 대비하지 못했습니다."

내가 그의 중국산 블랙 맥스 발전기를 유심히 들여다 보자, 윌프레도가 재빨리 나서서 발전기 사용에 드는 비용을 말해 주었다. "발전기용 휘발유에만 주당 100달러에서 125달러 정도를 쓰고 있습니다." 2017년 9월 20일 허리케인 마리아가 들이닥쳐 푸에르토리코를 초토화했을 때, 이 가족의 유일한 전력 공급원은 이 발전기였다. 기계를 산 후 처음 몇 주 동안, 하루에 10시간에서 12시간씩 가동했다고 하였다. "연료 구입에 너무 많은 돈을 쓰고 있어서, 발전기를 하루에 5시간만 돌리는 중입니다. 그 이상은 안 돼요."

발전기 사용에 드는 비용을 듣고 나서, 나는 두 가지 이유로 그에게 다시 설명해 달라고 부탁했다. 첫 번째 이유는 그저 관광객 수준에 불과한 내 스페인어 실력 때문이었다. 나는 라틴 아메리카를 상당히 많이 여행하기도 했고, 카페에서 저녁 식사를 주문하는 데에는 무리가 없었다. 하지만 그와의 많은 대화에서 상당히 중요한 세부 사항을 놓치고 있다는 느낌이 들었다. 이웃집의 발전기에서 나는 엄청나게 시끄러운 기계 소음 때문에 그의 말을 알아듣기가 더 힘들기도 했다. 우리가 서 있던 곳에서 얼마

떨어지지 않은 울타리 저편에서 다른 발전기가 맹렬하게 작동 중이었다. 윌프레도의 발전기처럼, 그것 역시 방음 장치가 없었다. 두 대의 발전기는 모두 땅바닥에 놓여 있었고, 허술한 재료와 몇 개의 합판을 이용하여 햇볕과 비바람을 막고 있었다.

윌프레도가 발전기 사용에 드는 비용을 반복해서 말해 주었을 때, 바로 노트에 스페인어로 받아 적었다. "$100 to $125 por semana, 5 horas por dia(주당 100달러에서 125달러, 하루에 5시간)." 그리고 나서 확인을 받기 위해 그 메모를 윌프레도에게 보여 주었다. 그는 맞다며 고개를 끄덕였다.

허리케인 마리아가 시속 180마일(시속 약 290km)의 강풍으로 푸에르토리코를 초토화하기 전에 윌프레도, 아이리스, 그리고 어린 세 딸 알라니스(13세), 아리안나(10세), 아야미(5세)로 이루어진 이들 가족은 국영 전력 사업자인 푸에르토리코 전력공사(PREPA)에 매달 90달러 정도의 전기세를 내고 있었다. 그럼에도 윌프레도 가족은 전기를 안정적으로 공급받지 못했고, 이 작은 집에서는 수시로 정전이 일어났다. 큰딸 알라니스가 아기였을 무렵에는 하루에도 몇 번씩 정전되었다고 아이리스가 말했다.

아이리스와 윌프레도가 수차례 민원을 제기하자, PREPA 직원들은 지역의 변압기를 교체해 주었다. 상황은 이전보다 나아졌고, 정전은 일주일에 몇 번 정도로 줄었다. 전기 공급 서비스가 여전히 좋다고는 할 수 없었지만, PREPA의 전력망은 발전기를 따로 가동할 필요는 없을 정도로 양호했다. 하지만 치명적인 허리케인이 이 섬을 강타한 후, 푸에르토리코의 전력망에 그들이 기대할 만한 건 아무것도 없었다. 어쩔 수 없이 윌프레도는 쓸 만한 소형 발전기를 찾기 시작했고, 그것을 구입하는 데 두 달이 걸렸다.

하루 4~5시간의 전기를 공급할 수 있는 발전기가 있음에도, 생활은 급격하게 더 힘들어졌다.[2] 발전기는 냄새가 심했고 무척 시끄러웠다. 이웃집의 발전기도 마찬가지였다. 끊임없이 들리는 소음 때문에 밤에 잠을 잘 수가 없었다. 아이리스는 가족의 빨래를 손으로 직접 빨아야만 했다. 불과 몇 분 걸리지 않던 빨래가 이제는 몇 시간씩 해야 할 일이 됐다. 인터넷을 활용할 시간이 충분하지 않아, 아이들의 학업에도 큰 어려움을 겪고 있다. "우리는 뒤처지고 있어요. 마치 할머니나 증조할머니의 시대로 되돌아간 것 같아요."라며 아이리스는 말했다.

내가 푸에르토리코를 방문했을 때, 미국의 컨설팅 회사인 로듐 그룹은 이 섬이 미국 역사상 가장 심각한 정전 사태를 견뎌 내는 중이라는 보고서를 발표했다.[3] 그러면서 지난 5년간 "허리케인 마리아로 인해 푸에르토리코에서 발생한 고객의 시간적 손실은 미국의 다른 지역에서 발생한 모든 피해보다 규모가 크다."라고 밝혔다. 아이리스, 윌프레도, 그들의 세 딸, 그리고 다른 푸에르토리코 주민들이 겪었던 정전 사태는 세계 역사상 두 번째로 규모가 큰 것이기도 했다.[4]

이와 같은 에너지 참사의 정도를 가늠하는 것은 우리 능력 밖의 일이다. 우리는 스위치를 올리고, 전화기와 노트북, 에어팟 등을 전원에 꽂으면 항상 전기가 들어온다는 걸 안다. 이는 매번 변함이 없다. 그러나 로케 오르티즈(Roque Ortiz) 가족의 전기 문제는 미국이나 다른 국가의 누구에게나 충분히 있을 수 있는 일이다. 장기적인 정전 사태와 그에 따른 사회적 격변의 위험은 실제로 존재한다.[5] 이러한 정전 사태는 허리케인, 토네이도, 또는 눈보라와 같은 극한의 기후 때문에 발생할 수 있다. 또 그것은 지구 밖의 힘에 의해서도 생길 수 있다. 2017년 미국 지구물리학회(AGU)는 극심한 태양 폭풍이 미국 전체 인구의 2/3에 영향을 미치는 정전 사태를 초래할 수 있으며, "일일 국가 경제 손실은 총 415억 달러에 달할 수 있고, 국제 공급망을 통해 추가로 70억 달러의 손실을 더 가져올 수 있다."라고 추정했다.[6]

한편 사보타주(Saboteurs)와 같은 악의적 사람들은 전력망의 약점을 끊임없이 노리고 있다. 2018년 미 국토안보부(DHS)는 러시아 해커들이 전력 회사를 포함해서 수많은 미국 에너지 회사에 침투해 왔다고 경고했다.[7] 해커들이 미국 전력망의 전부 또는 일부라도 망가뜨리는 데 성공한다면, 컴퓨터를 두드리는 것만으로도 수월하게 수십억 달러의 피해를 줄 수 있다. 게다가 전력망은 기후나 사이버 공간상의 위협 외에, 물리적 파괴에도 취약하다.

잘 준비된 사보타주(파괴자)는 주요 변전소나 송전선로를 파괴함으로써 상당한 면적의 미국 전력망에 정전을 일으킬 수 있다. 수백만, 또는 수천만 명의 미국인들이 윌프레도, 아이리스, 안톤 루이스 지역의 다른 주민들이 겪고 있던 정전 사태와 똑같은 곤경에 빠질 수 있다. 만약 그렇다면 지금까지의 저렴하고, 풍족하며 안정적인 전기가 아니라 비싸고, 부족하며 간헐적으로 전기가 공급되는 상황에 직면하게 된다. 기존 전력망에 의존할 수 없으므로, 소규모의 비효율적인 디젤 또는 휘발유 발전기에서 전기

| 제1부 |

현대성을 의미하는 전기

01
전기 입문

> 나는 전기에 대해 너무 많은 것을 알게 되어, 오히려 아무것도
> 이해하지 못하고, 아무것도 설명할 수 없는 지경에 이르렀다.
> **- 피에테르 반 머스크헨브로크**, 네덜란드 과학자

전기 용어는 우리의 일상적인 대화 속에서 널리 사용되고 있다. 우리는 대화할 때 활기차고, 높은 전파력을 지닌 미소를 발산하며, 전율하는 흥분을 상대에게 전달하기를 원한다. 그래서 최고 절정의 공연을 선사하는 인간 발전기 같은 사람에게 빠져든다. 발전기의 퓨즈가 끊어질 때까지 에너지가 넘치게 열광하다가, 그 후에는 플러그를 뽑고 재충전한다.

우리는 간단한 이유를 들어, 인류 역사를 두 개의 시대로 나눌 수 있다. '전기의 시대'와 '전기 이전의 모든 시대'가 그것이다. 르네상스는 우리에게 미켈란젤로를 주었지만 전기는 우리에게 엘비스(미국의 로큰롤 가수인 엘비스 프레슬리 - 역자 주)를 주었다.

전기는 현대성을 의미한다. 우리는 고화질 동영상을 촬영할 수 있는 휴대폰 카메라를 익숙하게 사용하지만, 인류 역사의 다른 시대보다 전기의 시대가 얼마나 짧았는지 쉽게 잊곤 한다. 고고학적인 기록에 따르면, 현 인류의 조상은 약 100만 년 전에 처음 불을 사용한 것으로 알려졌다. 그러나 불을 일상생활에서 사용하게 된 것은 약 40만 년 전쯤이다.[1] 이와는 대조적으로 전기는 1880년대에 들어서야 일상생활에 활용되기 시작했다. 그러므로 인류가 불을 사용해 온 40만 년을 24시간으로 환산하여 생각해 보면, 전기의 시대는 고작해야 자정이 오기 전 마지막 30초에 불과하다.[2]

전기는 우리가 보거나 느낄 수 없는 힘을 활용하고 있어서 현대성을 의미한다. 수천 년 동안 우리는 오직 나무, 동물의 배설물, 석탄, 석유, 강물, 말, 태양, 바람 등과 같은 것들을 긁어모아 에너지를 얻을 수 있었다. 지금은 전기를 사용함으로써 눈에 보이지 않는 에너지의 힘을 놀랍도록 정밀하게 고효율로 활용하고 있다. 지난 150여 년 동안, 지저분하고 불쾌한 동물의 배설물을 참으면서 그것을 이용하는 것에서부터, 더 나아가 전자의 아원자 입자(亞原子粒子, subatomic particle, 중성자, 양성자, 전자처럼 원자보다 작은 입자) 운동을 이용하는 수준까지 발전했다. 전자의 흐름을 잘 제어하면 할수록 더 많은 일을 할 수 있다. 할 수 있는 것이 많을수록 하고 싶은 일도 많아지는 법이다. 여기서 희소식은 전자를 다루는 기술이 점점 더 진보하고 있다는 점이다.

우리 실생활에 사용되고 있는 전자의 놀라운 수치를 가늠해 보려면, 다음 예시를 살펴보면 된다. 가령 전기 포트로 차 한 잔을 끓이려면, 약 49해의 전자가 필요하다.[3] 과학적 표기법으로 이를 표현하면, 4.9×10^{21}이고, 이를 숫자로 입력했을 때, '4,900,000,000,000,000,000,000'로 나타낼 수 있다. 이것을 자세히 설명하면 다음과 같다.

4	9	0	0	0	0	0	0	0	0	0	0	0	0	0	0	0	0	0	0	0	0
십해	해	천경	백경	십경	경	천조	백조	십조	조	천억	백억	십억	억	천만	백만	십만	만	천	백	십	단(일)

이는 단 한 잔의 차를 끓일 때 필요한 전자들이라는 점을 기억하라. 에어컨과 대형 냉장고를 작동할 때의 전자의 수를 표현하려면, 해당 숫자에 0으로 가득 채워진 장바구니를 추가해야 할 것이다. 만약 초고층 건물에 에너지를 공급하거나, I형 철제빔을 만들기 위해 전기 용접기에 불을 붙인다면, 사용할 전자의 수를 입력하기 위해 0으로 채워진 여러 대의 컨테이너가 필요할 것이다.

차 한 잔을 끓이는 데 필요한 전자의 수는 계산할 수 있지만, 전기의 객관적 실재성을 파악하는 것은 여전히 어려운 일이다. 그것은 어디서나 존재하는 동시에, 보이지 않으면서 우리의 삶을 움직이는 힘이다.

출판인이자 작가, 외교관이며 과학자였던 벤자민 프랭클린은 전기에 대한 우리의 이해를 넓혀 주었다. 1752년에 그가 행한 실험이 유명하다. 연의 꼭대기에 부착된 금속 조각과 지면 방향의 연줄 끝에 묶인 금속 열쇠가 이 실험의 매우 큰 특징이다. 열쇠는 차례로 원시적인 형태의 배터리인 라이덴 병(Leyden jar)에 연결했다. 프랭클린은 마른 비단 천 조각으로 연을 조종하며 감전되지 않도록 조심했다. 프랭클린은 이 실험을 통해 하늘의 번개가, 천으로 호박을 마찰할 때 생기는 정전기와 같다는 것을 증명했다. 프랭클린의 연구는 그의 뒤를 잇는 다른 훌륭한 전기 개척자들과 사업가들에게 기초를 제공했다. 필라델피아의 미 헌법 제정자인 프랭클린은 배터리(battery), 전하(charge), 도체(conductor), 콘덴서(condenser) 등을 포함하여 전기 관련 전문 용어를 많이 만들었다. 또한 독립선언문의 저자이자 서명자 중 한 사람이기도 한 그는 전기를 "공통 요소(common element)"라 칭하며, "전기 불(electric fire)"이라고 불렀다.[4] 그리고 전기는 한 몸에서 다른 몸으로 흐르는 유체라고 생각했다.

전기는 유체가 아니다. 그러나 말로 표현할 수 없는 전기의 성질과 복잡성을 고려할 때, 그런 방식으로 이해하는 것이 도움이 된다. 전기에 관한 프랭클린의 관점은 단일 유체 이론으로 알려졌다. 그는 음전하를 띤 물체는 전기 유체를 잃고, 양전하를 띤 물체는 그것을 얻는다고 주장했다. 물체가 전기 유체를 잃거나 얻음으로써, 불균형이 생기면 그 물체는 대전(帶電)된다. 비슷한 전하를 띤 물체들은 서로 밀어낸다. 전기를 유체라고 비유적으로 계속 생각하면서, 정원의 호스를 통해 집 안으로 물을 보내듯이 전기를 전달한다고 상상해 보자. 비유를 좀 더 쉽게 이해하려면 아래의 간단한 방정식을 보면 도움이 될 것이다.

와트 (전력의 단위)	=	전류	×	전압	=	암페어	×	볼트
watts	=	current	×	voltage	=	amps	×	volts

즉, 전달되는 와트 수는 암페어에 볼트를 곱한 값이다. 이제 앞에서 이야기한 정원의 호스를 통해 집으로 들어오는 전력량을 생각해 보자. 호스를 통해 밀어낼 수 있는 전력량(와트로 측정되지만, 이 경우에는 리터로 가정)은 전류 또는 유량(암페어)에 볼트(전압)[5]를 곱한 값이다. 정원 호스 속의 물에 더 많은 압력을 가할수록, 호스 안에서 밀어낼 수 있는 유량이 커진다. 수압과 유량이 높을수록 더 많은 물(전력)이 집으로 전달된다.

이 비유를 좀 더 구체적으로 설명하기 위해, 당신의 집에 불이 났다고 가정해 보자. 당신은 세잔의 그림과 비니 베이비 컬렉션을 점점 더 커지는 불길로부터 구하고 싶어 즉시 소방서에 전화를 건다. 하지만 소방관들은 소화전, 고압 펌프, 대구경 호스를 사용하는 대신, 이웃집 수도꼭지에 연결해 놓은 새는 정원 호스 한 쌍으로 불길을 끄려 한다. 소방관들의 소방 능력은 크지 않을 것이다. 왜 그럴까? 맹렬한 불길에 쏟아낼 수 있는 물의 양(리터, 와트)은 낮은 속도(암페어)로 액체를 공급하는 저압(전압) 정원 호스 때문에 제한될 것이다.[6]

물의 비유는 전기 생산에 대해 생각할 때에도 도움이 된다. 지역 수자원공사가 펌프를 이용하여 사용자에게 수 톤의 물을 고압으로 전달하듯이, 전기는 전자 펌프와 같은 회전식 발전기를 이용하여 대량의 전자를 지역 전력망으로 보내는 방식이다. 송수관과 전력망의 주요 차이점은 송수관이 훨씬 단순하다는 점이다. 예를 들어, 수도 시설의 수압이 떨어지면 사용자들은 커피포트나 수영장을 물로 채우는 데 조금 더 많은 시간을 할애해야 한다. 전력망의 전압(다시 수압을 생각하자)은 얼마나 많은 사용자가 얼마나 전기를 사용하느냐에 상관없이, 항상 일정한 안정성을 유지해야 한다. 또한 사용자가 조명을 켜기 위해 몇 와트가 필요한지, 또는 철광석에서 알루미늄을 추출하기 위해 얼마나 많은 메가와트가 필요한지 등에 상관없이, 전압은 24시간 밤낮으로 일정하게 유지되어야 한다. 전기 생산량과 소비량이 일치하도록 전력망의 상태를 지속적으로 조정해야 한다. 생산과 소비의 일치는 전력망의 전압이 거의 일정한 수준으로 유지되는 데 도움이 된다. 전압이 너무 자주 변동하면, 전기 제품의 성능에 문제가 생기고 정전이 발생할 수도 있다.

전기는 현대성을 뜻한다. 전기는 모든 현대적 네트워크의 핵심이기 때문이다. 우리는 네트워크로 정의되는 디지털 세계에 살고 있다. 전화, 위성 위치 확인 시스템(GPS), 항공 예약 시스템, 신호등과 같은 모든 네트워크는 전기에 의존한다. 요컨대 네트워크는 전력망이고, 전력망은 네트워크이다. 전력망에 수월하게 연결될 수 있으면, 디지털 정보 네트워크에도 쉽게 접속할 수 있다.

전기 덕분에 새뮤얼 모스의 전보로 먼 지역 간에도 빠르게 통신을 할 수 있게 되었다. 1866년 대서양 해저에 전신 케이블이 설치되어 세계 최초로 미국과 유럽 대륙 사이에 연속적인 통신 회선이 구축되었다. 10년 후 알렉산더 그레이엄 벨은 전화기 특허를 획득했다. 교환원을 통해 메시지를 주고받도록 한 전보와 달리 누구나 전화를 사용할 수 있었고, 이 전화는 회사와 가정을 서로 연결하기 시작했다. 2011년 제임스 글릭은 『정보(The Information)』라는 저서에서, 전화와 전보가 "사회 구조물을 뜯어내어

재연결했고, 공허한 거리감만 있었던 곳에 통로와 접점을 추가했다."라고 서술하고 있다. 그리고 글릭은 전보와 전화가 "인간 사회를 처음으로 일관성 있는 유기체 같은 것으로 변화시키기 시작했다."라고 설명하는데, 이 일관성은 오직 전기에 의해서만 가능했다고 덧붙였다.[7]

전기는 에너지 왕국의 최상위 포식자이다. 석탄, 천연가스, 석유, 바이오매스, 태양, 바람, 물, 핵반응 등 많은 1차 에너지를 2차 에너지인 전기로 변환한다. 2차 에너지의 다른 형태로는 원유에서 정제해야 하는 휘발유나 천연가스로부터 추출하는 수소가 있다. 수소는 물에서도 생산할 수 있지만, 물 분자를 분리하려면 상당한 양의 에너지가 필요하다.

수많은 연료를 전기로 변환하려는 이유는, 전기가 가장 유용한 형태의 에너지이기 때문이다. 전기의 놀라운 특성 중 하나는 전기는 관성이 없다는 것이다. 이것은 예열할 필요가 없다는 뜻이다. 순식간에 최대 전력을 공급할 수 있고, 그만큼 신속하게 차단할 수도 있다. 전기는 전자의 움직임을 이용할 수 있게 한다. 운동 에너지와 위치 에너지로부터 모두 전자의 흐름을 발생시킬 수 있으며, 그러한 형태의 에너지 스위치를 만들 수 있다.[8] 즉, 위치 에너지를 운동 에너지로 변환할 수 있고, 그 반대도 가능하다. 예를 들면, 전기 에너지는 화학 에너지를 포함한 배터리를 충전하는 데 사용할 수 있다. 그리고 나서 그 배터리에 담겨 있는 화학 에너지를 사용하여 전화를 걸거나, 아마존에서 오스모코트 비료를 주문할 때 다시 전기 에너지로 바꿀 수 있다.

전기는 여러 가지 방법으로 생산할 수 있고, 매우 많은 분야에서 활용될 수 있지만, 상당한 단점을 가지고 있다. 우선 전기는 매우 위험하기 때문에 생산되는 순간 즉시 소비되어야 한다. 이것이 나무, 석탄, 석유, 천연가스 같은 다른 형태의 에너지와 구별되는 점인데, 이 모든 에너지는 비교적 쉽게 저장할 수 있다. 물론 우리는 소량의 전기를 저장할 수 있다. 휴대폰에 전원을 공급하는 파우치 형태의 충전용 배터리는 몇 시간 동안 사용할 용량의 전기를 담고 있다. 그리고 소량의 에너지로도 친구들에게 문자 메시지를 보내고, 자동차 경로를 안내하며, 통화할 수도 있다. 그러나 도시 전체에 하루 이상 공급할 수 있을 만한 대량의 전기를 경제적으로 저장하는 것은 현재의 기술로는 불가능하다. 사실 어떻게 하든 세상의 모든 차량 배터리를 모아 완전히 충전해서 서로 연결할 수만 있다면, 30분 이내에 전 세계에 전기를 공급할 수 있는 충분한 전력을 보유할 수 있을 것이다.[9]

전기를 대량으로 저장할 수는 없지만, 비교적 소량으로 저장하고 조정하는 능력은 획기적인 발전을 이루었다. 배터리를 사용하면, 병 속의 번개와 같이 새로운 것을 가질 수 있다. 전 세계 기업들은 더 나은 화학 물질과 야금술(冶金術, metallurgy. 금속의 조작 기술 및 취급법)을 바탕으로 인체 내 이식되는 심박 조율기부터 수천 리터의 액체 화학 물질을 대형 탱크에 저장할 수 있는 바나듐 레독스 흐름전지(VRFB)에 이르기까지 다양한 배터리들을 생산하고 있다.

이제 전기가 무엇인지 충분히 이해하게 되었으니, 우리는 에너지(energy)와 전력(power)이라는 두 가지 용어를 구별해야 한다. 흔히들 혼동하기 쉬운데, 이 용어는 같은 개념이 아니다. 에너지는 일하는 능력(ability)을 말하며, 줄(J), 와트시(Wh), 영국 열량 단위(Btu)로 측정한다. 전력은 단위 시간당 일의 양(rate of work, 일률)이고, 와트(W) 또는 마력(horsepower)으로 측정한다.[10] 전력 방정식은 간단하다. 1초 동안 1줄(J) 만큼의 일을 하는 일률이 1와트이다. 그것을 아래의 방정식으로 표시할 수 있다.

$$1줄/초 = 1와트$$
$$1J/s = 1W$$

이러한 개념을 쉽게 이해할 수 있는 또 다른 좋은 방법은, 에너지가 석유 1리터(ℓ)나 석탄 1톤(t)과 같은 양의 개념이라는 점을 기억하는 것이다. 전력은 등급이다. 즉, 주어진 시간 동안 에너지의 흐름을 측정한 것이다. 에너지와 전력의 차이를 이해하는 데 도움이 되는 방법은, 윌프레도 로크와 아이리스 오르티즈가 안톤 루이스 지역에 있는 그들의 집에 전력을 공급하기 위해 의존했던 발전기를 떠올려 보는 것이다. 그 발전기는 4,500W의 전력 등급을 가지고 있으며, 이는 최대 용량으로 4,500W의 전력을 생산할 수 있다는 것을 의미한다. 윌프레도가 1시간 동안 발전기를 가동하면, 4,500와트시(Wh), 즉, 4.5킬로와트시(kWh)의 에너지를 생산하게 된다.

마지막으로 국제 단위계(International System of Units) 또는 SI(Système International의 약자)에 관한 초급 입문서는 단위와 해당 단위의 배수 및 약수(約數, submultiple)를 나타내는 숫자의 기호를 정해 놓고 있다. 전기 생산 및 사용 규모를 살펴볼 때 KMGT를 포함하여 몇 개의 SI 접두사를 기억하는 것이 도움이 된다.

KMGT는 킬로(kilo), 메가(mega), 기가(giga), 테라(tera)의 줄임말이다. 그것들은 각각 천, 백만, 억, 조 단위의 전력과 에너지 단위의 접두사이다. 따라서 킬로와트(kW), 메가와트(MW), 기가와트(GW), 테라와트(TW) 단위의 전력 등급에 대한 언급을 자주 보게 될 것이다. 킬로와트시(kWh), 메가와트시(MWh), 기가와트시(GWh), 테라와트시(TWh) 등 에너지 단위로 표현된 단위도 볼 수 있다. 두려워할 것 없다. 이러한 맥락으로 접두사를 표현하기 위해, 가정에서는 보통 전기를 킬로와트(kW) 단위로 사용한다는 것을 기억하면 된다. 헤어드라이어는 약 1,800W 또는 1.8kW를 사용한다.

소도시에 대한 전력 수요는 메가와트(MW)로 측정될 것이다. 대도시의 전력 수요는 흔히 기가와트(GW) 단위, 국가 수준의 전력 수요는 테라와트(TW) 단위로 측정된다. 가령 미국은 총 1테라와트, 즉 1조 와트의 발전 용량을 가진 전력망을 통해 에너지를 공급받는다.[11]

이것이 전기 입문의 전부이다. 이제 전기가 무엇인지 더 잘 이해하게 되었으니, 두 번째 질문에 대한 답을 찾아보자. 전기는 왜 그렇게 대변혁을 가져왔을까?

02
전기의 변혁적인 힘

> 우리는 부자들만이 양초를 피울 만큼
> 전기를 저렴하게 만들 것이다.
>
> - 토머스 에디슨

전기가 인류의 심오한 번영을 이끈 세 가지 이유는 조명(lighting), 전력(power), 밀도(density)이다.[1] 전기는 조명을 저렴하고, 풍부하며, 신뢰할 수 있게 만들어서 사람들이 낮과 밤을 지내는 방식을 근본적으로 바꾸어 놓았다. 전기는 즉각적인 전력 공급을 통해, 제조에서부터 도시의 교통에 이르기까지 모든 것을 변화시켰다. 마지막으로 전기는 전례 없이 에너지 흐름에 집중할 수 있는 능력을 주었다. 고도로 집중된 에너지 흐름은 도시의 높이에서부터 공장과 마이크로프로세서의 생산성에 이르기까지 모든 것을 형성해 왔다.

우선 조명을 살펴보자. 전기는 인간의 가장 오래된 적 가운데 하나인 어둠을 물리칠 수 있게 했다. 수천 년 동안 밤에도 잘 보이는 공간을 갖는 것은 매우 큰 비용이 드는 일이라, 아주 부유한 사람들만이 감당할 수 있는 것이었다. 가난한 사람들은 대개 어둠 속에 방치되어 있었으며, 어둠에 대한 막연한 두려움에 싸여, 신비주의자나 사제, 주술사만이 어둠 속에 있을지 모를 모든 사악한 것들을 물리칠 수 있을 거라고 여겼다. 만약 날이 어두워진 후에 책을 읽거나 일을 하고 싶다면, 벽난로, 횃불, 등불, 촛불 등 무언가를 태우는 것 외에 조명으로 선택할 만한 것들은 없었다.

수 세기 동안, 해가 진 이후에 사람들은 집에 머물러 있을 수밖에 없었다. 1380년 파리 거주민들에게 야간에 거리 통행을 금지하는 법령이 내려졌다. "밤에는 모든 가옥을 잠그고, 그 열쇠를 치안관에게 맡겨야만 한다. 치안관에게 정당한 사유를 제시하지 못하면, 누구도 집에 들어가거나 나갈 수 없다." 이와 비슷한 시기에 영국에서는 어두워진 후에 길을 걷는 사람은 누구나 범죄 용의자로 간주하여 즉시 체포할 수 있었다. 1467년 영국의 한 법령에는 "누구든지 정당한 권리나 이유 없이 밤 9시 이후에 거리를 활보하면, 구속되는 것이 타당하다."라고 명시되어 있다. 볼프강 시벨부시(독일의 역사학자-역자 주)는 그의 저서에서 이렇게 기술했다. "베를린, 빈과 같은 대도시에서는 19세기까지 이와 유사한 규제가 유효하게 시행되고 있었다."[2]

비용을 획기적으로 줄이고 가용성을 크게 향상하는 데 핵심적 돌파구가 된 조명의 산업화는 가로등에 이어 실내등의 연료로 쓰였던 메탄을 지방 자치 단체, 공장 및 가정 등에서 사용하기 시작한 1800년대 초반부터 시작됐다. '타운 가스(town gas)'로 알려진 메탄은 19세기에서 20세기에 이르기까지 주요한 역할을 해 왔다. 타운 가스는 석탄을 고온으로 가열하여 생산한 다음, 종종 누출이 발생하는 가스관을 통해 포집, 저장되어 사용자에게 전달되었다. 가스등은 등불이나 양초보다 값이 싸기 때문에 빠르게 고객들을 확보할 수 있었다. 1822년까지 런던은 가스등으로 세계를 선도하고 있었으며, 4개 회사가 322km의 가스관을 운영하고 있었다. 이후 수십 년 동안 영국, 프랑스, 독일에서 자체 타운 가스 시스템이 보편화됐다. 하지만 가스등의 확산에 따른 불만도 생겨났다. 한 기록에 따르면, 가스등은 "엄청난 양의 산소를 소비하면서 종종 밀폐된 방 온도를 열대 수준으로 높였다."고 한다.[3] 문학 창작자인 에드거 앨런 포는 가스등에 대하여 "집 안 전체에서 사용하기가 어렵다. 거칠고 불안정하게 흔들리는 빛은 불안한 감정이 들게 한다."라고 기술한 바 있다. 1878년, 적절한 가사 활동에 관해 영국의 한 출판물에서는 "방의 압도적이고 역겨운 영향을 느낀 사람은 거의 없다. 자유롭게 가스로 불을 밝히고 가스가 가장 필요한 때에 자주 방이 그렇게 닫힌다."라고 선언했다. 그리고 계속해서 "가스등이 그림이나 종이, 천장, 벽걸이 장식물 등에 똑같이 유해하고, 그것들을 칙칙하고 더럽게 만든다."라고 했다.[4]

가스등에는 또 다른 단점이 있었다. 매일 밤, 조명 하나하나를 직접 손으로 켜야 했다. 가스등이 들어 있는 유리 기구들은 정기적으로 청소해 주어야 했는데, 불꽃이 타는 동안에 생기는 연기로 인해 종종 탄소 침착물이 남아 있기 때문이다. 연료를 공급하는 시스템도 위험하기로 악명 높았다.

타운 가스는 종종 '가소메터(gasometers)'라고 부르는 지상 탱크에 저장되었다. 1865년 런던에서 가소메터 폭발로 10명의 노동자가 사망하는 사고가 발생했다. 이에 《타임스》는 가소메터가 공중 보건의 위험 요소이며, "인근에 사는 사람들과 이웃 건물들은 마치 화약고에 놓인 것처럼, 심각한 위험에 노출되어 있다."라는 기사를 썼다.[5]

등유와 고래기름을 연료로 사용하는 조명도 널리 활용되었다. 하지만 가스등처럼 뜨겁게 활활 타오르는 불꽃에 의존했으며, 항상 화재의 위험이 따랐다. 등불을 떨어뜨리거나 촛불을 방치하는 일은 집이나 도시의 많은 부분을 태워 버릴 수 있는 화재의 원인이 되었다. 1871년 시카고 대화재 때는 약 300여 명의 사망자가 발생했으며, 8km² 이상의 도시가 파괴됐다. 오리어리 부인의 암소가 등불을 걷어차면서 발생한 작은 화재로부터 시작되어, 무려 10만 명의 사람이 집을 잃게 된 생지옥에 관한 유명한 일화이다.[6] 아크 전등(arc light, 호광등)도 전기가 널리 보급되기 이전에 큰 인기를 끌었다. 아크 전등은 백색 고온으로 가열된 두 개의 탄소 전극 사이에 아크 방전을 발생시켜 빛을 만들어 낸다. 넓은 지역을 밝히는 것이 가능하여 가로등과 실외 지역에 아크 전등이 널리 사용되었다.[7] 그러나 열 방출률이 매우 높았기 때문에 실내에서는 실용성이 떨어졌다.

토머스 에디슨은 이전의 어떤 것보다 안전한 형태의 백열등을 발명했다. 가스등은 고장 나거나 누출되면 폭발할 수 있는 가연성 연기가 방에 가득 차기도 했다. 이 때문에 가장 먼저 백열등을 채택한 업종은 제분소, 섬유 공장, 가연성 물질을 취급하는 기타 설비 등이었다.[8] 소비자들도 에디슨의 전등에 매우 우호적이었다. 그의 조명 시스템에 대한 언론의 첫 비평은 더 열광적이었다. 에디슨의 첫 고객 중 하나인 《뉴욕 타임스》는 에디슨의 새 조명에 관하여 "지난 저녁에 단 한 번의 실험으로 할 수 있는 모든 것을 진행하였고, 수년간 야간 작업으로 눈을 심하게 혹사당하던 사람들이 전등의 장단점을 파악하기 위해 이 실험에 참여했다. 그리고 가스등과는 대조적으로, 에디슨의 전등에 대해 우호적인 의견을 전달했다."라고 보도했다.9 《타임스》도 "나사 방향으로 돌리기만 하면, 메스꺼운 냄새나 깜박거림, 눈부심도 없이 가스등보다 더 밝게 빛나고 100배 더 안정적"이라는 기사를 내보냈다.10

이러한 긍정적인 평가는 엄청난 수요를 불러일으켰다. 운영 첫날, 펄 스트리트 발전소는 에디슨의 백열등 중 1,284개에 전기를 공급하고 있었는데, 1882년 말까지 공급량이 거의 세 배나 증가했다. 1883년 10월경 중앙 발전소에는 508명의 고객이 1만 164개의 전등을 사용하고 있었다.11 전기 시스템의 확산에 따라 조명 비용은 감소했다. 『데이터로 본 세상(Our World in Data)』의 저자이자 통계학자 맥스 로저에 따르면, 토머스 에디슨이 뉴저지주 멘로파크의 실험실에서 작동 가능한 백열전구를 고안한 다음 해인 1880년의 조명 가격은 백만 루멘시(lumen-hourt, 루멘은 광량의 단위)당 약 530 영국 파운드(GBP)였다. 1900년이 되자, 가격은 236 영국 파운드까지 떨어졌다. 2000년에는 3 영국 파운드 이하로 떨어졌는데, 1880년에 비해 대략 176배나 저렴해졌다.12 오늘날 전구는 너무 저렴해져서 원가를 거의 따지지 않는다.13 매년 미국인들은 크리스마스 장식용으로만 거의 7테라와트시

(TWh)의 전기를 사용한다. 이는 알바니아와 라트비아 같은 국가의 연간 전력 소비량과 거의 같다.[14]

우리는 현재 할로겐, 백열등, 발광 다이오드(LED), 고압 나트륨, 메탈 할라이드, 세라믹 메탈 할라이드 등 많은 종류의 조명을 사용한다. 이것들은 각각 장단점이 있다. 여기서 중요한 핵심은 이것들 모두 쉽게 구할 수 있고 저렴하다는 것이다. 우리는 고민 없이, 아무렇지 않게 와트를 루멘으로 변환한다. 어둠을 정복하고 조명 비용을 절감함으로써, 전기는 근본적으로 인류 역사의 흐름을 바꾸어 놓았다.

전기가 혁신적인 효과를 가져온 두 번째 요인은 통신, 계산, 난방, 조명, 동력 등 거의 모든 분야에 즉시 전력을 공급할 수 있기 때문이다. 다른 형태의 에너지로는 불가능해도, 전력을 사용하면 속도와 제어에서 모두 정밀도를 달성할 수 있으며, 연기나 냄새 없이 매우 높은 효율로 작업할 수 있다.

전 인류 역사를 통해, 인류는 에너지를 이용하여 더 많은 일을 할 수 있도록 노력해 왔다. 쟁기를 끄는 황소 한 쌍에 부착된 안전띠가 실제 가죽과 밧줄로 고정된 장치든, 탄광에서 물을 빼내는 증기 기관 펌프든 간에 목적은 항상 같았다. 즉, 더 많은 작업을 더 빠르고 저렴하게 수행할 수 있도록 주어진 작업에 더 많은 에너지를 적용하는 것이다. 수천 년 동안 힘의 유일한 원천은 인간의 근육이나 동물의 힘, 풍력 에너지, 태양에서 유래한 바이오매스, 그리고 수차 등에서 얻을 수 있는 에너지였다.

제임스 와트는 증기 기관을 개선하여 인간이 동력을 얻는 방법을 바꾸어 놓았다. 스코틀랜드의 악기 제작자인 와트는 토머스 뉴코멘이 개발한 디자인을 개선했다. 와트는 뉴코멘의 기관이 연료의 약 95%를 낭비하고 있다고 추정했다. 와트는 외부 응축기를 추가하여 증기 기관의 효율을 개선함으로써, 강과 하천의 지리적 제약을 극복하여 산업화를 이루었다. 와트의 증기 기관은 산업과 교통 운송에서 모두 혁명을 일으켰다.[15] 19세기 초, 볼턴과 와트의 전통적 증기 기관은 약 24마력(18kW)[16]을 생산할 수 있었다. 말과는 다르게 증기 기관은 24시간 내내 가동할 수 있고, 분뇨도 없으며, 먹이도 필요하지 않아 식량이나 가용 농지를 구하기 위해 불필요한 경쟁을 하지 않아도 되었다. 와트의 증기 기관은 산업 혁명을 촉발했고, 그의 이름인 와트는 전력에 사용하는 미터법의 기준으로 오늘날까지 기억되고 있다. 1905년까지 철강업계의 거물 앤드류 카네기는 전 세계에 약 1억 5,000만 마력(111.8GW)의 증기 용량이 작용하고 있다고 추정했다.[17]

19세기와 20세기에 걸쳐, 증기 기관은 더 개선되고 발전했다. 증기 기관과 증기 터빈이 발전기를 돌려 전기 생산에 사용되면서 기술이 크게 진보하여 전기의 시대를 여는 데 직접적인 역할을 했다. 오늘날 전 세계 대부분의 발전소는 전기 생산에 여전히 고압 증기를 사용하고 있다. 또한 내연기관, 지열 발전소, 수력 발전 댐, 풍력 터빈, 태양열 집열판 등으로 전기를 생산하며, 지속적인 개선으로 점점 더 많은 전기를 더 효율적으로 생산할 수 있게 되었다. 증가하는 1차 에너지(자연으로부터 직접적으로 얻는 에너지-역자 주)를 전기로 변환함으로써 인류는 유례없이 번영할 수 있었다. 거의 모든 종류의 작업에 적용할 수 있는, 거의 무한한 양의 전력에 접근할 수 있기 때문이다.

세 번째 요인은 밀도이다. 전기는 이전에 없던 방식으로 에너지 흐름을 응집할 수 있다. 왜냐하면 우리가 소비하는 전기는 최상의 에너지이기 때문이다.[18] 1차 에너지 자원을 전기로 변환한 다음, 그 에너지를 신중하게 조정된 전압과 전류의 세기로 전선에 분배한다. 고도로 정렬된 전자의 흐름은 실상 고밀도 경량 묶음으로 응집할 수 있다는 것을 의미한다. 이는 목재, 증기 또는 내연기관의 구동축을 움직여 달성할 수 있는 것보다 훨씬 더 많은 양과 높은 밀도로 움직이는 전자의 에너지를 응집시키고 사용할 수 있게 한다.

에너지 흐름의 응집은 일할 수 있는 여건을 만들어 줌으로써, 부를 창출할 수 있다. 레이저로 각막 시술을 하거나, 컴퓨터로 데이터를 생성하거나, 대마초를 재배하는 등 어떤 일이든지 밀도 높은 에너지 흐름이 필요하다. 전기는 궁극적으로 최상의 에너지 집약체이다. 매우 작은 공간에 엄청난 양의 에너지의 흐름을 응집할 수 있다.

현대 물리학 개념에서 보면, 전기는 주어진 부피, 면적 또는 질량에서 생성되거나 이용될 수 있는 에너지 흐름의 양인 전력 밀도를 증가시킬 수 있게 한다.[19] 전력 밀도의 예시로는 제곱미터당 와트(W/m^2), 리터당 와트($W/ℓ$), 킬로그램당 와트(W/kg) 등이 있다. 전력 밀도는 우리가 수 세기에 걸쳐, 그리고 산업 전반에 걸쳐, 에너지 시스템의 출력과 입력을 비교하는 데 사용할 수 있는 공통 분모의 역할을 한다. 『폴리매스(Polymath)』의 저자이자 에너지 분석가인 바츨라프 스밀은 전력 밀도가 "모든 중요한 생물권과 인공 에너지 흐름을 평가하기 위한 핵심 분석 변수"라고 말했다.[20] 스밀은

2015년 저서 『전력 밀도(Power Density)』에서, 지난 수천 년 동안 인류는 인간이나 가축의 노동력으로 햇빛에서 만들어지는 바이오매스(곡식, 나무, 사료 등)를 얻는 농경을 통해 빈약한 에너지 흐름을 긁어모으는 방법뿐이어서 늘 굶주림과 질병의 황무지에 머물러 있었다고 했다. 스밀은 인간이 약 9,000년 동안 해 왔던 옥수수 재배든, 난로 땔감용 나무 심기든, 농경의 전력 밀도는 1m²당 약 1W에도 미치지 못했다고 결론 내렸다.[21] 특정한 농장의 생산성은 전력 밀도가 아주 낮은 수준일 뿐만 아니라 비가 오지 않거나 너무 많이 내려서 지속적으로 위협을 받아 왔으며, 해충, 강풍, 절도, 야생동물에도 매우 취약했다.

산업 혁명으로 인해, 이제는 농경의 빈약한 에너지 집합에서 벗어날 수 있게 되었다. 처음에는 석탄, 이후에는 석유와 천연가스 등 탄화수소를 사용해서 인류는 계속 더 많은 양의 전기를 소비할 수 있게 되었고, 더욱 밀도가 높은 묶음에 응집할 수 있었다. 동물력, 태양력, 풍력 대신에 공장들은 개선된 수차와 석탄 화력 증기 기관을 사용하기 시작했다. 1820년대에 주요 의류 생산업체인 메리맥은 매사추세츠주 로웰에 있는 메리맥 강가에서 직물을 만들기 시작했다. 옥양목 등 직물을 생산하는 공장은 1m²당 20W 정도의 전력 밀도를 제공하는 수차(물레방아)로 운영됐다.[22] 그 속도는 가축의 힘으로 얻을 수 있는 속도에 비해 크게 개선되었지만, 증기 기관과 전기화가 가져올 (고)밀도의 전조에 불과했다.

예를 들어, 1920년대 후반 미시간주 디어본에 있는 포드 자동차의 리버 루즈 공장의 생산 과정에는 시간당 200t의 석탄을 태우는 315MW의 현장 발전소에서 생산된 전기가 사용됐다.[23] 스밀은 리버 루즈의 전력 밀도가 1세기 전 메리맥 제조사의 수차에서 얻는 양보다 약 50배 이상 높은 1m^{2}당 약 1,000W였다고 계산했다.[24] 이 전력 때문에 포드 공장에서 수차나 증기 기관의 구동축, 벨트 또는 사슬에 의존하는 구형 도르래 구동 시스템에서는 볼 수 없었던 빠른 속도로 드릴과 기타 정밀 장비를 가동할 수 있었다. 포드의 리버 루즈 공장은 최정점에 달했을 때, 10만 명 이상의 직원을 고용했으며 49초마다 새 차를 출고했다.[25] 이러한 엄청난 수준의 생산성은 증기 기관이나 수차에 가까운 방식 대신 전기를 사용하여 포드 자동차 조립 공정의 구성 요소들을 최적의 산출을 위해 효율적으로 정렬했기 때문에 가능했다. 포드의 표현대로 전기는 "가죽 벨트와 구동축에서 산업을 해방했다."[26]

전기 덕분에 가능해진 높은 전력 밀도는 사람들을 도시로 계속해서 이주하게 만드는 촉진제 역할을 했다. 오늘날 대부분의 사람들이 도시에 살고 있고, 그 도시에 사는 모든 사람은 일상생활의 동력으로 전기를 사용한다. 전력 밀도의 중요성은 록펠러 센터를 보면 알 수 있다. 맨해튼 미드타운에 있는 이 상징적인 초고층 건물들의 집합체는 약 10만 3,600m^{2}의 표면적을 차지하고 있다. 맨해튼 중심부에 서비스를 제공하는 전력회사 콘 에디슨(Con Edison)의 1999년 보고서에 따르면, 록펠러 센터의 여러 건물에서 발생하는 전기 부하는 약 93MW에 달한다.[27] 따라서 록펠러 센터의 모든 건물의 평균 전력 밀도는 1m^{2}당 900W 가까이 된다. 이러한 전력 밀도는 여러 마리의 말이나 증기 기관만으로는 결코 달성할 수 없다. 이는 전기에서 얻는 고도로 정렬된 에너지로만 가능하다.

록펠러 센터의 초고층 건물에서 분명히 알 수 있는 전력 밀도의 중요성은 컴퓨터를 운영하는 마이크로칩에서도 볼 수 있다. 가령 첨단 마이크로 장치의 최신 마이크로프로세서 중 하나인 페넘(Phenom) II X940은 설치 공간이 12.25cm^{2}이고, 45W의 전력을 소모한다. 마이크로프로세서를 1m로 확장하여 크게 만들면, 1m^{2}당 3,672W의 전력 밀도를 가지게 되는데, 이는 포드 사의 리버 루즈 공장에서 나타나는 전력 밀도의 약 4배에 달한다.

레이저는 다른 형태의 에너지로는 결코 수행할 수 없는 일을 전기에서 얻는 전력 밀도로 얼마나 잘 해낼 수 있는지를 보여 주는 가장 좋은 예시 중 하나이다. 예를 들어, 캐나다 물리학자 폴 코쿰과 같은 과학자들은 일상적으로 1m^{2}당 10^{18}W의 전력 밀도에 달하는 레이저를 사용한다.[28] 이를 숫자로 적어 보면, 1,000,000,000,000,000,000W로 쓸 수 있다. 고주파 간섭 및 초음파 분광학 분야에서 일하는 코쿰은 믿기 어려운 매우 높은 전력 밀도를 사용하여, 전자를 촬영할 수 있는 고강도 초단파 광펄스를 만든다. 물론 이미 수술, 문신 제거, 광섬유를 포함하여 다양한 분야에 레이저를 사용하고 있다.[29]

2000년에 미국 공학한림원(NAE, National Academy of Engineering)는 20세기의 가장 위대한 공학적 업적을 선정했는데, 그중 전기화(electrification)가 1위였다. 그뿐만 아니라 전자공학, 컴퓨터, 에어컨, 건강 기술, 레이저, 가전 제품에 이르기까지 20개 업적 중 13개가 전력의 이용과 직접 관련이 있다. 그 밖에 자동차, 비행기, 급수, 농업 기계화 등 목록에 있는 모든 품목도 전력의 이용에 의존하고 있다.[30] 여기서 중요한 점은 이 모든 기술이 인간을 더 오래, 더 자유롭게, 더 풍요롭게 살 수 있게 도와준다는 것이다.

[표 1] 미국 공학한림원(NAE)이 선정한 20세기 가장 위대한 공학적 업적 20가지

전기화	고속도로
자동차	우주선
비행기	인터넷
급수 및 분배	영상(Imaging)
전자공학	가전 제품
라디오와 텔레비전	건강 기술
농업 기계화	석유와 석유화학 기술
컴퓨터	레이저와 광섬유
전화	원자력 기술
에어컨과 냉장고	고성능 소재

전기의 혁신적인 힘은 수많은 학술 논문의 주제가 될 만큼 관심이 뜨겁다. 2014년, 튀르키예(Türkiye)의의 두 연구자 일마즈 바야르와 하산 알프 외젤은 전기와 경제 성장에 관한 약 24편의 논문을 분석하였고, 그 결과 "전기 소비와 경제 성장 사이의 단방향 인과성"을 발견했다. 즉, 전기 소비가 경제 성장을 주도한다는 것이다.[31]

전기가 경제를 주도하는 한편, 부가 증대될수록 전기 소비 역시 증가한다는 사실도 분명하다. 매우 일리 있는 말이다. 사람들이 부유해질수록, 더 많은 전자 제품을 구매할 여유가 생겨 더 많은 전기를 소비하게 된다.

예를 들어, 전기를 새로 설치한 집은 무엇보다 우선 냉장고와 전등을 구매하게 된다. 그런 다음 어쩌면 에어컨과 전기 난로를 구매할 수도 있다. 에너지 작가 로저 앤드루스는 2015년 연구에서, 부와 전기의 양방향 효과에 대해 논의한 바 있다. 이 연구에서 그는 개발도상국의 경우, "부는 전기를 창출하고 그 반대의 경우는 그렇지 않다. 그러나 한번 부를 얻은 국가가 전기 없이 부를 계속해서 유지할 수 없다는 점에는 의심의 여지가 없다. 전기가 없으면 부도 함께 사라진다."[32]

카라치 대학의 두 학자가 2010년에 발표한 또 다른 논문에서는 방글라데시, 인도, 파키스탄의 '에너지 소비와 경제 성장의 인과 관계'를 연구했다. 이 연구는 1971년과 2008년 사이의 데이터를 분석하여 이루어졌다. 특별히 전기에 초점을 맞추지는 않았지만, 저자인 카시프 임란과 마수드 마슈코어 싯디퀴의 결론은 명확했다. "경제 성장과 경제 활동의 엔진 역할을 하는 에너지는 에너지 소비 변화에 영향을 받을 것이다. … GDP는 기본적으로 에너지에 의해 결정된다."[33]

전기 사용과 인간 건강, 경제 성장 사이의 밀접한 상관 관계는 국제 투자 은행가들이 전기 소비를 경제 활동의 척도로 채택할 정도로 명백해졌다. 중국 경제가 휘청거리던 2000년대 후반, JP모건체이스 등 투자 은행의 주식 분석가들은 중국의 전기 생산 자료를 산업 생산량의 대용 지표로 활용했다.[34] 중국에 적용된 것은 대체로 세계 경제에도 맞게 적용된다. 전기 소비와 경제 성장의 상관 관계는 다음 60쪽의 그림에서 잘 나타나는데, 이 그림에서 두 지표가 거의 일치하여 수십 년 동안 나란하게 움직이고 있다는 것을 볼 수 있다.

글로벌 GDP와 전기 소비량(1980~2014년)

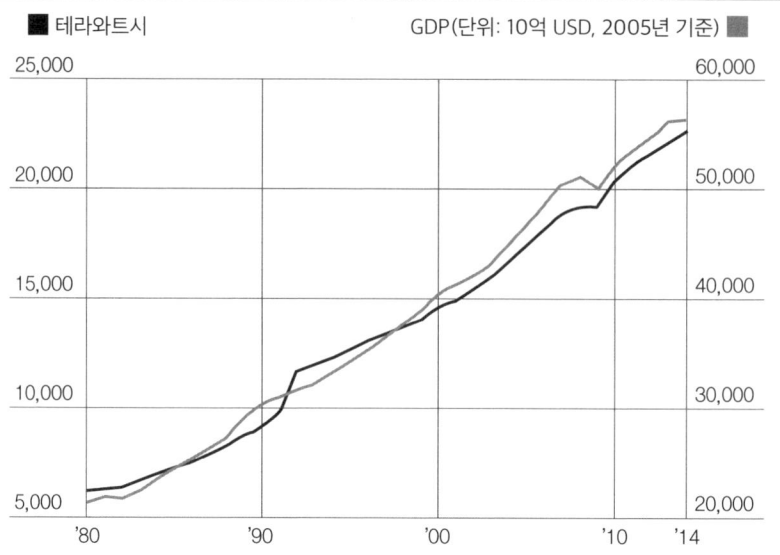

출처: humanprogress.org, 미국 에너지 정보국(EIA)

전기 소비와 부가 어떻게 서로 얽혀 있는가를 살펴보는 또 다른 방법은 야간의 광도, 즉 한 지역에서 야간에 방출되는 빛의 양을 살펴보는 것이다. 2010년 예일대 경제학자인 윌리엄 노드하우스는 지구 궤도를 도는 인공위성이 촬영한 영상으로 측정한 야간 광도가 개인 소득과 밀접한 관련이 있다는 논문을 발표했다. 2018년 노벨 경제학상을 받은 노드하우스는 광도가 특별히 부유한 국가들을 분석하는 데에는 효과적이지 않다고 판단했다. 그러나 종래의 통계 정보를 쉽게 구할 수 없는 개발도상국의 부를 분석하는 데에는 유용하다.[35] 2012년에는 「우주에서 경제 성장 측정

(*Measuring Economic Growth from Outer Space*)」이라는 논문을 발표한 전미경제연구소(NBER, National Bureau of Econonic Research)의 세 연구원은 이와 유사한 기법을 사용했다. 이 논문은 야간 광도가 "장기간에 걸친 GDP 성장에 매우 유용한 대용물로 활용되며, 성장의 단기적 변동을 추적할 수 있다."라고 결론 내렸다.[36]

물론 전기 소비와 부의 상관 관계를 살펴보기 위해 지금 위성 사진을 들여다볼 필요는 없다. 이는 세계은행의 소비 수치로 알 수 있다. 2014년 아이슬란드, 노르웨이, 바레인, 캐나다, 카타르의 1인당 전기 사용량이 세계에서 가장 높았으며, 5개국 모두 세계에서 가장 부유한 국가에 속했다. 반대로 아이티, 가자, 남수단, 니제르, 에티오피아, 탄자니아 등과 같이 전기 소비가 극도로 낮은 국가는 세계에서 가장 가난한 지역에 해당한다.[37]

여기서 중요한 점은 전기 사용 증가가 경제 성장을 촉진하고, 결국 인간에게 더 나은 생활 환경을 가져다 준다는 것이다. 전기 사용은 개인과 사회의 건강과 부, 혹은 빈곤을 가늠하는 신뢰할 만한 지표이다. 국제 에너지 기구(IEA)는 전기를 "인류 발전의 핵심"이라고 규정하면서, 전기 사용은 "한 나라의 에너지 빈곤 상태를 나타내는 가장 명확하고 왜곡되지 않은 지표 중 하나"라고 하였다. 다시 말해서 전기는 경제 성장을 이끌고, 경제 성장은 전기 사용을 증대시킨다. 이는 사람들이 빈곤에서 함께 벗어날 수 있도록 도와준다.『빈곤의 경제학(The Bottom Billion)』의 저자인 폴 콜리어(영국 옥스퍼드 대학교 경제학과 교수이자 아프리카 빈곤 전문가 - 역자 주)는 "왜 가난한 국가들은 실패하고 있으며, 이에 대해 무엇을 할 수 있는가?"라는 물음

에 대해 "성장은 만병통치약이 아니다. 하지만 성장 부진은 전멸이다."라는 유명한 말을 남겼다.[38]

어쩌면 전기가 왜 그렇게 혁신을 일으키는지 이해하는 가장 쉬운 방법은 인류의 가장 위대한 발명 중 하나인 도시를 살펴보는 일일 것이다.[39]

03
수직 도시

> 마침내 도시는 환하게 밝아졌고, 우리는 눈앞에서 성공을 확인했다.
> 밤이 즐거워졌다. 거리와 상점은 사람들로 붐볐고,
> 150칸델라의 대형 전등들은 촛불보다 두 배 정도 밝게 빛을 내고 있었다.
> 불빛 가까이 갈 때 생길 수 있는 위험에도 아랑곳하지 않고,
> 마을 사람들은 나와 함께 기뻐했다.
>
> - 윌리엄 스탠리, 전기 산업 개척자[1]

1882년 토머스 에디슨이 로어 맨해튼에서 최초의 상업용 전력 회사인 '일렉트릭 에이지(Electric Age)'를 설립했을 당시만 해도, 뉴욕시는 보잘것없고 누추한 도시였다. 84m 높이의 브루클린교 주탑이 시내에서 가장 높은 구조물이었다. 토목 기술자 존 로블링이 설계한 이 거대한 다리는 13년 동안이나 공사 중이었고, 마침내 완공을 눈앞에 두고 있었다.[2] 에디슨과 그의 직원들은 255번지와 257번지 사이에 있는 발전소에서 동쪽으로 몇 블록 떨어진 이 역사적인 다리의 공사가 진척되는 것을 보고 있었다.

여느 때처럼 뉴욕 거리에는 동물의 배설물과 소변 냄새가 진동했다. 말

들과 마차와 전차 등이 뒤엉켜 도로는 어수선했다. 공장과 인쇄소, 그리고 다른 산업에 전력을 공급하는 수많은 석탄 화력 증기 기관이 내뿜는 매연으로 공기는 오염됐다. 도시 안에는 집, 사무실, 공장 내부, 가스등이 발산하는 열기와 유독 가스로 가득 차 있었다. 가스 연결이 어려운 지역은 등유 램프에 의존했다.

브로드웨이 120에 있는 에퀴터블 생명보험(Equitable Life Assurance) 건물이 이 도시의 첫 번째 고층 빌딩이었다.[3] 에디슨의 발전소에서 서쪽으로 약 0.8km 떨어진 곳에 있는 이 에퀴터블 빌딩은 높이가 40m로, 이전의 모든 상업용 건물보다 거의 두 배나 높았다. 1870년에 완공된 이 건물은 내화(fire proof) 시공을 한 건축물로 알려졌고, 철골 구조에 5대의 증기 동력 엘리베이터를 갖춘 10개 층으로 만들어졌다. 엘리베이터를 타고 옥상 전망대를 방문하기 위해 관광객들이 몰려들었는데, 이곳에는 뉴욕시 기상청도 자리하고 있었다.[4] 대부분의 뉴욕 시민은 이 빌딩 높이의 절반도 안 되는 낮은 건물에서 일하며 살았기 때문에, 이 에퀴터블 빌딩에 경탄했다.

모든 인류 문명에서 빌딩의 높이는 계단을 오르는 사람들의 의지에 따라 좌우되었다. 계단으로 두세 층 오르는 것은 나쁘지 않았으나, 4~6층 이상의 건물은 실용적이지 않았다. 식료품 한 무더기와 큰 소리로 우는 갓난아기를 안고, 네다섯 층의 가파르고 어두운 계단을 오르는 것은 정말 힘든 일일 것이다.

로어 맨해튼 지역의 일부를 전기화함으로써, 에디슨은 수직 도시(vertical city)의 급성장을 불러왔다. 실제로 약 2.59km^2 규모의 로어 맨해튼 지역에서 일렉트릭 에이지와 초고층 빌딩은 거의 동시대에 거의 같은 장소에서 건축됐다.[5] 그곳에서 에디슨, 니콜라 테슬라, 조지 웨스팅하우스 등이 모여 전력망의 현대적인 모양과 구성을 개척해 나갔다. 그러나 에디슨을 위해 일했던 테슬라처럼, 잘 알려지지 않은 또 한 명의 남성 발명가 역시 도시 환경에 기념비적인 업적을 남기게 되는데, 그 남성의 이름은 프랭크 줄리안 스프래그였다.

교류(AC) 발전기를 발명한 천재 세르비아인 테슬라에 비해 스프래그는 잘 알려지지 않았다. 또한 전기 생산자가 전선에 전달되는 전압을 높이거나 낮출 수 있게 만들어 주는 장치인 변압기[6]를 상용화한 독창적인 산업 전문가 웨스팅하우스만큼 유명하지도 않았다. 다시 말해서 테슬라, 웨스팅하우스, 에디슨, 이 세 사람은 세간의 관심을 많이 받았다. 그런데 에디슨의 전력망에 설치되는 전기 모터를 최초로 개발한 사람은 바로 스프래그였다. 계속해서 그는 전기 모터를 전차, 지하철, 철도에 적용함으로써 도시의 교통 체계를 전기화했다. 스프래그는 사상 처음으로 펄 스트리트에 있는 에디슨의 중앙 발전소에서 북서쪽으로 약 800미터 정도 떨어진 브로드웨이 253번지 건물에 전기 엘리베이터 한 세트를 설치했다. 이는 도시를 근본적으로 바꿀 수 있는 기술이었다. 전기 모터, 전철, 전기 엘리베이터를 개발한 그는 인간이 사는 방식과 사는 곳을 근본적으로 변화시켰다.

뉴욕 록펠러 대학의 인간 환경을 위한 프로그램 책임자인 제시 오스벨은 "전기는 우리로 하여금 현대적인 도시를 갖게 해 주었다."라고 말한다.

평생 뉴욕에서 거주했던 오스벨은 전기화가 "도시의 구조, 지리, 기하학을 완전히 변형시켰다."라며 전력의 중요성에 대해 간략하게 서술했다. 더 나아가 "2000년 전 로마에는 100만 명의 사람이 있었으나, 도시의 본질은 수백, 수천 년 동안 변함없이 유지됐다."라고도 하였다. 오래되고 거대한 모든 도시의 한계는 "베이징이나 바그다드, 로마나 카이로든 간에" 약 100만 명이 최대였다. 그는 전기화 이후에 도시가 "놀랍게도 3차원으로 더 확장해 나아갈 수 있게 되었다."라고 했다. 전기만 있으면 "이 도시에는 100만 명이 아니라 200만, 300만, 500만, 1,000만 명도 살 수 있다."

오스벨은 이어, "기본적으로 높이는 전기와 밀접하다."라고 말했다. 즉, 빌딩의 높이가 높을수록 우리가 사용할 수 있는 에너지의 종류는 더 제한적이다. 1층짜리 건물에서는 "건초나 나무 장작 같은 것으로 열이나 다른 형태의 에너지를 만드는 것이 큰 문제가 되지 않는다. 하지만 10층짜리 건물이라면, 나무와 건초가 잘 타지 않는다."

수직 도시(vertical city)의 출현을 촉진한 요인들은 수없이 많다. 그러나 전기 연료 수송의 약속을 현실화시킨 것은 스프래그의 대담하고, 추진력 있으며 독창적인 실천이었다.

1857년 7월 25일, 코네티컷주 밀퍼드에서 태어난 프랭크 줄리안 스프래그는 어릴 때부터 많은 고생을 하며 자랐다. 어머니는 그가 8세 때 돌아가셨으며, 그로부터 몇 달 지나지 않아 프랭크와 그의 형 찰스는 아버지로부터 버림을 받았다. 그들은 매사추세츠주 노스 애덤스에 살던 엘비라 벳시 안 스프래그 숙모에게 맡겨졌다. 1874년 프랭크는 해군사관학교에 입학하게 되었는데, 당시 이 대학은 가장 우수한 대학 중 하나로 손꼽혔다. 해군 장교 후보생들은 항해술과 기하학을 포함해서 매우 다양한 주제에 대한 교육을 받았다. 스프래그의 전기 작가가 기술하고 있듯이, 해군사관학교 생도들은 "구체적이면서도 추상적이고, 무엇보다도 체계적으로 생각하는 법을 배웠다." 이런 훈련 기술은 스프래그가 나중에 성공하는 데 중요한 밑거름이 됐을 것이다. 1878년에 그는 졸업생 50명 중 7등으로 졸업했고, 수학, 물리학, 화학 분야에서 최고 등급의 영예를 차지했다. 그는 나중에 아나폴리스(해군사관학교 소재지)에 있는 동안, "수학적 감각, 특히 조선공학과 물리학 감각을 키울 수 있었다."라고 회상하기도 했다.[7]

스프래그는 에디슨과 함께 일하기 위해 해군에서 조기 전역했다. 이 위대한 발명가와 함께 일하게 된 첫날은 브루클린 다리가 개통되던 바로 그날(1883년 5월 24일)이었다.[8] 에디슨은 즉시 그에게 펜실베이니아주 선버리와 매사추세츠주 브록턴에 새 전력망을 설치하는 일을 감독하게 했다.[9] 스프래그는 주어진 전력망의 수요를 충족시키는 데 필요한 배선의 크기를 결정할 수 있는 수학적 계산법을 에디슨의 직원들에게 시연하여 처음부터 자신의 가치를 입증했다.

스프래그의 기술 교육과 수학 기술은 끝없이 실험을 반복하는 에디슨의 방식과는 뚜렷한 대조를 보였다. 스프래그는 에디슨의 운영 방식에 감명받았지만, 만족스럽지는 않았다. 그의 야망은 산업과 교통을 위한 전기 모터를 개발하고 보급하는 것이었다. 뉴욕시의 전기화에 관한 뛰어난 역사가이자, 2013년 출간된 『뉴욕 전력(New York Power)』의 저자인 조셉 커닝햄은 스프래그가 에디슨과 같이 일하는 동안, "실용 모터의 가치를 분명하게 깨달았다."라고 적었다. 하지만 에디슨은 모터 개발보다는 조명에 집중했다.

1884년 4월, 에디슨과 함께 일한 지 불과 11개월 만에 스프래그는 '상당한 위험'을 안고, 독립을 결심했다. 그것은 과소평가였다. 에디슨의 회사를 퇴사할 때 그는 26세였고, 뉴욕에 온 지 얼마 되지 않았으며, 돈도 거의 없었다. 에디슨의 회사에서 받은 연봉은 2,500달러(2018년 기준 6만 8,000달러)에 불과했다. 가장 유명하고 성공적인 세기의 발명가 곁을 떠나는 것은 스프래그가 향후 20년 동안 직면할 숱한 모험 중 하나였다.

스프래그는 때때로 자신의 발명품을 상품화할 자금이 부족했을지 모르지만, 능력과 지성에 관한 자신감은 절대 부족하지 않았다. 스프래그 이전에는 전기 모터라는 것이 대체로 이론에 불과했다. 에디슨과 다른 이들은 발전기를 거꾸로 작동시켜 모터를 만들었다. 즉, 전류를 생산하기 위해 발전기에서 회전자를 돌리는 것이 아니라 전류를 발전기에 공급하는 방식이었다. 멘로 파크 실험실에 방문한 사람들은 에디슨이 만든 소형 열차를 타 보고는 열광했다. 선로는 약 1.6km 정도의 길이였고, 전기 레일을 통해 열차에 동력을 공급했다. 이 열차는 시속 64km의 속도를 냈지만, 적절한 모터가 없었다. 대신 역회전하는 발전기를 이용했다. 이러한 배치는 작동하는 데는 문제가 없지만, 발전기의 설계 목적에는 맞지 않았다.

스프래그에게 드디어 기회가 찾아왔다. 주요 투자자들은 자신감에 찬 그의 모습에 매료됐는데, 그중 한 명이 바로 에디슨의 초기 후원자였던 에드워드 히버드 존슨이었다. 존슨의 지원으로 스프래그는 자체 작업장을 만들어 직류(DC) 전동기를 설계, 제작하기 시작했다. 몇 달 후, 1884년 9월 필라델피아 전기 박람회에서 그는 몇 개의 시제품을 선보였다.[10]

커닝햄이 기술했듯이, 스프래그의 모터는 "폭풍처럼 산업을 뒤흔들었다." 그 전동기들은 작지만 강력했으며, 불꽃은 아주 조금, 거의 튀지 않고 일정한 속도로 작동했다. 에디슨 자신도 스프래그의 발명품을 가리켜, "진정한 의미의 유일한 모터이다. 다른 건 발전기를 모터로 바꾸었을 뿐이다. 그의 기계는 항상 같은 속도를 유지하며, 작업량에 따라 변하지 않는다."[11]라며 지지했다. 한동안 스프래그의 모터는 에디슨의 뉴욕 전력망에서 유일하게 운영이 허용되었다. 섬유 생산업체와 제조업자들은 스프래그의 제품을 간절히 원하는 고객 중 하나였다. 새로운 사업을 시작한 지 1년도 안 되어 스프래그는 3,000대의 모터를 판매했다. 10년이 지나지 않아 스프래그와 다른 회사들이 생산한 47종의 전기 모터는 "크레인, 엘리베이터, 공작 기계 및 기타 장비에 적용되었다."[12]

모터가 매우 큰 성공을 거두었지만, 스프래그는 모터를 크레인과 엘리베이터, 그리고 직조기에 넣는 것만으로 만족할 수 없었다. 그는 교통수단의 전기화를 시도했는데, 거기에는 많은 이유가 있었다. 1880년대까지 뉴욕을 비롯한 혼잡한 도시들은 말이 끄는 수레를 대신할 교통수단을 찾기 위해 필사적이었다. 하루에 약 40여 마리의 말이 뉴욕시의 거리에서 사고로 희생되거나 미끄러운 조약돌이 박힌 거리에서 미끄러져 다리가 부러지거나 과로사하고 있었다.[13] 수레를 끄는 말의 평균 수명은 2년 미만이었다.[14] 그 말 무리들이 수백 톤의 대변과 수만 리터의 소변을 도로에 뿌리고 있었기 때문에 도시의 공터에는 많은 배설물이 심한 악취를 내며 쌓여 있었다.15 이 거름은 질병을 옮기는 파리 떼의 서식지가 되어, 장티푸스나 다른 건강 문제를 만드는 원인으로 지목되어 비난을 받았다. 건조한 기후일 때는 도시의 먼지와 뒤섞여 악취가 심하게 나는 성가신 존재였다. 폭우가 내리면, 배설물은 진흙과 섞여 여기저기 들러붙는 끈적한 오염 물질이 되었다.

스프래그는 전기 모터가 더 빠르고, 저렴하며, 깨끗한 도시 교통수단을 제공할 수 있다는 것을 알고 있었다. 1884년 필라델피아에서 모터를 선보인 직후, 스프래그와 존슨은 '스프래그 일렉트릭 레일웨이 앤드 모터(Sprague Electric Railway and Motor)'를 설립했다. 그 후 몇 달 동안, 그는 그가 말한대로 전기 철도 계획의 골자를 수립하고 뉴욕에서 시제품 실험을 시작했다. 스프래그는 미국의 대부호 중 한 명인 금융가 제이 굴드가 관장하는 맨해튼 고가 철도가 자신의 첫 고객이 되기를 바랐다. 당시 제이 굴드는 가장 비난받는 사람 중 한 명이기도 했다. 1869년 굴드와 또 다른 금융가 짐 피스크는 미국의 금 시장을 독점하려다 실패했는데, 그들 때문에 주식과 농산물의 가격이 폭락했다.16 굴드는 2·3·6·9번가의 고가 철도 노선을 운행하는 맨해튼 고가 철도 회사의 지분을 상당히 많이 소유하고 있었는데, 이 노선들 모두 증기 기관차를 이용했다.17 증기 기관차는 주요 운송 수단으로 활용됐지만, 지저분하고 시끄러웠기 때문에 뉴욕 시민들로부터 외면받고 있었다. 그리고 높은 선로에서 운행하는 탓에, 종종 불꽃과 석탄 가루가 선로 아래의 보행자들에게 쏟아지기도 했다.

스프래그는 굴드에게 이 기술을 증명할 기회를 얻었다. 그러나 열차 시제품 차량 중 하나를 운행하던 중, 컨트롤러의 전류를 역전시키는 과정에서 갑자기 큰 폭발음과 함께 불꽃을 일으켜, 시연은 형편없이 끝이 났다. 그 폭발에 깜짝 놀란 굴드는 열차에서 뛰어내리면서 벌컥 화를 내고 자리를 떠났다. 뉴욕에서 자신의 기술력을 증명할 수 없었던 스프래그는 1887년 5월 버지니아주 리치몬드에서 전기 철도 시스템 설치 계약을 맺었다. 하지만 이 거래는 분명히 위험한 계약이었다. 리치몬드 연합 여객 철도는 스프래그에게 11만 달러(2018년 기준으로 약 310만 달러)를 지급하는 조건을 내걸었지만 40대의 열차, 80개의 모터와 28만 와트(375마력)를 생산하는 중앙 발전소 등 전체 시스템이 한꺼번에 만족스럽게 운영된 것은 단 한 번뿐이었다. 따라서 스프래그는 에디슨의 펄 스트리트 발전소(정격 60만 와트)의 절반 정도 규모의 발전소를 건설하기로 계획했다. 여기에는 에디슨이 달성한 것에 비해 훨씬 더 복잡한 설계 공정이 뒤따랐기 때문에 스프래그의 전력망은 단순히 조명에 전기를 제공하는 것 이상을 해야만 했다. 그는 수십 명의 사람이 타야 할 무겁고 움직이는 열차에 동력을 공급할 수 있는 전력망을 구축할 필요가 있었다. 따라서 매우 가변적인 하중을 견뎌낼 만큼 충분히 강하고 내구성이 있는 모터를 개발해야 했다. 어떻게든 모터를 객차에 장착하고, 움직이는 차량에 연속적으로 동력을 공급할 수 있는 시스템을 설계해야만 했다. 더구나 이 모든 일은 안전하면서도 비용을 절감하며, 촉박한 마감 시일 안에 완료할 수 있다는 것을 증명해야 했다. 뒷날 스프래그는 이 리치몬드 시스템 계약을 두고, "현명한 사업가라면 일반적으로는 수용하지 않을 것"이라고 평가하기도 했다. 철도 시스템이 제대로 작동하지 않으면, 그것은 "절망과 재정적 파탄"을 의미할 것이다.[18]

이 사업의 초기에 스프래그는 리치몬드 시스템의 밑그림만 가지고 있었다. 높은 위치에 전선을 설치하는 오버헤드 와이어 시스템부터 모터를 차축에 장착하는 방법까지, 필요한 모든 것을 직접 설계하고 시험하고 배치해야 했다. 설상가상으로 리치몬드는 이 시스템을 시험하기에 최악의 장소였다. 이 프로젝트를 시작한 직후, "심각한 문제가 발견됐다. 가파른 경사와 급격한 굴곡이 많은 리치몬드의 지리적 조건, 그리고 비포장도로와 진흙 토양은 전통적인 기술로 비싸게 운영할 수밖에 없는 '말 살해자(horse killer)' 같은 길이었다."[19]

스프래그의 일대기가 훌륭하게 집필된 『전기 견인차의 탄생(The Birth of Electric Traction)』에서 작가 프랭크 로섬 주니어가 설명하듯이, 리치몬드의 거리는 모든 단계마다 이 위대한 발명가에게 도전이 되었다.[20] 그러나 스프래그에게는 기계에 대한 천재성과 이 기계들을 만들고 수리할 수 있는 도구들이 있었다. 로섬의 표현대로, 스프래그는 "기계가 자신을 위해 작동하기를 바라는 사람이었다. 그는 우아하고 단순한 디자인을 원했고, 멈추지 않고 작동하는 메커니즘 배열을 본능적으로 잘 알고 있었다."[21] 열심히 일하는 재능과 적성에도 불구하고, 스프래그와 그의 팀은 탈선과 모터 전소를 비롯한 무수한 실패를 견뎌 내야만 했다. 실패가 반복되자 돈이 많이 들었고, 마감일을 놓치기 일쑤였다. 철도 소유주들은 9만 2,000달러로 최종 계약 가격을 인하하라고 요구해 결국 관철했다. 그러나 스프래그와 기술자 및 공학팀은 최선을 다했으며, 계약을 수주한 지 불과 1년 만인 1888년 5월, 리치먼드 유니온 여객 철도를 성공적으로 완공했다. 스프래그의 철도 차량은 총 1만 7,700km를 주행하고 있으며, 주당 약 4만 명의 승객을 운송하고 있었다. 철도 소유주는 크게 감동했다. 공사비를 완불한 후, 새로운 철도는 매달 약 6,000달러씩 벌어들였다.[22]

리치먼드에서 시스템을 완성함으로써 스프래그는 세계 최초로 상업용 전기 철도 전체를 설계하고 건설했으며, 성공적으로 완성한 인물이 되었다. 리치먼드의 성공은 유사한 시스템을 전 세계에 보급하는 데에도 도움이 되었다. 그뿐만 아니라 스프래그가 리치먼드 시스템을 위해 처음 개발한 설계, 모터를 전차의 차축과 차량 틀에 장착하는 방식은 전 세계 전철과 철도 시스템의 표준이 되었다.

스프래그는 승객들을 수평적으로 이동시키는 데 전기 모터를 사용하는 방법을 개발한 다음에, 하늘 방향으로 수직 이동하는 것에 관심을 두었다. 1892년에 그는 스프래그 일렉트릭 엘리베이터(Sprague Electric Elevator Company)를 설립했다. 이 새로운 사업은 포스탈 텔레그래프 케이블(Postal Telegraph Cable Company)이 맨해튼 남부 브로드웨이 253번지에 초고층 빌딩을 짓기로 결정하면서, 그에게 새로운 도전을 할 수 있는 첫 번째 기회가 생겼다. 1883년에 설립된 포스탈 텔레그래프(Postal Telegraph)는 그 시대에 가장 빠르게 성장하는 기업 중 하나였으며, 제이 굴드가 영향력을 미치던 웨스턴 유니온(Western Union)의 핵심 경쟁자로 빠르게 부상 중이었다. 새 건물은 이 도시에서 가장 높은 건물 중 하나였으며, 설립된 지 얼마 안

프랭크 스프래그는 1892년 포스탈 텔레그래프 빌딩의 엘리베이터 설치 계약을 수주했다.
출처: Cassier's Magazine II(1892년 5월~10월)는 위키 미디어 커먼스에서 이용할 수 있음.

된 포스탈 텔레그래프가 막강한 웨스턴 유니온과 경쟁할 수 있다는 것을 상징적으로 잘 보여 주었다. 그 계약을 수주하기만 하면 큰 명성을 누릴 수 있었기 때문에, 엘리베이터 계약 경쟁은 치열했다. 당시 엘리사 오티스 엘리베이터가 유압식 엘리베이터로 시장을 장악하고 있었음에도 불구하고 스프래그 일렉트릭 엘리베이터가 이 계약을 따냈다.

스프래그의 새 회사는 이 계약으로 6대의 엘리베이터를 설치하게 되었다. 그중 2대는 고속 엘리베이터로 설치될 예정이었고 나머지 4대는 층마다 정지하는 운행 서비스를 제공할 예정이었다. 계약 원청은 스프래그의 전기 엘리베이터가 유압식 엘리베이터 정도의 속도를 내거나 그 이상의 속도를 낼 수 있게 해 달라고 요구했다. 게다가 유지 보수가 덜 필요하고, 공간을 덜 사용할 수 있게 해 달라고 하였다. 리치몬드 철도 계약과 마찬가지로, 이 계약도 위험할 정도로 일방적이었다. 만약 스프래그가 약속한 대로 엘리베이터가 작동하지 않는다면, 설치된 전기 엘리베이터를 자비로 철거하고 유압식 엘리베이터로 교체한다는 내용이 계약서에 명시되어 있었다. 따라서 스프래그는 디자인, 시험, 설치 등 필요한 모든 것을 처음부터 해야만 했다. 만약 그가 실패한다면, 경쟁사보다 모든 면에서 완전히 뒤떨어지는 엘리베이터 시스템을 판매했다는 것을 의미했다. 이런 위험에도 불구하고, 그는 1892년 10월 8일, 포스탈 텔레그래프 빌딩에 전기 엘리베이터를 설치하는 계약에 최종 사인을 했다.[23]

그 후 2년 동안, 스프래그와 그의 팀은 수십여 가지 문제를 해결하기 위해 노력했다. 가장 해결하기 어려운 것 중 하나는 엘리베이터가 갑작스럽게 흔들리지 않고 부드럽게 작동하게 하는 것이었다. 당시 마차 이용객들은 마차가 갑자기 멈추거나 출발하는 것에 익숙해서, 말이 넘어지거나 갑자기 출발하는 경우를 대비하여 손잡이를 꽉 붙들고 마차 밖으로 떨어지지 않도록 조심했다. 그들은 마차 주변의 교통량과 말 고삐를 끌어당기는 것을 보며, 충돌이나 갑작스러운 출발을 먼저 예상할 수 있었다. 그러나 엘리베이터 승객들은 무슨 일이 일어날지 예측할 방법이 없었다. 시각적이거나 청각적인 정보를 얻을 만한 말들도, 경계표도, 교통량도 없었다.

스프래그는 인내심을 갖고 수많은 실험과 개발 과정을 거쳐 마침내 엘리베이터의 돌발 기동과 정지 문제를 해결했다. 또한 자동으로 바닥을 정렬해 주는 시스템과 엘리베이터의 중심이 흐트러졌을 때 자동으로 멈추게 하는 '자가 중심 운전 제어 장치', 이른바 '데드맨 제어(dead-man's control)'로 알려진 메커니즘을 포함하여, 수직 운송에서 발생할 수 있는 여러 가지 중요한 문제점을 개선했다.[24] 1894년 포스탈 텔레그래프 빌딩이 완공되었을 때, 스프래그의 엘리베이터는 완벽하게 작동했다. 그는 기존의 전기 기반 시스템 문제를 잘 해결하여 "엘리베이터가 가지고 있는 관행을 탈피한 혁신적 출발점"이며, 이 새로운 엘리베이터는 "공간 사용, 속도, 동작의 용이성, 안전성, 그리고 운영 비용 등 경제적 측면에서, 우리뿐만 아니라 건축 위원회가 인정하듯이 우리의 기대를 훨씬 능가한다."라는 찬사를 받았다.[25]

왼쪽 ▶ 1893년 포스탈 텔레그래프의 건축물 사진: 이 고층 건물 옆 다른 건물의 높이가 대부분 4~5층이란 점이 주목할 만하다.
오른쪽 ▶ 2017년 당시 포스탈 텔레그래프 빌딩 사진
출처: 모스 킹(1893), 킹스 핸드북: 미국 대도시의 개략적 역사와 설명, 보스턴. 위키미디어 커먼즈에서 이용할 수 있음, 저자 제공

스프래그가 포스탈 텔레그래프 빌딩에 설치한 첫 번째 엘리베이터에 대한 또 다른 주목할 만한 사실은 이 엘리베이터가 현대식 엘리베이터와 비슷한 속도로 작동했다는 사실이다.[26] 포스탈 텔레그래프 빌딩에 설치된 그의 첫 엘리베이터 중 4대가 현대의 승강기 속도와 유사하게 시속 5.9km의 속도로 작동했다는 건 놀라운 사실이다. 이는 빠른 걸음으로 걷는 속도와 같다.[27] 나머지 2대의 고속 엘리베이터는 분당 122m, 즉 시속 7.3km로 승객을 더 빠르게 고층으로 이동시켰다.[28]

이 속도가 성공의 비결이었다. 엘리베이터는 빨라야 한다. 도시에서는 수평으로 움직일 때와 같이 수직으로도 더 빨리 이동하고 싶어 한다. 도시 사람들은 매우 바쁘며 뉴욕에서의 시간은 그리 길지 않다. 맨해튼, 브루클린, 나머지 세 개 자치구 주민들은 가야 할 곳과 만나야 할 사람들이 많기 때문이다.

우리의 여행 습관은 거리가 아니라 시간에 의해 좌우된다. 즉, 얼마나 멀리 여행할지는 크게 걱정하지 않는다. 이 '시간 예산(time budget)'은 마르케티 상수로 알려져 있다. 마르케티 상수는 사람들이 일하러 가고, 쇼핑하고, 학교에 가는 데 하루에 약 1시간 정도 소비한다는 것을 밝힌 이탈리아 물리학자 체사르 마르케티의 이름을 따서 지었다. 또한 마르케티는 로마나 마라케시와 같은 고대 도시에도 하루 한 시간 규칙이 적용되었다는 것을 발견했다. 이 도시들은 대략 가로 5km로, 보통 사람들이 한 시간 안에 걸을 수 있는 거리였다. 마르케티는 이 주장을 증명하기 위해, 베를린이 시간의 흐름에 따라 어떻게 지리적으로 성장했는지 비교했고, 교통의 발달로 1시간 동안 여행할 수 있는 거리가 증가하여, 수년 동안 동심원 모양으로 계속 확장되었다는 것을 밝혀냈다.[29]

이동 시간의 제약은 수직 운송에도 똑같이 적용된다. 브로드웨이 253번지에 있는 스프래그의 전기 엘리베이터는 수직 이동이 도보로 평지를 이동하는 것보다 더 빠르고 훨씬 더 안전할 수 있다는 것을 증명했다.[30] 이는 뉴욕의 실물 경제 시장의 결정적인 전환점을 만들었다. 그의 엘리베이터는 수직 공간을 분주한 거리의 가로변보다 더 가치 있게 만드는 데 도움을 주었다. 오늘날 세계에서 가장 번성한 도시에서는 일반적으로 50층 이상 되는 높이의 사무실과 주거용 건물 안이 사람들로 가득 차 있다. 거주자들과 방문객들이 거리에서 꼭대기 층 펜트하우스까지 몇 분이면 이동할 수 있기 때문이다.

전기가 뉴욕시와 그 거주민에게 미치는 영향은 수치로 확인해 볼 수 있다. 에디슨이 펄 스트리트 발전소를 설립하기 2년 전인 1880년, 뉴욕시의 인구는 120만 명 정도에 불과했지만, 20년 후에는 340만 명으로 인구가 세 배 가까이 늘어났다. 1930년에 이르러 인구는 다시 두 배로 늘어나 690만 명이 되었다.[31] 전기는 오늘날의 뉴욕시를 만들어냈다. 860만 명이 전 세계에서 가장 높고, 밀도가 가장 조밀하며, 가장 활기찬 도시 중 하나에서 번창할 수 있게 해 준 것이다.

뉴욕에서 시작된 전기화는 도시뿐만 아니라 자연환경을 형성하기도 했다. 연료로 전기가 공급되는 고층 빌딩은 도시의 인구 밀도를 더 높여 자연계에 인간의 발길을 줄이는 데 이바지했다. "도시는 자연을 구했다."

라고 한 오스벨의 말이다. "살기 좋고 매력적인 도시에 인류의 대부분이 집중적으로 살게 하는 것만이 나머지 지역에서 사자와 호랑이, 그리고 독수리 등이 살게 할 기회를 제공하는 것이다."

오늘날 세계 인구의 절반 이상이 대도시에 머물고 있지만, 이는 땅의 3% 미만을 차지하고 있을 뿐이다.[32] 작은 환경 영향(small footprints)은 뉴욕시에서 명백히 드러난다. '빅 애플'이라고 부르는 뉴욕시에 사는 사람들은 더 작은 공간에 살고 있어서, 미국 외곽 지역에 사는 다른 사람들보다 에너지와 재료를 더 적게 사용한다. 맨해튼 미드타운에 아파트 거주자를 수용하면 텍사스주 드리핑 스프링스에 사는 교외 거주자보다 훨씬 적은 시멘트와 목재, 구리 등을 사용한다.

전기 엘리베이터와 전기 운송 수단을 개척한 스프래그는 자연을 보전하는 데 이바지했을 뿐만 아니라, 도시의 실물 부동산 붐을 일으키는 데도 이바지했다. 세계에서 가장 비싼 실물 부동산 중 상당수는 가장 높은 건물 최상층에서 발견할 수 있다. 2014년 모나코 오데온타워의 펜트하우스는 높이 170m짜리 초고층 빌딩으로, 시가 4억 달러에 매매됐다. 싱가포르 시내에서 가장 높은 주거용 건물인 클레르 몬트 레지던스의 '슈퍼 펜트하우스'는 4,700만 달러에 불과했는데,[33] 그 무렵 뉴욕 피에르 호텔의 펜트하우스 매물은 1억 2,500만 달러에 팔렸고, 맨해튼의 다른 고층 아파트 세 채는 약 1억 달러에 팔리고 있었다.

이 호화로운 아파트들은 단지 실물 부동산의 한 단면일 뿐이다. 2017년 한 경제학자 그룹은 뉴욕은 건물이 아닌 단지 토지만으로도 약 2조 5,000억 달러의 가치가 있다고 추정했다.[34] 왜냐하면 이 토지는 토지의 위아래에 무엇이든 건설할 수 있는 것 자체만으로도 수조 달러의 가치가 있기 때문이었다. 전기화는 뉴욕을 세계에서 가장 수직적인 도시 중 하나로 만들었다. 최소한 홍콩만이 뉴욕보다 150m(약 50층) 이상 되는 초고층 빌딩을 더 많이 보유하고 있다.[35] 오늘날 뉴욕 시민은 7만 1,000여 대의 엘리베이터 덕분에 수직 도시를 지향하고 있는데, 그들 중 대다수는 스프래그가 포스탈 텔레그래프 빌딩에 설치한 전기 엘리베이터의 직계 후손들이다.[36]

에디슨, 스프래그, 테슬라, 웨스팅하우스 등이 완성한 이 선구적인 업적은 그 뒤를 따르는 거의 모든 전력망에 대한 밑그림을 제공했다. 발전소를 고객 가까이에 배치해야 할 필요가 있었던 에디슨의 직류(DC) 사용 방식은 이후에 훨씬 더 넓은 지역에 걸쳐 고객에게 경제적인 서비스를 제공할 수 있는 교류(AC) 시스템으로 대체되었다. 웨스팅하우스의 변압기는 발전소가 고객으로부터 수십 킬로, 심지어 수백 킬로 떨어진 곳에 있어도 될 만큼 송전선의 전압을 획기적으로 높여 주었다. 이 혁신들은 전 세계를 휩쓸고도 오늘날까지 계속되는 전기화의 물결을 위한 발판이 되었다. 그러나 1880년대 로어 맨해튼에서 시작된 전기화가 모든 이에게 전해진 것은 아니었다. 에디슨이 펄 스트리트에서 처음 전기를 개척한 지 반세기가 지난 1930년대 초까지도, 시골에 사는 수백만 명의 미국인은 여전히 어둠 속에 갇혀 있었다.

04
새로운 (전기) 합의

> 공산주의는 소련의 권력에 국가 전체의 전기화를 더하는 것이다.
> 그렇지 않으면 소련은 작은 농업국으로 남을 것이다…
> 국가 전역에 전기가 공급되고, 산업, 농업, 교통이
> 근대적 대규모 산업의 기술적 토대 위에 놓였을 때
> 비로소 우리는 완전히 승리할 것이다.
>
> **- 블라디미르 레닌**[1]

로어 맨해튼에 있는 펄 스트리트 발전소의 성공으로 전기의 광풍이 불었다. 펄 스트리트의 시작으로부터 불과 8년 만인 1890년까지 미국은 약 1,000여 개의 중앙 발전소를 갖게 되었다.[2] 이러한 급속한 성장은 그후 수십 년간 계속되었다. 1900년에서 1930년 사이에 미국의 전기 생산은 거의 20배 증가했다.[3] 이로 인해 수천만 명이 처음으로 전기 플러그를 꽂을 수 있게 되었다. 하지만 급속도로 확대된 전기 공급 서비스는 수백만 명에 이르는 시골 사람들의 요구를 무시한 채, 정치적이고 경제적인 이권을 독점하는 것으로 이어졌다. 이 장에서는 시골에 사는 미국인들이 어둠 속에 남겨지지 않도록 함께 고군분투했던 뉴딜 정책의 핵심 인물 세 사람에 대해

살펴본다.

1800년대 후반에서 1900년대 초반, 미국 산업계를 이끌어 갔던 업계의 거물 중에 존 D. 록펠러, 앤드류 카네기, J. P. 모건이라는 이름이 단연코 눈에 띈다. 이들은 석유, 철강, 금융을 지배했다. 전기 분야의 거물로는 사무엘 인슐이 있었다. 그는 근대의 사업 관행을 업계에 적용하면서 대기업 폐단의 상징이 되기도 했다.

1859년 런던에서 태어난 인슐은 1881년 에디슨 밑에서 일하기 위해 미국에 이민을 왔다. 인슐은 에디슨의 면모에서 위대한 발명가에게서 볼 수 있는 모든 것을 보았지만, 에디슨과의 첫 만남은 그에게 큰 감동을 주진 못했다. 인슐은 나중에 "저명한 인사는 품격 있는 옷을 입어야 한다는 내 엄격한 영국식 사고방식에 비추어 보면, 에디슨 씨의 의복은 별로 감흥을 주지 못했다."라고 회상했다.[4] 에디슨이 인슐의 출현에 대해 어떻게 생각했는지는 분명하지 않지만, 런던에서 미국 은행가 아래에서 일했던 인슐을 고용한 직후, 그에게 거의 모든 재정 업무를 맡겼다. 수학과 경영에 재능이 있었던 인슐은 나중에 에디슨의 제조업 운영도 책임졌다. 그러나 에디슨의 요구에 지친 그는 1892년 뉴욕을 떠나, 시카고에 있는 작은 전력회사의 사장으로 취임했다.

이후 30년 동안, 인슐은 20세기 가장 놀라운 사업 확장 가운데 하나를 이루어냈다. 그는 약 5,000명의 고객을 보유한 단일 발전소로 시작했지만, 1920년까지 50만 명 이상의 고객을 확보했다.

인슐은 시카고에서 처음 일을 시작할 때부터 사업을 확장하려면 전기를 저렴하게 생산해야 한다는 걸 알고 있었다. "고객들에게 저렴한 에너지를 공급하고자 한다면, 그 에너지를 가능한 한 가장 낮은 원가에 생산해야만 한다."[5] 그러기 위해 인슐은 더 크고 더 효율적인 발전기에 투자했다. 또한 해당 지역에서 독점적 전기 공급 서비스를 위한 가맹점을 확대하고, 정기적으로 권한을 부여받았다. 그는 지역 규제 기관과 친분을 맺고, 전력 회사가 자연적으로 독점해야 효율적인 전기 서비스를 제공할 수 있다고 주장했다.[6]

인슐은 공공 전기 시설 지주사로 알려진 일종의 네트워크를 통해, 자신의 제국에 대한 지배권을 유지해 나갔다. 이 지주회사들은 소수의 투자자가 다수의 기업에 대한 지배력을 유지하는 걸 허용했다. 이는 다음과 같은 방식으로 작동된다. 지주 회사를 지배하는 투자자들은 다른 투자자들에게 주식과 채권을 팔아 자금을 확보한다. 그 자본은 이후 전력 회사들을 인수하기 위해 사용되는데, 이는 최상위 투자자들이 지배하는 하위 지주회사들이 통제한다. 그 후, 금융 공학을 통해 다양한 회사 간에 거래할 수 없는 유가증권 주식 매매를 포함하여 최상위 투자자들은 보유 가치를 부풀리고, 국가 규제에서 벗어나 전체를 운영하고 통제할 수 있게 한다. 지주회사들은 전기 시장을 교란할 뿐만 아니라, 자신이 통제하는 전력 회사들로부터 서비스 지급금을 많이 받아 감으로써 돈을 벌었다. 따라서 작은 공공 전력 회사에 공학이나 회계 서비스가 필요하다고 하면, 지주회사들은 그 서비스 가격을 부풀려 받아 냈다. 1930년대 초, 연방무역위원회의 보고서에서는 지주회사들이 "서비스의 실제 원가와 비교하면, 무려 50~300%에

이르는 초과 이익을 달성하고 있었다."라고 밝히고 있다.[7]

지주회사들이 성장하면서 차지하는 지리적 범위도 커졌다. 1930년대 초까지 단 16개의 전기 지주회사가 미국의 개인 소유 발전소에서 생산되는 전체 전기의 77%를 생산하고 있었다. 게다가 천연가스 수송관의 80% 이상을 단 15개의 지주회사가 소유하고 있었다.[8]

최고 정점기에 인슐의 핵심 지주회사인 미들 웨스트 유틸리티(Middle West Utilities)는 30개 주에 자회사를 거느리고, 약 5,300개 지역 사회에 전기를 공급하고 있었다.[9] 인슐의 제국은 거대했지만, 지주 회사 중 가장 큰 회사는 일렉트릭 본드 앤 셰어(Electric Bond and Share, 전기채권투자)였다. 이는 GE의 장비와 공학 역량을 판매하기 위해 1905년 제너럴 일렉트릭(General Electric)에 의해 설립됐다.[10] 1930년대까지 일렉트릭 본드 앤 셰어는 미국에서 생산되는 총 전력의 약 10%를 담당했다.[11] 기업 구조는 5개의 하위 지주 회사를 포함해서 121개의 자회사를 거느리고 있었다. 일렉트릭 본드 앤 셰어는 특히 텍사스에서 막강한 점유율을 자랑했고 63개 자치주의 500개 이상 되는 지역 사회에 전기를 공급했다.[12]

이 회사는 터무니없는 전기 요금을 계속 부과할 수 있도록, 경쟁 자체를 원치 않았다. 가령 1925년 전기채권투자회사의 일부였던 텍사스 파워 앤 라이트(Texas Power & Light)는 텍사스 중부 도시인 커빌과 산 마르코스에 킬로와트시당 15센트의 높은 가격으로 전기를 공급하고 있었다.[13] 이 가격은 2018년 달러 기준으로 약 2.15달러에 해당한다.[14] 2018년 기준, 미국 주택용 전기의 평균 가격이 킬로와트시당 약 12.9센트라는 점을 고려하면,

놀랍도록 비싼 가격이다.[15] 1920년대 중반에 텍사스의 일부 시골 마을 주민들은 오늘날의 실질 달러로 환산했을 때, 현재 같은 다른 지역 주민들이 내는 전기료의 약 17배를 더 부담했던 셈이다.

지주회사들은 소도시의 소비자로부터 큰 이익을 내는 것에만 집중할 뿐, 외곽의 농촌 마을, 농장, 목장까지 전기 서비스를 연장 확대하는 것에는 반대했다. 지주회사들은 큰 이익을 원했다. 그들은 인구 밀도가 높은 도시와 마을에 전기 서비스를 제공하는 것을 선호했다. 지리적으로 좁은 지역에 사는 많은 고객은 전력 회사가 하나의 송전선으로도 수십 명, 아니 수백 명의 고객에게 서비스를 제공할 수 있다는 걸 의미한다. 적은 회선에 더 많은 고객이 있다는 것은 고객당 원가 비용을 낮춤으로써 더 높은 수익을 창출할 수 있음을 뜻한다. 전력 회사가 소수의 고객에게 전기 서비스를 제공하려면 몇 킬로를 연장해야 할 수도 있는 시골 지역에서는 그렇지 않다. 지주회사들이 시골 지역 고객들에게 서비스 제공을 거부한 결과는 명백했다. 1930년대 초까지 미국 농장의 열 곳 중 아홉 곳은 전기가 부족했다.[16]

지주회사들에게 집중된 엄청난 부와 권력과 함께, 도시와 농촌의 전기화 격차로 인한 소비자와 정치인들의 불만은 점점 쌓여 갔다. 1930년대 초, 대공황이 점차 악화되면서 전력 회사의 전기 사업 독점이 주요 정치적 쟁점이 되었다. 지주회사들을 압박하는 것이 뉴딜 정책의 대표적 업적이 되었다.

'전기'를 주제로 한 대통령 후보의 가장 강렬한 연설은 1932년 9월 21일 오리건주 포틀랜드에서 있었다. 프랭클린 루스벨트는 포틀랜드 시립 강당에 모인 군중 앞에서 외쳤다. "전기는 더 이상 사치품이 아닙니다. 우리 모두에게 분명히 필요한 것입니다. 미국 가정과 농장의 전력 사용량은 확실히 뒤처져 있습니다. 캐나다의 일반 가정은 미국보다 평균적으로 2배나 많이 전기를 사용하고 있습니다." 또한 그는 "현재의 조명과 전력 산업은 전기를 대중적으로 널리 사용할 수 있도록 요금을 낮게 책정하지 못하는 근시안적이고 이기적인 이해 관계에 놓여 있습니다."라고 주장했다.[17]

1932년 미국 실업자 수는 전체 노동력의 23%에 해당하는 약 1,200만 명 이상에 달했다.[18] 노동자 비율 면에서 1932년은 대공황 시기의 그 어느 때보다 심각한, 사상 최고의 실업률을 보이던 때였다.[19] 루스벨트는 정부가 전반적으로 경제를 잘못 운영했을 뿐만 아니라, 특히 전기화 문제는 심각하다고 현직 대통령인 허버트 후버를 비판했다. 후버 대통령은 연방 정부의 권한을 사용하여, 공공 전력 사업 지주회사들을 통제하는 것에 반대했다. 반면 루스벨트는 지주회사들을 무너뜨려 국민에게 전력을 되찾아주겠다는 공약을 지키기 위해 열심히 선거 운동을 벌였다. 그는 포틀랜드 주민들에게 "뉴욕 주지사로 재직하던 시절, 나는 특정 공공 전력 서비스 사업 지주회사들로부터 나를 위험인물이라고 비방하는 공격을 받았습니다. 그 이유는 오늘 밤 여기서 내가 연설하는 내용과 똑같이, 명백하게 경제 관련 사실을 지적했기 때문입니다."라고 말했다. 또 뉴욕 상무위원회에 전기요금이 합리적인지 확인하도록 지시했다고 하였다. 루스벨트는 포틀랜드 주민들과 대화하면서 사무엘 인슐도 포함하여 강하게 비판했다. 그는 인슐이 지주회사들을 인수하면서 "자신과 그런 유형의 다른 거물들 사이에서 공포와 대혼란을 일으켰다."라고 주장했다.

그는 만약 자신이 대통령에 당선되어 백악관에 들어간다면, "적절한 서비스와 합리적인 전기요금 보장을 위한 공정한 거래"를 할 수 있게 하겠다고 약속했다. 민간 공공 전력 회사가 제공하는 서비스 품질이 만족스럽지 않은 지역 사회는 '정부의 기능 중 하나인 기본적 강제권'을 발동하여, '정부처럼 소유 및 운영권'을 가질 수 있다고 말했다.[20] 그리고 오레곤 유권자들에게 자신도 태평양 북서부 지역 경제를 발전시킬 수 있는 컬럼비아강 댐 건설에 찬성한다고 직접 호소했다. 그는 연방 정부 기금으로 운영되는 전력 사업은 "국민에게서 강제로 빼앗을 수 없으며, 국민이 더 광범위하게 전기를 사용할 수 있게 하는 국가적 척도가 될 것"이라고 말했다.

지주 회사에 대한 루스벨트의 강경한 태도는 그가 백악관에 입성할 수 있게 한 수많은 성공적인 이유 중 하나가 되었고, 결국 그는 선거에서 압승했다. 포틀랜드 연설 이후 두 달도 안 되어, 루스벨트는 선거에서 후버를 크게 압도했다. 최종 집계를 해 보니, 일반 투표에서 루스벨트가 후버를 거의 18%포인트 차로 승리했다.[21] 후버는 고작 6개 주와 59개 선거인단 투표에서 승리했을 뿐이었다. 심지어 자기 지역구인 캘리포니아, 고향인 아이오와에서도 승리하지 못했다.[22] 반면 루스벨트는 무려 42개 주와 472개 선거인단 투표에서 모두 승리했다. 이는 미국 역사상 현직 대통령이 선거에서 참패한 최악의 사례 중 하나가 되었다. 20세기에는 현직 윌리엄 하워드 태프트 대통령이 더 유리했음에도, 두 개 주에서만 간신히 승

리하면서 우드로 윌슨에게 대패한 1912년 선거가 있었을 뿐이다.[23]

　루스벨트가 취임할 무렵, 연방 정부는 이미 전기 분야에서 중요한 역할을 하고 있었다. 1918년, 정부는 앨라배마주 머슬 숄즈에 윌슨 댐을 건설하기 시작했다. 테네시강에 댐을 만드는 이 프로젝트는 미군에 폭발물을 공급하는 질산염 공장에 부분적으로 전기를 공급하기 위해서였다.[24] 1931년에 연방 정부는 네바다와 애리조나 경계에 후버 댐을 건설하기 시작했는데, 이 프로젝트는 서부 수자원 관리와 전기화에서 중요한 부분이 되었다. 또한 댐 건설은 경제 부흥 노력의 필수적인 부분이 되었다. 역사가 데이비드 케네디가 지적했듯이, 미 서부의 성공적 확장에서 가장 중요한 요인은 서부 연방 정부의 수자원 관리 투자였다.[25] 1933년 연방 정부는 '테네시강 유역 개발공사(Tennessee Valley Authority)'를 창립했는데, 이 기관은 빈곤에 시달리던 미 남동부 주민들에게 홍수 조절, 전기 생산, 경제 개발을 진행할 수 있는 광범위한 권한을 가지고 있었다.

　루스벨트는 집권 첫 2년 동안 글래스-스티걸 법을 통해 은행을 해체하는 등 뉴딜의 몇 가지 핵심 요소를 구현했다. 그리고 수십억 달러를 들여 학교, 도로, 정부 건물을 새로 짓는 공공사업청(PWA)을 설립했다. 그러나 루스벨트는 1935년까지 전기 부문에 연방 정부의 개입을 전면적으로 추진하는 등 여전히 시들어 가는 경제를 활성화하기 위해 보다 적극적인 조치를 할 준비가 되어 있었다. 루스벨트는 1935년 연두 교서에서 지주회사 해체 등을 통한 공공 전기 서비스 사업 분야의 건전성 회복이 필요한 시점이라고 강조하면서 지주 회사 해체 공약을 실천할 계획을 분명히 밝혔다.[26]

그러나 공공 서비스 사업 회사를 이길 수 있으려면, 의회에서 법안을 통과시킬 수 있는 강력한 동지가 필요했다. 그는 자신만큼 헌신적인 세 사람을 찾았는데, 바로 텍사스 지역의 민주당 출신인 샘 레이번과 몬타나 출신의 버튼 휠러와 네브라스카 지역의 공화당 소속인 조지 노리스였다. 그들은 1935년의 레이번-휠러 법과 1936년의 노리스-레이번 법이라는 두 가지 법안에 이름을 올렸는데, 이 법안에서는 독점적 지주회사들을 해체하고 시골 지역 주민들을 위한 전기 조명과 전력을 확실하게 보장했다.

레이번과 휠러 모두, 에디슨이 펄 스트리트에서 전력을 생산하기 시작한 1882년에 태어났다. 레이번은 어둠 속에 사는 게 무척 고된 일이라는 걸 개인적인 경험으로 알고 있었다. 그는 레드강에서 남쪽으로 몇 킬로 떨어진 텍사스 북부, 본 햄 지역 근처에 있는 4,000여 제곱미터의 면화 농장에서 일하면서 성장했다. 레이번은 1913년 30세의 젊은 나이로 미국 하원 의원직에 당선되었다. 그는 자신이 어디 출신인지, 농부들이 얼마나 힘든 삶을 살고 있는지 잊지 않았다.[27] 레이번은 전기가 없다면 시골 농부들과 목장주들은 그저 "세탁조와 수도 펌프에 매인 하인들"에 불과하다고 말했다.[28] 그는 "내 사람들을 진흙과 어둠에서 벗어나게 하고 싶다."라는 유명한 말을 남겼다. 레이번은 전기가 농가의 가족들에게 어떤 의미인지 잘 알고 있었다. "전기는 농민들의 혹독한 노동을 어느 정도 덜어 줄 것이다. 농장의 부인들이 우물 속에 펌프를 설치하고, 집 안에 불을 밝히는 것이 어떤 의미인지 상상이나 할 수 있을까?"[29]

휠러는 나중에 자서전 제목을 『서부에서 온 미국인(Yankee from the West)』

이라고 지었다. 그는 미국 상원에서 몬태나를 대표했지만, 매사추세츠에서 태어나고 자랐으며, 미시간 대학 로스쿨을 다녔다. 1905년 포커 게임으로 여행 경비를 모두 잃은 그는 몬태나주의 부테에 정착했는데, 몬태나는 그에게 잘 어울렸다. 1922년 유권자들은 그를 상원 의원으로 선출했다. 1930년대 중반까지 휠러는 의회 안에서 다수의 힘겨운 싸움에 관여했다.[30] 그러나 지주회사와의 싸움은 그의 경력 중 "가장 거대하고, 격렬하며, 가장 화려한 것"이었다고 나중에 회고했다.[31]

휠러는 처음부터 루스벨트의 가장 열렬한 지지자 중 한 사람이었다. 1930년부터 그는 1932년 대통령 후보로 나선 루스벨트에게 최초로 지지 선언을 하면서 전국적으로 저명한 민주당원이 되었다. 휠러는 뉴욕에서 행한 지지연설에서, 루스벨트가 "전력과 공공 전기 서비스 사업자의 통제" 분야에서 민주당을 이끌 수 있는 유일한 "장군"이라고 선언했다.[32] 저서 『서부에서 온 미국인』에서 휠러는 지주회사들에 대한 혐오나 증오를 노골적으로 드러내며, 지주회사들을 "불건전한 사기 거래(scalping) 일당들"이라고 불렀다. 또한 "이러한 흡혈귀 같은 부류들은 투자자들의 피를 마르게 할 뿐만 아니라, 공공 전기 서비스 사업의 부정한 과잉 자본화로 전기, 가스, 수도, 전력 소비자에게 터무니없는 가격을 전가한다."라고 덧붙였다.[33]

레이번과 휠러가 농촌의 전기화 투쟁에 꼭 필요한 투사였지만, 노리스가 없었다면 성공하지 못했을 것이다. 1861년에 태어난 노리스는 네브래스카주 정부의 기틀을 세우는 데 중요한 역할을 했는데, 이 정부는 전국에서 유일하게 단원제 입법 의회를 갖고 있다.[34] 1903년에 그는 네브래스카

5개 지역구를 대표하는 하원 의원 5선 경력 중 첫 번째 임기를 시작했다. 거기서부터 상원으로 진출했는데, 1913년 3월 4일 레이번이 하원에서 첫 임기를 시작한 날 그의 30년 임기가 시작됐다.[35] 평생 술을 마시지 않은 엄격한 성격의 변호사 출신 노리스는 사람을 돕는 정부의 힘을 열렬히 믿는 사람이었다. 그는 대기업에 대해 깊은 의심을 품었고, 헨리 포드의 적이었으며, 연방 정부가 시민들과 농부들에게 혜택을 주기 위해 수력 발전을 사용해야 한다고 확신했다. 한 설명에서도 알 수 있듯이, 노리스는 정부 자금을 지원받아 건설하는 댐 건설 사업을 "전 세계 각국 정부가 하천 범람을 제어하고, 저렴한 전기를 공급하며, 식량 부족과 빈곤을 해소할 수 있는 모델"이라고 보았다.[36] 1933년 노리스는 테네시강 유역과 관련된 개발 공사 자치법을 성공적으로 통과시키기 위한 투쟁을 주도했다.[37]

미국 몬태나주 상원 의원 버튼 휠러
출처: 미국 의회 도서관

1935년까지 레이번, 휠러, 노리스는 모두 의회에서 대단한 선수들이었다.

그해에 그들은 '사형 선고'와 같은 주요 조항을 담은 공공 전기 서비스 사업 지주회사법으로 더 유명한 레이번-휠러 법을 발의했다. 이 법은 '지역적으로나 경제적으로 통합된 시스템 일부가 아닌' 모든 지주회사들을 1938년까지 '자체적으로 해산하거나 재편하도록' 규정하고 있다. 예를 들어, 일렉트릭 본드 앤 셰어가 커빌이나 산마르코스 같은 지역에 소유한 작은 공공 전기 서비스 사업권을 그 자체로 박탈당하게 된다는 것을 의미했다.

미국 네브래스카주 상원 의원 조지 노리스
출처: 미국 의회 도서관

또 레이번-휠러 법은 공공 전기 서비스 사업자의 사업 범위가 주를 넘어서서 일종의 피라미드형 구조를 갖추면 이를 불법으로 규정했으며, 10% 이상의 공공 전력 회사 지분을 보유한 지주회사를 증권거래위원회에 등록하고, 보유 지분에 대한 상세한 계좌 내용을 공개하도록 명시했다. 이 법안의 목적에 대해 휠러는 "투명하지 않은 가치 평가, 자회사 착취를 위한 지주회사들의 다양한 술수와 증권 회사의 부정행위를 제거함으로써, 소비자들에게 부과되는 전기 요율을 낮추기 위한 것"이라고 설명했다.[38]

지주회사들은 레이번-휠러 법의 입법 예고에 크게 격앙된 반응을 보였다. 이들은 법안을 무산시키기 위해서 약 150만 달러(2018년 기준으로 약 2,750만 달러)를 들여 600여 명의 로비스트를 고용하여 의회 의원들에게 자신들의 주장을 관철하려고 했다. 또한 지지자들이 상하원 의원들에게 약 25만 건의 전보와 500만 통의 편지를 보내도록 압박했다.[39] 싸움이 가열되자, 윌 로저스는 토론에 무게를 실었다.[40] 1930년대 중반, 오클라호마주 오골라의 작은 마을에서 체로키족으로 태어난 로저스는 미국에서 가장 저명한 인사 중 한 명이었다. 그는 영화배우, 희극인, 마술사일 뿐만 아니라 당대 가장 신랄한 정치 평론가 가운데 한 사람이었다. 그는 4,000만 미국인이 읽는 《뉴욕 타임스》에 매주 신디케이트 칼럼을 연재하고 있었다.[41] 그는 지주회사야말로 "경찰이 압수 수색하는 그 순간에도 공범에게 물건을 빼돌리는 곳"이라며 신랄하게 비판했다.[42]

1935년 지주회사들의 입법 중단 운동에도 불구하고, 공공 전기 서비스 사업 지주회사법은 법률로 공표되었다.[43] 같은 해, 의회는 주 내 전력 시장을 감독할 권한을 연방 정부가 갖도록 하면서 전기 공급을 보장하는 권한을 새로운 미 연방 전력위원회(FPC)에 부여한 연방 전력법(Federal Power Act)을 통과시켰다. 전기 가격은 "합리적이고, 차별성이 없어야 하며, 소비자에게 공정하도록 보장되어야 한다."고 명시되었다.[44] 이 기관은 현재 미 연방 에너지규제위원회(FERC)로 바뀌었다. 1936년 의회는 다른 중요한 법안인 노리스-레이번 법(Norris-Rayburn Act)도 통과시켰다. 이 법은 농촌 전기화법이라고도 한다. 이는 독립된 연방 기관인 농촌전기국(REA)을 설립하고, 송전선과 배전선과 마찬가지로, '농촌 지역 사람들'에게 전기를 제공할 발전소의 건설과 운영에 필요한 자금을 융자하는 책임을 부과했다.[45]

1945년 노리스는 『자유주의의 싸움(Fighting Liberal)』이라는 자신의 회고록에서 시골 지역 전기화에 대한 연방 정부의 지원은 "미국 정부 차원에서 이루어진 가장 조직적인 거대한 지원 중 하나였다. 농촌 주민들에게 돌아가는 혜택은 상당히 컸으며, 전국 모든 지역의 농장 수천 곳에 전기가 전달됨에 따라, 지원 규모는 지속적으로 증가했다."라고 기술했다.[46]

노리스, 휠러, 그리고 레이번은 미국의 시골 지역 전기화를 이룩한 공로를 인정받을 자격이 충분하다. 그러나 또 다른 뉴딜 공로자인 린든 존슨도 믿을 만하다. 오랜 정치 경력을 가진 존슨은 미국에서 시골 지역의 전기화를 주장한 가장 강력한 지지자 중 한 명이 되었다. 그에게는 전기 없이 살아가는 농장의 극심한 빈곤 문제가 단지 추상적인 개념이 아니었다. 로니 더거는 『정치가(The Politician)』라는 책에서 존슨의 어린 시절을 이렇게 기술했다. "존슨은 등불 밑에서 생활하고, 나무를 땔감으로 쓰는 화덕으로 음식을 만드는 환경에서 자랐다. 그리고 어머니가 빨래통에서 직접 손으로 빨랫감을 문질러 세탁하는 걸 보았다. 그는 집 밖에 있는 화장실이 어떤지도 잘 알고 있다." 1937년 텍사스의 10번 지역구에서 대표로 새로 선출된 존슨이 의회에 진출할 때만 해도, 텍사스 힐 컨트리 지역에 있는 유권자들은 대부분 여전히 농촌의 전기화와 무관하게 방치되고 있었다.

though
05
전력망의 확장

> 내가 자랑스럽게 여기는 건, 강을 막아 댐을 만들었다거나
> 홍수 피해를 줄였다는 사실보다 그 지역의 황폐함을 종식시켰다는 것이다.
> … 시골 가정이 전기를 사용할 수 있게 된 것만으로도 젊은이의 마음에
> 새로운 지평이 열렸다. 사람들이 텍사스 언덕의 척박한 바위틈에서 낭비되는
> 고된 노동과 수고에서 벗어났다. 진정 이것이 바로 정부가 할 일을 한 것이다.
> - 린든 존슨[1]

프랭클린 루스벨트 대통령과 미 하원 의원인 린든 존슨의 첫 만남은 잘 성사되지 않았다. 1938년 6월이었다. 14개월 전에 하원에 입성한 존슨은 한 가지 과제에 집중했다. 그는 존슨 시티에 있는 페더날레스 전기 협동조합(PEC)의 대출 연장을 위한 농촌전기국(REA)의 승인이 필요했고, 그 대출을 받기 위해서는 루스벨트의 도움이 절실했다.[2]

존슨은 약 1년 전 갤버스턴에서 기차를 탔을 때, 루스벨트를 처음 만났다. 루스벨트는 당시 서른도 채 되지 않은 신장 192cm의 이 텍사스 사람을 좋아했다. 존슨은 루스벨트와 그의 정책에 대한 확고한 지지자가 되겠다고 10번 지역구의 유권자들에게 약속함으로써, 하원 의석을 지키고 있었다.

그러나 사업을 논의하기 위해 워싱턴에서 루스벨트를 만났을 때, 마침 대통령은 정신없이 바쁜 상태였다. 대통령은 텍사스 수력발전 사업과 전기화에 대해 논의하는 것보다 존슨이 러시아 여성을 만나 본 적이 있는지에 더 관심이 있었다고 알려져 있다.[3] 아마도 그는 많이 긴장했을 것이고, 루스벨트의 질문에 당황했을 것이다. 집무실 밖으로 안내받기 전까지도 존슨은 대통령에게 대출에 관한 말을 꺼내지 못하였다. 비록 루스벨트와의 첫 면담은 아무 소득 없이 끝났지만, 존슨은 포기하지 않았다. 그는 그럴 수 없었다. 텍사스 힐 컨트리에 전기를 공급하겠다고 공약했고, 반드시 이행할 각오를 하고 있었기 때문이다.

루스벨트와의 면담 무렵에 이미 2년 전부터 농촌 전기화법이 시행되고 있었다. 하지만 텍사스 힐 컨트리에서는 여전히 가난한 농부들과 목장주들 대부분이 어둠 속에서 생활하고 있었고, 그곳을 벗어나지 못할 것처럼 보였다. 게다가 문제는 주민이 너무 적다는 것이었다. 농촌전기국은 최대 35년간 2%의 이자로 대출을 받을 수 있게 하였다.[4] 하지만 농촌전기국의 규정에 따르면, 시골 지역 전기 협동조합은 1마일(1.6km)당 최소한 세 명의 고객을 연결할 수 있음을 보여 줘야 했고, 이것이 문제였다. 오스틴 서쪽의 에드워즈 고원은 바위투성이이고 애쉬 주니퍼 나무가 광범위하게 퍼져 있기 때문에 이 지역의 인구 밀도는 황량하리만큼 너무 낮았다. 비록 이 지역에 더 많은 사람이 살고 있다 한들, 이 시골에 전기를 끌어올 만큼 충분한 돈도 없었다. 거친 바위투성이 땅을 일구던 지역 농부들과 목장주들은 근근이 생계를 꾸려 나가고 있었다.

그럼에도 불구하고 1908년 스톤월이라는 작은 마을 근처에서 태어난 존슨은 워싱턴에서 명성을 날리려면 텍사스 힐 컨트리에 전기를 끌어와야 한다는 것을 잘 알고 있었다. 1937년 워싱턴에 도착했을 때, 텍사스 중부 콜로라도강의 두 곳에 주요 수력발전소가 건설되고 있었다. 이는 오스틴에서 북서쪽으로 약 70마일 떨어진 곳에 있는 뷰캐넌 댐과 텍사스주 의사당 건물에서 북서쪽으로 약 32km 떨어진 맨스필드 댐이다. 이 댐은 마샬 포드 댐으로 더 널리 알려져 있다.[5] 댐은 홍수를 방지하고, 휴양을 할 수 있으며, 두말할 것도 없이, 농업 및 도시 용수로 활용할 수 있는 엄청나게 비싸고 매우 가치 있는 자산이었다. 그러나 댐 발전소에서 생산될 전기의 활용에 대해서는 결정된 것이 거의 없었다. 이 두 댐은 모두 100MW 이상의 발전 용량을 갖도록 설계되었다.[6] 그러나 댐 건설 예산에는 웜벌리, 오트밀, 컴포트 같은 소규모 지역에 사는 주민들에게 수력발전으로 생산된 전기를 제공할 전봇대와 전선 비용 등이 포함되지 않았다.

1956년 1월 8일, 샘 레이번 미 하원 의장이 자신의 74번째 생일에 린든 존슨 상원 의원에게서 키스를 받고 있다. 레이번은 미국 역사상 가장 오래 재임한 하원 의장이었다.

출처: 돌프 브리스코 미국역사센터, 텍사스 대학교, 오스틴, 샘 레이번 논문, di_04781

존슨은 만약 연방 정부가 개입하지 않는다면, 댐에서 생산된 전기는 대규모 공공 전기 서비스 사업 회사에 종속될 가능성이 있다는 것을 알았다. 그의 멘토인 샘 레이번처럼, 존슨도 1930년대 중반까지 텍사스 경제가 주로 동부 금융 자본의 손익에 따라 좌우되었다는 것을 잘 알고 있었다. 공공 전기 서비스 사업 지주회사들은 자신들의 이익을 위해 국가의 전력 생산을 방해했다. 다른 주의 회사는 전력 부문의 95%, 정유 83%, 철도 99%를 소유하고 있었다. 텍사스가 번창하려면, 전기 생산에서 불균형을 바로잡고, 지역 이익에 더 많은 소유권을 부여하는 것이 매우 중요했다. 로니 더거의 설명처럼 "'공공 전력(public power)'이라는 제한된 사회주의의 경우는 단순명료하다. 존슨은 자기 입장을 알고 있었고 마음이 불편했을 것이다." 더거는 존슨의 말을 다음과 같이 인용했다. "전력 회사들은 이 댐 때문에 나를 싫어했다. … 전력 회사들은 나를 지옥에 빠뜨린 것처럼 괴롭혔다. 그들은 나를 공산주의자라고 불렀다."[7]

하지만 존슨은 상관하지 않았다. 그는 이 문제에 대한 연설에서 유권자들에게 이렇게 말했다. "우리는 전력을 사용해야 합니다. 나는 그 강이 우리의 것이라 믿고, 그것이 만들어 내는 전력도 우리의 것이라고 믿습니다."[8] 다시 말해 힐 컨트리에 전기를 공급하는 데 필요한 전기화 비용을 사회적 비용으로 만들어야 하고 이 때문에 공산주의자라고 불리는 것이라면, 존슨은 상관없었다.

1938년 한 무리의 농장주들과 농부들이 REA로부터 연방 자금 융자를 받을 자격이 될 수 있겠다는 희망을 갖고 페더날레스 전기 협동조합을 결성했다. 하지만 초기의 노력은 큰 성공을 거두지 못했다. 앞서 얘기한 인구 밀도 문제는 극복할 수 없을 것 같았다. 존슨의 또 다른 전기 작가 로버트 카로는 1982년 자신의 저서 『권력으로 가는 길(The Path to Power)』에서, "지역 주민들을 협동조합에 가입시키기 위해 몇 달간 노력했음에도 불구하고, 자치주 대리인들은 마일당 3명은커녕 2명도 채우지 못했다. 페더날레스 전기 협동조합은 미완성 상태로 탄생했다."라고 회고했다. 존슨은 유권자들에게 협동조합에 가입해 달라고 간청했다.

존슨은 이 새로운 협동조합을 위한 연방 자금을 구하면서, REA의 책임자인 존 카모디에게 마일당 3명이라는 고객 규정의 면제를 요청하면서 직접 호소했다. 하지만 카모디는 거절했다.[9] 다른 선택의 여지가 거의 없는 존슨은 루스벨트의 최고 고문 중 한 명인 친구 토미 코코란에게 전화를 걸어, 대통령과 또 한 번 면담을 주선해 달라고 부탁했다. 코코란은 그렇게 하기로 약속하고 몇 가지 조언을 해 주었다. "그에게 오스틴의 모습이 어떤지 보여 주게. 린든, 그와 논쟁하지 말고 그냥 그에게 보여 주는 것만 해 주길 바라네."[10]

존슨은 루스벨트와의 다음 면담에, 뷰캐넌 댐 공사 진척 상황을 보여 주는 포스터 크기의 사진들과 장거리 송전선, 전기화된 시골 주택의 야간 사진을 들고 성큼성큼 들어왔다. 루스벨트는 즉각 동의했다. 존슨에 따르면, 대통령은 즉시 REA의 카모디에게 전화를 걸었다. 루스벨트는 카모디에게 페더날레스 전기 협동조합에 대출을 실행하고 "내 계좌로 청구하시오."라고 지시했다. 그렇다. 루스벨트는 REA의 새로운 대출에 대해, 마일당 최소 3명의 고객이 필요하다는 규정을 이해하지만, 이 지역의 사람들이 "빠른 성

장으로 인구 밀도 문제를 해결해 낼 것"이라며 카모디에게 호언장담했다.[11]

 1938년 9월 27일 페더날레스 전기 협동조합은 130만 달러(2018년 기준으로 약 2,350만 달러)의 연방 자금을 융자해 주겠다는 전보를 받았다. 이 자금은 존슨 시티 주변의 암석이 많은 관목 지대에 사는 2,900여 가구에 전기를 공급하기 위해 약 2,900km의 배전선을 건설하기에 충분했다. 이 협동조합의 첫 고객들은 5달러의 보증금을 내고, 전기 서비스에 대한 최소 요금, 곧 2018년 기준으로 약 43달러인 월 2.45달러를 납부해야 했다.[12] 돌이켜 보면, 텍사스 중부 지역이 한때 인구가 너무 적어서 페더날레스 전기 협동조합이 대출을 받을 자격이 없었다는 사실은 쉽게 상상하기가 어렵다. 그러나 후에 밝혀진 대로, 프랭클린 루스벨트는 옳았다. 텍사스의 인구는 매우 빠른 속도로 증가했다. 당시 연방 대출을 받지 못할 만큼 작았던 협동조합은 오늘날 미국에서 가장 큰 전기 협동조합이며, 세계적으로도 가장 큰 전기 협동조합이 되었다.

 1930년대 중반, 당시 오스틴의 주민들은 약 6만 명 수준이었고, 텍사스 전체 인구는 610만 명 정도에 불과했다. 그러나 LBJ(린든 베인스 존슨의 별명)가 추진한 댐과 전기 덕분에 사람들을 텍사스 중부로 끌어들일 수 있었다. 2016년까지 오스틴의 인구는 90만 명을 넘어섰고, 론스타(텍사스)의 인구는 거의 2,800만 명으로 급격히 늘어났다.[13] 페더날레스 전기 협동조합의 성장세는 특히 두드러진다. 1938년에서 2017년 사이에 이 협동조합의 규모는 100배나 성장했다.[14] 오늘날에는 24개 자치주를 포함하는 지역에서 30만 명 이상의 고객들에게 서비스를 제공하고 있는데, 이는 뉴저지와 거의 맞먹는 규모다.[15]

2017년까지 6억 달러에 가까운 매출을 달성하고, 매년 약 1만 명의 신규 고객을 유치했다.[16]

미국의 페더날레스 전기 협동조합과 약 900개의 다른 전기 협동조합은 뉴딜 정책의 또다른 성과물이다. 그것들은 미국의 성공 사례에서 쉽게 간과되지만 핵심적인 성과 요소이며, 여전히 미국 지역의 80% 자치주에서 전기 서비스를 제공하고 있다. 협동조합은 약 42%, 약 420만 km의 송전선을 소유하고 유지하며, 47개 주에서 약 4,200만 명에게 서비스를 제공하고 있다.[17]

연방 정부는 농촌 지역에 전기화 대출을 제공하고, 지주회사를 해체함으로써 미국 농촌 지역에 대한 투자 증대를 촉진했다. 수백억 달러가 발전기, 전극, 전선, 계량기에 투자되어 수십 년 만에 미국의 거의 모든 지역에서 전기화가 이루어졌다. 1940년에서 1950년 사이에 협동조합이 판매한 전기의 양은 약 300GWh에서 약 6,900GWh로 급증하면서, 거의 22배나 증가했다. 1970년까지 이 수치는 다시 10배 증가한 7만 6,000GWh 이상까지 치솟았다.[18] 반면 같은 기간 동안 미국의 주택용 전기 비용은 1940년 1kWh당 3.8센트에서 1970년 2.1센트로 급격하게 하락했다.[19]

농촌 협동조합이 제공하는 값싼 전기의 영향으로 조명 및 전기 편의시설이 늘어났고, 진학률이 높아져서 중산층에 편입하거나, 적어도 미국 내에서 스스로 생계를 유지할 수 있는 세대를 육성할 수 있었다. 그리고 농촌의 전기화 덕분에, 제조 업종은 대도시나 그 근처에 자리할 필요가 없어졌다. 그 대신에 작은 마을과 농촌 지역에 회사를 차릴 수 있었다. 전기화

덕분에 미국 농부들은 냉장 시설을 사용할 수 있게 되어 신선한 농산물을 시장으로 운송할 수 있게 되었다. 또한 전기 급수 펌프, 착유기, 난방기, 식품 가공 장비 등을 사용할 수 있게 되었다. 이 모든 것들 덕분에 미국 농부들의 생산성은 획기적으로 높아졌다. 이러한 현상은 기계화, 더 나은 비료, 농수로, 더 나은 품종 개량 등과의 결합으로 이어져, 더 적은 노동력으로도 높은 생산성을 달성하기에 이르렀다. 따라서 더 많은 사람이 기회를 찾기 위해 중소 도시와 대도시로 떠날 수 있었다. 1930년에는 미국 노동력의 약 21%가 농업에 종사했지만, 1970년까지 그 수치는 4%로 떨어졌고, 2000년에는 2%에 불과했다.[20]

1938년 캘리포니아주 산호아킨 계곡의 시골 전기화 작업
출처: 도로테아 랑게(Dorothea Lange), 농촌 전기화, 1938년, 미국 의회 도서관

농촌의 전기화는 에어컨 사용이 가능하다는 말이고, 이는 다시 남부의 시골 농부들과 목장주들이 플로리다, 루이지애나, 텍사스, 미시시피 등의 지역에서 타는 듯한 더위와 습기가 가득한 여름에도 휴식을 취할 수 있다는 의미이다. 농촌 협동조합이 제공하는 값싸고 풍부하며 안정적인 전기

덕분에 소비자들은 돈을 절약했을 뿐만 아니라 경제력과 정치력을 분산시키는 데도 도움이 되었다. 뉴딜(New Deal)은 대도시의 재정적 이해 관계에 따라 미국에 있는 대부분의 전력 기반 시설을 통제하는 대신, 전기가 더 공평하게 배분되도록 보장했다. 다양한 지역의 주민들이 경제력 및 정치력의 확산으로 인해 일자리, 후원, 소유권과 같은 전기화의 혜택이 많다는 걸 알게 되어, 전기 가격을 최대한 낮게 유지하는 것에 공통적으로 관심을 갖게 되었다. 협력업체들은 전기 판매 수익이 시카고나 뉴욕의 부유한 투자자들의 주머니만 채우진 않을 거라고 확신했다. 대신 그 돈은 농촌 지역에 재투자되어 더 많은 발전소를 건설하고, 한때 전력 회사의 수익 범위에서 소외되었던 농장이나 목장까지 송전선과 배전선을 확장하는 데 사용되었다.

농촌 전기화의 변화는 수치로 확인해 볼 수 있다. 1950년까지 미국의 농장 열 곳 중 아홉 곳이 전력망에 연결되었는데, 이는 불과 20년 전의 상황을 완전히 반전시킨 것이다.[21]

분명히 말해 두지만, 뉴딜 시대의 개혁은 완벽하지 않았다. 연방 전력위원회는 가격 책정이 서툴렀고, 테네시강 유역 개발공사를 비롯한 연방 조직 중 일부는 관리 공백이 생기기 쉬운 비대한 관료 체제가 되었다. 버틀러대 경제학과 교수인 피터 Z. 그로스만은 그의 뛰어난 2013년 저서 『미국의 에너지 정책과 실패 추구(U.S. Energy Policy and the Pursuit of Failure)』에서 연방 전력위원회가 에너지 시장에 개입할수록 시장이 더욱 왜곡되었다고 지적했다. 예를 들어, 연방 전력위원회는 1970년대까지 주와 주를 연결한 가스관을 통해 운반하는 천연가스의 가격을 통제했다. 그러나 연방 정부의

"가격 통제는 단지, 오직 시장 세력의 조정을 불가능하게 만들었을 뿐이다." 이는 1973년의 아랍 석유 금수 조치와 같은 사건을 초래했다고 그로스만은 기술했다. 그리고 "가격을 낮춤으로써 소비자들을 도운 게 아니라, 가격 통제로 어느 때보다 1973~1974년 석유 시장의 붕괴를 더 악화시켰다. 실상 금수 조치를 국가 중대 비상 사태로 바꾼 것은 미국의 정책이었다."[22]

연방 개입에 대한 그로스만의 비판은 주목할 가치가 있지만, 전기에 대한 뉴딜 개혁이 미국 역사상 중요한 사건이라는 것 또한 사실이다. 루스벨트, 노리스, 레이번, 휠러, 존슨은 전기를 경제 성장과 발전에 필수적인 공공 서비스로 보았다. 전기화는 영리 회사에만 맡기기에는 너무 중요했다.

필수 공공 서비스인 전기와 민간 이익 집단 사이의 긴장은 전기 재벌인 사무엘 인슐 시대의 문제였고, 오늘날에도 여전히 문제가 되고 있다. 규제 기관들은 어떤 형태의 에너지 발전이 우월한 지위와 보조금(태양열과 풍력 등)을 받아야 하는지, 적어도 이론적으로 어떤 것을 제거(석탄과 천연가스 등) 해야 하는지 등에 대해 끊임없는 로비를 받고 있다. 이러한 논쟁은 정부의 수준 전반에서 복합적으로 일어나고 있다. 또한 협동조합, 시 소유의 전력 회사, 개인 소유의 전력 회사, 그리고 테네시강 유역 개발공사, 로어 콜로라도강 개발공사, 본네빌 전력 관리국과 같은 정부 지원 기관들을 포함하여, 크고 작은 전력 공급자들로 구성된 무수히 많은 조각천 같은 전력망 전체에서도 발생하고 있다. 뉴딜 정책 덕분에 미국의 전력망은 약 3,300개의 전력 공급업체를 보유한 세계에서 가장 분산된 소유 구조 중 하나이다.

[표 2] 무수히 많은 조각 천 같은 미국의 전력망

> 2016년 미국의 전력 공급자는 다음과 같이 구성되어 있음.
> - 189개 투자자 소유 공공 전력 회사(8,800만 고객)
> - 2,013개 공공 소유 사업자(2,100만 고객)
> - 877개 협동조합(1,900만 고객)
> - 218개 전력 판매 기관(600만 고객)
> - 9개 연방 전력 기관(3만 9,000명 고객)
> 총 3,306개의 전기 공급자

출처: 미국 공공 전력 협회(APPA), 2015~2016년 연례 범주 및 통계 보고서, 26~27쪽

협동조합, 지방 공공 전기 서비스 업체 및 기타 기관들은 전력망에서 중요한 역할을 한다. 하지만 미국의 전기 사업은 투자자 소유의 전력 회사가 계속 지배하고 있는데, 이 전력 사업은 그룹으로서 약 8,800만 명의 고객에게 서비스를 제공하고 있다.[23] 그러나 미국의 가장 큰 전력 사업체들조차 글로벌 경쟁사에 비하면 보잘것없다. 예를 들어, 미국에서 가장 큰 투자자 소유의 공공 서비스 사업체인 '엑셀론 코퍼레이션(Exelon Corporation)'은 약 1,000만 명의 고객에게 서비스를 제공하고 있다.[24] 이와는 대조적으로 프랑스 전력망을 지배하는 공공 서비스 사업체인 '일렉트리시테 드 프랑스(Électricité de France: EDF)'는 3,900만 명의 고객을 보유하고 있다.[25] 그러나 엑셀론과 EDF는 11억 명의 사람들에게 전기를 공급하는 중국 국영 기업 '국가전력망공사(State Grid Corporation)'에 비하면 작은 편이다.[26] 중국 국가전력망공사는 놀랄 만큼 빠르게 이루어진 중국의 전기화에서 중추적 역할을 했다. 1990년에서 2017년 사이에 중국의 전력 생산량은 10배 증가하였다.[27] 같은 기간 동안 세계에서 가장 인구가 많은 이 국가의 1인당 GDP도 약 317달러에서 8,800달러로 치솟았다.[28]

분명히 중국의 거대한 국영 전력망과 미국의 전력망 사이에는 차이가 있다. 지난 몇십 년 동안 중국은 수출 중심 경제의 강점과 경제의 거의 모든 면에서 강력한 국가 통제 덕분에 거의 100% 전기화를 달성했다. 이와는 대조적으로, 미국은 뉴딜 기간에 제정된 개혁 법안 덕분에 이를 이루었다. 이 개혁은 경제력과 정치력을 지역 사회도 공유하도록 하는 것이었다.

간단히 말해서, 전기 부문의 뉴딜 개혁은 제2차 세계 대전 이후, 미국의 초강대국 지위를 보장하는 데 도움이 되었다. 물론 20세기 후반에는 미국의 지배력 강화에 이바지한 요소가 많았다. 그중 가장 중요한 점은, 거의 모든 전쟁과 폭탄 투하가 미국 본토에서 멀리 떨어진 지역에서 일어났다는 것이다. 그러나 전후 몇 년 사이에 미국 농촌에 전기가 빠르고 넓게 보급되면서 귀향한 참전 군인들이 가전 제품을 구매하고 전기를 사용할 수 있었다. 그들은 대중문화와 연결된 텔레비전과 라디오를 살 여유가 있었다. 이 전력망은 미국의 거의 모든 사람을 공통 비트(bit, 정보의 최소 단위)에 연결하는 네트워크가 되었는데, 이 네트워크는 초당 60번 왕복으로 순환했다.

농촌 협동조합과 연방 정부 자금의 지원으로 수력발전소에서 생산되는 값싼 전기 덕분에, 생활의 질이 급속히 높아졌다.

1940년에서 1970년 사이에 미국의 전력 생산량은 9배 증가한 1,600TWh 이상이었다.[29] 같은 30년 동안 미국의 국민 총생산(GDP)은 거의 10배 증가하여, 연 1,000억 달러 미만에서 9,770억 달러로 늘어났고,[30] 개인 소득은 연 600달러 미만에서 1970년 가치로 3,900달러 이상 증가했다.[31] 전후의 호황은 전기에 의해 가속화되었다. 1970년까지 미국인은 평균적으로 연간 약 7,200kWh의 전기를 소비했다. 이 관점에서 보면, 오늘날 전 세계 평균인 연간 3,100kWh의 두 배 이상에 해당한다.[32] 다른 말로, 이를 전 세계로 넓혀서 보면, 오늘날 지구상의 일반 사람들은 50년 전에 미국인들이 평균적으로 사용했던 전기 소비량의 절반도 안 되는 양의 전기를 사용하고 있는 셈이다.

뉴딜 이후, 시골 지역에 설치된 배선 덕분에 미국이 경제 초강대국으로 부상할 수 있는 발판을 마련했을 뿐만 아니라, 시골 농장과 목장에서 여성들과 어린 소녀들이 하인처럼 착취당하며 일하지 않게 하는 데에도 도움이 되었다. 사실, 농장 여성들을 돕고자 한 욕심은 조지 노리스가 농촌의 전기화를 그렇게 열심히 밀어붙인 이유 중 하나였다. 노리스는 1945년 자신의 회고록인 『자유주의의 싸움(Fighting Liberal)』에서, "어린 시절부터 나는 8세대에 걸쳐 미국 농장 여성들이 힘들고 단조로운 노동과 농사일을 흔하게 하는 것을 직접 목격했다. 가을에 진흙과 차가운 비에 시달리고, 겨울에 등불이 흔들려 의지하기 어려운 상황에서 눈발과 얼음 같은 바람을 맞으며 농사일을 하는 것이 어떤 것인지를 알고 있었다. 나는 도시들이 점차 낮처럼 밝은 밤을 누리는 것을 보았다."라고 하였고, 다음과 같이 이어서 기술했다.

나는 더운 여름날의 농장 부엌이 어떤지 안다. … 습기와 이글거리는 태양이 부엌의 화덕 열기와 더해져서 견딜 수 없을 만큼 온도가 치솟는다. 나는 노동력을 절약하는 전기 장치 하나 없이, 손수 세탁과 다림질과 바느질을 하는 고된 노동을 지켜보았다. 수십만 명의 여성이 행하는 끝없는 강제 노역 같은 일을… 눈을 감고도 떠올릴 수 있다. … 그들이 이른 나이에도 금세 늙고, 단명하는 것을 지켜보면서 그들의 삶과 출생이나 선택 때문에 발생한 시골과 도시 사람들의 삶 사이에 놓인 큰 격차를 의식할 수 있었다. 이것이 바로 수십만 명에 이르는 농촌 여성의 해방에 관심을 가져야 하는 이유이다.[33]

전기가 농장 여성들에게 어떤 도움을 줄 수 있는지 아는 사람은 노리스뿐만이 아니었다. 린든 존슨은 페더날레스 전기 협동조합의 고객을 확보하기 위해, 여성들에게 직접 호소하는 노력을 아끼지 않았다. 카로가 저서 『권력으로 가는 길(The Path to Power)』에서 설명했듯이 이 젊은 정치가는 전기를 홍보하기 위해 마을과 도시 이곳저곳을 돌아다니며 연설할 때, 자신의 어머니가 어떻게 양동이로 강물을 길어다가, 빨래판의 빨래를 손으로 문질러 가며 빨래를 했었는지 청중에게 말하곤 했다. 전기는 수도 펌프와 세탁기를 의미한다. 그는 냉장고를 이용하면, 여성들이 화덕에서 음식 준비를 "매일 아침 새롭게 시작"할 필요가 없다고 말했다. 전기는 고된 노동의 부담을 덜어 주고, "당신은 당신의 어머니보다 마흔 살은 더 젊어 보이게 될 것"이라고 말했다.[34]

돌이켜 보면, 농촌의 전기화가 수많은 미국 여성들을 고된 농사일의 수고에서 벗어나게 하는 데 일조했다는 것은 의심할 여지가 없다. 그러나 전 세계 수십 개 국가에서, 농촌의 전기화는 여전히 어려운 과제로 남아 있다. 실제로 인도나 다른 나라에 있는 수억 명의 여성과 소녀들은 여전히 1945년 노리스가 표현한 '끝없는 강제 노역'에서 시달리고 있다.

06
전기의 사각지대에 놓인 여성

> 기억하라. 그냥 플러그를 꽂아라. 준비는 됐다!
> - 만화 캐릭터 '레디 킬로와트(Reddy Kilowatt)'가 부른 로고송1

레헤나 자마달을 처음 만났을 때, 그녀는 44세였다. 그녀는 말수가 적고 우아한 품성의 여성이었다. 열여섯에 첫 딸을 낳았고, 그 뒤로 두 명의 아들과 딸을 더 출산했다.

레헤나는 사우스 24 파르가나스(South Twenty-Four Parganas) 지역의 콜카타 중심부 남동쪽, 농업 정착지인 마즐리시푸쿨이라는 작은 마을에 살고 있다. 마을로 가는 길은 중간중간 벽돌로 포장되어 있고, 2대의 대형 차량이 안전하게 지나갈 수 있을 정도로 폭이 넓었으며, 자전거는 가장 흔한 운송 수단이었다. 내가 아내 로린, 영화감독 타이슨 컬버와 함께 이 마을에 도착해 보니, 우리가 타고 온 차들은 눈에 띄는 유일한 사륜차였다. 닭과 돼지,

개들이 자유롭게 돌아다녔다. 마을에 갑자기 나타난 낯선 이들을 보고, 맨발의 아이들이 호기심을 보이며 웃고 떠들었다. 도로 양쪽에 쓰레기가 쌓인 배수구에서 빗물을 모으고 있었다. 수십 개의 작은 요리용 화덕에서 뿜어져 나오는 연기에서 푸른 회색의 아지랑이가 생기고, 12월의 부드러운 아침 해가 떠 있었다.

2016년, 레헤나 자마달(왼쪽)이 인도 벵골 서부 마즐리시푸쿨에 있는 자신의 집 밖에서 조야슈리 로이와 대화하고 있다.
출처: 저자 촬영

콜카타 자다브푸르 대학의 경제학과 교수이자, 내 친구인 조야슈리 로이는 기후 변화에 관한 정부 간 패널(IPCC)이 발행한 주요 보고서의 주저자로 활동하고 있으며, 친절하게 우리의 안내자 겸 통역자 역할을 하고 있었다.[2] 레헤나는 조야슈리가 우리의 방문 이유를 벵갈어로 설명하는 것을 조용히 듣고 있었다. 조야슈리와 함께 연구 활동을 주도하고 있던 마디드 첸다 차토부치를 포함하여, 대학원생들로 이루어진 이 팀은 이 지역의 에너지 사용에 관해 지난 몇 달 동안 연구를 지속해 왔다. 레헤나는 요리할 때 많은 여성들이 주로 나무와 짚이라는 바이오매스에 의존하고 있다고 말했다. 그리고 주방에서 액화석유가스(LPG)를 종종 사용하고 있다고 말했다. 하지만 가스를 항상 사용할 수 있는 건 아니라고 덧붙였다. 게다가 연방정부의 보조금을 받고 있음에도, LPG는 일부 마을 사람들이 구매하기에 여전히 너무 비쌌다. 그 때문에 짚과 나무 외에 그들이 선택할 수 있는 다른 여지는 별로 없었다.

조야슈리가 전기에 관해 이야기하고 싶다고 말하자, 레헤나는 밝은색으로 칠해진 집 옆문 쪽으로 우리를 안내하여, 전기 계량기를 보여 주었다. 그녀의 허름한 집에는 14년 전부터 전기선이 설치되어 있었다. 한 달에 전기료로 100루피(약 1.50달러)씩 낸다고 설명했다. 그녀는 연방 정부의 전기화 정책 덕분에 전기 요금 인하 혜택을 받고 있으며, 3개월마다 청구되는 전기료를 내고 있었다. 집 안에는 전구 두 개와 선풍기, 그리고 부엌 쪽에 콘센트가 있었다. 전기가 들어와서 가장 좋아했던 것 중 하나는 부엌일이 훨씬 더 빨리 끝난다는 것이었다. 그녀는 전기 분쇄기를 사용하여, 향신료와 다른 음식을 더 빠르고 쉽게 준비하고 있었다. 전기가 들어오기 전에는 직접 식재료를 갈아야만 해서 부엌에서 많은 시간을 허비했었다.

집에 전기가 들어오기 전과 지금은 어떻게 다르냐고 물어보니, 그녀는 즉시 전기로 인해 자녀들과 교육에 어떤 점이 달라졌는지 이야기하기 시작했다. 전기 덕분에 그녀의 아이들은 책을 읽고, 글쓰기 연습을 하며, 밤에도 공부를 할 수 있었다. 그것은 분명하고 긍정적인 결과를 가져왔다. 그녀의 딸 중 한 명이 콜카타에 있는 대학에 다니고 있었는데, 레헤나는 그 사실을 무척 자랑스러워했다. 좀 더 이야기를 나눈 후에, 레헤나에게 다시 물었다. "어릴 적에 전기가 있는 집에서 살았더라면, 당신도 대학에 갔을까요?" 그녀의 얼굴에 짧은 미소가 번졌고, 그녀는 1초의 망설임도 없이 전형적인 벵골 서부 거주민답게 고개를 오른쪽으로 끄덕이며 대답했다. "그럼요. 당연히 그랬을 거예요."

주저함도 없었고 과장됨도 없었다. 그녀의 대답에는 다른 무엇이 있을 수 없었다. 아침 해가 동쪽에서 뜨는지를 질문한 것처럼, 그녀의 반응은 직접적이고 실제적이었다.

2016년 마즐리시푸쿨의 여성들
출처: 로린 브라이스 촬영

이 공손하고 현명한 여인은 어둠의 손아귀에 묶여, 자신이 이미 알고 있는 걸 성취하지 못했다. 그녀가 이곳 시골 농가가 아니라 인도의 여러 도시 중 하나에서 태어났더라면, 대학에 갈 수도 있었을 것이다. 대학 교육을 받은 그녀는 의사, 변호사, 간호사, 공학자가 되었을지도 모른다. 레헤나를 만났을 때, 나는 이미 많은 사실과 통계를 알고 있었다. 인도의 평균 거주자는 연간 약 800kWh의 전기를 사용하는데, 이는 세계 평균의 약

1/4 수준이다.³ 나는 전기 사용 여부와 건강, 부 사이에 상당한 상관관계가 있음을 알고 있었다. 그러나 레헤나, 조야슈리와 함께 나눈 15분 간의 대화를 통해, 나는 희망을 보았다. 어둠은 인간의 잠재력을 죽이지만, 전기는 잠재력을 키운다. 특히 여성들과 소녀들에게 영양분을 제공한다.

전기는 여성들과 소녀들을 수돗가와 화덕, 빨래통 등에서 벗어날 수 있게 해 준다. 그리고 전 세계에서 매우 많은 수의 여성들과 소녀들, 곧 레헤나 자마달과 같은 사람들이 전기 빈곤으로부터 구조되어야 할 이들이다. 이들은 도시 중심지에서 멀리 떨어진, 작은 이슬람 농촌 마을 마즐리시푸쿨 등지에서 살고 있다.⁴ 향후 몇십 년 동안, 레헤나와 같은 여성들에게 풍부하고 안정된 전기를 제공하는 것이 세계 빈곤 퇴치 노력의 열쇠가 될 것이다. 전기화를 위한 노력은 이슬람 국가들에서는 특히 어려울 것이다. 왜 그럴까? 향후 수십 년 동안, 세계의 이슬람 인구는 급증할 것으로 예상된다. 퓨 리서치 센터의 예측에 따르면, 2060년까지 세계의 이슬람 인구는 12억 명 이상 증가할 것이며, 세계 기독교 인구만큼 커질 것이라고 하였다.⁵ 농촌 마을인 마즐리시푸쿨과 같은 곳에서 태어난 수억 명의 새로운 이슬람교도들은 생계를 유지하기 위해 농업과 주간 노동으로 근근이 살아갈 것이다.

이슬람 인구는 단순한 인구 통계를 보더라도 급증할 것이라고 예상할 수 있다. 젊은 이슬람교도들이 젊은 기독교인들보다 더 많고, 그 젊은 이슬람교도들은 더 많이 출산하고 있다. 예를 들어, 사하라 남부 아프리카에서 이슬람교도의 중위 연령은 17세이다. 북미에서 기독교인들의 평균 연령은 40.6세이다.⁶ 퓨 리서치 센터의 보고서는 2060년까지 전 세계 이슬람 인구의 27%가 사하라 이남 아프리카에 살게 되리라고 추정하고 있다. 2015년에는 이 수치가 16%에 불과했다. 2016년에 발표된 퓨 리서치 센터의 또 다른 연구에서는, 여러 종교 간 교육 격차에 대해 더 많은 관심을 기울여야 할 이유를 제시하고 있다.

2016년 연구는 이슬람교도들이 평균적으로 고작 5.6년의 정규 교육을 받는다는 것을 발견했다. 이와는 대조적으로, 기독교인들은 평균 9.3년의 정규 교육을 받고 있으며, 유대인들은 모든 종교 중 가장 많은 13.4년의 교육을 받고 있다. 특히 여성들 사이에서는 이러한 불균형의 차이가 현저하게 나타난다. 이슬람 여성들에 비하면, 이슬람 남성들은 학교 정규 교육을 1.5년 더 받는다. 즉, 평균적으로 남성 이슬람교도들은 6.4년의 정규 교육을 받지만, 여성 이슬람교도들의 교육 기간은 평균 4.9년이다.[7] 따라서 유대인과 기독인들은 전기화의 혜택으로 교육을 계속해서 받게 될 것이지만, 안타깝게도 수억 명의 이슬람교도들은 전기 없이 교육도 부족한 상태에서 가난하게 살게 될 것이라고 전망할 수 있다.

물론 전기는 이슬람 여성들뿐만 아니라 모든 여성에게 중요하다. 스웨덴의 학자이자 통계학자인 한스 로슬링의 추정에 따르면, 오늘날 지구상의 약 50억 명이 손으로 세탁한 옷을 입고 다닌다.[8] 이는 약 25억 명의 여성과 소녀들이 매일 또는 매주 일상적으로, 이 옷을 손수 빨래통에서 세탁하고 있다는 걸 의미한다. 여성과 소녀들이 빨래통에서 보내는 매시간은 교실이나 서점, 도서관 등에서 보내야 할 시간이다. 전기 빈곤 속에 사는 여성과 소녀들은 쿠진아트(미국 가전 브랜드)나 인스턴트 팟(캐나다 멀티쿠커 브랜드)

뿐만 아니라 세탁기나 냉장고의 편리함도 누리지 못하고 있다.

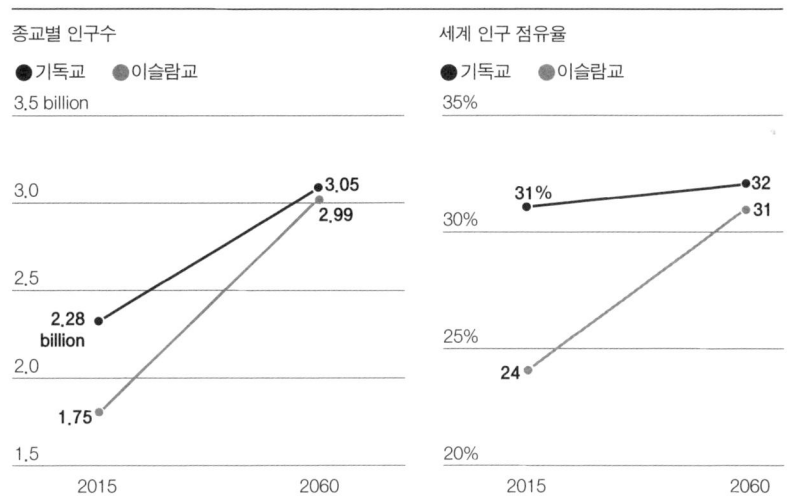

기독교와 이슬람교 인구의 글로벌 성장 예측(2015~2060년)

출처: '변화하는 세계 종교 환경', 2017년 4월 5일, 퓨 리서치 센터

 옛말에 "엄마를 교육하고 나서 아이를 교육하라."라는 말이 있다. 하지만 엄마들은 세탁기가 없으면, 교육받을 시간이 부족하다. 세탁기는 여성과 소녀들의 지위를 향상하는 데 도움을 줄 수 있는 가장 중요한 제품일 것이다. 1930년대 뉴딜 때, 세탁기 사용 증가는 전기주택농업공사(Electric Home and Farm Authority) 설립의 주요 동기가 되었다. 이 기관은 "소비자의 전기료와 전자 제품 구매 비용의 이중 절감을 통한 전력 사용의 증대"를 개발·육성하기 위해 설립되었다.[9]

1940년대, 1950년대, 1960년대에 미국의 전력 회사는 '레디 킬로와트(Reddy Kilowatt)'라는 만화 캐릭터를 통해 전기 사용을 장려했다.
출처: 레디 킬로와트 기록, 미 국립역사박물관 업적물 센터, 스미소니언 박물관

전기주택농업공사는 농촌 주민들이 세탁기와 레인지, 냉장고 등을 구매할 수 있도록 저금리로 돈을 빌려주었다. 가전 제품들은 지역 전력 회사와 전기 협동조합을 통해 판매되었다. 1938년까지 7만 4,000여 건 이상의 계약이 체결되어 1,100만 달러 이상의 가전 제품 매출을 기록했다. 이 금액은 2018년 기준으로, 약 9,600만 달러에 달한다.[10] 미국의 10개 공공 전기 서비스 사업체(utilities)들은 1940년대부터 1960년대에 가전 제품 판매와 전기 사용 증대 방안으로 여성들을 상대로 계속해서 광고를 내보냈다.

이러한 마케팅 노력 중 가장 유명한 것이 만화 캐릭터인 레디 킬로와트(Reddy Kilowatt)이다. 1926년 앨라배마 전력의 통신 판매 매니저인 애쉬 콜린스가 만든 캐릭터인 레디 킬로와트는 반복적으로 뉴스와 인쇄물 광고에 출연했다. 1957년까지 전 세계 200개 이상의 공공 전기 서비스 사업자들은 레디 킬로와트에 대한 사용권을 여러 형태로 받아 사용했다.[11] "지치지 않는 가정부"라고 불리는 레디는 여성들에게 직접적인 메시지를 전달했다. 30초짜리 애니메이션 광고에서, 다양한 가전 제품을 선보이며 집 안에서 춤추고 노래하는 레디 킬로와트를 볼 수 있었다. "나는 옷을 빨고, 널고, 라디오를 켤 수 있어. 나는 커피포트에 물도 끓일 수 있지."

● ○ ●

수많은 학문적 연구에서 전기가 여성들과 소녀들에게 긍정적인 영향을 미친다는 것을 볼 수 있다. 다카 대학의 경제학자 아불 바카트가 2002년 방글라데시 여성을 대상으로 수행한 연구에 따르면, 글을 읽을 수 있는 사람의 비율인 문해율(literacy rate)이 전기가 없는 마을보다 전기가 있는 마을에서 31%나 높은 것으로 나타났다. 이 연구는 전기의 효과가 "교육, 특히 교육의 질에 유의미한 영향을 미친다는 결론을 보여 주었다. 이러한 영향은 전기화가 이루어지지 못한 가정보다 전기화가 이루어진 가정의 빈곤층, 소녀들 사이에서 훨씬 더 두드러진다."[12]

2010년 남아프리카공화국의 인종 차별 정책 폐지 선언 이후, 전기화에 관한 연구에서 "새로 전기를 공급하는 곳에서 고용이 증가하고 있다."라고 밝혔다. 이는 여성들에게 특히 그러했다. 이 연구에 따르면, 전기화로 인해, "전등과 주방 가전 제품의 사용이 많이 증가하고, 5년 동안 목재를 땔감으로 사용하는 요리가 감소했으며, 여성 고용이 9.5%포인트 증가한 것으로 나타났다."[13]

인도의 농촌 전기화에 대한 2012년 연구는 전기 공급이 여학생들의 학교 교육에 큰 영향을 미친다는 결론을 내렸다.

> 전기화가 진행되면 남학생의 경우 약 6%, 여학생의 경우 7.4% 정도 학교 입학률이 증가한다. 또 매주 공부하는 시간이 1시간 이상 늘어나며, 남학생보다 여학생에게 이 비율이 약간 더 높게 증가한다. 공부 시간이 길어짐에 따라, 전기가 들어오는 가정의 아이들은 전기가 없는 가정의 또래 아이들보다 더 나은 성과를 기대할 수 있다.

같은 연구에서 "전기가 노동 공급에 미치는 영향은 남성과 여성 모두에게 긍정적이다. 즉, 가정에 전기를 공급하면, 여성의 고용 시간은 17% 이상 증가하고 남성의 고용 시간도 1.5% 증가한다."게다가 이 연구는 전기가 빈곤율을 13.3% 감소시킨다는 것을 발견했고, "이러한 결과는 전기가 전반적인 가계 복지에 실질적으로 유의미하게 긍정적인 영향을 미친다는 것을 보여 준다."[14]

높은 문맹률과 조혼으로 고통받는 여성과 소녀들이 많은 나라에서, 그 원인 중의 많은 것이 극심한 전력 부족이라는 것을 쉽게 밝혀낼 수 있다.[15] 세계은행 자료만 봐도 여성 문맹률이 가장 높은 나라들이 모두 전기 플러그가 없는 세계에 있다는 걸 알 수 있다.[16] 만약 빈곤한 나라의 여성이고 전기에 접근하기 어렵다면, 물통을 운반하고, 불을 피우고, 곡식을 추수하고, 옷을 세탁하는 등 사실상 가정 내 육체적인 허드렛일의 노예가 되기 쉽다. 2014년 유엔아동기구(UNICEF) 세계 아동 현황(State of the World's Children) 보고서는 전 세계 어린이들의 곤경, 특히 소녀들의 곤경을 상세히 기록한 충격적인 문서이다. 유니세프가 살펴본 내용 중에는 18세 미만 어린 소녀의 결혼 문제 등이 있었다. 이 보고서는 아동 결혼율이 가장 높은 국가들을 열거하고 있다.

[표 3] 모두 전기 빈곤국인 아동 결혼율 상위 10개 국가

니제르 76%	기니 52%
중앙아프리카공화국 68%	남수단 52%
차드 68%	부르키나파소 52%
방글라데시 65%	말라위 50%
말리 55%	모잠비크 48%

10개 국 중 8개 국은 1인당 전기 사용량이 너무 적어, 세계은행은 데이터를 제공하지 않는다. 10개 국 중 방글라데시(1인당 연간 299kWh)와 모잠비크(1인당 연간 440kWh), 단 2개 국만이 세계은행 자료집에 기재될 만큼 충분한 양의 전기를 사용하고 있다.[17]

이 문제는 투표권, 교육이나 취업 기회 등에 상관없이 실제로 전기가 여성들·소녀들에게 도움이 된다는 것을 보여 준다. 마즐리시푸쿨에 방문한 후, 나는 조야슈리 로이와 공식적인 인터뷰를 했다. 특히 여성에 있어 전기의 중요성과 기후 변화에 대한 역할을 고려할 때, 정책 입안자들이 인도와 같은 빈곤 지역의 전기화에 대해 어떻게 생각해야 하는지 질문했다. 이에 그녀는 "현대성에 대한 접근을 부정할 수는 없다."라고 답했다. 그녀는 "현대성을 누리고 있는 국가들이 그 외 다른 국가들의 현대화를 허용하지 않는다면 이는 범죄"라고 주장했다. 이는 중대한 범죄이다. 그녀는 전기가 여성에게 필수적이라고 말했다. "당신의 어머니가 교육을 받았다면, 지식의 아름다움을 이해할 것이다."라고 조야슈리는 말했다. 여성들이 전기를 이용하지 못해서 교육받을 기회를 놓친다면, "어머니와 딸, 두 세대를 놓치고 있는 셈이다."

전기 덕분에 빨래에서 여성들이 자유로워지면서 여성들의 시민 사회에서 활동할 기회가 생겼다. 이 사실을 고려할 때, 여성들이 더 많은 정치적 힘을 얻고 있는 것과 거의 동시에 전기화가 더욱 진보되었다는 것은 놀라운 일이 아니다. 19세기 후반과 20세기 초반의 연대표를 보면, 수십 년 동안 전기화가 이루어진 세계의 주요 도시에서 여성에게 참정권이 주어지기 시작했음을 알 수 있다. 예를 들어, 1893년에 콜로라도주가 여성에게 투표권을 부여하는 개정안을 최초로 채택했는데, 이는 미국의 참정권 운동의 전환점이었다. 같은 해에 시카고에서 열린 콜롬비아 전시회에서, 조지 웨스팅하우스는 교류 전기가 전기를 사용자에게 고르게 분배하는 표준 방법이 되리라는 것을 증명했다. 또한 에디슨이 로어 맨해튼에서 전기를 생산하기 시작한 지 11년이 지난 1893년에 뉴질랜드의 여성들이 투표권을 행사했다. 1902년에는 호주 여성들이, 1906년에는 핀란드 여성들이 투표권을 얻었다.[18]

물론 참정권 운동의 궁극적인 성공에는 수많은 요인이 있다. 또한 전기화가 여성의 사회 진출과 동시에 이루어졌다는 것도 분명하다. 전기화가 전 세계로 확산되자, 여성들은 시골의 어둠에서 벗어나 불빛이 환한 도시로 이동하기 시작했다. 전기의 영향으로 새로운 제조 공장과 사무실에 취업할 기회뿐 아니라 학교 교육을 받을 기회도 늘어났다. 여성들이 더 많은 일자리와 독립성을 얻게 되면서, 동시에 그녀들은 직장과 정치권에서 더 많은 권력을 원하게 되었다. 그 욕망은 뉴욕시에 있는 트라이앵글 셔츠 공장에서 발생한 치명적인 화재 이후에 더욱 증가되었다. 1911년 3월 25일에 발생한 이 화재에서 123명의 여성이 사망했으며, 이는 국제숙녀복노동자조합(ILGWU)의 성장을 촉진했다. 1920년에는 미국 역사상 처음으로 미국인의 절반 이상이 도시에 거주하게 되었고, 전기화의 속도는 더욱 빨라지고 있었다.[19] 같은 해에 미국은 도시 거주자가 주류인 나라가 되면서, 19차 미국 헌법 개정안이 비준되었다. 이로써 미국 여성들은 마침내 투

표권을 갖게 되었다.[20]

　미국 여성들이 투표권을 획득한 유일한 이유가 전기화 덕분이라고 주장하는 건 분명히 아닙니다. 그럼에도 불구하고 전기화가 미국 농촌 여성들과 소녀들에게 더 나은 경제적·교육적 기회를 주는 데 중요한 역할을 했다는 증거는 적지 않다.

　전기화가 여성과 소녀들에게 도움이 된다는 건 의심의 여지가 없지만, 오늘날 전 세계적으로 국가에 따라 전기 사용량에 엄청난 격차가 나는 것은 다음과 같은 뚜렷한 의문을 제시한다. 미국과 다른 부유한 나라들은 어떻게 전기화에 성공했는가? 가난한 미개발 국가들에 부족한 것은 무엇인가?

　다음 장에서는 쉽게 이해할 수 있는 측정 기준을 사용하여, 전 세계 전기 사용량의 엄청난 불균형을 설명할 것이다. 그리고 왜 그렇게 많은 사람이 여전히 필요한 전기를 얻기 위해 애쓰고 있는지 토론하고, 전기에 대한 인간의 갈증이 대기오염이나 기후 변화와 같은 우려를 어떻게 압도하는지 보여 줄 것이다.

| 제2부 |

수많은 사람들은 왜 여전히 어둠 속에 갇혀 있고 그들은 무엇을 하고 있을까?

07
우리 집 냉장고와 세상

> 전자(electron)에게: 누구에게도 결코 쓸모가 없기를.
> - **조셉 존 톰슨**, 노벨상 수상자이자 전자를 발견한 사람1

우리 집 주방에 있는 냉장고는 특별히 화려하지 않은 전형적인 미국식 냉장고이다. 양문형(냉동실용 문 하나, 냉장실용 문 하나)이고 문 안에는 제빙기, 그리고 냉수용 수도꼭지가 있다. 아내 로린과 나는 그 냉장고를 2007년경에 홈디포에서 샀다. 몇 가지 사소한 고장이 났던 것을 제외하고는 꽤 믿음직했다. 하지만 제조사 월풀이 안내했던 것보다 훨씬 더 많은 전기를 사용한다는 문제가 있다. 냉장고 사용 안내서에는 이 기계가 연간 약 616kWh를 사용한다고 명시되어 있다.

하지만 냉장고를 전력계에 꽂아 측정한 실제 소비량은 훨씬 더 높게 나왔다. 1년에 약 949kWh였다. 수치가 맞는지 확인하고 싶어서, 냉장고를 전력계에 48시간 이상 꽂아 두었다. 일단 수치가 확실하다 싶으면 1년에 1,000kWh로 반올림하여 기억하기 쉬운 기준점을 기록해 두었다. 다른 분석가들은 냉장고를 전기 사용의 기준으로 삼아왔다.[2] 그렇게 하는 것은 몇 가지 이유로 꽤 합리적이다. 우선 냉장고는 미국 가정에서 가장 많은 전기를 사용하는 가전 제품 중 하나이다.[3] 오스틴에 있는 우리 집에는 2대의 에어컨, 수십 개의 조명, 세탁기와 건조기, 토스터기, 오븐, 헤어드라이어 등 수많은 전기 소비 제품이 있다. 이것들은 많은 에너지를 사용하지만, 그중 냉장고는 가장 필수적인 가전 제품이다. 음식이 상하지 않게 보관할 수 있고, 의약품을 신선하게 유지하며, 맥주를 차갑게 유지할 수 있다는 것이 가장 중요하다.

기준점으로 1,000kWh를 잡은 후, 나는 오스틴에 있는 정보 그래픽 전문가 세스 마이어스와 함께 세계 각국의 1인당 전력 사용량과 냉장고 사용량을 비교할 수 있도록 데이터베이스를 구축했다. 전력 사용 외에 인구 자료, 국내총생산(GDP), 사망률, 기대 수명, 종교 관련 정보 등을 포함한 자료였다. 일관성을 위해 2012년도 수치를 최대한 활용했고, 200개의 국가와 지역을 아래처럼 세 그룹으로 나누었다.

- 1인당 전력 사용량이 연간 1,000kWh 미만: 초저전력 소비 국가
- 1인당 전력 사용량이 연간 1,000~4,000kWh: 저전력 소비 국가
- 1인당 전력 사용량이 연간 4,000kWh를 초과: 고전력 소비 국가

우리의 데이터베이스에서 가장 놀라운 수치는 초저전력 소비 국가의 인구수였다. 대략 33억 명의 사람들, 즉 지구 전체 인구의 약 45%가 1인당 전기 소비량이 연간 1,000kWh 미만인 지역에서 살고 있었다. 이는 우리 집 냉장고의 연간 전력 소비량보다 적은 수치이다. 국제에너지기구(IEA)에 따르면, 이 33억 명의 초저전력 소비 인구 중 약 10억 명은 전기를 전혀 사용할 수 없는 무전력 소비 국가에 거주한다고 한다.[4]

초저전력 소비 인구의 전기 소비량은 중요한 역사적 의미가 있다. 연간 1,000kWh 미만의 초저전력 소비 국가에 사는 사람들은 1925년 시카고의 거주자들의 평균 전력 소비량과 거의 비슷한 양의 전력을 사용하고 있는 것이다.[5] 그러므로 전기 사용과 현대적인 생활 수준을 고려한다면, 오늘날 지구상의 약 30억 명의 사람들은 고전력 소비 지역에 사는 사람들보다 약 1세기가량 뒤처져 있는 셈이다.

초저전력 소비 국가에는 엘살바도르, 필리핀, 볼리비아, 파키스탄, 인도와 같은 지역이 포함된다. 아동 사망률이나 기대 수명은 물론, 거의 모든 복지 지표의 측면에서 초저전력 소비 국가의 거주자들은 저전력이나 고전력 소비 지역에 사는 사람들보다 훨씬 낙후되어 있다. 예를 들어, 고전력 소비 국가에 사는 사람들은 평균적으로 초저전력 소비 국가보다 약 16년 더 오래 산다. 초저전력 소비 국가의 아동 사망률은 고전력 소비 지역의 사망률보다 10배 가까이 높다. 초저전력 소비 국가의 1인당 평균 GDP는 1년에 약 1,973달러로, 약 3만 8,844달러인 고전력 소비 국가의 GDP보다 약 20배 적다.

전기 사용량을 기준으로 지역을 구분해 보니, 종교에 관련된 결과도 나타났다. 기독교인들은 꽤 균등하게 분포되어 있지만, 전 세계 이슬람교도들의 약 2/3와 세계 힌두교도들의 약 99%는 초저전력 소비 국가에 살고 있었다.

초저전력 소비 인구를 살펴본 후, 두 번째로 큰 그룹인 저전력 소비 국가를 확인해 보았다. 우리는 세계 인구의 약 37%인 약 27억 명의 사람들이 저전력 소비 국가에 살고 있다는 걸 발견했다. 1인당 전기 사용량이 연간 3,900kWh 정도인 폴란드를 비롯해 칠레, 우크라이나, 중국, 튀르키예 등이 모두 저전력 소비 국가 부류 중 상위권이다. 그러므로 저전력 소비 국가들을 반드시 가난한 나라로 단정지을 수만은 없었다. 하지만 그들의 1인당 GDP는 고전력 소비 국가들에 비해 뒤처져 있다.

세계 인구의 약 19%인 약 14억 인구가 현재 1인당 연간 전기 사용량이 4,000kWh보다 많은 고전력 소비 국가에 살고 있다. 고전력 소비 국가는 미국, 영국, 스웨덴, 벨기에, 독일, 이스라엘 등이 포함된다.

세스와 나는 높은 전기 소비량을 정하는 최소 기준으로 4,000kWh를 사용했다. 이 정도의 수준이 장기적으로 좋은 삶의 질을 유지하기 위한 최소한의 조건이라고 생각했기 때문이다. 2000년 로렌스 리버모어 국립연구소에서 일했던 화학공학자인 앨런 D. 파스테르나크 박사는 60개 국의 1인당 전력 소비량을 분석한 결과, 전기 사용이 인간의 건강 및 복지 지표와 관련이 있다는 유명한 논문을 발표했다.[6]

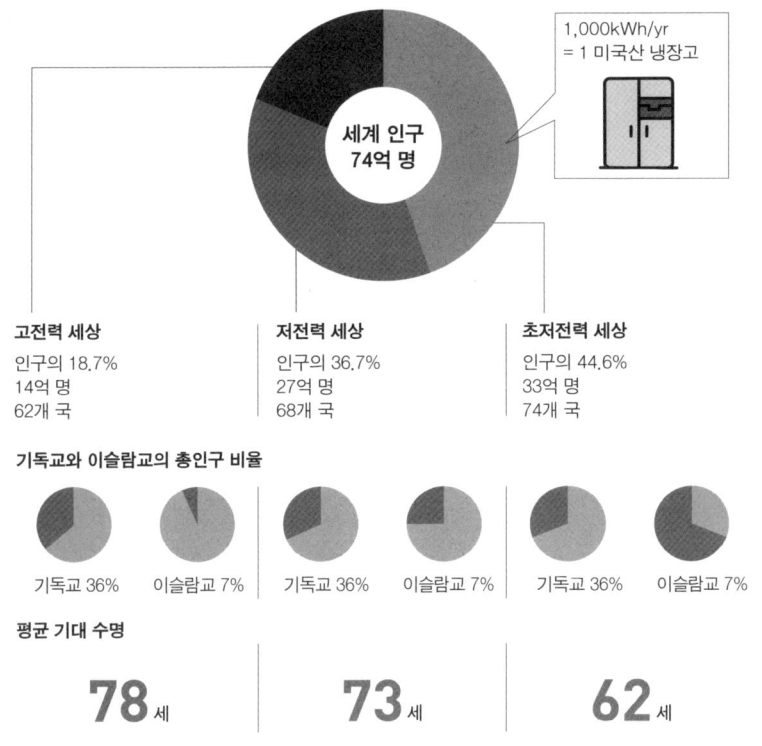

파스테르나크 박사는 기대 수명, 영양, 건강, 사망률, 빈곤, 교육, 안전한 식수와 위생에 대한 접근성 등의 척도를 기준으로 국가 순위를 매기고, 국가별 점수를 계산하는 1.0 만점의 유엔 인간개발지수(HDI) 데이터를 사용했다.[7] 유엔은 전 세계 인구의 15% 미만이 0.9 이상의 HDI를 누리고 있다고 추정한다.[8] 파스테르나크는 HDI와 전기 사이의 관련성 연구에서,

"HDI와 전기 소비의 관계에 1인당 약 4,000kWh의 임계점이 있다."라고 주장했다.

다시 말해서 2010년에 사망한 파스테르나크 박사는 4,000kWh의 기준이 핵심적인 임계점인 것을 밝혀낸 것이다.[9] 그는 "전기 소비량이 시간당 4,000kWh 이상으로 증가해도, HDI는 많이 증가하지 않았다."라고 기술했다. 반면 전기 소비량이 적을수록 HDI가 낮다는 걸 발견했다. 파스테르나크 박사의 연구 결과를 요약하면, "개발도상국의 HDI나 경제적 성과는 전기 사용량의 증가 없이는 늘어나지 않을 것"이라고 직설적으로 표현할 수 있다. 파스테르나크는 "관심을 가질 만한 점은 세계의 많은 인구가 선진국의 전형적인 HDI와 관련된 전력 임계점에 현저히 못 미친다는 사실이다." 이러한 낮은 순위는 "짧은 수명과 낮은 교육 성취도를 반영하고 있다. 일반적으로 에너지 소비와 관련된 데이터는 경제적인 지표보다 훨씬 더 설득력 있는 지표이다." 따라서 "개발도상국에는 에너지와 전력 공급을 증가시켜야 한다는 요구가 설득력이 있다."라고 주장했다.

파스테르나크 박사가 쓴 논문의 본질적인 요점은 바로 이것이다. 소량의 전기는 빈곤 완화에 효과적이지 않다. 물론 소량의 전기를 쓰는 것이 아예 전기가 없는 것보다는 낫다. 그러나 그의 논문에서는 빈곤에 시달리는 세계의 사람들이 어둠 속에서 벗어나 현대화되기 위해서는 지금 생산되는 것보다 훨씬 더 많은 전기가 필요하다고 제시한다. 게다가 실제로 어려운 부분이긴 하지만, 전기를 필요로 하는 국가 내에서 전기를 생산해야 할 것이다.

커피부터 테니스 라켓, 몰리브덴, 메이플 시럽에 이르기까지, 거의 모든 상품에서 세계화의 양상을 볼 수 있다.[10] 하지만 전기는 그렇지 않다. 석탄, 천연가스, 우라늄을 포함해서 전기 생산을 위한 연료 거래는 활발하게 이루어지고 있다. 태양열 집열판, 풍력 터빈, 가스 터빈, 왕복 엔진, 배전선, 전극, 변압기 분야도 세계적으로 무역 거래가 활발하다. 그러나 전기 공급은 국경을 넘어 이루어지지 않는다. 2013년, 세계 전기 거래량은 그해에 생산한 전체 약 2만 3,000TWh 중 약 308TWh였다.[11] 이런 식으로 생각해 보자. 2013년 국가 간 전기 거래량은 하루에 총 50만 배럴의 석유와 맞먹는다. 같은 해 세계 석유 무역은 하루 평균 4,250만 배럴 이상이었는데, 이는 국경을 넘나드는 전기 무역보다 85배나 많은 양이다. 국경을 넘어 운반되는 석유의 양에 석탄과 천연가스의 양을 더하면, 총량은 훨씬 더 많을 것이다. 국경을 넘는 탄화수소 무역의 규모는 전기 무역보다 약 150배나 크다.[12]

어떤 전력망은 국경을 넘나든다. 예를 들어, 유럽은 독일, 덴마크, 프랑스뿐만 아니라 다른 나라들이 전기를 교환할 수 있는 상호 연결된 망을 가지고 있다. 북미에서는 미국의 전력망이 멕시코와 캐나다의 전력망에 연결되어 있다. 게다가 시골 댐과 발전소에서 대도시로 전기를 운반하는 장거리 송전선이 많이 있다. 그러나 거리가 멀면 멀수록 그 과정에서 전기가 더 많이 손실된다. 이는 높은 송전 시설 건설비와 결부되는데, 교류 또는 직류로 연결할 수 있는 효율적 송전의 한계 거리는 비용 대비 대략 1,930km라고 한다.[13]

초창기부터 전력 생산과 보급 사업은 지역이나 지역 기업이 소유하고 운영하는 전력망에 의해 좌우되었다. 250개의 도시와 마을이 전기나 가스 공공 서비스 사업을 소유하고 운영하는 미국에서는 특히 그렇다.[14] 이러한 지역주의는 안정적인 전기 서비스의 중요성을 반영한다. 게다가 정치 지도자들이 국가의 전기가 외국에 의해 통제되는 것을 원하지 않는다는 사실을 보여 준다. 왜 그럴까? 짧게 요약하면, 주권 국가로서 아무리 우호적인 관계라도 전력망을 통제하는 역할을 다른 나라 손에 넘길 순 없다는 것이다. 그에 따르는 위험은 그야말로 너무 크다. 유럽 국가들은 대륙 전체의 전력망에 연결되어 있을지 모르지만, 유럽의 전기 협력은 이 국가들 사이의 장기적인 평화 관계에 달려 있다. 어떤 혼란으로 인해 이 평화 관계가 깨진다면, 유럽 전력망은 쉽게 무너질 수 있다.

전력망은 국민, 지역 사회, 그리고 전력을 공급하는 국가의 형편을 거의 완벽하게 반영한다. 이 전력망은 허리케인 마리아 이후 푸에르토리코에서 윌프레도 로크와 아이리스 오르티즈가 사용하던 4,500W급 소형 전력망부터 11억 이상의 중국인에게 대규모로 전기를 공급하는 중국 국영 전력 회사(SGC)에 이르기까지 다양하다.[15] 중국에서는 공산주의 정부가 모든 국민을 하나의 불특정 공급자와 연결한다.

전기 생산과 소비의 지역적 또는 국가적 특성은 단지 많은 특징 중 하나에 불과하다. 또한 전기 빈곤의 재앙을 해결하는 게 왜 어려운지 설명하는 많은 이유 중 하나이다. 전기 소비가 극히 적은 초저전력 소비 국가는 고전력 소비나 저전력 소비 국가로부터 필요한 만큼 전기를 수입할 수 없다. 따라서 각 국가나 지역은 자체 전력망을 구축하고, 비용을 들여 관리해야 한다. 이것은 간단한 일이 아니다.

08
전기의 필수 요소
: 무결성, 자본, 연료

> 에디슨이 작은 배 모양의 유리 전구에서 프로메테우스의 불꽃을
> 밝혔을 때, 이는 두 번째로 불을 발견했다는 것을 의미했고,
> 인류가 밤의 저주에서 다시 살아났다는 것을 의미했다.
> - 에밀 루드비히, 독일 작가[1]

전 세계의 전기화 노력을 살펴본 후, 나는 모든 성공적인 전력망이 규모나 위치에 상관없이 무결성, 자본, 연료라는 세 가지 상호 관련된 요인에 의해 결정된다고 결론을 내렸다.

무결성, 자본, 연료의 중요성은 안톤 루이스 지역의 사례를 다시 살펴보면 쉽게 알 수 있다. 허리케인 마리아가 푸에르토리코의 전력망을 파괴한 후, 윌프레도 로크와 아이리스 오르티즈는 그들만의 전력 공급 시스템을 만들었다. 이 전력망은 발전기와 차도를 거쳐 집으로 전기를 전달하는 연장선, 그리고 집 안에서의 전원 장치 등을 모두 완벽하게 통제할 수 있으므로 완벽하다고 할 수 있다. 발전기에서 전기를 훔치려 하거나 발전기

자체를 떼어내려고 시도한다면, 누구나 쉽게 감지할 수 있어 이를 제지할 수 있다.

윌프레도와 아이리스의 전력망도 자본의 중요성을 잘 보여 준다. 지난 방문 후에 나는 아이리스와 이메일을 주고받았다. 그녀는 윌프레도가 PREPA에 의존할 필요가 없도록 태양열 발전 시스템을 갖는 데 큰 관심이 있다고 했다. 하지만 집에 전기를 충분히 공급할 수 있는 태양열 집열판을 구하려면, 보유한 예산을 훨씬 초과하는 약 8,000달러의 비용이 필요했다. 게다가, 이 태양열 발전 시스템에는 배터리가 포함되지 않아서 푸에르토리코 전력망에 연결하는 비용을 계속 내야 한다고 하였다.

비록 태양열 발전 시스템을 구매할 여력은 없지만, 그들은 4,500W 블랙 맥스 발전기를 한 대 더 살 수 있는 300달러의 자금을 가지고 있었고, 필요에 따라 바로 쓸 수 있었다.[2] 그러나 이 발전기는 밤에 가동하기에 너무 시끄러워서, 조금 더 조용한 2,100W 휘발유 발전기를 구매했다. 그리고 선풍기를 돌릴 수 있는 작은 단일 장비를 사용하여, 자는 동안 발전기의 열을 냉각시켰다. 이 작은 장비를 구매하는 데 650달러가 추가로 들었다.[3] 따라서 약 1,000달러의 추가 비용을 들여, 그들의 필요에 맞는 전력망을 구축했다. 다음으로 한정된 자본에 맞추어 전기를 생산하기 위한 연료의 종류를 결정했다. 윌프레도는 두 대의 발전기를 계속 가동하기 위해, 며칠에 한 번씩 휘발유를 구매하고 있었다. 연료는 비쌌고, 집안 재정에 큰 부담이 되었다. 하지만 휘발유는 쉽게 구할 수 있어서, 그들이 정말로 필요할 때 전기를 만들어 쓸 수 있다는 확신이 있었다. 만약 제때에 연료를 구매하지 못하거나, 연료가 바닥나거나, 필요한 휘발유를 구매할 금전적 여유가 없다면, 그들만의 전력망은 무용지물이 될 것이다.

윌프레도와 아이리스, 그리고 푸에르토리코에 있는 세 딸에게 전기를 공급하고 있는 이 작은 전력망은 사실 모든 지역을 전기화하는 노력과 본질적으로 같은 것이다. 모든 전력망은 무결성, 자본, 연료가 필요하며, 이 세 가지 중에서 무결성이 가장 중요하다. 나는 이 무결성에 의해, 전력망에서 전기가 너무 많이 누출되지 않아야만 잘 작동하는 시스템이라고 생각한다. 전력망은 양동이와 같아서 만약 새어나오기 시작하면 쓸모가 없다.

전기 절도는 빛의 적이다. 전력망을 운영하는 전력 회사에서 돈을 훔치는 사람들이건, 전기료를 줄이기 위해 배전선에서 불법으로 전기를 몰래 훔쳐 쓰는 대마초 재배자들이건, 누전(漏電)은 통제 가능한 수준으로 유지되어야만 한다. 또 다른 방법으로, 전력망을 잘 작동하고 운영하기 위해서는 어떤 운영 철학과 같은 정신도 갖추어야 한다. 즉, 전력망을 운영하는 이들과 거기에 의존하는 사람들 모두 어느 정도 일체감을 가질 필요가 있다. 설령 전력망에 대해 일체감을 느끼는 것이 어렵더라도, 적어도 전기를 불법으로 훔쳐 쓰다 잡히면 처벌받는다는 걸 각오해야 할 것이다.

에디슨과 인슐 시대 이후, 전기화의 흐름을 통해 좀 더 큰 전력망, 더 큰 발전소, 더 많은 고객, 그리고 더 많은 배전선을 갖게 됨으로써 어느 정도 규모의 경제를 달성하게 되었다. 대형 발전소는 소형 발전소보다 전기 생산 단위당 연료를 더 적게 쓴다. 대형 발전소를 갖춘 전력 회사는 자본과 연료비를 다수의 고객에게 나누어 부과함으로써 전기 생산 비용을 줄일 수 있다. 소형 전력망은 일반적으로 대형보다 연료비와 자본 배분 면에서 효율성이 떨어진다. 그러나 윌프레도와 아이리스가 만든 전력망에서 분명히 알 수 있듯이, 작은 전력망일수록 무결성을 완전하게 갖추는 것이 큰 전력망보다 훨씬 더 수월하다. 실제로 어떤 사회의 무결성(청렴성)이 감소할수록, 전력망은 확대되지 못하고 오히려 축소되는 경향이 있다.

무결성이 왜 그렇게 중요한지 이해하려면, 이웃이나 도시에서 흔히 보이듯이 머리 위 높은 곳에 설치된 전선을 살펴보면 된다. 사용자에게 전기를 계속 공급하려면, 어마어마한 길이의 전선을 공중에 매달아 놓아야 한다. 수많은 전봇대와 송전탑, 절연체가 연결된 전선은 날씨와 상관없이 공중에 항상 있어야 한다. 송전선과 배전선을 사람에게서 안전하도록 높게 매단 채 유지하는 것은 쉬운 일이 아니다. 이렇게 하려면 바구니가 달린 버킷 트럭(활선 작업 차량), 강철 케이블을 당기는 리깅(rigging, 삭구), 인양 용구인 슬링(Sling, 줄걸이), 크레인, 사다리, 보호복, 절연 도구, 그리고 누전 조치를 위해 어떤 날씨라도 기꺼이 출동할 수 있는 용감한 남녀 전기 기사가 많이 필요하다. 만약 누군가가 버킷 트럭이나 배터리를 훔쳐가서 배전선이나 변압기를 고칠 수 없다면, 전기 서비스 지역의 신뢰도는 분명히 추락할 것이다. 또한 해당 지역의 전력은 전선이나 변압기 수리가 완료될 때까지 사용이 중단될 것이다.

무결성의 중요성은 부정부패와 전력 사용의 상관 관계를 통해서도 살펴볼 수 있다. 다음 페이지의 그림에서 보듯이, 국가 부패 인식도가 낮을수록 전력을 더 많이 사용하고, 부패 인식도가 높을수록 전력 사용량은 더 적다.

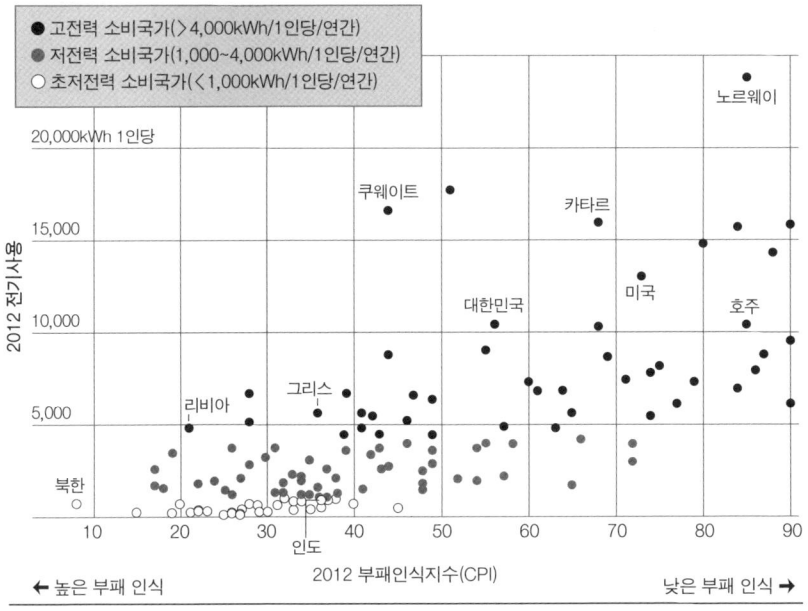

부패와 1인당 연간 전기 사용량(2012년)

출처: 국제투명성기구(TI), 세계은행

대부분의 고전력 소비 국가에서는 정부가 나서서 법적 조치를 시행하기 때문에 무결성이 유지된다. 정부와 사법 문제에서 이러한 무결성은 필수적이다. 가장 자유롭고 부유한 나라들은 규칙을 올바로 시행하는 신뢰감 높은 정부를 만들기 위해, 정당들이 정치 권력을 공유하는 국가들이다. 따라서 신뢰할 수 있는 정부는 성공적인 전기화의 핵심 열쇠가 된다. 2012년도에 출간된 저서 『국가는 왜 실패하는가(Why Nations Fail)』에서, 다론 아제모을루와 제임스 A. 로빈슨은 지속적으로 번영하기 위해서 정치력과 경제력이 공유되어야 하는 이유에 대해 설득력 있게 주장하고 있다. 이들의 설명에 따르면, 빈곤한 국가들은 수시로 국민을 가난 속으로 내몰고 있다. 엘리트 집단은 "자신의 이익을 위해, 대규모의 대중을 희생시키도록 사회를 조직하기 때문이다." 이와는 대조적으로 부유한 나라들은 "시민들이 권력을 장악하고, 정치적 권리가 훨씬 더 폭넓게 분배되도록 엘리트 집단을 몰아내며, 정부가 시민들에게 책임지고 대응함으로써, 많은 사람이 경제적 기회를 활용할 수 있는 사회를 만들었다."라고 주장한다.[4]

즉, 아제모을루와 로빈슨은 전기가 풍부하고 부유한 국가들은 일반 시민과 그들을 대표하는 정부가 책임을 지게 되므로 부유하다고 말한다. 일반인들은 이 제도가 합법적이라고 믿으며, 이러한 믿음은 선순환 구조를 만든다. 바틀스빌과 월가의 담당 경찰들이 절도 범죄를 최소로 유지하기 때문에 관료들과 기업들은 책임을 지고 있다. 사람들은 세금과 전기 요금을 부담하고, 법원은 올바른 판결을 내리며, 쓰레기는 정상적으로 수거된다. 병원에는 항상 불이 켜져 있고, 의료품도 충분하다. 정치력과 경제력을 공유함으로써, 엘리트, 정치인, 기업들은 제도적인 책임감과 무결성을 보장한다. 따라서 대부분의 고전력 소비 국가에서는 책임을 질 수 있는 이들이 경제력과 정치력을 공유하기 때문에 안정적인 전력을 갖게 된다.

사회 체계적 무결성(societal integrity)은 전력망에서의 절도를 억제하기 때문에 중요하다. 전기 절도는 표면상 피해자가 없는 범죄다. 누군가의 얼굴에 글록 권총을 들이대고, 롤렉스 시계나 롤스로이스 차량을 강탈해 달아날 필요가 없다. 단지 의지를 갖고서 계량기를 돌리기만 하면 된다. 이는 전력망의 '깨진 유리창(broken windows)' 이론(깨진 유리창 하나를 방치하면 그 지점을 중심으로 범죄가 확산한다는 이론-역자 주)이라고 부를 만하다. 많은 이들이 전기를 더 훔칠수록 문제는 점점 더 심각해진다. 만약 어떤 지역의 전력 공급자가 전기 절도범을 통제하지 않는다는 것이 알려지면, 더 많은 이들이 이 '공짜' 전기를 앞다투어 쓰려는 경향이 나타날 것이다. 시민 사회가 제대로 작동하지 않거나, 경찰이 법을 공정하게 집행하지 않는다면, 사회적 사다리의 하단에 있는 이들은 이 제도를 불신하게 된다. 그런 이들은 사회와 이해 관계를 맺을 수 없고, 지분을 얻지 못할 것이다. 그 결과, 그들은 할 수 있는 한 첫 번째로 주어지는 기회를 무조건 잡는 것이 더 나을지 모른다.

2016년 인도 델리의 한 시장 거리. 상단에 전기선과 통신선이 복잡하게 얽혀 있다.
출처: 저자 촬영

무결성은 전력망에서 과도한 누수가 발생되지 않도록 보장한다. 다시 말해서 부정한 경영진이 회사 자금을 착복하지 못하도록 막고, 수천 개의 전기 절도 도구로 지역 동네에 분산된 송전선에서 전기를 훔쳐 가지 못하게 만든다.

전기 절도는 전력망에서 필요한 자본을 강탈하기 때문에, 절도와 부패를 최소한으로 유지하는 것은 필수적이다. 물론 전력망은 연료가 필요하지만 항상, 어디에서나, 전기 생산과 분배를 촉진하는 건 돈이다. 이는 두 번째 필수 요건인 자본이다. 전기를 생산하고 분배하는 사업은 끊임없는 현금 투자가 필요하다. 전기 사업은 세계에서 가장 자본 집약적인 산업이다. 2018년 전 세계 전력 기반 설비의 투자 지출은 7,800억 달러로, 네덜란드의 GDP와 거의 맞먹는다.[5] 이에 비해, 수년간 세계 에너지 지출에서 가장 큰 비중을 차지한 석유와 가스 부문에 대한 투자는 약 7,600억 달러였다.[6] 미국 전기 부문의 자본 요건도 이와 유사하게 큰 규모이다. 2000년대 중반부터 2010년대 중반까지, 미국의 전기 사업은 매년 평균 1,000억 달러를 새로운 자본 집약 사업에 투자했다.[7] 2016년에는 발전기, 전선, 전극, 변압기, 태양열 집열판, 기타 무수한 장비 등에 투입한 자금 규모가 1,350억 달러로 급증했다.[8]

전력망을 유지하고 발전시키는 데 필요한 막대한 비용을 고려할 때, 무결성이 필요하다는 것은 명백하다. 소수의 개인이 이용하든 수백만 명의 고객이 이용하든 누구나 어디서든 전력망 시스템이 작동하게 하려면 자본을 마련해야 한다. 전력망이 클수록 자본 요건도 더욱 커지게 되므로,

누군가에게 돈을 빌려야 할 수도 있다. 이 돈은 위험이 큰 자금이어서, 은행과 대출 기관들에게 계약 협상을 중개해 줄 변호사가 필요하다. 은행과 대출 기관들이 계약을 집행하고, 채무 불이행자를 처벌하기 위해 법원도 필요하다. 대출금을 상환하려면, 전기 생산자와 공급업자가 제공하는 에너지에 대한 사용료를 받아야 한다. 이는 건전한 돈과 안전한 결제를 요구한다. 또한 수금하는 모든 이들이 전력망 소유주의 돈을 착복하지 않도록 조심해야 한다.

무결성과 자본은 마지막 필수불가결한 요소인 연료와 밀접하게 관련되어 있다. 연료가 없으면, 전자를 움직일 수 없다. 펄 스트리트에 있는 에디슨의 발전소는 석탄을 사용했다. 거의 140년이 지난 오늘날에도, 전 세계 전력 회사들은 여전히 석탄을 사용하고 있다. 또한 우리는 우라늄, 천연가스, 석유, 풍력, 태양열, 바이오매스, 수력, 지열을 포함한 수많은 다른 연료를 사용하고 있다. 연료의 선택은 지리, 부유함, 가용성 등의 많은 요인에 의해 좌우된다. 윌프레도 로크는 발전기 연료로 휘발유를 사용했는데, 이것은 푸에르토리코 시골에서 사용 가능한 유일한 연료였기 때문이다. 한편 미국 최대의 석탄 생산지인 와이오밍주에서는 전기 생산량의 약 90%가 석탄 화력발전으로 이루어진다.[9] 아프리카 동부 해안의 작은 나라인 지부티에서는 세계은행, 아프리카개발은행 등이 2020년까지 100MW의 재생 가능 전기를 생산할 수 있는 새로운 지열 발전소 개발에 자금을 지원하고 있다.[10]

지열 발전소, 풍력 에너지 발전소, 태양열 에너지 발전소는 연료를 따로 구매할 필요가 없다. 그러나 이 시설의 운영자들은 여전히 발전소를 가동하기 위한 자본이 필요하다. 풍력 발전기의 회전날개는 부러질 수 있기 때문에, 태양열 집열판은 깨끗이 청소해야 하기 때문에, 지열 우물·시추관·터빈 등은 반드시 유지 보수해야 하기 때문에 자본이 필요하다. 사용하는 연료와 관계없이, 발전소에서 사용자에게 전기를 전달하는 송전선과 배전선은 정기적으로 점검해야 한다. 낡아서 벗겨진 전선과 오래된 변압기는 수리하거나 교체해야 한다.

다음 장에서는 저전력 소비 국가와 초저전력 소비 국가의 전력망을 살펴보고, 무결성, 자본, 연료가 전기의 품질, 비용 및 청정성을 결정하는 데 필수불가결한 요소라는 것을 설명하려고 한다. 그리고 사회적 무결성을 저해하는 가장 확실한 방법은 전기 기반 시설을 파괴하는 것이라는 사실을 살펴볼 것이다.

09
미국식 전쟁 방법

> 우리는 이라크의 모든 전력을 100% 파괴할 의도는 전혀 없었다.
> - 노먼 슈워츠코프 장군1

1991년 초까지 페르시아만의 미군 사령관이자, 연합군 사령관인 노먼 슈워츠코프 장군은 미디어 스타였다. 지난 몇 달 동안, 미군이 쿠웨이트와 이라크 침공에 동원할 수십만 명의 군인과 수백 대의 항공기와 선박을 집결시키고 있을 때, 슈워츠코프 장군은 임박한 전쟁에 대한 브리핑을 언론사에 수없이 제공했다. 미국의 육군사관학교 웨스트포인트 졸업생인 그는 불같은 성격 탓에 '폭풍의 노먼(Stormin' Norman)'이라는 별명을 가졌고, 거친 말을 잘하는 사람이었다. 하지만 노먼에 대한 취재 보도는 비록 화려하지 않더라도 거의 한결같이 긍정적이었다. 《뉴욕 타임스》는 그의 사후에 "드와이트 D. 아이젠하워와 더글러스 맥아더 장군 이래, 지난

반세기 동안 미국에서 가장 칭송받는 영웅적인 군인"이라고 그에 대해 선언했다.²

슈워츠코프 장군은 1991년 1월 30일 사우디아라비아 리야드에서 한 언론 브리핑을 통해, 연합군과 해군이 지난 2주간 이라크 목표물에 일으킨 피해 규모를 상세히 설명했다.³ 미국과 기타 군용기는 3만 번 이상 비행하면서 사담 후세인의 방공 시스템, 전투기와 이라크 지도부와 관련된 목표물을 공격했다. 그리고 슈워츠코프도 설명했듯이, "우리는 발전소와 통신 시설도 공격했다."

이라크의 전기 생산 기반시설 중 약 1/4이 "완전히 작동 불능 상태"가 됐으며, 나머지 "50%는 가동률 저하로 어려움을 겪고 있다."라고 했다. 그리고 "이라크 전력을 모두 파괴할 의도는 전혀 없었다는 것을 여기서 분명히 짚고 넘어가야 한다. 민간인이 과도한 피해를 보지 않도록, 전력 시설 중 일부를 그대로 남겨야 한다고 생각했고, 실제로도 그렇게 했다."⁴

'폭풍의 노먼'은 꽤나 담담한 말투로 설명했지만, 며칠 전에 미군은 이라크 전력망을 마비시키는 데 놀랄 만큼 효과적인 새로운 블랙아웃(정전) 폭탄을 사용했다. 1991년 1월 18일 《뉴욕 타임스》의 최초 공개 기사를 보면, 이 신형 무기는 "전력망에 달라붙어 전기를 끊도록 설계된, 탄소 섬유를 가득 채운 극비 탄두"였다. 이 탄두는 제1차 이라크 전쟁 초기, 이라크 전력 시설을 공격하기 위해 사용된 토마호크 순항 미사일에 탑재됐다.⁵ 군용어로 'BLU114/B'라고 알려진 이 정전 폭탄의 탄두는 지상에 떨어지기 직전에 긴 섬유 가닥들이 구름처럼 발사되어, 전력선에 가로질러 내려앉는다. 그다음에는 회로 단락을 일으켜 변압기나 발전기를 훼손하지 않고 지역의 전력망을 차단할 수 있다.[6]

정전 폭탄은 이라크 전쟁에 사용된 치명적인 무기의 일부에 불과했다. 미국 주도의 주요 폭격 목표물 목록에는 모두 215개의 전기 기반 시설이 포함되어 있었다. 전쟁 전에 이라크는 약 9,500MW의 전력 생산 능력을 갖추었지만, 폭격이 끝났을 때는 그 능력이 약 300MW로 현저히 줄어들었다. 한 분석가는 "이번 공격으로 이라크의 국가 전력 시스템은 전기를 생산하거나 전달할 수 있는 능력을 사실상 상실했다."라고 결론짓기도 했다.[7]

미군의 이라크 전력망 파괴는 이례적인 일이 아니었다. 전기 기반 시설을 파괴하는 건 미국의 전쟁 방식의 일부였다. 제2차 세계 대전 이후 발생한 모든 주요 분쟁에서, 미군이 공통으로 구사한 주요 전략은 전기를 생산하고 분배하는 적국의 능력을 무력화시키는 것이었다. 뒤에서 설명하겠지만, 이라크 전력망의 무력화는 인도주의적, 공중보건상 위기로 이어져, 이라크 민간인 수만 명의 목숨을 빼앗았다. 의도했든 아니든, 이라크의 전력망을 파괴한 미군 때문에 이라크는 앞으로 수십 년 동안 실패한 국가가 될 것이 분명했다. 콜레라와 같은 수인성 질병의 발생이 일반화되고, 수만 명의 사람이 질병으로 사망했다.[8] 더 나아가 미국이 이라크의 전력망을 파괴함으로써 발생한 지정학적 결과는 더 놀랍다. 오랜 기간 적대국이었던 이란과 이라크가 서로 급속히 가까워지는 계기가 되었기 때문이다.

● ○ ●

한국 전쟁은 미군의 지속적인 전력 기반 시설 공격 중 최초의 현대적인 사례로 손꼽을 수 있다. 북한 지역 전기 시설 폭격의 첫 번째 사례는 한국 전쟁이 발발한 날로부터 3개월 후인 1950년 9월 25일에, 북한 부전강 수력발전소를 공격한 일이다.[9] 그로부터 2년 후에 미 전투기는 600MW의 발전 능력을 갖춘, 당시 세계 4위의 수력발전소였던 수풍댐을 폭격했다.[10] 물론 미국의 폭격이 발전소에 국한된 것만은 아니었다. 후에 국무장관이 된 딘 러스크 총재는 "북한에서 움직이는 모든 것, 기타 벽돌 위에 서 있는 모든 것"을 폭격했다고 증언했다.[11] 폭탄이 다 떨어질 때까지, 북한 발전 시설의 90%가 무차별적으로 파괴되었다. 1950년 워싱턴의 공군 고위 관계자가 작성한 비망록에는 북한 전기 시설을 폭격했던 근거가 기록되어 있다. 이 비망록에서, 폭격은 "전등을 켜지 못하게 만들어, 적의 사기가 떨어질 것이라 예상한다."[12] 또한 "전력 기반 산업의 일부를 정지시키게 될 것"이라고 예측했다. 이는 베트남 전쟁 중에도, 발전소 폭격을 정당화하기 위한 근거로 똑같은 공격 방식이 사용되었다.

1965년 미군은 북베트남에서 '롤링 선더 작전'이라는 폭격 작전을 시작했는데, 이는 미국 공군 역사상 가장 긴 공중 폭격이 되었다.[13] 1966년 가을, 합동참모본부는 린든 존슨 대통령에게 전기 시설 목표물에 대한 '집중타격' 개시를 허락해 줄 것을 촉구했다. 존슨은 이를 승인했고, 1967년 5월까지 북베트남 발전 용량의 85%가 파괴되었다. 1972년 중반, 랑치 수력발전소 폭격을 시작으로, 베트남의 전기 기반 시설 공격은 리처드 닉슨 대통령의 백악관 재임 기간에도 계속됐다. 1972년 12월 북베트남과의 평화 협상이 지연되기 시작하자, 닉슨은 북부의 전력 시설 목표물에 대한 공격을 더욱 강화하라고 지시했다. 하노이 근처의 발전소를 특별히 강조하면서, 약 166개의 전기 시설 목표물에 대한 폭격 조치가 이루어졌다.

공군 조종사 출신이었던 토마스 E. 그리피스는 1994년 전력 기반 시설에 대한 군사 공격 연구에서, 이론가들은 전력망을 공격하는 건 적들의 사기를 떨어뜨리고, "항복과 같은 변화를 유도하기 위해 정치 지도자들이 책임져야 할 비용"이라고 믿기 때문이라고 밝혔다. 하지만 그리피스의 설명에 따르면, 베트남의 발전소가 파괴된 후에도 북베트남 지도부는 "주요 사용자들은 여전히 전기를 쓸 수 있다. 휴대용 발전기 2,000여 대와 지하 디젤 발전소 다섯 곳을 이용해 이같은 조처가 가능하다."라고 말했다. 북베트남은 폭격에도 불구하고, 이 발전기들에서 생산된 전기로 전쟁을 계속할 수 있었다. 1972년 후반에는 북베트남 발전소의 약 90%가 파괴되었다. 이런 광범위한 파괴에도 불구하고, 미국은 전쟁에서 패배했다. 그리피스는 이렇게 설명했다. "한국 전쟁처럼, 북베트남 전력 시스템 공격이 미국의 정치적 목표를 달성하는 데 결정적으로 작용하지 않았다."[14]

비록 북한과 베트남의 발전소 폭격이 두 전쟁 모두에서 결정적인 것으로 인정되지는 않았지만, 미군은 계속해서 이라크의 전력 기반 시설을 목표로 삼았다. 베트남에서 그랬듯이, 파괴가 공격의 거의 전부였다.

미국이 쿠웨이트와 이라크에서 군사 작전을 중단한 지 몇 달 후인 1991년 6월, 《워싱턴 포스트》의 바튼 겔먼 기자는 이라크에서의 폭격 전쟁과 특히 왜 그렇게 많은 화력이 전기 기반 시설에 집중됐는지에 관한 기사를 실었다. 그 무렵, 제1차 이라크 전쟁은 4개월 만에 끝났다. 후세인의 군대는 쿠웨이트 외곽으로 쫓겨났지만, 바트당 독재자는 바그다드에서 여전히 지배권을 유지할 수 있었다. 겔먼은 한 공군 전략가의 말을 인용해서, 미국은 이라크의 전력망을 파괴함으로써 "언젠가는 해결해야 할 장기적 문제를 지도부에 부과했다. 사담 후세인은 자국의 전력 시설을 스스로 복구할 수 없다. 그는 도움이 절실히 필요하다."라고 말했다. 익명의 한 장교는 겔먼에게 이라크의 전력망이 미국 입장에서는 "파급 효과가 큰 목표물"이었기 때문에 공격 목표가 됐다고 전했다. 그러나 또 다른 익명의 전략가는 "우리는 사람들에게 '이 사람을 제거하면 우리는 기꺼이 전기 시설의 재건을 도울 수 있다. 우리는 사담 후세인이나 그 정권을 용인하지 않는다. 이 점을 바로잡으면, 당신들의 전기 시설을 복구해 줄 것'이라는 메시지를 전하려는 큰 그림이 있었다."라고 밝혔다.[15] 하지만 사담 후세인은 물러나지 않았으며, 미국은 결국 이라크 전기 시설의 복구를 돕지 않았다.

1991년 10월, 한 국제 연구 팀이 이라크의 인프라에 대한 조사 결과를 발표했다. 연구 팀은 "우리가 방문한 16개 발전소 가운데, 최소 열 곳이 전쟁 개시 첫날 공격을 받았고, 최소 열네 곳이 수차례 폭격을 당했다."라고 보고했다. 바스라의 한 발전소는 무려 13차례나 공격을 당했다. 또한 연구 팀은 "이라크에서 가장 큰 발전소인 베이지와 무사예브"에 정전 폭탄이 사용되었다고 보고했다.[16]

더 진행하기 전에, 사담 후세인이 무자비한 독재자였다는 점을 분명히 밝히고자 한다. 메소포타미아에서의 공포 통치는 이란과 벌인 8년 간의 헛된 전쟁으로 사망한 50만 명의 이라크 군인들을 포함하여 수많은 불필요한 죽음을 초래했다.[17] 1979년과 1990년 사이에, 이라크의 1인당 전력 사용량은 거의 80% 증가했다.[18] 세계은행 자료에 따르면, 이라크의 유아 사망률은 약 25% 감소했고, 1인당 GDP는 3배 증가했다.[19]

그러나 제1차 이라크 전쟁 이후, 국가 전체의 전력 사용량은 급감했다. 전쟁 직후, 유엔 보고서는 이라크의 공중 폭격 결과가 "종말에 가깝다"라고 밝히고 있으며, 이라크가 '산업화 이전 시대'로 강제 회귀했다고 기술하고 있다. 국가가 충분한 연료와 새로운 전기 발전 능력을 갖출 때까지, "식량을 배분하고, 상수도를 정화하고, 오수와 폐수를 펌프로 퍼올려 청소할 수도 없으며, 농작물에 관개(灌漑)할 수도 없다. 의약품은 필요한 곳에 전달되지 않으며, 요구 사항을 효과적으로 할당하기도 어려워졌다."[20] 국제인권감시기구(Human Rights Watch)도 폭격을 비난했다. 전력망의 파괴는 "민간인을 위해 깨끗한 물을 제공하거나 하수 처리를 하지 못하게 만들고, 심각한 지경까지 내몰아 국가 전체의 건강 관리 시스템을 마비시키는 행위"라고 강하게 비판했다.[21]

깨끗한 물의 부족은 콜레라 발병의 원인이 되었고, 콜레라는 이라크를 강타한 여러 질병 중 하나에 불과했다.[22] 사회적 책임 센터(the Center for Social Responsibility)의 보고서에 따르면, 제1차 이라크 전쟁 이후 몇 년 동안 이라크 시민들은 "기록적으로 가장 빠르게 생활 환경의 질이 떨어졌다." 이 보고서는 이라크의 인간개발지수(HDI) 순위가 "1991년 96위에서 2000년 127위로 급격히 떨어져, 남아프리카공화국의 작은 국가인 레소토와 비슷한 수준으

로 추락했다. 지금까지 이렇게 빨리 하락한 나라는 없었다."라고 밝혔다.[23]

이라크의 쇠퇴는 이라크에 대한 지속적인 제재를 포함한 몇 가지 요인 때문이었다. 그러나 이라크 민간인들이 생활 기반 시설의 파괴와 특히 전력 부족 때문에 큰 고통을 겪었다는 것도 분명하다. 정수 및 하수도 처리 시설이 폐쇄되어 광범위한 수질 오염이 발생했다. 병원은 전력이 부족했고, 수질 오염과 다른 건강 관련 문제 때문에 민간인들의 사망이 증가했다. 믿을 만한 통계에 따르면 당시 사망한 이라크인들은 약 7만 명에 달한 것으로 추정되었다.[24]

1995년 유엔 식량농업기구(FAO) 소속 과학자의 평가에 따르면 사망자 수는 훨씬 더 많았다. 전쟁과 경제 제재 때문에 나라 전체에 영양실조와 질병이 급증했다. 연구진은 1991년 교전이 종식된 이후, 57만 5,000명의 이라크 어린이들이 사망한 것으로 추정했다.[25]

2003년 미군은 제2차 이라크 전쟁을 개시했고, 다시 이라크의 발전소는 타격을 입었다. 이번에는 미사일이나 정전 폭탄에 의해 전력망이 손상된 것이 아니었다. 대신 미국의 침공 이후 이라크 내에서 활동하던 파괴자들과 약탈자들의 손에 의해 기반 시설이 파괴되었다. 파괴자들은 친미 정부를 괴롭히기 위해 전력망을 무너뜨렸고, 약탈자들은 구리선을 훔쳐 고철로 팔았다.[26] 2004년 중반까지 파괴자들은 일주일에 평균 두 차례씩 고압 송전탑을 공격했다. 《뉴욕 타임스》는 이라크에 주둔한 미군 관계자의 말을 인용하여, "여름이 다가오면서 이라크의 저항 세력은 전기와 수도 시설에 피해를 주어야 이라크 점령군과 그 동맹국들에 대한 불신과 불만을 광범위하게 퍼트릴 수 있다고 믿고, 이것을 실현하기 시작했다."라고 보도했다.[27] 제2차 이라크 전쟁이 시작된 지 4년이 지난 2007년까지, "격동(the surge)"이라고 부르는 미군 병력의 주둔 작전이 거의 완료될 때까지도 이라크의 전력망은 여전히 엉망이었다. 미국에서 세금 40억 달러 이상을 전기 시설 복구에 할당했지만, 이라크의 1인당 전력 사용량은 제2차 이라크 전쟁 이전의 약 절반 수준인 연간 약 750kWh로 떨어졌다.[28]

조지 W. 부시 행정부 입장에서 이라크의 전기 상황은 매우 당혹스러웠다. 2003년 이라크 주둔 미군이 "해방자로 환영받을 것"이라고 주장한, 당시 부통령 딕 체니의 말은 유명했다.[29] 2003년과 2013년 사이에 브루킹스 연구소의 마이클 오핸런은 이라크 지수를 발표했는데, 이는 전기 생산이 계속해서 수요를 밑돌았다는 것을 반복해서 보여 주었다. 2011년 지수와 함께 발행된 기록물에는 "사용 가능한 전기 공급은 수요의 56% 정도 수준"이라고 적혀 있었다.[30]

미국 점령 후, 곧 사담 축출 이후 이라크는 내전과 종파 간 폭력, 부패로 몸살을 앓았다. 제2차 이라크 전쟁이 시작된 지 9년 후인 2012년에 이르러서야 이라크 정부는 약 8,000MW의 발전 능력을 갖춘 발전소를 자국의 전력망에 구축했다. 이는 미군과 연합군이 지난 세기에 이라크와 가장 치열한 전투를 벌인 1991년에 비해 1,500MW나 적은 양이다.[31]

2018년 여름까지 이라크인들은 전력 부족에 시달렸으며, 일부 사용자들은 하루에 채 4시간도 전력을 사용하지 못했다.[32] 더 심각한 문제는 국가 전력망의 파괴가 반복되었다는 점이다. 2018년 무장 괴한들이 카시바

발전소 인근 고압 송전탑 아래에 폭발물을 설치하여, 바그다드 전역에 정전을 일으켰다.[33]

사회 체계적 무결성의 붕괴로 인해 전기 절도의 발생 건수가 급격히 늘어났고, 이는 전기 부족을 더욱 악화시켰다. 2018년까지 이라크 정부가 생산한 전기의 65%가 도난당했다. 또한 이라크 전력망 사업자들은 전기 절도를 방지하고, 미납된 전기료를 회수해야 할 자신들의 책무에 매우 소홀했다. 같은 해, 이라크 전력망의 수익이 "2015년 현재까지 최고의 해"라며 《월스트리트 저널》에서 보도했지만, 이것은 이라크 전력부가 전체 발생 이익 중 고작 12% 정도를 회수한 결과에 불과했다.[34]

계속되는 전기 부족 때문에 바스라와 다른 이라크 도시들에서 대규모 시위가 빈번히 발생했으며 지역 내의 공공 보건 문제도 지속적으로 발생했다. 2018년 8월 바스라 주민 1만 7,000여 명이 비위생적인 식수 때문에 생긴 질병으로 병원에 입원했다. 공공 보건 위기가 심각해지자, 급기야 바스라 주지사는 석유 생산지의 모든 에너지 회사에 이 지역에서 계속 사업권을 유지하는 조건으로, "담수화 및 살균 처리 공장"을 반드시 건설해야 한다고 요구하기에 이르렀다.[35] 약 한 달 후에도 시위가 계속되자, 국립 공공 라디오의 제인 아라프 기자는 바스라를 방문하여, 주민인 아흐메드 후세인의 말을 인용해 보도했다. "우리는 물도 없고, 전기도 없고, 아무것도 없다. 우리는 이라크인이 아닌가? 우리는 석유 생산국의 국민이 아닌가?"[36]

계속되는 전력 부족으로 인해, 이라크는 이란과 더욱 밀접한 관계가 되었다. 2017년 이라크 정부 관계자들은 이란과 천연가스 장기 공급 계약을 체결했다. 그 결과, 이란산 가스 연료는 이라크 전기 생산의 약 15%를 담당했다.[37] 2019년 2월, 이란과 이라크는 서로를 더욱 가깝게 묶는 우호 계약을 체결했다. 이란에 제재를 가하려던 도널드 트럼프 행정부의 반대에도 불구하고, 이라크 정부는 이란의 광역 전력망 사업자인 타바니르와 계약을 맺고, 이라크에 1,200MW의 전력을 공급하기로 합의하였다.[38]

이라크와 이란의 거래는 에너지 정치가 어떻게 오래된 적대국 사이의 관계를 개선할 수 있는지 잘 보여 준다. 1980년대에, 두 나라는 8년간 100만 명의 사망자를 내는 전쟁을 치렀다.[39] 교착 상태로 끝난 후 발생한 갈등에도 불구하고, 두 나라는 전력망을 함께 연결해 놓았고, 두 나라 모두 미국의 반대에 분명히 큰 신경을 쓰지 않고 있다. 전력 공급 계약이 체결될 무렵, 이라크의 아델 압둘 마흐디 총리는 "이라크는 더는 이란에 대한 경제 제재에 동조하지 않을 것"이라고 선언했다. 하이데르 알 아바디 이라크 전 총리는 《뉴욕 타임스》와의 인터뷰에서, 미국은 "이라크의 지정학적 위치를 잘 살펴봐야 한다. 우리는 이란의 이웃이 되었으나, 미국은 그렇지 않다. 우리는 이란과 가장 긴 국경을 접하고 있지만, 미국은 그렇지 않다."라고 강조했다.[40]

이란에서 전기를 수입하는 것은 이라크의 필요를 충족시키는 데 도움이 되었다. 하지만 전기 수입에도 불구하고, 이라크의 일반 국민들은 여전히 충분한 전기를 공급받지 못하고 있다. 주요 전력망에 의존할 수 없는 바스라, 바그다드, 그리고 다른 이라크 도시의 주민들은 종종 국영 전력망보다 실용적이고, 좀 더 비싸더라도 대안이 될 만한 소규모 지역 발전소로부터 필요한 전기를 얻는다.[41] 이러한 민간 발전소들은 이라크 고유의 것이 아니라 이라크처럼 수십 년 동안의 전쟁과 부패, 파벌주의로 인해 분열된 삶을 살고 있는 중동의 다른 국가에서도 볼 수 있는 특징이다.

10
베이루트의 발전소 마피아

> 우리는 전기 요금을 두 번씩 내고 있다. 한 번은 EdL에 내고,
> 또 한 번은 그 두 배의 값을 민간 발전소 소유자에게 낸다.
>
> **- 조제프 엘 아사드**, 카슬릭 성령 대학교 교수1

베이루트 라피크 하리리 국제공항에서 랭커스터 플라자 호텔로 이동하는 밴에 장비를 싣고 출발한 지 5분 정도 지나자, 운전사 후세인 무슬은 레바논의 전력망이 왜 이렇게 엉망인지 설명해 주었다. 그는 자신을 "미국 사람"이라고 소개했다. 무슬은 미시간주 디어본에 살았으며, 몇 해 전 부모님을 돌보기 위해 베이루트로 돌아왔다. "무엇을 알고 싶습니까? 여기서 무슨 일이 벌어지는지, 정확히 모두 말해 줄 수 있어요."

내가 레바논의 발전소 마피아에 대해 들은 적이 있느냐고 묻자, 그는 웃으며 "100%! 이 지역 사람이라면 누구나 발전소 마피아를 잘 알고 있지요."라고 대답했다. 공항 인근의 하렛 흐레이크 지역에 사는 무슬은 매달 국

유 전력 회사인 '일렉트리시테 뒤 리방(EdL)'에 35달러, 발전소 마피아에게 100달러를 내고 있는데, 이들은 발전소를 소유하고 운영하면서 지역 주민들에게 전력을 파는 사람들이다. 그는 하렛 흐레이크 지역에서 EdL이 "6시간에서 최대 7시간" 동안만 전력을 공급한다고 했다. "나머지 시간은 발전소에 비용을 부담해야 합니다." 왜 자가 발전기를 설치하거나 다른 사람에게서 전력을 구매하지 않는 걸까? 무슬은 어깨를 으쓱하더니 체념한 듯 짧게 미소를 지었다. "그들과 경쟁하려고 발전기를 설치하려 하면, 어쩌면 나를 죽이거나 내 전선을 끊어 버릴지도 몰라요."

2017년 후세인 무슬, 레바논 베이루트의 운전사
출처: 타이슨 컬버 촬영

폭력에 대해 걱정할 수밖에 없는 이유가 무슬에게 있었다. 우리가 베이루트에 도착하기 2주 전에, 베이루트에서 남쪽으로 약 40km 떨어진 해안 도시인 시돈에서, 경쟁 관계에 있는 발전소 마피아들 사이에 영역 분쟁이 일어났다. 《아샤르크 알-아우사트》 신문은 "월요일에 발전소 소유주들 간의 분쟁이 무력 충돌로 확대되어, 소요 진압을 위해 군대가 개입하기도 전에 이미 두 명이 사망했다."라고 보도했다. 또 신문은 "시돈 중심부의 바라드 근방에서 셰하데 가의 일원과 가입자에게 전력을 공급하는 발전소 소유주인 왈리드 알 사디크 사이에 말싸움이 벌어지면서 사건이 발생했다."라고 전하며, 폭력을 진압하기 위해 출동한 레바논 군이 "충돌을 끝내고 가해자들을 체포"했다고 밝혔다.[2]

레바논 방문 내내, 우리는 무슬이 공항에서 호텔까지 이동하면서 해 준 이야기와 똑같은 이야기를 다른 곳에서도 여러 차례 들을 수 있었다. 공무원, 학자, 전직 정치인 등 누구와 대화했는지는 중요하지 않았다. 베이루트, 비블로스, 주니, 카슬릭 등 우리가 어디에 있든 상관없었다. 레바논의 거의 모든 사람은 전기 요금을 두 번 내고 있었다. 한 번은 EdL에, 또 다른 한 번은 발전소 마피아에게 낸다. 그리고 아무도 이 상황이 바뀔 것이라 기대하지 않는 것 같았다.

현재 진행 중인 경제·정치적 혼란 때문에 발전소 마피아는 레바논에서 성행하고 있었다. 실제로 발전소 마피아는 사람들이 필요한 전기를 얻기 위해서라면 무슨 일이든 할 것이라는 사실을 명확하게 알고 있었다. 정부가 안정적으로 전력을 공급할 수 없다면, 정부 대신 다른 누군가가 전력을 공급하려고 할 것이다. 그리고 전기가 필요한 사람들에게는 비용, 대기오염, 기후 변화에 대한 우려 등은 모두 전기 수요 다음의 후순위 문제들이다.

발전소 마피아가 어떻게 레바논의 일상생활에 깊숙이 관여하게 되었는지 이해하려면, 가슴 아픈 레바논 역사에 대한 이해가 필요하다. 레바논은 종교, 정치, 지리적 동맹 간 전쟁으로 조각난 칵테일 같은 국가이다. 공식적으로 인정받은 종교 단체는 4개 이슬람교 종파와 12개 기독교 종파를 포함해 총 18개나 된다. 인구의 약 27%는 수니파 이슬람교도, 27%는 시아파, 21%는 마론파 기독교인이다. 그리스 정교회는 인구의 8%를 차지하고, 드루즈인은 약 5%이며, 나머지 대중은 모르몬교, 유대교, 가톨릭교, 그리고 다른 기타 종파들로 분열되어 있다. 사태를 더욱 복잡하게 만든 것은 1943년 체결된 국민 협정이다. 이 합의에 따라 레바논 대통령은 마론파, 총리는 수니파, 국회의장은 시아파에서만 선출되어야 한다.[3]

레바논의 정치, 종교, 국방 등의 큐빅 퍼즐은 시리아 전쟁에서 탈출한 수많은 난민들 때문에 더욱 복잡해졌다. 이 난민들은 주변 국가들과의 거듭된 갈등으로, 이미 난관에 봉착해 있는 레바논 전력망에 더욱 부담을 주고 있다. 1975년부터 1990년까지 맹위를 떨쳤던 레바논의 치명적인 내전은 공식적으로 끝이 났지만, 심하게 만연되어 있는 부패 정치 때문에 레바논은 계속 마비된 상태이다. 칼레드 나클(가명)이라는 친구는 베이루트에서 여러 해 동안 살고 있다. 그는 경제학 박사 학위를 갖고 있으며, 레바논 정부와 민간 컨설팅 회사, 그리고 대형 국제 금융 기관에서 근무했다. 그는 레바논을 "포퓰리즘, 종파주의, 족벌주의, 파시즘이 지배하는 실패한 국가"라고 묘사했다.

이와 같은 무결성의 결여는 레바논의 전력망을 개선하는 것을 방해하여 결국 레바논 경제 전반에 걸쳐 에너지세를 부과하게 되었다. 그 많은 돈을 독차지하는 이들은 결국 발전소 마피아들이다. 2016년 카슬릭 홀리 스피릿 대학교의 두 학자 엘리 부리와 조제프 엘 아사드가 실시한 분석 연구에 따르면, 정전은 레바논 경제에 연간 약 39억 달러의 비용이 발생하게 하는 것으로 나타났다. 이는 레바논 GDP의 약 8.2%에 해당하는 손실이다.[4]

정전이 너무나 자주 일어나서, 많은 레바논 사람들은 소프트웨어 전문 엔지니어인 무스타파 바알바키가 만든 '베이루트 전기'라는 아이폰 앱을 사용한다. 이 앱은 사용자들에게 전기가 언제 끊어지는지를 알려 주고, 정전이 시작될 때 미리 경고 알림을 보내 준다. 바알바키는 소프트웨어 코딩 작업과 드론 무인 조종에 열정을 갖고 있고, 수줍음을 많이 타며 체구가 큰 남성이다. 그는 베이루트에서 우리와 가진 인터뷰에서, "여기 레바논의 전기 문제를 제가 해결하고 있는 것은 아닙니다. 저는 그저 사람들이 정전에 대처하도록 도우려는 것뿐입니다."라고 말했다.

발전소 마피아가 레바논에서 어떻게 이렇게 커다란 영향력을 갖게 되었는지를 이해하기 위해, 나는 에너지수력부 고위 관료인 칼레드 나클과 약속을 잡았다. 베이루트 중심부에 있는 국방부 사무실에서 그를 만났을 때, 나는 레바논 정부가 민간 발전소 사업주들을 전력 사업에서 배제할 수 없는 이유를 물었다. 그는 EdL이 연간 약 13억 달러의 손실을 보는 데 비해, 민간 발전기 사업주들은 연간 20억 달러의 수익을 올리고 있다고 답했다.[5] "이는 규모가 큰 사업이고, 이 사업에 개입하는 건 매우 위험하다." 내가 민간 발전소를 묘사할 때, '발전소 마피아'라는 표현을 쓰자, 나클은 재빨리 "모두가 마피아는 아니지만, 그들 중 몇몇은 그렇기도 하다. 그들은 모든 권력자와 연줄이 있으며, 그것을 유지하기 위해 많은 돈을 쓰고 있다."라고 신중하게 말했다.

놀라운 순간이었다. 에너지수력부의 고위 관료인 나클은 발전기 마피아가 EdL의 전력 공급을 약화시키고, 정전이 지속되도록 레바논 정치인들에게 뇌물을 주고 있다는 것을 인정한 셈이었다. 베이루트에서 모델 겸 건축가로 일하는 마야 암마르로부터도 비슷한 말을 들었다. "레바논에 전기가 없는 유일한 이유는 부패 때문이에요. 이는 분명하고 단순하죠." 부패는 "체제 안에 깊이 뿌리박혀 있어서, 어떤 일을 하든 쉽게 발견할 수 있어요." 전력망은 "이 나라가 어떻게 운영되고 있는지를 보여주는 아주 작은 예시"라고 그녀는 덧붙여 말했다.

나약한 레바논 정부는 자신의 권력 기반을 구축하고 있는 다른 국가와 정치가들의 이익을 위해 일하고 있다. 레바논의 가장 강력한 파벌 중에는, 이란의 지원을 받는 시아파 군사 정치 단체 헤즈볼라가 있다. 레바논에서 헤즈볼라의 영향력은 너무 막강해서, 누가 전력을 얻는지에 지대한 영향을 미친다. 베이루트의 헤즈볼라가 지배하는 지역에 사는 사람들의 약 80%가 EdL로부터 전기 서비스를 받는 것으로 추정되지만, 그들은 그것에 대해 전기요금을 낼 필요를 느끼지 않는다.[6]

헤즈볼라의 군사적·정치적 영향력은 매우 강하기 때문에, 2017년 헤즈볼라의 지도자 하산 나스랄라는 조지 W. 부시 대통령의 각본 일부를 수용하여, 레바논군이 아이시스(ISIS) 무장단체 전사들을 마지막까지 레바논에서 쫓아낸 후, "임무 완수"를 선언했다. 그리고 그는 레바논에서 시리아로 귀환했다. 헤즈볼라는 트위터 계정을 통해, 수백 명의 ISIS 전사와 수십 명의 부상병을 시리아로 돌려보내는 버스를 찍은 동영상을 공개했다.[7]

그러나 레바논에서는 헤즈볼라의 군사력과 정치력 때문에 이스라엘과 끊임없이 자주 충돌했고, 이 갈등으로 인해 레바논의 전기 기반 시설이 무너졌다.

● ○ ●

1990년에 마침내 레바논 내전이 끝났을 때, 국가는 이미 폐허가 되었고 베이루트의 많은 부분이 잔해로 변해 있었다. 특히 전기 부문은 더 심한 타격을 받았다. 이후 5년 동안 시리아군은 레바논의 대부분의 지역을, 이스라엘군은 남부 해역을 점령하면서, 레바논의 전력 기반 시설을 약간 재건할 수 있었다. 1996년 헤즈볼라가 이스라엘 영토로 로켓을 발사한 직후 이 재건사업도 중단되었다. 반격으로 이스라엘 방위군(IDF)이 레바논에 군사 작전을 감행한 것이다. 이 공격으로 베이루트 외곽의 자무르 발전소는 물론, 수도의 북동쪽에 있는 브살림 발전소가 큰 피해를 보았다.[8]

1999년 헤즈볼라군은 레바논의 기지에서 이스라엘 북부 지역으로 다수의 카추샤 로켓(이동식 다연장 로켓포)을 발사하여 민간인 2명을 숨지게 했다. 이에 이스라엘군은 헤즈볼라의 거점뿐만 아니라 다수의 교량에 공습을 감행하고 자무르 발전소를 공격했다.[9] 또한 그들은 2000년 브살림, 바알베크, 빈트 즈베일의 전력 시설과 시돈 인근의 송전소에 폭격을 가했고, 이스라엘군은 다시 레바논의 전기 기반 시설을 공격했다.[10] 국제인권감시기구의 보고에 따르면, 공격용 헬기는 브살림 발전 시설에 미사일을 발사하여 이 시설의 6개 변압기 중 3개를 파괴했다.[11]

2006년 7월, 헤즈볼라와 이스라엘 사이에 더 많은 충돌이 일어났다. 전기의 관점에서 볼 때, 분쟁으로 인한 공격 중에서 이스라엘 제트기에 의한 공격이 가장 파괴적이었는데, 아마도 미국산 F-16기였을 가능성이 크다. 레바논 영공을 통과한 후, 이 제트기들이 베이루트에서 남쪽으로 약 23km 떨어진 지예(Jiyeh) 지역에 있는 346MW 용량의 발전소 목표물까지 도달하는 데 4분도 채 걸리지 않았을 것이다. 제트기에서 발사된 미사일이 발전소 연료 저장 탱크 몇 개를 강타했다. 이후 몇 시간 동안 약 420만 갤런(1,600만L)의 중유가 지중해로 쏟아져 흘러 들어갔다.[12] 레바논 해안에서 약 120km 떨어진 곳에 이르기까지 미끈거리는 기름으로 오염되었다.[13] 한 달 후, 이스라엘군은 다시 레바논의 전력 기반 시설을 타격하여 시돈에 있는 발전소를 폭격했다. 이 공격으로 시돈과 티레 지역의 주민 2만 5,000여 명이 정전 사태를 겪었다.[14] 레바논의 발전소 피해는 2억 달러 이상으로 추산됐다.[15]

헤즈볼라와 이스라엘 사이에 벌어진 수십 년간의 분쟁은 레바논의 전력망을 가동하는 데 필요한 연료 선택에 매우 큰 영향을 미쳤다. 베이루트를 방문했을 때, 중동에서 가장 권위 있는 대학 중 하나인 베이루트 아메리칸 대학의 공학 교수 리아드 체디드와 이야기를 나눌 기회가 있었다. 체디드는 1975년 내전이 시작되기 전, "레바논의 전력 회사는 시리아에 전기를 수출할 정도로 사정이 좋았고, 우리는 전기 사용에 부족함이 없었다."라고 했다. 내전 이전에 레바논은 석유로부터 약 50%, 수력발전 시설로부터 약 40%의 전기를 생산하고 있었다.[16] 그러나 지난 수십 년 동안, 국가의 수력발전량은 감소했고, 2014년에는 수력발전에서 약 1%의 전기만 얻을 수 있었다.[17] 그 결과 현재 레바논에서 생산되고 있는 전기의 약 99%는 석유 화력발전으로부터 생산한다.[18] 이로 인해 광범위한 대기오염이 발생했다. 2013년 베이루트 아메리칸 대학의 연구진들은 연구를 통해 수도에 있는 발전소 마피아가 소유하고 있는 디젤 화력발전소에서 배출되는 물질이 "유해 물질에 대한 흡입 노출 위험을 상당히 증가"시킬 수 있다는 것을 발견했다. 조사 결과, "디젤 발전소 가동으로 인한 발암 물질 노출 영향은 하루에 몇 개비의 담배를 피우는 것과 유사하다."라는 사실을 밝혀냈으며, 정전이 하루 3시간을 초과하는 레바논 지역에서는 발암 물질 노출량이 "상당히 높은 것"으로 나타났다. 같은 연구 결과를 보면, 베이루트 중심부의 발전소 마피아가 공급하는 전기는 EdL이 공급하는 전기보다 거의 세 배나 비싼 것으로 나타났다.[19]

레바논의 전력 생산에서 높은 비중을 차지하는 석유 의존도는 다른 국가들과 비교해 볼 때, 레바논을 더 궁지로 몰고 간다. 1973년 이후 세계 전기의 약 21%가 석유 화력발전소에 의해 생산되었을 때, 세계 각국은 석유가 다른 연료보다 비싼 탓에 석유 의존에서 최대한 벗어나려고 노력해 왔다. 물론 쿠웨이트처럼 석유 자원이 풍부한 몇몇 국가들은 여전히 석유로부터 전체 전력의 절반 이상을 생산한다. 그러나 전 세계적으로 전기 생산자들은 높은 원가 때문에 가급적 전기 생산에 석유를 사용하지 않으려고 한다. 세계은행(IBRD)에 따르면, 2014년까지 전 세계 전기 생산량의 4%

미만이 석유 화력발전에서 생산된다고 한다.[20]

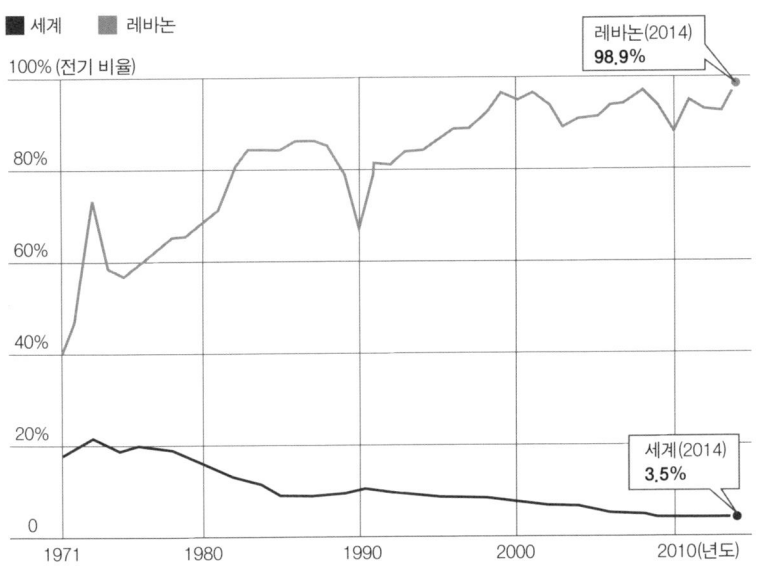

레바논의 석유에서 생산된 전기 비율(1971~2014년)

출처: OECD/IEA, '석유 자원으로부터의 전기 생산(총량 대비 %)', 2014년 세계은행

레바논이 전기 생산을 석유 연료에 의존한다는 걸 보여 주는 아주 큰 예시는 베이루트 남쪽의 지예에서 찾아볼 수 있다. 2013년 레바논 정부는 튀르키예 기업 카라데니즈 지주회사로부터 오르한 베이 발전선(Orhan Bey powership)은 지예 지역에, 베이루트에서 북쪽으로 얼마 떨어져 있지 않은 주니에 지역에는 파트마굴 술탄 발전선을 인도받는 계약을 체결했다.

사실상 EdL은 파산 상태여서 전기 수요를 맞추는 데 필요한 발전 설비를 건설할 수 있는 충분한 자금을 빌릴 수 없었기 때문에, 레바논 정부는 궁여지책으로 발전선을 이용하고 있다. 따라서 두 척 모두 길이가 130m가 넘는 이 튀르키예산 선박 발전소에 의존하여, 레바논의 전력망에 약 340MW의 전기를 공급하고 있다.[21] 이 발전선은 짙은 검은 연기를 내뿜는 중유를 태워 전기를 생산한다. 지에 지역의 발전선 위쪽 해안 언덕에 있는 아파트 건물들이 검게 그을릴 정도로 발전선으로 인한 대기오염은 심각하다. 이와 유사한 오염 문제는 주니에에서도 명백하게 나타난다. 그곳에서 나는 파트마굴 술탄(Fatmagül Sultan) 북쪽으로 몇 블록 떨어진 좁은 거리에서, 레인지로버 자동차 수리점을 운영하는 칼리드 알 바루크와 인터뷰를 했다. 그는 "발전소로 인한 대기오염이 너무 심해서, 이 근방에 있는 자동차들의 페인트가 다 벗겨진다."라고 아랍어로 설명했다. 그리고 코를 움켜쥐면서 어떤 날에는 숨도 쉬기 힘들다고 말했다. 다른 레바논 사람들처럼 알 바루크도 발전소 마피아에게 돈을 내야 사업에 필요한 전기를 안정적으로 공급받을 수 있을 것이다. 이처럼 그는 발전선을 직접 볼 수도 있고, 매연을 맡을 수도 있다. 하지만 단지 안정적으로 전기 공급을 받기 위해 그는 발전선에 의지할 수밖에 없다.

레바논이 전기 부문을 석유에 전적으로 의존하는 것은, 무결성과 자본이 전기를 생산하는 데 사용하는 연료의 유형을 어떻게 결정하는지 보여주고 있다. 이러한 이유로, 전 세계의 전력망은 에디슨이 1882년에 펄 스트리트 발전소에서 사용했던 것과 같은 연료인 석탄에 계속 의존하고 있다.

튀르키예의 카라데니즈 지주회사가 소유하고 있는 파트마굴 술탄 발전선(오른쪽 중간)은 2013년부터 약 200MW의 발전량을 레바논 전력망에 제공하고 있다. 베이루트 북쪽의 주니에 발전소 근처에 정박한 이 발전선은 중유를 연소시키기 때문에 해당 지역에 심각한 대기오염 문제를 일으키고 있다. 카라데니즈 지주회사는 레바논처럼 지속적인 전력 부족에 시달리는 이라크에도 이와 유사한 선박형 발전소를 배치했다.

출처: 타이슨 컬버 촬영

11
석탄 없이 조명을 유지하는 건 불가능하다

> 우리가 가만히 있고 행동하지 않는다면, 연료 공급이 감소하여
> 우리 공장들이 더 이상 직원들을 고용할 수 없게 될 것이다.
> 우리의 가장 풍부한 에너지원인 석탄으로 전환한 공공 서비스 회사는 너무 적다.
> - 지미 카터[1]

인도의 전기 부문에서 석탄의 중요성에 대해 질문했을 때, 산제이 카 초드리는 주저함이 없었다. "석탄은 생명줄입니다. 모든 화력발전소의 생명줄입니다. 석탄이 없으면 살아남을 수 없습니다."

콜카타에 있는 자다푸르 대학 캠퍼스에서 그를 만났을 때, 초드리는 약 30년 동안, 캘커타 전기 공급기업(CESC)에서 일하고 있었다. 그는 확실히 이 회사를 자랑스럽게 여겼다. 그는 조직의 여러 분야에서 근무했고, 당시에는 직원 모집과 교육을 지원하고 있었다. 그는 "우리 회사는 1897년 빅토리아 여왕의 왕실 헌장에 의해 설립되었습니다. … 우리는 런던에 본부를 두고 있었습니다."라고 했다. 또한 콜카타는 "대영제국에서 런던에 이

어, 두 번째로 전기가 들어온 도시이자 마을이었습니다."라고도 했다.

초드리는 콜카타의 전력 상황에 대해 설명했다. 무질서하고 혼잡한 이 도시의 평균 거주자는 약 450만 명이며, 연간 약 1,200kWh의 전기를 소비하고 있다. 이는 인도 전체 평균보다 약 50% 더 많은 양이다. 콜카타 주민들은 수많은 같은 처지의 인도인들보다 더 많은 전기를 사용하고 있을 뿐만 아니라, 캘커타 전기 공급 기업은 지난 5년 동안 고객들에게 한 번도 전력을 차단하지 않았다. 대신 회사에는 전력 잉여분이 있다고 초드리는 말했다. "지금은 겨울철이고, 초과 전력을 보유하고 있으며, 전력 거래를 위해 시장에 전력을 공급하고 있습니다." 이어서 그는 "석탄 없이 조명을 계속 유지하는 건 불가능합니다."라고 덧붙였다.

인도는 전체 전력의 약 75%가 석탄 화력발전소에서 생산되며, 세계에서 가장 석탄 의존성이 높은 국가 중 하나가 되었다.[2] 그리고 석탄에 대한 의존성은 앞으로 수십 년 동안 계속될 것이다. 2015년 자일람 라메쉬 전 인도 환경부 장관은 《워싱턴 포스트》에 "석탄을 버릴 수 없다."라고 했다. 이어 "필요성을 고려할 때, 적어도 향후 15~20년간 석탄을 포기하는 것은 우리로서는 자살 행위"[3]이며, "2019년 초까지 인도는 약 3만 6,000MW를 생산할 수 있는 새로운 석탄 화력발전소를 건설 중이다."라고 말했다.[4]

이 발전소들이 모두 완공될지는 아직 미지수이다. 하지만 인도의 지속적인 석탄 의존도는 세계 전력 부문의 양극화가 심화되고 있음을 나타낸다. 개발도상국들은 수백 기가와트의 새로운 석탄 화력발전소를 건설하고 있지만, 대부분의 부유한 선진국은 석탄 의존성에서 벗어나려 노력하고 있다. 국제 전력 혼합 구조에서 이러한 분리성과 석탄의 지속성은, 전 세계 이산화탄소 배출량을 급격히 낮추기를 원하는 정치인들과 기후 활동가들에게 가장 큰 도전 과제가 될 것이다.

인도와 다른 나라들의 석탄 지속성은 사람들이 필요한 전기를 얻기 위해 무엇이든 할 것이라는 것을 다시 한번 보여 준다. 또한 그것은 의사 결정권자들에게 기후 변화에 대한 우려가 안정적으로 전기를 공급하는 것만큼 중요하지 않다는 의미이다. 로저 필케 주니어는 이를 "기후 정책의 철칙"이라고 명명하면서, "배출량 감축 정책이 경제 성장에 초점을 맞춘 정책과 충돌할 때, 경제 성장이 매번 승리할 것"이라고 했다.[5] 사실, 이러한 필케의 생각은 전기에만 적용되어야 하고, "전기의 철칙"으로 불러야 한다. 비도덕적인 전기와 전기가 아예 없는 것, 둘 중에 무조건 하나를 선택해야 한다면, 사람들은 매번 비도덕적인 전기를 선택할 것이다.[6]

콜로라도 대학 교수이자 기후 변화 정책과 스포츠 거버넌스 분야의 저명한 저자인 필케는 이 철칙에 대해 상세히 설명했다. 볼더 지역에서 실시한 인터뷰에서 "철칙에 따르면, 우리는 기꺼이 가난해지면서까지 배출량을 줄이지는 않을 것이다. 부유한 사람들은 가난해지는 것을 원하지 않을 것이고, 가난한 사람들도 더 가난해지는 것을 원하지 않을 것이다."라고 하였다. 그는 이어 "우리가 기대할 수 있는 한 가지는 정책 입안자들이 사람들을 더 부유하게 만들면, 국민으로부터 보상을 받게 될 것이라는 점이다. 우리는 국가로서, 지역 공동체로서, 개인으로서, 더 부유해지기 위해 할 수 있는 최선을 다하고 있다. 배출량을 줄이고 싶다면, 진정 나아가야 할 곳은 하나뿐이며, 그것은 바로 기술이다."

인도의 지도자들은 석탄 의존도를 줄이고 싶다고 말한다. 하지만 인도는 세계에서 가장 큰 도전인 빈곤 극복과 전기화에 직면해 있기 때문에 탄소 화합물 연료를 버릴 수 없다. 인도 정부에 따르면, 전체 인도 국민의 약 30%가 빈곤층으로 살고 있고, 미국 인구와 맞먹는 규모인 약 3억 명의 사람들이 전기 없이 살고 있다고 한다. 또 다른 9,200만 명은 안전하고 깨끗한 식수조차 이용할 수 없다.[7]

인도의 에너지 빈곤은 매우 극심하기에, 이를 완전히 이해하기 위해서는 직접 현장을 보고 자신의 폐로 매연을 맡아 봐야 할 수도 있다. 만약 인도의 도시에서 오랜 시간을 보낸다면, 기침을 많이 하게 될지도 모른다. 인도에서는 석탄이 부족하여, 나무, 잔가지, 배설물 등을 연료로 사용하는 지역이 많다. 전국 어디에서나, 어느 누군가는 무언가를 태우고 있는 것을 볼 수 있다. 시장이나 도로변에서 요리를 하기 위해 불을 피우고 있는 모습을 쉽게 볼 수 있는 것이 그 예이다. 델리에서 그나마 잘 사는 지역의 사무실 건물에서도, 야외에서 불을 지펴 요리하고 있었다. 델리의 공기 질은 너무 나빠서, 10층짜리 호텔 꼭대기에서조차 가시거리가 몇백 미터도 되지 않는다. 2주 간의 여행 동안 남녀노소 누구나 나무, 짚, 그리고 폐기물 등 불에 탈 만한 것은 뭐든지 달라고 조르는 것을 보았다. 인도의 나무들이 가여울 따름이다. 나무들은 괴롭힘을 당하고 있다. 불에 태울 나무를 찾는 아이들과 어른들은 공원이나 도로를 따라 자라는 나무들을 수시로 훼손한다. 공원이나 길가에는 떨어진 나뭇가지조차 없다. 땅에 떨어져 있는 나무들을 땔감으로 쓰기 위해 모두 걷어 간 것이다. 벵골 서부 시골 마을에서 여자들이 볏짚을 이용해 음식을 만드는 것을 보았다. 아그라시 서쪽 우타르 프라데시의 먼지투성이 도로에서는 한 여인이 왼쪽 길로 소를 따라가고 있었다. 그녀의 머리 위에 얹혀 있는 얕은 바구니 안에는 조용히 앞서서 가고 있는 소의 배설물이 담겨 있었다. 인근 마을의 가정들에는 요리와 난방에 쓰일 마른 배설물이 지붕마다 가득 깔려 있었다.

전기 공급 외에도 인도의 석탄 산업은 경제의 필수적인 요소이다. 이 석탄 산업은 100만 명 이상의 사람들을 고용하고 있으며, 인도에서 철도 다음으로 큰 고용주이다. 석탄 수송은 인도 철도의 주요 수입원이 되고 있으므로 인도 철도 산업에도 매우 중요하다.[8]

따라서 온실가스 배출과 기후 변화에 대한 우려가 증가하고 있어도 인도를 비롯한 여러 나라의 전기 생산자들은 여전히 발전소 연료로 석탄을 사용하고 있다. 2017년까지 전 세계적으로 약 2,000GW 규모의 석탄 화력 발전소가 6,600개 이상 운영되었다.[9] 석탄 화력 용량은 전 세계 발전 용량의 거의 1/3을 차지할 뿐만 아니라,[10] 1980년대 중반 이후 세계 전기 생산 점유율에서 차지하는 비율은 약 40%로 거의 일정하게 유지됐다.[11]

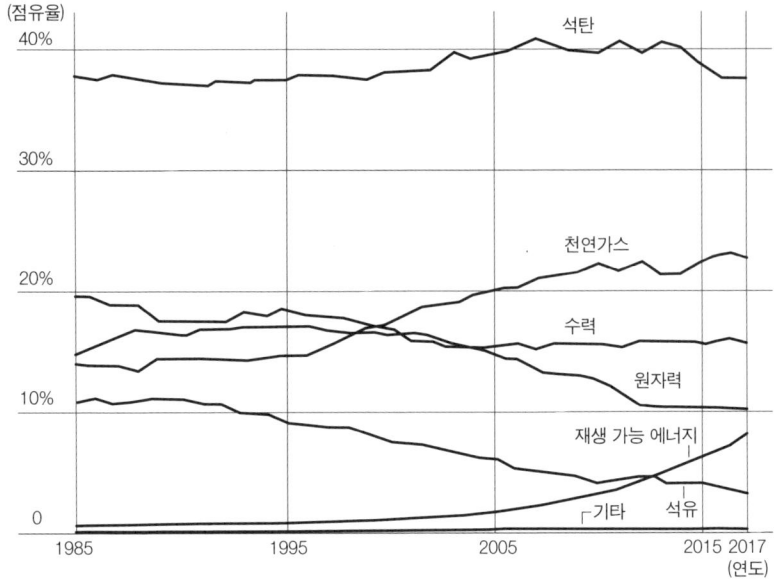

출처: 「2018년 세계 에너지 BP 통계 리뷰」

중질 탄소 연료의 사용을 줄이거나 제거하려는 환경 단체, 부유층 기부자들, 그리고 정치인들의 노력에도 불구하고 석탄은 발전소 연료로 계속 사용되고 있다. 예를 들어, 시에라 클럽은 전 뉴욕 시장 마이클 블룸버그가 창립한 자선 단체인 블룸버그 자선 단체의 자금 지원으로 '석탄을 넘어서(Beyond Coal)' 캠페인을 지속하고 있다. 2017년 이 자선 단체는 이 캠페인에 6,400만 달러를 추가로 기부할 것이라고 발표했다. 블룸버그 자선 단체는 2011년 이후, 총 1억 1,000만 달러를 캠페인에 기부했다.[12] 2018년 연례 보고서에서, "미국의 '석탄을 넘어서' 캠페인에 대한 우리의 헌신을 높이고, 유럽에서 처음으로 석탄 화력발전에 맞서는 노력을 확대하여, 유럽의 일부 지역의 낡고 더러운 석탄 화력발전소를 폐쇄하는 데 일조했다. 미국도 이런 노력에 힘입어, 2010년 이후 전체 석탄 발전소의 절반 이상을 폐쇄하겠다는 계획을 발표했다."라고 밝혔다. 석탄 사용에 반대하는 움직임을 돕기 위해, 블룸버그 자선 단체는 2017년 트라이베카 영화제에 초청된 장편 다큐멘터리 〈프롬 더 애쉬즈(From the Ashes)〉를 공동 제작했다. 이 자선 단체에 따르면, 이 영화는 "많은 지역사회 단체들의 주최로 전 세계 300개 이상의 상영관에서 상영되었으며, 내셔널 지오그래픽 채널을 통해 국제적으로 방영되었다."[13]

2019년 6월 블룸버그는 자금 규모를 더 확대하여, 미국의 모든 석탄 화력발전소를 폐쇄하기 위한 지지를 호소하고, 법정 투쟁을 벌이며 선거 전략을 수립하는 등에 5억 달러를 지출할 예정이라고 발표했다. 블룸버그 자선 단체는 이 성명서에서, 5억 달러의 공약이 "기후 위기 해소를 위한 사상 최대의 자선 활동"이라고 선언했다.[14]

환경 단체의 석탄 반대 메시지는 오레곤에 본부를 둔 환경법률연합(Environmental Law Alliance Worldwide, ELAW)의 2017년 소식지 머리기사에서도 볼 수 있다. "석탄을 태우면 사람이 죽는다."[15] ELAW와 같은 환경 단체들은 새로운 석탄 화력발전 프로젝트를 위한 자금 융자를 중단하도록 은행들을 설득하는 데 성공했다. 2013년 지구의 벗(Friends of the Earth), 미국 그린피스, 생물 다양성 센터 등 몇몇 단체는 미국 대통령 버락 오바마에게 서한을 보내 베트남 북부에 건설될 예정인 1,200MW 규모의 석탄 화력발전소인 타이 빈 2호가 "기후 교란을 악화시킬 수 있는 용납할 수 없는 대기오염을 초래할 것"이라고 경고했다. 서한이 발송된 지 며칠 후, 미국 수출입은행은 이 프로젝트에 대한 자금 지원을 중단하겠다고 발표했다.[16] 이 발표는 세계은행이 석탄 화력발전 사업의 자금 지원을 '극히 적은 상황'에 한해서만 실행하겠다고 한 직후에 나왔다.[17] 2018년 김용 세계은행 총재는 마지막 석탄 발전소 개발 사업인 코소보(Kosovo)의 코소바 에레(Kosova e Re) 발전소를 끝으로 은행은 자금 지원을 중단할 것이며, 더는 이런 사업을 지원하지 않을 것이라고 발표했다.[18]

석탄에 대한 이런 모든 반대와 상당한 탄소 배출량에도 불구하고, 어떻게 석탄은 그렇게 오래도록 사용되어 왔을까? 여기에는 몇 가지 이유가 있다. 무엇보다도 석탄은 가격이 저렴하다. 아시아 국가의 경우, 석탄은 액화천연가스 수입 가격의 약 1/2~1/3(에너지 등가 기준) 수준이다.[19] 둘째, 석탄 가격은 석유 수출국 기구(OPEC)와 같은 어떤 기관의 영향도 받지 않는다. 이는 어떤 단일 국가나 국가 그룹이 공급을 줄일 수 없으므로, 누구도 가격 상승을 초래할 수 없다는 것을 의미한다. 셋째, 석탄 매장량은 지리적으로 광범위하게 분포되어 있다. 넷째, 세계에는 엄청난 양의 석탄이 매장되어 있다. 현재의 소비 속도를 고려해도, 세계 석탄 매장량은 134년가량 더 사용될 것으로 예상된다. 미국과 호주는 땅속에 300년 이상 쓸 수 있는 석탄이 매장되어 있다. 러시아는 거의 400년간 쓸 수 있는 석탄을 가진 것으로 알려졌다.[20] 석탄을 생산하고 수출하는 나라들이 많아서 구매자는 여러 석탄 공급국의 가격을 비교하여, 최상의 품질과 가격으로 거래할 수 있다.

끝으로, 기술 위험이 거의 없다. 석탄 화력발전소는 전 세계에서 수십 년 동안 사용해 왔다. 수십 년간 운영되어 온 경험을 토대로, 석탄 화력발전은 전 세계적으로 일반화된 기술이다. 그 결과, 일본, 중국, 말레이시아 출신의 수많은 공학자와 건설회사들이 연합하여 발전소를 설계하고 건설하여 여기에 투자할 수 있었다. 따라서 발전소를 건설하는 데 필요한 자본을 더 쉽게 조달할 수 있게 되었다.[21]

2016년 인도 콜카타 거리 풍경
출처: 타이슨 컬버 촬영

석탄에 의존해 불을 밝히는 나라는 인도뿐만이 아니다. 2017년 미국은 인도보다 더 많이 석탄에서 전기를 생산했다. 4,300TWh 이상의 석탄 화력발전으로 전기를 생산한 중국의 발전량도 같은 해 인도에서 생산한 전력의 거의 4배에 달했다.[22] 따라서 중국은 전 세계 석탄 소비량의 절반을 차지하고 있으며, 중질 탄소 연료의 소비는 조만간 크게 줄어들지 않을 것이다.[23]

다른 아시아 국가들도 석탄 화력발전량을 높이고 있다. 2016년 방글라데시는 1,320MW 규모의 석탄 화력발전소를 건설할 계획이라고 발표했다. 25억 달러 규모의 이 사업은 말레이시아 국영 기업 두 곳이 건설할 예정이고, 연료는 남아프리카, 호주, 인도네시아의 탄광에서 수입할 것이다.[24] 2018년 초, 만성적인 전력 부족 상태인 파키스탄은 3,200MW의 새로운 석탄 화력발전소를 건설 중이다. 한편 베트남은 거의 11,000MW 이상, 인도네시아는 12,000MW 이상, 필리핀은 4,500MW 이상의 석탄 전력 생산 시설을 건설 중이었다.[25]

아시아의 석탄 소비 급증 현상은 미국과 유럽의 전력 회사들이 이 검은 연료에 대한 의존도를 낮추고 있는 것과 동시에 일어나고 있다. 2017년 4월, 영국의 전기 부문은 24시간 동안 석탄을 전혀 태우지 않겠다고 선언하여 전 세계 신문의 머리기사를 장식했다. 《가디언》은 이날이 "산업 혁명 이후로 석탄 동력 없이 일하는 영국의 첫날"이라고 선언했다. 영국에서는 석탄 사용이 점차 줄어들고 있으며, "석탄 발전소가 폐쇄되거나 목재 펠릿과 같은 바이오매스 소재로 전환함에 따라, 2016년 전력 발전에 있어서 석탄 사용률이 약 9%에 그쳐, 전년 대비 약 23% 감소세를 보였다. 영국의 마지막 석탄 발전소는 기후 변화 약속을 이행하기 위해 화석연료를 단계적으로 폐지하려는 정부 계획의 일환으로 2025년에 폐쇄될 예정이다."[26]

2017년 말, 캐나다, 프랑스, 영국, 그리고 미국의 여러 주, 지방, 도시들은 2030년까지 전기를 생산할 때 석탄을 사용하지 않을 것을 약속하는 '탈석탄 동맹(Powering Past Coal Alliance)'을 결성했다.[27] 이 새로운 동맹은 언론의 상당한 시선을 끌었지만, 《뉴욕 타임스》가 지적한 바와 같이 이 동맹의 구성원들이 차지하는 비중은 "전 세계 석탄 사용량의 3% 미만에 불과하다."[28] 서구의 부유한 선진국들은 전기를 생산하기 위해 더 적은 양의 석탄을 사용하거나, 심지어 석탄을 사용하지 않도록 노력하고 있다. 하지만 저전력 소비 국가나 초저전력 소비 국가들은 오히려 석탄 화력발전의 비중을 높이고 있다.

전기 부문의 분리성은 저전력 소비 국가인 튀르키예와 폴란드에서 명백히 드러난다. 2017년 말, 튀르키예와 중국 기업은 튀르키예 남부의 아다나에 1,320MW 규모의 석탄 화력발전소를 건설할 계획을 발표하였다.[29] 2006년에서 2017년 사이에 튀르키예의 석탄 생산량은 두 배로 증가했다.[30] 현재 튀르키예는 석탄으로부터 약 34%의 전기를 생산한다.

폴란드도 석탄에 크게 의존하고 있으며, 석탄 화력을 증강할 계획이다. 이러한 사례는 역사와 지리적 요건이 전기를 생산하는 데 사용되는 연료에 어떤 영향을 미치는지 잘 보여 준다.

폴란드는 오랜 역사 동안 러시아와 특별한 관계였는데, 관계가 좋지는 않았다. 이러한 역사를 고려할 때, 폴란드 지도자들이 여러 차례 러시아의 천연가스에 의존하기보다는 자국의 석탄을 사용하여 전기를 생산할 것이라고 한 것은 놀라운 일이 아니다. 폴란드에는 세계에서 가장 큰 석탄 화력발전소 중 하나가 있다. 발전 용량이 5,258MW인 엘렉트로니아 벨차토우에서 주원료로 쓰는 갈탄은 연소 중에 탄소 배출량이 높은 저급 석탄이다. 벨차토우는 또한 유럽 연합 중에서 가장 많은 이산화탄소를 배출하는 발전

소이기도 하다.³¹

  2015년 에와 코파츠 총리는 "폴란드의 에너지 안보는 석탄에 기반을 두고 있으며, 그것이 우리의 최우선 과제"라고 단호하게 말했다. 폴란드는 석탄으로부터 전력의 약 85%를 얻고 있으며, 2019년에는 새로운 석탄 화력발전소 네 군데를 가동할 것으로 예상했다.³² 폴란드는 러시아에서 더 이상 천연가스가 나오지 않을 때까지, 더 많은 천연가스를 사용하여 연료 혼합 구성을 다양화하는 정책을 추진하고 있다. 폴란드는 2017년 중반부터 미국에서 액화천연가스(LNG)를 수입하기 시작했고, 2018년 폴란드 정부는 휴스턴에 있는 셰니에르 에너지와 2042년까지 LNG를 공급받는 계약을 체결했다. 공급받는 연료는 발트해의 폴란드 터미널에서 하역될 예정이다.³³

  2018년 초까지, 전 세계에 209GW의 새로운 석탄 화력발전소가 건설 중이었다.³⁴ 이는 석탄업계 로비스트가 아니라 시에라 클럽, 그린피스, 석탄 감시단(CoalSwarm) 등 극렬한 석탄 반대론자들이 추정한 것이다. 이 209GW는 현재 독일에서 운영되고 있는 모든 발전소의 용량과 거의 맞먹는다.³⁵

  사실 독일에서 석탄의 생명력은 놀라울 정도이다. 일본의 후쿠시마 제1원전에서 재난이 발생한 후, 독일의 환경 단체들은 모든 원자로를 폐쇄하도록 정부를 압박했다. 그 결과, 독일은 석탄 화력발전에 더 많이 의존할 수밖에 없게 되었다. 2017년 독일의 갈탄 화력발전소는 2000년과 연료 혼용률이 비슷했다.³⁶ 독일이 이처럼 지속적으로 석탄에 의존하는 것은 유럽 최대의 경제력을 지닌 이 국가가 에너지와 동력 시스템 개편 계획인 '에네르기벤데(Energiewende, 에너지 전환)' 정책에서 목표로 삼은 배출량 감축 목표에 근접하지 못했다는 것을 의미한다.

2000년에서 2017년 사이에 독일은 온실가스를 감축하기 위해 재생 가능 에너지 보조금으로 약 2,220억 달러를 투자했다. 독일은 2020년까지 온실가스 배출량을 1990년 대비 40% 감축하고, 2050년까지 95% 감축할 예정이다.[37] 에네르기벤데(Energiewende)의 총비용은 2025년까지 총 5,000억 달러 이상이 소요될 수 있는데, 이 수치는 전기 부문에 필요한 투자금 일부에 불과하다.[38] 이러한 막대한 비용 투자에도 불구하고, 2017년 독일의 온실가스 배출량은 2009년과 거의 같은 수준이었다. 2018년 독일 정부는 2020년 배출량 감축 목표를 달성하지 못할 것이라는 사실을 인정해야만 했다.[39] 또 2018년 독일 정부는 독일 산업 연맹의 압력을 못 이겨 배출량 감축 속도를 가속화하기 위한 유럽위원회에서의 노력을 중단했다. 앙겔라 메르켈 독일 총리는 더 큰 감축을 달성하기 위한 공약을 하기보다는, "먼저 스스로 정한 목표를 지켜야 한다. 새로운 목표를 끊임없이 설정하는 것은 의미가 없다."라고 말했다.[40] 독일 정부는 2019년 초, 모든 석탄 화력발전소를 2038년까지 폐쇄할 것이며, 그 대신 65~80%의 전력을 재생 가능 에너지에 의존할 것이라고 발표했지만, 그 목표가 실제로 달성될지는 두고 봐야 한다.[41]

일본에서도 석탄을 지속적으로 사용하고 있다. 1997년 교토는 배출가스를 감축하기 위한 첫 국제 조약인 '교토 의정서'를 협상한 장소였다. 그러나 일본은 석탄을 버리기보다는, 독일과 마찬가지로 중질 탄소 연료에 계속 크게 의존하고 있다. 2011년 후쿠시마 제1원전 참사 이후, 일본은 원전 54기(基)를 모두 폐쇄했고 2018년까지 54기 중 7기만 재가동했다. 이렇게 원자력 발전 능력이 손실되면서 전기 가격을 억제할 필요성이 대두되어 더 많은 석탄 화력발전소를 건설하게 되었다. 일본은 2016년부터 2018년 사이에 8기의 석탄 화력발전소를 새로 건설했으며, 총생산 능력이 17GW에 육박하는 발전소 30여 기를 추가로 건설할 계획이다.[42] 2030년까지 일본은 석탄 화력발전소에서 전력의 26%를 확보할 것으로 예상된다. 하지만 과거 공약에서 일본 정부는 석탄 발전 비중을 10%로 줄이겠다고 공언했었다.[43]

일본의 새 석탄 화력발전소는 모두 석탄 화력 에너지의 40% 이상을 전기로 바꾸는 초초임계 연소(ultrasupercritical combustion) 기술을 기반으로 건설된다. 석탄 산업 관계자들은 이 새로운 발전소를 '고효율 저배출' 또는 'HELE 프로젝트'라고 부른다. 구형 석탄 화력발전소는 일반적으로 석탄 화력 에너지의 약 33%를 전기로 전환하는 미임계 연소(Subcritical Combustion)를 사용한다.[44] 고효율 석탄 발전소는 온실가스 배출량 감소에 도움이 되겠지만, 실제 일본의 배출량은 많이 감소하지 않았다. 2017년에는 일본이 교토에서 기후 회의를 개최했던 해인 1997년과 거의 비슷한 수준이었다.[45]

간단히 말해 석탄 사용은 에디슨과 인슐 시대부터 지속되어 왔는데, 이는 소비자들이 감당할 수 있는 가격으로 세계가 요구하는 엄청난 양의 전기를 생산하는 데 유용하게 활용되기 때문이다. 기후 변화에 대한 우려가 높아지면서, 석탄 사업은 환경 운동가들과 정부의 압력을 받게 되었다. 그러나 이런 압력이 가중되어도 풍부하고 안정적인 전기 공급의 필요성은 전 세계 국가와 기업의 최우선 순위가 될 것이다.

다음 장에서는 세계에서 가장 크고 빠르게 성장하는 몇몇 산업을 살펴보면서 풍부하고 믿을 수 있는 전기에 모든 산업이 어떻게 의존하는지 보여줄 것이다.

| 제3부 |

고전력에서의 전망

12
새로운 (전기) 경제

> 컴퓨터, 통신 및 운영 시스템은 화재나 홍수,
> 전력 손실 등으로 인해 손상되거나 중단될 수 있다.
> - 아마존 2017년 10-k 보고서, '시스템 중단 관련 위험성' 논의[1]

2018년 8월 2일, 애플은 미국 최초로 1조 달러의 주식 시장 가치를 달성한 상장 기업이 되었다.[2] 약 한 달 후에는 아마존이 미국의 두 번째 1조 달러 회사가 되었다.[3]

애플과 아마존은 구글의 모회사인 알파벳, 페이스북, 마이크로소프트와 함께 우리 시대 가장 부유하고 강력한 기업에 속한다. 내가 '자이언트 파이브(Giant Five)'라고 부르는 이 5대 거대 기업은 주식 시장을 지배할 뿐만 아니라 우리에게 텔레비전, 영화, 음악, 뉴스, 소프트웨어, 하드웨어, 그리고 무수한 다른 장비와 필수품들을 제공하며 우리 디지털 생활의 거의 모든 측면에 깊숙이 자리 잡고 있다. 자이언트 파이브는 철강이나 자동차와 같은 물리적인 상품의 생산이 아니라, 디지털 정보, 즉 전기에 의존하는 신경제에서 가장 크고 강력한 주체다.

미국과 유럽의 규제 기관들뿐만 아니라, 월가의 주식회사들은 자이언트 파이브의 지배에 초점을 맞추고 있지만, 그들의 놀라운 성장의 이면에 있는 전기의 본질을 대부분 간과했다. 자이언트 파이브는 모두 엄청난 양의 디지털 정보를 생산하고, 가공하고 전송하며, 저장함으로써 정보화 시대를 지배한다. 이 다섯 기업은 세계에서 가장 크고 강력한 데이터 센터, 즉 정보화 시대의 디지털 용광로와 같은 컴퓨터 장비로 가득 찬 저장소를 운영하고 있는데, 이 모든 데이터 센터에서는 안정된 전기가 필요하다.

전기는 정보화 시대의 연료이다. 대기업은 전기 없이 사업을 할 수 없다. 따라서 지난 몇 년 동안 자이언트 파이브는 자체적인 전력망을 구축하기 위해 수백억 달러를 투자하여 데이터 센터의 정전을 예방하면서 만약 정전이 발생했을 경우, 그 영향을 최소화하는 데 심혈을 기울였다.[4] 그들만의 자체 전력망을 구축함으로써, 자이언트 파이브는 사실상 전력 회사와 같다. 새로운 경제의 규칙은 단순해서, 그들은 그렇게 해 왔다. 즉, 네트워크가 크면 클수록 이를 소유하고 활용하는 사용자에게는 더 큰 가치가 있다.[5] 이것이 빅 데이터 법칙이며, 데이터 집합이 커지면 가치가 더 높아진다. 이는 자이언트 파이브가 한없이 늘어나는 인터넷 통신량 증가에 대응하기 위해, 특히 온라인에서 소비되는 미디어의 양을 충족하기 위해 계속해서 새로운 데이터 센터를 구축해야 함을 의미한다. 각각의 새로운 데이터 센터는 안정적인 전기 공급을 보장하기 위해 현장에 전기 발전기를 추가로 설치해야 한다.

2017년에는 〈비버에게 맡겨 둬(Leave It to Beaver)〉 재방송에서 '마누 히노빌리 경기 명장면 영상'에 이르기까지, 약 400시간 분량의 영상물이 매 순간 유튜브에 업로드되고 있었다.[6] 네트워킹 대기업인 시스코는 디지털 기기가 생성하는 데이터의 양이 2016년에서 2021년 사이에 4배 증가할 것으로 예측했다. 이는 결과적으로, 해당 기간 내에 전 세계 데이터 센터 용량이 4배 증가해야 한다는 것을 말한다.[7]

대량의 디지털 자료를 잘게 쪼개려면, 항상 대량의 전기가 필요했다. 초기의 컴퓨터는 전기 소모가 많아, 에너지 먹는 하마였다. 1943년, 미군은 세계 최초의 범용 전자 컴퓨터인 '전자적 수치 적분기 및 계산기(Electrical Numerical Integrator and Computer)'의 줄임말인 에니악(ENIAC)에 자금을 제공하기로 합의했다. J. 프레퍼 에커트와 존 W. 모클리가 이끄는 연구팀이 펜실베이니아 대학에 건설한 이 거대한 기계는 트랜지스터 이전 시대이자, 통합 회로 시대의 시작을 알리는 놀라운 것이었다. 에니악에는 1만 7,468개의 진공 튜브와 함께 1만 개의 콘덴서(Capacitor, 축전기), 1,500개의 릴레이(Relay, 계전기), 7만 개의 레지스터(Register, 대형 회로 소자), 6,000개의 수동 스위치(manual switches, 수동 개폐기)가 있었다.[8] 마침내 에니악이 완성된 1946년에는 174kW의 전력이 필요했다. 이 컴퓨터는 전기 소비량이 너무 커서, 전원을 올렸을 때 필라델피아 일부 지역의 전등이 순간적으로 흐려졌다고 전해졌다.

1943년 이후, 실리콘밸리와 전 세계의 기업들은 컴퓨팅의 전기 집약도를 획기적으로 줄였다. 그러나 정보화 시대는 여전히 비트와 전자의 결합으로 움직이는 시대이다. 물론 컴퓨터가 점점 더 작아지고, 빠르고, 가벼워지고, 저렴해짐에 따라, 계산에 필요한 전기의 양이 급격히 줄어들었지만, 효율성이 향상되면서 증가하는 디지털 데이터의 양과 계속해서 충돌하고 있다. 많은 비트를 잘게 쪼개려면 많은 전자를 활용해야 하며, 21세기의 핵심 기술인 인공지능, 주문형 비디오, 로봇 기술 등을 운용하려면 엄청난 양의 비트와 전자를 처리해야 한다.

자이언트 파이브의 사업에서 전기의 중요성은 전기 사용량과 전체 기업가치가 어떻게 커졌는지를 비교해보면 알 수 있다. 2012년부터 2017년까지, 이들 5대 기업의 전기 사용량을 합치면 146%나 급증했다. 같은 기간에 이들의 시가 총액은 228%나 급증했고, 2017년 말까지 자이언트 파이브는 약 3조 4,000억 달러의 가치가 있었다.[9]

자이언트 파이브는 매우 가치 있고 정치적으로도 막강해져서 전 세계 정부들은 그들을 규제하고 법인세를 부과하려고 애쓰고 있다. 《뉴욕타임스》의 간판 IT 전문기자인 파하드 만주는 2017년 기고문에서 우리는 "세계 경제의 위대한 전환점"에서 있다고 했다. 만주는 "무서운 5대 기업(Frightful Five)"인 이 자이언트 파이브가 "예상 가능한 미래의 우리 삶을 좌우할 기술 플랫폼을 통제"하는 주체가 될 것이라 했다. 만주는 '워싱턴이 이 거대한 기술 기업들을 막아 낼 수 있나? 무모한 내기 하지 말라(Can Washington Stop Big Tech Companies? Don't Bet on It)'라는 제목의 기사에서, 그들의 시장 지배력에도 불구하고 이 거대 기술 기업들은 "수많은 법률, 규제 그리고 모든 종류의 정부 감시에서 자유로웠다."고 주장했다.[10] 사실 자이언트 파이브는 너무 커서 실패하지 않는 게 아니다. 그들은 규제하기에는 너무 커져 버린 것이다.

자이언트 파이브의 전기 소비량 증가와 시가 총액 증가(2012~2017년)

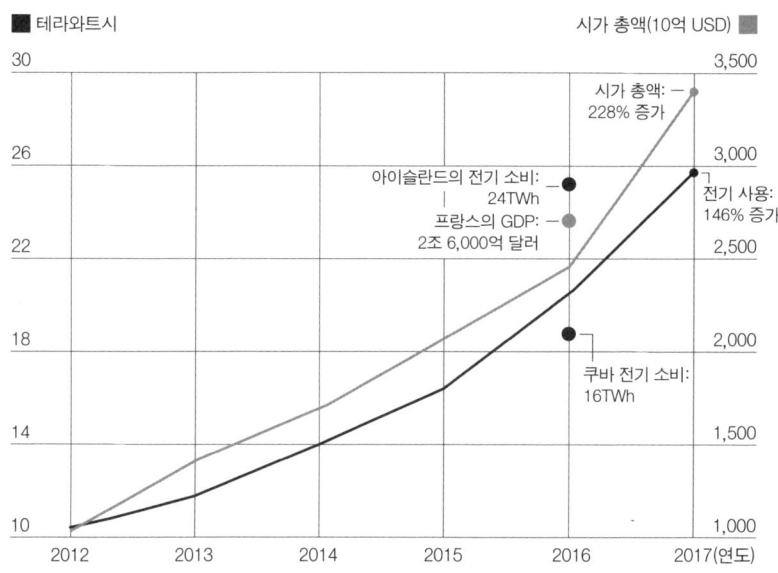

출처: 미 증권거래위원회 기업재무제표, Macrotrends.net, 저자 추정, CIA

    2017년 중반, 유럽위원회는 인터넷 검색 서비스를 거의 독점하고 있다는 권한을 남용하여 자사 쇼핑 서비스에 "불법적인 혜택을 제공"한 혐의로, 구글의 모기업인 알파벳에 28억 달러의 과징금을 부과했다. EU의 경쟁 담당 집행위원은 이 기업이 "다른 경쟁 기업이 경쟁할 기회를 박탈"했으며, "검색 결과에 뜨는 자체 쇼핑 서비스"를 상위에 홍보하면서 "구글이 경쟁 기업의 검색 결과를 인위적으로 낮춘 행위는 EU 독점 금지법에 따라, 명백한 불법 행위이다."라고 명시했다.[11] 유럽위원회가 과징금 부과를 발표한 직후, 알파벳이 즉각 항소할 것이라고 밝혔기 때문에 이 사건에 대한 최종 결정은 몇 년 동안 지연될 가능성이 있다.[12] 알파벳이 결국 과징금을 낸다 해도, 이는 전체적으로 사소한 차질에 불과할 수 있다. 왜일까? 데스크톱 검색 시장에서 구글은 약 80%의 시장을 점유하고 있다. 가장 근접한 경쟁 서비스인 마이크로소프트의 빙(Bing)은 7.5%에 불과하다. 알파벳은 모바일과 태블릿 검색에서 훨씬 더 우세하며, 놀랍게도 92%의 시장 점유율을 차지하고 있다.[13]

알파벳이 검색 업계를 장악하고 있는 가운데, 애플은 아이폰, 음원 판매에서 우위를 차지하고 있으며, 고객들로부터 거둬들인 수천억 달러에 대해 세금을 내지 않은 것으로 나타났다. 2019년 4월 기준, 애플은 2,250억 달러의 현금을 비축해 두었는데, 이는 베트남과 포르투갈을 포함한 수많은 국가의 GDP를 초과하는 금액이다.[14] 막대한 이익과 현금을 비축한 애플은 저지섬과 같은 조세 피난처에도 상당한 양의 돈을 몰래 숨겨 놓았다. 2017년 영국 BBC방송은 애플이 세법상의 허점을 이용하여 미국 이외의 지역에서 발생한 모든 매출은 "세법상 무국적이면서 거의 세금을 내지 않는 아일랜드계 자회사를 활용하여 처리함으로써, 효과적으로 세금 부과와 중과세 조치를 피했다."라고 보도했다. 2017년에 애플은 "미국 외 국가에서 447억 달러를 벌어들였고, 외국 정부에 16억 5,000만 달러의 세금을 냈다. 이는 약 3.7%에 불과하며 세계 평균 법인세율의 1/6에도 못 미치는 수준이다."라고 BBC는 추정했다.[15]

아마존이 제공하는 매우 편리한 쇼핑 시스템 덕분에 소비자들은 매우 유용하게 쇼핑할 수 있는 좋은 기회를 얻었다. 그러나 아마존의 지배력은 중소 도시와 대도시 소매상들 모두에게 피해를 주고 있다. 한 증권 분석가가 주장하듯이, 아마존은 "중국보다 더 많은 수의 일자리를 미국 내에서 없애 버릴 수 있다." 메이시스(macy's, 백화점), 더 리미티드(The Limited, 의류 브랜드), 베스트 바이(Best Buy, 전제제품 판매점 체인) 등 여러 다른 소매업체들은 아마존의 낮은 가격과 사용 편의성 때문에 큰 타격을 받고 있다. 약 620만 명의 사람들이 가구, 가전 제품, 책, 그리고 일반 상품 등을 판매하는 소매점에서 일한다. 이 소매점들은 아마존 때문에 위기를 맞고 있는 바로 그 상점들이다.[16] 2019년 중반까지 이 소매업체들은 미국 내에서 7,000개 이상의 소매점을 폐점할 계획이라고 발표했다.[17]

페이스북은 친구를 추가할 수 있게 해 주지만, 마크 저커버그(페이스북 창립자-역자 주)를 차단하지는 못한다.[18] 저커버그의 회사는 소셜 미디어 분야를 지배하고 있어서, 그들이 원하는 모든 것을 거의 다 할 수 있다. 미국의 페이스북 사용자 중 약 76%가 매일 회사 사이트에 접속한다.[19] 사용자들의 이러한 충성심 덕분에 광고와 뉴스 분야에서 모두 페이스북이 거대 기업으로 성장했다. 알파벳과 페이스북은 매년 730억 달러 가치가 있는 미국 디지털 광고 산업의 약 70%를 장악하고 있다.[20] 페이스북 광고의 역할에 대해 소비자들은 신경 쓰지 않을지 모르지만, 뉴스 창구로서의 중요성은 매우 우려되는 상황이다. 페이스북은 사용자들이 원하는 것을 예측하는 알고리즘을 기반으로, 개별 사용자에게 선별적으로 뉴스 피드를 전달한다. 이는 페이스북 사용자들이 자신의 의견과 정반대되는 시각의 뉴스 스토리를 거의 보지 못한다는 것을 의미한다. 로이 그린슬레이드가 《가디언》 기고문에서 밝혔듯이, "뉴스의 페이스북화(Facebookization)는 첫째, 우리가 읽는 내용을 통제하고, 둘째, 그 자료를 제공하는 출구를 파괴함으로써 민주주의를 불안정하게 만들 가능성이 있다."[21]

페이스북의 엄청난 성장은 신문사의 희생을 바탕으로 하고 있다. 2016년 미국 신문 광고 수입은 총 180억 달러에 불과했는데 이는 10년 전의 500억 달러보다 급격히 감소한 것이다. 페이스북의 부상에 대응하여, 아마존 창립자 제프 베이조스가 소유한 《워싱턴 포스트》, 《월스트리트 저널》, 《뉴욕 타임스》와 같은 미국에서 가장 큰 신문사들은 소규모 출판사, 온라인 출판사들로 이루어진 그룹과 협력하여, 페이스북과 더욱 효과적으로 경쟁할 수 있도록 의회에 독점 금지 면제권을 주도록 설득했다.[22] 이러한 면제가 승인되기는 어렵겠지만, 경쟁 관계에 있는 신문사들이 페이스북에 대항하기 위하여 협력하고 있다는 사실은 그들이 위협에 직면하고 있다는 걸 보여 준다.

각각의 시장에서 자이언트 파이브가 지닌 지배력은 과거에 독점적 지위를 가질 때보다 더 커졌다. 제프 베이조스, 빌 게이츠, 마크 저커버그, 세르게이 브린, 고(故) 스티브 잡스 등 대기업을 만든 기업가들은 이 시대에 기억될 만한 이름이 되었고, 카네기, 밴더빌트, 록펠러 같은 가문과 함께 기억될 것이다. 이들은 자산가로서 엄청난 재산을 가졌을 뿐만 아니라 우리의 일상생활에 큰 영향을 미치기에 매우 친숙하다. 2018년 베이조스의 자산 가치는 약 1,660억 달러에 이른다.[23] 2016년 인구학자 겸 작가인 조엘 코킨은 이 기술 대기업들을 "미래의 정책, 언론, 상업을 무제한으로 지배하려는 야심이 있는 무시무시한 위협자"라고 규정했다. 그렇다. 코킨은 "이들이 여러 면에서 우리의 삶을 향상시켜 줄 수도 있는 반면에 오래된 산업과 그곳에서 일하는 수천 명의 삶을 어렵게 하고 있다."고 말한 것이다.[24]

2018년 《월스트리트 저널》의 그레그 입 기자는 "스탠더드 오일과 AT&T는 시장의 80% 이상을 점유하며, 당대 최고의 기술주였다. 오늘날의 거대 기술 기업들도 마찬가지로 지배적이다."라고 썼다. 알파벳의 구글이 전체 인터넷 검색의 89%를 처리하고 있다. 인터넷에서 약 95%의 청소년이 페이스북 상품을 이용하고 있고, 2018년 말까지 아마존은 미국 온라인 시장의 거의 절반을 점유했다.[25] "과거와 오늘날의 독점적 지위는 기술 소유권과 물리적 네트워크로 사용자들을 가두면서 비용을 절감하고, 엄청난 진입 장벽을 구축했다."라고 그레그 입 기자는 기술했다. "한때 스탠더드 오일과 AT&T가 국가의 경제 기반 시설에서 중요한 역할을 했듯이, 오늘날의 기술 대기업들은 인터넷 경제의 문지기들이다."[26]

자이언트 파이브가 인터넷 경제의 문지기로 남아 있으려면, 이 대기업이 소유한 데이터 센터가 '최대 가동 시간'을 맞추기 위해 할 수 있는 모든 걸 해야 한다. 아마존의 고객들은 크레스트(Crest)에서 리바이스에 이르기까지 모든 것을 구매하기 원하며, 그 제품들을 24시간 365일 내내 주문할

새로운 기술 대기업과 구 기업 간의 독과점 비교

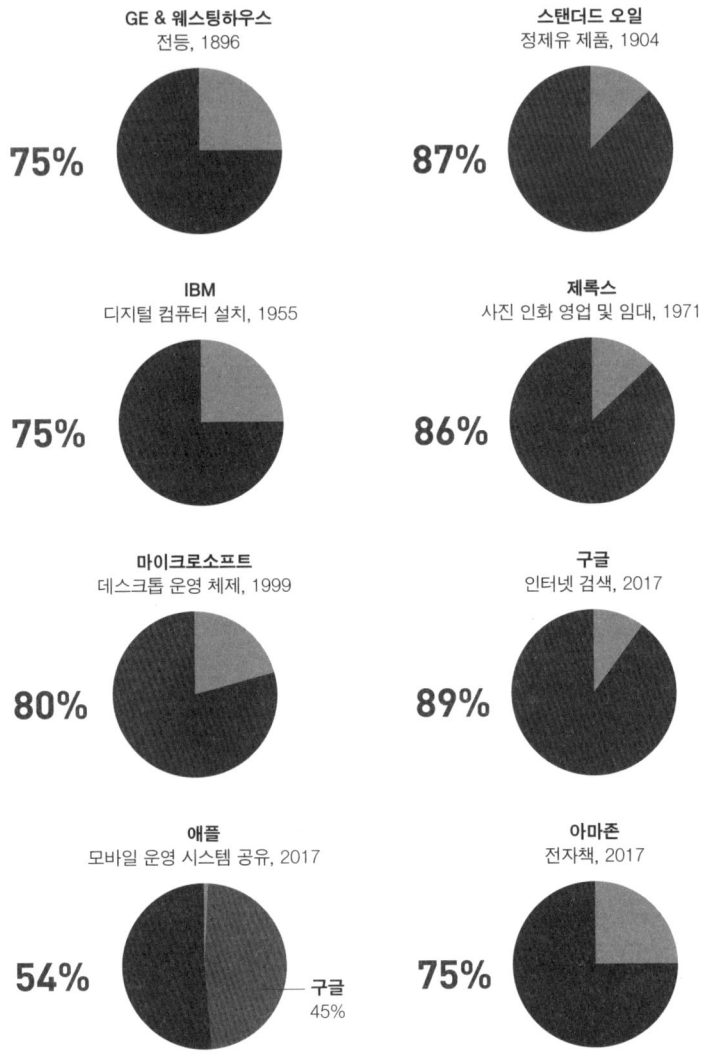

출처: 《월스트리트 저널》

수 있기를 희망한다. 구글 검색 사업과 애플 앱스토어도 마찬가지다. 페이스북의 광고주들은 잠재 고객이 온라인에 접속할 때마다, 표적 광고를 접할 수 있는지를 알고 싶어 한다.

전력 손실이나 컴퓨팅 전원 손실로 인한 짧은 정전에도 수백만 달러의 손실이 발생할 수 있다. 2018년 7월 16일, 아마존 웹사이트는 그해 가장 큰 판매 기간 중 하나인 프라임 데이(Prime day) 중반에 다운되었다. 분석가들은 이후 63분 간의 정전 사고로, 아마존이 약 1억 달러의 매출 손실을 봤다고 추산했다.[27]

최대 가동 시간을 극대화하는 방안은 오리건주 프라이네빌에 있는 28MW 전력이 필요한 페이스북 데이터 센터를 보면 알 수 있다.[28] 지역 전력망이 정전될 경우, 서버가 다운되지 않게 하려면 최소 1~2분 안에 최대 속도로 가동할 수 있는 28MW의 전력을 현장에서 바로 생성해야 한다. 거대한 규모의 데이터 센터는 최대 100MW의 전력이 필요할 수 있어서[29] 각 데이터 센터는 자체적인 전력망을 가지고 있다. 이러한 민간 전력망은 일반적으로 캐터필러나 커민스 같은 회사에서 만든 대형 디젤 화력발전기를 여러 대 보유하고 있다. 예를 들어, 인기 있는 커민스 발전기는 16개의 실린더와 95ℓ의 연료통을 갖고, 약 4,000마력을 생산한다. 발전기에 연결하면, 엔진은 3MW의 전기를 생산할 수 있다.[30] 또한 데이터 센터 전력망은 대용량 배터리 저장소를 갖고 있다. 자동차에 사용하는 것과 유사한 납 축전지는 데이터 센터에서도 일반적으로 사용된다. 이 전력망에는 배터리에서 컴퓨터로 즉시 전원을 공급할 수 있는 스위치 기어가 있어서, 비상용 대기 발전기를 최대 용량으로 가동하는 데 걸리는 시간 동안 연속적으로 전력이 흐르도록 보장한다. 마지막으로, 각 데이터 센터에는 대개 디젤 연료로 채워진 대형 탱크가 있어서 현장의 발전기로 전기를 공급하여 데이터 센터가 지역 전력망으로부터 독립하여 몇 시간, 또는 심지어 며칠 동안 가동할 수 있다.[31]

자이언트 파이브는 얼마나 많은 전기를 소비할까? 2017년에 계산해 본 결과, 이 5대 거대 기업의 전력 사용량은 총 26TWh였다.[32] 이는 아일랜드의 480만 인구가 사용한 양과 거의 같지만[33] 이 26TWh는 단지 최솟값이라는 걸 기억해야 한다. 나는 이 값을 기업들이 자체적으로 발표한 에너지 소비 데이터에서 얻었다. 그러나 다른 4개 사보다 데이터 센터를 많이 보유하고 있는 아마존은 전기 사용량을 공개하지 않는다.

이러한 전기 사용의 관점에서 생각해 보자. 미국의 모든 데이터 센터는 연간 약 70TWh의 전기를 사용하는데, 이는 국내 총 전기 사용량의 약 2%에 해당한다.[34] 따라서 자이언트 파이브의 연간 전기 사용량은 미국의 모든 데이터 센터에서 소비되는 전기 사용량의 약 1/3에 해당한다.

자이언트 파이브는 아일랜드 규모의 전기를 사용할 뿐만 아니라, 점차 전력 소비량도 급증하고 있다. 2012년에서 2017년 사이에 이 기업들의 복합 전력 소비는 매년 약 25%씩 증가하였다. 이것은 자이언트 파이브의 전기 사용량이 3년마다 두 배씩 증가하고 있다는 의미이다.[35]

전기 수요 증가로 자이언트 파이브는 전기 발전 사업에도 진출했다. 2015년 마이크로소프트는 와이오밍주 샤이엔 근처에 2억 달러 규모의 데

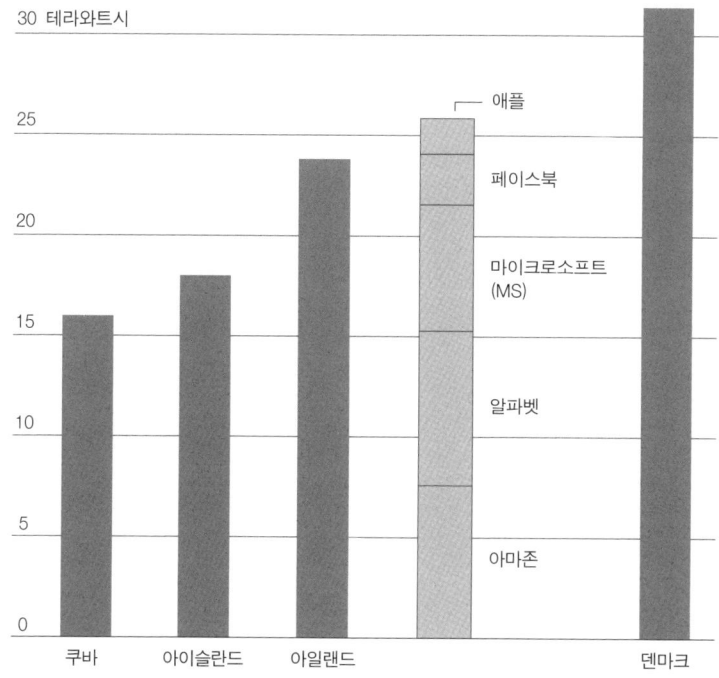

자이언트 파이브(알파벳, 아마존, 애플, 페이스북, MS)의 전기 소비량(2017년)

출처: 미 증권거래위원회 기업 보고서, CIA, 저자 추정

이터 센터를 구축하는 프로젝트를 발표했다.36 1년 후 이 소프트웨어 기술 대기업은 블랙 힐스 에너지(Black Hills Energy)와 계약을 맺어, 발전 용량을 지역 전력 공급 사업자와 공유할 수 있게 되었다. 전력 수요가 가장 많은 기간 동안 마이크로소프트의 발전기는 자체적으로 전력망에 전기를 공급한다. 이 거래는 새로운 발전 능력이 필요하지 않기 때문에, 공공 전력 구매 비용을 절감할 수 있다. 이로써 마이크로소프트는 더 많은 발전 능력을

확보하면서도, 전기 비용은 상대적으로 안정적일 거라고 확신하게 되었다.[37]

또한 마이크로소프트는 유럽에서도 새로운 전기 발전소를 건설하고 있다. 2017년 아일랜드 더블린 인근에 건설 중인 데이터 센터에 필요한 전기를 공급하기 위해, 18MW의 새로운 가스 화력발전소를 건설하겠다고 발표했다. 《아이리시 인디펜던트》에 따르면, 마이크로소프트는 새로운 데이터 센터에서 "급증하는 수요를 충족시킬 만큼 지역 전력망이 빠르게 향상되지 않기 때문에" 새로운 발전소를 구축해야 했다.[38]

자이언트 파이브는 모두 엄청난 양의 전기를 사용하고 있지만, 아마존은 다른 기업들보다 더 많이 전기를 사용한다. 아마존이 에너지 사용량을 공개하지 않기 때문에 나는 더더욱 이렇게 주장한다. 아마존의 전기 사용량은 자이언트 파이브 중에서 두 번째로 전기 사용량이 많은 알파벳과 같다고 가정했다. 2017년에 알파벳은 7.6TWh의 전기를 소비했는데,[39] 이는 짐바브웨의 전기 소비량과 비슷하다.[40]

전기 사용량 데이터를 공개하지 않는 아마존이지만, 사업을 대략적으로 분석해 보더라도 다른 기업들보다 훨씬 더 많은 전기를 사용할 것이라고 추정해 볼 수 있다. 아마존은 두 배, 세 배, 심지어 네 배의 전기를 사용하고 있을 수 있다.[41] 왜 그럴까? AWS(Amazon Web Services)는 인터넷 및 전자 부문에서 거대 기업이 되었다. 지난 몇 년 동안 아마존이 온라인 쇼핑 사업을 인수하면서, AWS는 '서비스로서의 인프라(IaaS)'로 알려진 클라우드 컴퓨팅과 스토리지 사업의 세계 최대 공급자가 되었다.

2016년 시너지 리서치 그룹은 AWS가 전 세계 IaaS 시장에서 45%를 점유해, 다음 3개 사(알파벳, IBM, 마이크로소프트) 총합보다 두 배나 큰 시장 점유율을 차지했다고 추정했다.[42] 2018년까지, AWS는 세계 클라우드 사업에서 차지하는 점유율을 52%로 잡고 있었다.[43] 이렇게 지배적인 시장 점유율은 만약 아마존의 모든 데이터 센터가 동시에 가동 중단 상태가 된다면, 인터넷의 거대한 덩어리가 사라져 버릴 수도 있다는 것을 의미한다. 아마존의 서버는 '넷플릭스, 핀터레스트, 람보르기니, 내셔널 풋볼 리그, 메이저리그 베이스볼' 등과 같은 브랜드를 포함한 수천 개 기업의 데이터 요구를 처리한다.[44] 게다가 AWS는 미국 정부의 주요 서비스 공급자가 되었다. 2013년에는 중앙정보부에 서비스를 제공하는 6억 달러 계약을 따냈다.[45] 2017년에는 CIA를 비롯한 미국 정부 정보 기관에 클라우드 컴퓨팅 환경을 제공하기 위해 고안된 사업인 'AWS 시크릿 리전(AWS Secret Region)' 구축을 발표했다. 이 발표에서 AWS는 "미분류, 민감, 비밀, 최고 기밀 등을 포함한 전체 데이터 분류 분야 중 상당한 분량의 정부 업무를 처리하는 서비스를 제공하는 최초이자 유일한 상업용 클라우드 서비스 공급 기업"이라고 주장했다.[46]

2019년 초, AWS는 미국 국방부와 체결한 100억 달러 규모의 컴퓨팅 계약의 유력한 경쟁자로 여겨졌다.[47]

자이언트 파이브는 데이터 센터에 설치한 모든 비상용 대기 발전 외에도 수많은 재생 가능 에너지를 구매해서 친환경 기업이라는 인증을 과시하려고 한다. 그러나 자이언트 파이브는 풍력과 태양열 발전이 기존 방식의 전기보다 우수해서 재생 가능 에너지를 구매하는 것은 아니고, 단지 마케팅 캠페인의 하나로 활용하는 중이다. 이 거대 기업들은 엄청난 에너지 소비와 관련하여, 자신들에게 불리한 여론이 작용하도록 방관하지 않는다. 재생 가능 에너지를 사들이는 건 긍정적인 여론 형성에 도움을 준다.

아마존은 수백 메가와트의 풍력 에너지 단지를 건설하거나 계약했으며, "100% 재생 가능 에너지를 사용하기로 약속한다."라고 밝혔다.[48] 마이크로소프트는 500MW 이상의 풍력 에너지를 구매했으며, 2012년부터 '탄소 중립'을 지켜 왔다고 주장하고 있다.[49] 2017년 알파벳은 미국, 유럽 및 남미에서 거의 2.6GW의 재생 가능 에너지를 구매한다는 20개 협정에 서명했다고 발표했다.[50]

애플은 캘리포니아 쿠퍼티노에 새로운 사옥인 '스페이스십 캠퍼스(spaceship campus)'를 신축하면서 $0.7km^2$에 달하는 이 시설이 17MW의 옥상 태양광 발전을 포함하여, 재생 가능 에너지로 완벽하게 운영될 것이라고 발표했다.[51] 또한 애플은 노스캐롤라이나의 메이든 데이터 센터가 태양열 에너지로 운영된다고 밝혔다. 하지만 AWS 최고 엔지니어 제임스 해밀턴은 이러한 주장을 이해하지 못했다. 2012년 해밀턴은 애플의 주장을 자세히 검증했고, 데이터 센터가 태양열 집열판으로 완벽하게 가동되려면 각 데이터 센터의 제곱피트마다 $34m^2$의 태양열 집열판이 필요하다고 추정했다. 따라서 $46,452m^2$의 데이터 센터에 전원을 공급하려면 약 $16.8km^2$의 태양열 집열판이 필요하다는 계산이 나오는데, 해밀턴은 애플의 발표는 "그 자체로 터무니없는 소리"라고 결론지었다.[52]

재생 가능 에너지 사용에 관한 애플의 주장은 자이언트 파이브가 자사 운영에 약간의 친환경 기조를 더하는 데 도움을 줄 수는 있지만, 현실적으로 전력망에 전달되는 전자로 확인할 방법은 없다. 자이언트 파이브의 사무실과 데이터 센터는 지역 전력망에서 전달되는 전기로 에너지를 공급받는다. 내 친구이자 동료인 마크 P. 밀스는 에너지 수요와 정보 인프라에 관한 2018년 기사에서, "다른 지역에서 풍력이나 태양열 에너지를 구매하는 것을 두고, 실제로 특정 건물에 사용하고 있는 것처럼 왜곡되어 보이게 만드는 일종의 규제 마술이다. 이는 항공기로 여행하는 것에 대해 심리적 면죄부를 얻기 위해 어딘가에 나무 심을 돈을 기부한다고 했던, 한때 유행한 발상과 같다."라고 주장했다. 그는 이어, "아무리 활발하게 홍보하더라도, 항공기 운항에는 필연적으로 항공 연료 연소가 뒤따른다는 사실 자체를 바꾸지는 못한다. 마찬가지로 데이터 센터에서도 24시간 한순간도 빠짐없이 전력이 필요하다는 사실을 바꿀 만한 '인증' 비슷한 것은 어디에도 없다."고 했다.[53]

비록 자이언트 파이브의 친환경 활동 주장 중 일부가 의심스럽기는 하지만, 그들이 거대한 전기 발전의 주체라는 것을 부인할 수는 없다. 2018년까지 아마존은 기존 방식으로 약 3,656MW의 발전 능력을 갖추고 있었다.[54] 게다가 약 1,016MW의 재생 가능 에너지 확보 계약을 맺었으므로[55] 아마존의 총 발전 용량은 4,672MW에 달한다.

아마존이 비밀을 유지하고 있기 때문에 자이언트 파이브가 얼마나 많은 발전 능력을 보유하고 있는지 정확하게 계산하는 것은 어렵다. 그들은 디젤 화력발전소를 기업 보고서에 포함시키지 않고 재생 가능 에너지의 포트폴리오만 자랑한다. 그럼에도 불구하고 그들의 기업 및 환경 보고서에 따르면, 2018년 말까지 자이언트 파이브의 발전 능력, 곧 기존 방식과 재생 가능 에너지의 용량이 약 1만 2,100MW였을 것으로 추정된다.[56] 이는 2,080MW의 발전 능력을 가진 후버 댐의 5배 이상이다.[57]

1만 2,100MW의 발전 설비 용량을 다른 예로 살펴보면 다음과 같다. 로스앤젤레스 수도전력국(DWP)의 발전 설비 용량은 약 7,600MW이다.[58] 내가 살던 지역의 시립 전력 회사인 오스틴 에너지는 약 4,000MW의 발전 설비 용량을 갖추고 있어서, 전력 회사가 약 100만 명에게 전기를 공급할 수 있다.[59] 따라서 기존 방식과 재생 가능 에너지를 모두 합치면, 자이언트 파이브는 오스틴과 로스앤젤레스의 발전 능력을 합친 것보다 더 많은 발전 능력을 갖춘 셈이 된다.

결국 전기 사용 여부, 시장 가치 또는 미디어에 미치는 영향과 무관하게 자이언트 파이브의 규모와 영향력은 우리가 이해하기 어렵다. 석유, 석탄, 제조업에 의존했던 독점 및 자본주의의 오래된 모델은 사라지지 않았다. 대신 시간당 테라와트 단위의 전기가 필요한 대량의 디지털 정보를 관리할 수 있기 때문에 기업들은 시장 점유율과 수조 달러의 가치를 얻는 것으로 대체되었다. 석유와 철강 신탁은 상품 시장을 통제하는 방식으로 이익을 통제하기를 원했다. 자이언트 파이브는 우리의 모든 것을 알고 싶어 하면서 우리가 원하는 모든 것을 팔 수 있다. 그들은 우리의 돈도 원한다. 자이언트 파이브 모두 그들만의 결제 시스템을 가지고 있다. 마이크로소프트 페이, 애플 페이, 구글 페이, 아마존 페이 또는 페이스북 메신저 등 원하

는 항목을 선택하기만 하면 된다.[60]

자이언트 파이브의 결제 시장 진출은 돈을 전기화한 하나의 예시일 뿐이다. 이러한 경향, 즉 전자, 비트, 현금의 합병이 수십 년 동안 진행됐다.

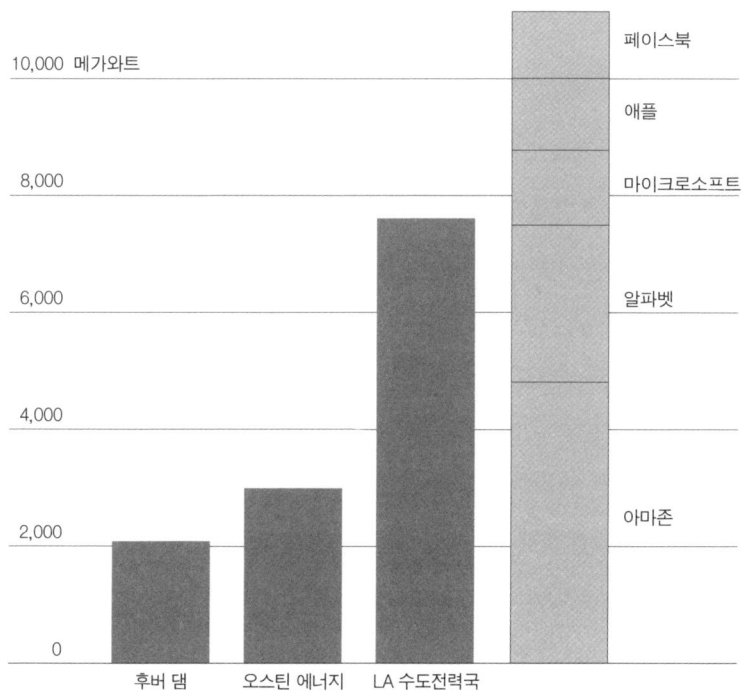

자이언트 파이브의 재생 가능 에너지 및 전기 발전 능력 총합(2018년)

2018년도 자이언트 파이브의 재생 가능 에너지 및 전기 발전 능력 총합. 데이터 센터에 쓰이는 전력을 안정적으로 확보하기 위해서, 5대 기술 대기업은 수천 메가와트의 발전 설비 용량을 구축했다. 또한 수천 메가와트의 재생 가능 에너지를 구매하거나 계약했다.

출처: DataCenterfrontier.com, 그린피스, 블룸버그 뉴에너지 파이낸스, 저자 추정

13
화폐의 전기화

> 전기는 그저 조직화된 번개일 뿐이다.
> - 조지 칼린

2015년 연례 보고서에서, 세계 최대의 신용카드 회사인 비자(Visa) 주식회사는 주목할 만한 견해를 발표했다. 바로 비자의 주요 자산이 신용카드가 아니라고 투자자들에게 말한 것이다.[1]

회사 측은 "사람들이 카드를 혁신으로 생각하는 경우가 많다."라고 설명했다. 그러나 "물리적 카드는 진정한 혁신 네트워크에 접근하기 위한 메커니즘일 뿐이며, 이는 전 세계 고객들과 안전하고 쉽게 상업적 거래를 수행하고 성장시킬 수 있는 능력을 제공했다."[2] 2011년에 비자의 글로벌 시스템 운영 및 공학 책임자인 릭 나이트는 조금 더 간단하게 다음과 같이 말했다. "대부분의 사람들은 우리를 금융 기관이라고 생각하지만, 우리의

브랜드는 네트워크이다."³

2018년까지 전 세계적으로 약 33억 개의 비자 카드가 사용되었다.⁴ 이 모든 카드가 네트워크에 연결될 수 있게 하기 위해, 이 회사는 포트 녹스(Fort Knox, 미 육군 기지)와 같은 디지털 시스템을 구축했다. 거대한 규모의 이 카드 회사는 운영 센터라고 알려진 견고한 데이터 센터를 동부 해안 어딘가에서 운영하고 있다. 물론 보안상의 이유로 비자카드는 정확한 위치를 밝히지는 못한다. 이 시설로 통하는 도로에는 시속 80km의 속도로 달리는 차량을 막을 수 있는 유압식 장애물이 설치돼 있다. 그곳은 외부인의 침입을 막는 호수인 해자도 있다. 이 회사의 컴퓨터 서버가 있는 건물은 지진과 시간당 최대 시속 274km의 바람을 견딜 수 있도록 설계되었다.⁵ 전력망이 고장날 경우, 비자는 약 1만 4,000개의 고성능 축전지와 약 56MW의 용량을 가진 디젤 발전기 1개 대대를 상시 가동할 수 있도록 항상 준비되어 있다.⁶ 또한 전력망이 고장날 때를 대비하여, 비자 동부 운영 센터에서는 일주일 동안 작동할 수 있는 충분한 디젤 연료를 현장에 보관하고 있다.⁷

비자 네트워크든, 비트코인 같은 암호화폐의 등장이든, 우리는 급속한 화폐의 전기화를 목격하고 있다. 우리가 무엇인가를 결제할 때마다, 전선을 통해 컴퓨터 시스템으로 전송되는 전자 정보에 의존하게 됩니다. 그러면 그 시스템이 텍사스주 코퍼스 크리스티에서 왓어버거(Whataburger)를 사거나 오클라호마주 에니드에서 에스프레소를 살 수 있는지 우리의 지불 능력을 확인(또는 거부)해 준다. 비자의 경우 네트워크를 유지하려면, 1만 4,000개 이상의 금융 기관과 230만 개의 현금 자동 입출금기에 항상 디지털 연결을 유지할 수 있도록 매우 안정적인 전기 공급이 필요하다. 이들 기업은 초당 약 5만 6,000건의 거래를 처리할 수 있는 비자의 컴퓨터 시스템에 연결되어 있다. 2015년에는 7조 4,000억 달러 규모의 거래를 처리했다.[8] 그것은 일본과 독일의 GDP를 합친 것과 거의 맞먹는다. 정전 또는 보안 위반 등의 데이터 흐름 중단 사태가 벌어지면 카드에 대한 신뢰도가 떨어지고, 동시에 현금이나 수표를 대신하여 카드를 사용하려는 고객의 의지도 줄어든다.

물리적인 제품이든, 서비스든 간에 모든 가격은 구매자가 언제든지 기꺼이 지불할 의사가 있는 값이다. 통화와 결제 시스템의 목적은 가능한 한 쉽고 빠르게 거래가 이루어지도록 하는 것이다. 물론 이러한 거래에 지폐가 사용될 수 있지만, 지폐는 불리한 면이 많다. 우선 도둑맞지 않으려면 금고나 은행 금고에 지폐를 보관해야 하고, 불이나 물, 해충으로 인해 피해를 입지 않도록 보호해야 한다. 화폐를 비트로 변환함으로써 금융 거래 건수와 속도는 엄청나게 증가할 수 있다.

화폐의 전기화는 돈이라는 지폐의 쇠퇴 과정을 보면 알 수 있다. 2000~2012년 사이에 미국에서 소비자들이 신용카드와 온라인뱅킹을 더 많이 사용하게 되면서, 수표 사용 건수는 절반 이상 감소했다.[9] 수십 년 동안 금융 기관, 기업, 개인들은 점점 더 많은 돈을 송금해 왔다. 1987년, 미국 연방준비은행이 운영하는 유선 결제 네트워크인 페드와이어 펀드 서비스(Fedwire Funds Service)를 통해 이체된 금액은 총 152조 달러에 달했다. 2017년까지 페드와이어 자금 서비스는 연간 약 740조 달러, 즉 하루에 약 2조 달러를 이체하고 있었다.[10]

화폐 전기화의 또 다른 예는 휴대폰과 일반 전화를 기반으로 하는 결제가 급증한 것을 보면 알 수 있다. 인도의 페이텀(Paytm), 중국의 알리페이(Alipay), 그리고 미국 기반의 애플리케이션인 애플 페이(Apple Pay), 벤모(Venmo), 구글 페이(Google Pay)와 같은 도구 앱들을 통해 점점 더 많은 소비자가 현금과 신용카드 대신 휴대폰으로만 거래하고 있다. 2016년 글로벌 모바일 결제 시장은 약 5,940억 달러로 평가됐다. 2022년까지 이 시장은 3조 달러 이상의 가치가 있으리라 전망된다.[11] 케냐는 모바일 결제 시장의 가능성을 가장 잘 보여 주는 나라이다. 케냐 전체 국민의 93%가 모바일 결제 방식을 이용하고 있으며, 케냐의 GDP의 절반 정도가 케냐 은행 시스템을 통제하는 모바일 결제 플랫폼인 M-PESA로 처리되고 있다. M-PESA의 인기 때문에 현금 사용자 수가 감소되었다. 2018년 중반의 한 보고서에 따르면, 케냐의 현금인출기 수는 지난 몇 년간 약 1/3 정도 감소했다고 한다.[12] 왜냐하면 사람들에게 더 이상 많은 지폐가 필요하지 않았기 때문이다.

인도 정부는 부패 척결 방안으로 모바일 결제 방식을 채택하고 있다. 2016년 말, 나렌드라 모디 총리는 갑자기 500루피와 1,000루피 지폐의 사용을 금지했다. 그 당시 각각 7.5달러와 15달러의 가치가 있었던 이 지폐들은 인도에서 유통되고 있는 모든 현금의 86%를 차지했다. '폐화(demonetization)'라고 부르는 이 화폐 통용 금지 조치 때문에 인도 경제가 불황으로 휘청거렸고, 150만 명의 일자리가 사라졌다고 알려졌다. 그러나 모디 총리는 인도 정부가 세금 징수를 늘리려면 이 조치가 필요하다고 주장했다. 거래에 많은 금액의 현금 통화를 사용하는 방법으로 조세 회피를 가능하게 하여 인도 국고에 막대한 세수 손실이 일어나고 있었기 때문이다. 당시 인도인의 3% 미만이 소득세를 납부하고 있었다.[13] 모디 정부는 기존의 고액 지폐를 불법화하고, 인도인들에게 추적 가능한 신용카드, 모바일 결제 또는 다른 은행 수단을 쓰도록 효과적으로 강요했다.[14] 모디의 단속 결과 폐화(demonetization) 폐지 후 1년 동안 인도의 모바일 결제는 두 배 이상 증가했다.[15]

모바일 결제, 신용카드, 송금 등은 모두 화폐 전기화의 사례이다. 암호화폐는 이러한 추세를 한 단계 더 발전시켰다.

● ○ ●

아이슬란드 케플라비크 국제공항에서 동쪽으로 조금 떨어진 곳에 도착하여 차에서 내리자, 소음과 진동, 그리고 밀려오는 바람 소리가 마치 분주한 공항의 활주로에 서 있는 듯한 느낌을 주었다. 그러나 비행기는 없었고, 나무 하나 없는 광활한 평야에 튼튼한 금속 울타리로 보호된 네 개의 낮은 창고만 있었다. 창고마다 커다란 프로펠러로 움직이는 비행기 이착륙 소리와 비슷한 굉음이 공기 속에 탁하게 밀려왔다.

제네시스 마이닝(Genesis Mining)의 아이슬란드 사업부 이사인 헬무트 로스는 자갈이 깔린 주차장에서 나와 악수하며 소음에 대해 사과했다. "매우 시끄럽습니다." 그는 내가 들을 수 있도록 몸을 앞으로 내밀면서 말했다. 로스는 머리가 희끗희끗하고 말랐으며, 방한복을 입고 있지 않았다. 얼어붙을 만큼 차가운 아침 공기에 몸이 떨렸지만, 그는 가벼운 스웨터와 스카프를 두르고 있어도 더할 나위 없이 편안해 보였다. 주차장과 창고를 구분하는 보안 출입문으로 나를 안내해 주었는데, 그 문을 통과하려면 출입증과 숫자 코드가 모두 필요했다. 홍콩에 본사를 둔 회사인 제네시스는 세계에서 가장 큰 암호화폐 채굴자 중 하나라고 설명했다. 제네시스는 클라우드 채굴자로 알려져 있는데, 이는 고객들이 암호화폐를 채굴하기 위해 비용을 대고 있다는 걸 의미한다. 제네시스에서는 비트코인(Bitcoin), 이더리움(Ethereum), 라이트코인(Litecoin), 카르다노(Cardano), 리플(Ripple), 모네로(Monero) 등의 암호화폐를 채굴하기 위한 계약을 체결할 수 있다. 제네시스는 2014년 아이슬란드에서 처음으로 대규모 비트코인을 채굴하기 시작한 이후, 계속해서 그 지역 내 사업을 확장해 왔다. 이 회사는 보스니아와 러시아에서도 암호화폐를 채굴하고 있었다.

일단 보안 출입문을 통과하자, 로스는 나를 또 다른 패스 카드와 숫자 코드가 필요한 창고의 출입문으로 안내했다. 문이 열리자, 차가운 아침 공기가 안에서부터 우리를 스쳐 지나갔다. 일단 안으로 들어가자 두 가지가 분명해졌다. 첫째, 내부의 온도도 외부처럼 매우 낮았다. 두 번째, 제네시스는 엄청난 양의 컴퓨터를 작동시키고 있었다. 바닥에서 약 2.5m 높이에, 길이가 약 75m인 창고 양쪽에는 끊임없이 깜박이는 컴퓨터 서버들이 줄지어 있었다. 서버는 수많은 전원 코드와 이더넷 케이블로 창고 끝에 있는 제어판에 연결되어 있었다. 머리 위 지붕에 매달려 있는 금속의 전선 도관은 모든 케이블의 무게를 지탱했다. 긴 케이블들은 번호가 매겨진 선반에 나누어져 있었다. LED 조명과 윙윙거리는 팬이 달린 서버들이 거의 모든 선반 위에 쌓여 있었다. 몇 개의 선반에는 서버를 놓지 않고 플라스틱 시트나 패널로 묶어 놓아, 암호화폐를 채굴하는 컴퓨터 서버에 더 시원한 공기를 전달할 수 있게 했다.

헬무트는 내 귀에 직접 대고, "팬을 이용하여 서버들을 외부 공기로 냉각시키고 있습니다."라고 설명했다. 그가 거의 고함을 치고 있음에도, 머리 위에 있는 여섯 대의 거대한 고속 팬의 소음 속에서 소리를 제대로 듣는 건 어려운 일이었다. 광폭의 선풍기들은 건물 측면에 있는 선별된 통풍구, 공기 차단 장치 및 발열 컴퓨팅 기어를 통해 뜨거운 공기를 뽑아내어, 지붕 꼭대기를 따라 균일한 간격을 유지하고 있는 반구 모양의 대형 천장으로 밀어내고 있었다. "저 팬들의 전력 등급은 얼마인가요?" 내가 묻자, 헬무트는 "각각 35kW"라고 대답했다.

내부에 세찬 바람이 부는 이유가 있었다. 머리 위에 있는 6대의 대형 선풍기는 210kW의 전기를 사용하고 있었다. 그러나 이 팬들이 사용하고 있는 전력은 컴퓨터가 소비하는 전력에 비하면 극히 일부에 불과했다. 로스가 보여 준 두 개의 창고에서 제네시스는 약 4,700대의 서버를 운영하고 있었다. 모든 서버는 이더리움을 채굴하고 있었고, 각 서버마다 1,100W의 전기를 사용하고 있었다. 따라서 이 두 개의 창고는 약 5.2MW의 전기를 소비하고 있었는데, 이 전력 수요는 제네시스가 아이슬란드에서 암호화폐를 채굴하는 중요한 이유였다.

암호화폐란 무엇인가? 이 질문에는 몇 가지 답이 있다. 암호화폐는 보안을 위해 암호화를 사용하는 디지털 혹은 가상 화폐라는 것이 가장 기본적인 정의이다. 암호화는 암호화폐를 위조하기 어렵게 만든다. 또한 엄청난 양의 컴퓨팅 능력과 전원이 필요하므로 암호화폐를 생산하는 것도 어렵다. 암호화폐 생산(또는 채굴)은 근본적으로는 전기 가격에 대한 차익 거래이다. "암호화폐는 전기를 화폐 가치를 지닌 코드로 변환한 것"[16]이라는 정의는 이것을 거의 정확하게 표현한다.

폴 비냐와 마이클 제이 케이시는 2015년 저서 『암호화폐의 시대(The Age of Cryptocurrency)』에서 돈에 관한 생각은 항상 신뢰에 관한 것이었다고 설명한다. 대형 은행, 보험사, 카드사 등은 누구에게 얼마를 대출해 줬는지 계속 추적하는 보안 네트워크와 원장 관리를 위해 신뢰할 만한 자금 관리 제도를 만들었다. 암호화폐는 중앙 집중화된 금융 기관의 원장을 장악하고, 이를 "자율적인 컴퓨터 네트워크에 부여하여, 어느 한 기관의 통제를 벗어나 작동하는 분산형 신뢰 시스템을 만든다." 비냐와 케이시는 계속해서, "암호화폐는 완전히 공개되고, 이러한 고출력 컴퓨터에 의해 지속적으로 검증되고 있는 보편적이고 불가침적인 원장의 원칙에 기초하여 만들어진다."라고 하였다. 그 결과, "이론적으로… 우리를 대신해 신뢰의 유대를 형성하기 위해, 은행과 다른 금융 중개 기관이 필요하지 않다."라고 주장한다.[17] 그리고 그것이 전체적인 생각의 핵심이다. 즉, 암호화폐가 은행과 다른 중개 기관이 필요하지 않은 새로운 가치 교환 방법이 될 수 있다는 것이지만, 이 발상은 아직 입증되지 않았다.

암호화폐는 비자카드나 마스터카드와 같은 도구만큼 빠르고 효율적으로 거래할 수 있다는 것을 증명하지 못했다. 게다가 암호화폐를 취급하는 거래소의 보안에 관한 의문이 계속 제기되고 있다. 2014년 당시 최대 비트코인 거래소이자 일본에 본사를 둔 마운트 곡스(Mt.gox)는 자신들이 해킹당했다는 사실을 공개했다. 이 사이버 절도범들은 약 4억 5,000만 달러 상당의 비트코인 85만 개와 현금 2,700만 달러를 훔쳤다. 비록 도난당한 비트코인 중 일부가 회수되었지만 절도범들은 결국 잡히지 않았다.[18] 2017년 해커들은 암호화폐 플랫폼인 에니그마(Enigma) 시스템에 침입하여 47만 달러 상당의 이더리움을 훔쳐 갔다.[19]

수많은 의문점에도 불구하고 2017년 말까지는 암호화폐 채굴이 활기를 띠었고, 암호화폐 채굴자들은 값싸게 전기를 공급할 수 있는 장소를 찾고 있었다. 중국의 비트코인 채굴자들은 티베트의 값싼 수력발전을 활용하여, 운영에 필요한 연료를 공급하는 사업장을 차렸다.[20] 다른 사람들은 값싼 수력발전 시설을 갖추고 있는 미국의 태평양 북서부에 정착했고, 아이슬란드로 가는 길을 찾는 사람들도 있었다.

제너시스와 다른 암호화폐 기업들은 거의 항상 날씨가 쌀쌀한 아이슬란드로 몰려들고 있었다. 이곳은 7월에도 평균 기온이 섭씨 10도 안팎에 불과하다. 제너시스를 비롯하여 엄청난 컴퓨팅 전력이 필요한 다른 회사들이 컴퓨터 과열을 막기 위해 에어컨 대신 주변 공기를 사용하면 되기 때문이다. 또한 아이슬란드는 초저가의 전기를 공급하고 있는데, 이 모든 것은 재생 가능 에너지 자원으로부터 나온다. 2016년 아이슬란드 산업군의 사용자들은 1MWh당 약 25달러를 내고 있었다.[21] 반면에 미국에서는 산업 고객이 약 68.22달러를 지불했다.[22] 독일에서는 약 170달러, 프랑스에서는 약 105.23달러를 냈다.[23] 아이슬란드의 차가운 공기와 가격이 저렴한 전기를 결합하면, 미국의 절반 정도이며, 독일이나 프랑스와 비교했을 때보다 훨씬 저렴하다.[24]

수십 년 동안 전기가 저렴한 아이슬란드로 전 세계의 산업이 모여들고 있다. 아이슬란드에서 가장 규모가 큰 제품은 수출의 39%를 차지하는 알루미늄이고, 두 번째는 해산물이다.[25] 아이슬란드의 알루미늄 제련소는 이 나라 전력 소비량의 약 70%를 소비하고 있으며, 이것이 왜 이 나라가 연간 5만 3,000kWh 이상이라는 세계 최고의 전력 소비량을 보이는지 설명해준다.[26]

아이슬란드를 방문했을 때, 암호화폐가 유행하고 있었다. 2017년 말, 비트코인 가격은 2만 달러에 육박하는 사상 최고치를 기록했다. 비트코인과 또 다른 인기 있는 암호화폐인 이더리움의 가격이 치솟자, 수많은 분석가가 비트코인을 채굴하기 위해 사용되는 전력량을 조사하기 시작했다. 한 분석가는 이 두 암호화폐 생산에만 연간 약 20TWh의 전력이 필요하다고 추산했다.[27] 그런데 이는 아이슬란드 전체에서 소비하는 만큼의 전력량이다. 또 다른 추정치는 2017년 비트코인 채굴에 드는 전기 사용량이 뉴질랜드와 비슷한 수준인 연간 35TWh라고 주장했다.[28] 제너시스 마이닝의 작업 창고를 견학할 때, 왜 암호화폐 채굴에 그렇게 많은 전기가 필요한지, 그리고 그 전기 사용량이 왜 계속 증가하는지 설명해 달라고 로스에게 부탁했었다. 채굴이 가능한 비트코인 수는 제한적이라는 것이 로스의 설명이다. 그는 비트코인을 추가로 채굴하는 것이 어려운 이유는 "암호화폐 알고리즘의 프로그램"이 그렇게 되어 있기 때문이라고 했다. "비트코인이 이미 많이 채굴되어 있어서, 1 비트코인조차 채굴하기가 더 어려워집니다. 그게 도전 과제입니다." 비트코인 채굴이 점점 더 어려워지면서 더 많은 연산 능력이 필요해진 것이다. 물론 추가된 컴퓨팅 능력에는 더 많은 전기가 필요했다.

그러나 암호화폐의 가격 변동성은 미래의 전기 수요 문제를 더 낙관하기 어렵게 만들었다. 2018년 말경에는 비트코인 1개의 가격이 약 3,200달러까지 떨어졌다. 2017년 약 1,400달러에 거래되던 이더리움은 약 7,600달러[29]까지 회복되었다가, 2018년 말에는 100달러 미만으로 떨어졌다. 이후 2019년 중반에 이르러 이더리움의 가격은 약 230달러로 회복되었다.[30]

2018년 뉴욕대 스턴 경영대학원 교수이자 경제학자인 누리엘 루비니는 암호화폐를 평가절하하여, "아무것도 아닌 하나의 일시적 유행"이라며 일축했다. 어쩌면 루비니가 옳고, "암호화폐의 종말(cryptopocalypse)"이 다가오고 있는지도 모른다. 그러나 "닥터 둠"이라고 불리는 루비니가 틀렸고, 비트코인이나 다른 암호화폐가 살아남아 믿을 만한 가치 저장소가 될 가능성도 있다. 비록 그렇게 되더라도 비자카드나 마스터카드 같은 신용카드 회사들과 페이팔, 벤모 같은 다른 결제 시스템들이 싸워 보지도 않고 금융 생태계를 고스란히 내주는 일은 없을 것이다. 게다가 암호화폐나 전자 화폐가 완전히 현금처럼 경화(cold, hard cash)가 되지는 않을 것 같다. 지폐, 특히 100달러 지폐는 전 세계 국가에서 합법 거래와 불법 거래 양쪽 모두에서 중요한 가치 저장 수단으로 사용되고 있다. 한 보고서에 따르면,

2008년과 2019년 사이에 전 세계에서 유통되고 있는 100달러 지폐의 수는 약 두 배로 늘어났다.[31] 지폐는 신뢰할 수 있는 교환 수단이며, 익숙하고, 휴대가 간편하다. 그리고 전기가 필요없다.

그런데도 전자, 비트, 현금의 합작품인 '화폐의 전기화'는 둔화될 기미가 보이지 않는다. 전기는 환전을 더 쉽고 간단하게 만든다. 신용카드를 사용하든, 휴대폰으로 결제하든, 아니면 암호화폐를 채굴하든, 우리는 전기를 사용하여 상거래를 더 빠르고, 더 쉽고, 더 안전하게 하는 네트워크에 접속하고 있다. 화폐의 전기화는 계속 증가하는 전기 의존성의 일부일 따름이다. 또한 기호용 약물(recreational drug) 개발 사업에서 전기의 수요가 증가하는 것도 볼 수 있다.

14
대마초 재배에 사용하는 전기

> 대마초 사업체에서 사용하는 전기는 도시 전체 전기 사용량의 약 4%를 차지했다.
>
> **- 에밀리 백커스**, 콜로라도 덴버 공공 보건 환경 담당자

다니엘은 자신이 운영하는 암시장 대마초 재배실을 보여주는 것을 기뻐했다. 하지만 막상 오후 7시 30분쯤, 덴버 북부 변두리 동네에 있는 그의 셋집에 도착했을 때, 다니엘은 자기 일정에 더 신경을 쓰는 모양새였다. "이제 아이들을 재울 시간이군요."

다니엘은 부유하게 사는 것 같지는 않았다. 그의 집은 간결한 가구로 꾸며져 있었고 휑했다. 그는 낡은 운동복과 닳아빠진 티셔츠 차림에, 크록스 고무 슬리퍼를 신고 있었다. 현관 바로 앞에는 수수한 주방이 자리잡고 있었는데, 습한 공기가 가득했고, 곰팡이 냄새가 희미하게 풍겼다. 약 84m^2에 달하는 집 전체가 어떤 떨림에 계속 진동하고 있는 듯했다. 잠시

뒤 그 이유를 알게 되었다. 몇 대의 고속 선풍기가 바닥의 들보에 부착되어 있었다. 나와 연령대와 신장이 비슷해 보이는 친절한 성품의 다니엘과 몇 마디 유쾌하게 인사말을 나눈 뒤, 우리는 그의 재배실에 대해 처음부터 끝까지 안내를 받았다. 다니엘은 털사(Tulsa)에서 온 다른 친구를 통해 소개받았다.

2017년 콜로라도 덴버의 암시장 대마초 재배 현장
출처: 타이슨 컬버 촬영

첫 번째로 멈춘 곳은 침실 중 하나였는데, 다니엘은 이 침실의 작은 조명 아래서 대마초 묘목을 기르고 있었다. 그는 전조등을 들고, 지하실로 이어지는 좁고 가파른 계단으로 우리를 안내했다. 그가 말한 "아이들"은 약 6m 높이의 대마초 식물들로, 생장 주기에 따라 새로운 잎사귀를 생성하고 있었다. 이 식물들은 600W의 메탈-할라이드 조명 아래에서 잘 자라고 있었다. 이미 18시간 동안 연속적으로 빛을 쐬고 있었고, 다니엘은 18시간의 빛과 6시간의 어둠이라는 규칙적인 일정을 잘 맞춰 주고 있었다. 그는 "몇 분 정도 더 있는 건 괜찮겠지만 곧 전등을 꺼야 합니다."라고 말했다.

지하실은 2층 거실보다 비좁고, 시끄럽고, 덥고, 더 습했다. 실내 공기는 흙과 엽록소 냄새로 가득 차 있었다. 거실의 들보들은 내가 똑바로 서 있으면 머리가 간신히 닿지 않을 정도의 높이였지만, 나보다 키가 큰 친구 필은 머리가 닿았다.

지하실은 플라스틱과 합판으로 분리된 세 개의 소형 온실로 되어 있었다. 오른쪽 벽은 전기 안정기, 스위치, 콘센트 등이 깔끔하게 배치되어 있었는데, 모두 소형 온실을 관통하는 노란색 로멕스(Romex) 전기 케이블로 연결되어 있었다.

다니엘이 배선을 가리키며, "나는 이 모든 것들을 꽤 잘 알고 있습니다. 모든 전등을 220V 회로에 설치해, 앰프를 많이 사용하지 않도록 구성했지요."라고 말했다. 다음 방에 들어서면서, 그는 회로 차단기로 가득 찬 지하실의 새로운 전기 하부 패널을 자랑스럽게 보여 주었다. 그는 모든 배선을 직접 설치했으며 콜로라도에서 10년 이상 불법으로 대마초를 재배했다. 그는 두 가지 이유로 지하에서 대마초를 재배하고 있었다. 첫째, 합법적으로 대마초를 키울 수 있는 충분한 자금이 없었다. 그러려면 아마 약 50만 달러 정도의 자금이 필요하리라 추측했다. 둘째, 만약 합법적으로 사업을 할 수 있다고 해도, 마약 전과가 있는 그가 콜로라도 당국으로부터 허가를 받기는 어렵기 때문이다. 다니엘은 아주 가끔 대마초를 피운다고 스스로 밝혔다. 그가 선택한 약물은 헤로인이었다.

재배장 안으로 우리를 안내하면서 그는 사업의 기본 내용을 설명했다. 두 달에 한 번꼴로 약 5kg의 대마초를 생산했는데, 이 대마초는 인근 지역에서 차를 몰고 오는 운전자들에게 팔고 있었다. 연간 총수입은 약 15만 달러였다. 그러나 대마초 가격은 최근 일정하게 유지됐고, 토양, 비료, 임대료 등의 비용이 많이 들었다. 게다가 이 집은 콜로라도의 일반 가정주택보다 약 10배나 많은 전기를 사용하고 있었고, 전기 요금은 운영비에서 큰 비중을 차지했다. 전기 요금은 한 달 평균 약 650달러였다.[1]

다니엘의 조명 시설은 대마초 재배자의 표준 방식으로, 식물이 싹을 틔우는 단계에서는 600W 메탈-할라이드 조명이, 성장하여 꽃을 피우는 단계에서는 1,000W 고압 나트륨(HPS) 조명이 필요하다. 고압 나트륨 조명은 적색 스펙트럼에서 약 2,700도 켈빈이라는 적절한 온도와 빛을 생성해 식물이 꽃을 피우도록 돕기 때문에, 대마초 재배에서는 거의 대체될 수 없는 조건이다.[2] 물론 태양은 대마초를 재배하는 데 이상적인 광원이다. 그러나 실외 재배는 실내 재배만큼 안전하지 않거나 예측 불가능하다. 하지만 대마초를 실내에서 재배하면 생산자들이 작물을 확실하게 통제할 수 있어서 더 많은 생산성을 확보할 수 있다. 실외 재배자들은 보통 1년에 한 번만 수확할 수 있지만, 실내 재배자는 작물을 연간 최대 6번이나 생산할 수 있다.[3] 또 대마초 재배를 합법적으로 허용하는 일부 정부 중에서는 실외 재배를 금지하는 곳도 있다.[4] 그러나 실내에서 재배하는 것은 많은 에너지가 필요하며, 전기료는 실내 재배 운영비의 약 1/3을 차지한다.[5]

전기 소비량이 많은 고압 나트륨 조명은 대마초 생산에 매우 중요한 요소이다. 상업적 재배에 필요한 조명은 종종 1,000W의 조명 수라는 단일 측정 기준을 사용하여 비교되는데, 이 수치는 생산량을 결정한다. 그 생산량이 얼마냐고 묻자 "파운드(1파운드는 약 0.45kg(450g)-역자 주)당 1,000W입니다."라고 다니엘은 말했다. 그렇다면 이보다 더 많이 생산할 수 있다고 주장하는 재배자들은 어떻게 된 것일까? 나는 몇 주 전에 덴버에 있는 어떤 재배업자에 관한 기사를 읽은 적이 있다고 말했다. 덴버에 기반을 둔 한 재배업자는 조명 1,000W당 약 3파운드(1.4kg)을 생산할 수 있다고 주장했다.[6] "그는 말도 안 되는 거짓말을 하는 겁니다." 다니엘은 무시하듯 손사래를 쳤다.

어떤 재배자들은 1,000W당 약 1파운드(약 450g) 이상의 대마초를 생산하고 어떤 이들은 이보다 적게 생산할 수도 있지만, 몇 가지는 분명하다. 다니엘과 같은 암시장 재배자든, 합법적인 재배자든 간에, 실내 대마초 재배는 전기를 이 '대마초'로 바꾸는 일이라는 것이다.

대마초 재배자는 길모퉁이에서 대마초 담배를 말아 피우는 히피족이나 마약 중독자들과 연관 지어 생각하기 쉽다. 하지만 이 작물의 생산은 공교롭게도 세계에서 가장 전기 집약적인 농업 사업을 의미한다.[7] 또한 전기를 대마초로 바꾸는 것은 미국에서 가장 빠르게 성장하는 전기 수요 원천 중 하나일 뿐만 아니라, 이산화탄소 배출의 주요 원천이기도 하다. 미국에서 대마초 생산 시 발생하는 이산화탄소 배출량은 대략 300만 대의 자동차가 배출하는 이산화탄소 양과 같다고 한다.[8] 그리고 실내 대마초 재배의 전력 밀도는 자이언트 파이브가 운영하는 데이터 센터 내에서 나타나는 전력 밀도와 같다.

2018년 투자 연구 기업인 모닝스타는 대마초 생산을 미국의 새로운 전기 수요의 가장 큰 원천 중 하나로 선정했다. 모닝스타는 미국 내 전력 소비량에 대해 "지난 10년 동안 정체되어 있었지만 곧 회복될 것으로 예상한다."라고 했다. 모닝스타는 전기 자동차, 데이터 센터의 신규 수요와 함께 대마초 생산이 "2030년까지 미국 전체 전력 수요의 약 6%를 차지할 것이라고 전망했다. 이는 에너지 효율 향상을 상쇄하고 2030년까지 연간 총 전력 수요 증가율을 1.25%로 높이는 결과를 초래할 것"이라고 밝혔다.[9] 2018년에는 15TWh에서 2030년까지 연간 65TWh로 급증할 것이다. 이러한 추세가 지속된다면 대마초 생산 시 소요되는 전력은 미국 전체 전력 사용량의 최대 1.5%를 차지할 수 있다.[10]

전기 수요 급증은 기호용 대마초 판매를 최초로 합법화한 콜로라도주를 보면 알 수 있다. 2012년 콜로라도 유권자의 55%가 수정안 64에 찬성표를 던졌고,[11] 콜로라도 사람들이 새로 로키산맥 고도에 있는 마약 거래 지역을 합법적으로 지정받았을 때, 주 규제 기관과 공공 시설의 전기 사용량이 급증하기 시작했다.

2018년 덴버 공중보건환경부의 지속 가능성 고문인 에밀리 백커스는 덴버 대마초 산업의 전기 사용량이 매년 약 34%씩 증가하고 있다고 말했다.[12] 2013년 덴버의 실내 대마초 농장은 연간 약 100GWh의 전기를 사용하고 있었다. 2016년까지 이 수치는 거의 3배로 증가하여, 연간 약

275GWh의 전력을 사용했는데, 이는 도시 전체 전기 사용량의 거의 4%에 달했다.[13] 이를 고려한다면, 덴버시의 대마초 산업은 부룬디나 소말리아와 같은 나라들과 거의 비슷한 양의 전기를 사용하는 것이다.[14]

2012년 이후에 많은 주가 콜로라도주의 뒤를 따랐다. 2018년 말에 33개 주와 콜롬비아 특구는 의료용 대마초를 합법화하는 법을 통과시켰으며, 10개 주와 콜롬비아 특구는 기호용 대마초 사용을 합법적으로 허용했다.[15] 대마초 합법화가 확산되는 것은 치솟는 소비자 수요를 반영한 것이다. 유권자의 60% 이상이 이를 선호했다. 2016년에서 2017년 사이에 미국에서 합법 대마초 소매 판매량은 약 97억 달러로 33% 증가했다.[16] 아크뷰 그룹은 북미에서 대마초의 합법적인 판매가 2021년까지 매년 26%씩 증가할 것으로 예측했다. 그 해 아크뷰는 북미에서 대마초의 합법적인 판매액이 210억 달러를 넘어설 것으로 예상한다.[17] 또 다른 전망은 2021년까지 미국의 대마초 소매 판매액을 300억 달러 이상으로 예상했다.[18]

대마초를 모두 재배하려면, 엄청난 양의 전기가 필요하다. 2012년에 대마초와 전기 수요에 관한 아마도 가장 유명한 학술 논문에서, 로렌스 버클리 국립연구소 연구원인 에반 밀스는 미국의 대마초 재배업자들이 연간 약 20TWh의 전기를 사용하고 있다고 추정했다. 그러나 밀스의 논문은 미국 내 대마초 전기 사용량을 "국가 전기 소비량의 약 1%"로 적용했다는 점에서 다소 혼란스럽다. 에너지 정보국(EIA)에 따르면, 미국은 연간 3,800TWh의 전기를 소비하고 있다.[19] 그러므로 대마초 산업이 미국 내 모든 전기의 1%를 사용하고 있다면, 20TWh를 소비하는 게 아니라 연간 약 38TWh를 소비하고 있는 셈이었다.[20] 그 정도의 소비 수준에서, 미국 내에서 대마초를 생산하려면 3,200만 명의 인구를 보유한 페루만큼의 전기가 필요하다.[21] 어떤 수치가 옳든, 여전히 국가 규모의 전기를 사용한다는 것은 맞다. 위에서 언급한 바와 같이, 2030년까지 모닝스타는 미국 대마초 산업이 약 3,800만 명의 인구를 보유한 이라크의 전기 소비량과 맞먹는 65TWh를 사용한다고 생각했다.[22]

대마초 산업 부문의 전력 수요가 급증하자, 규제 당국이 나서서 이에 상응하는 단속을 하게 되었다. 합법적인 대마초 사업 진원지인 볼더만큼 이 문제를 심각하게 받아들인 곳도 없었다. 볼더 거주민들은 장인의 맞춤형 사티바 인디카 혼종 대마초(sativa-indica hybrid weed)를 애용하며, 향기로운 새싹을 사전에 압연한 대마초부터 대마초를 주입한 곰 젤리, 코코넛 기름에 이르기까지 믿기 어려울 정도로 다양한 형태의 대마초 제품을 구매한다. 2017년 볼더에는 약 24개의 대마초 판매점이 있었다. 볼더에는 대마초 소매점이 스타벅스와 맥도날드의 매장 수보다 많았을 정도였다.

그러나 콜로라도 전기의 약 60%는 석탄 화력발전소에서 공급된다.[23] 주 전력망의 석탄 의존도를 고려하여 볼더시는 대마초 판매점이 북극곰 친화적인 대마초(ganja)를 재배하고 있다는 것을 증명해야 하는 조례를 통과시켰다. 볼더의 대마초 규제법은 도시의 대마초 재배업자들에게, 100% 재생 가능한 에너지를 사용하거나 탄소 배출권을 매입하도록 요구하고 있다.[24] 볼더 자치주의 정부 관계자들도 비슷한 조처를 했다. 이 자치주에서 일하는 대마초 재배자들은 재생 가능 에너지와 전기 사용을 상쇄하거

나, 1kWh당 2.16센트의 수수료를 자치주에 내야 한다.[25]

2018년 매사추세츠주 대마초 통제위원회(Massachusetts Cannabis Control Commission)는 전기 재배자가 사용할 수 있는 양을 제한하는 73쪽짜리 조례를 제정해, 고압 나트륨 조명 대신 LED 조명을 사용하도록 했다.[26] LED 조명은 많은 열을 발생시키지 않으며, 고압 나트륨 조명보다 훨씬 더 효율적이다. 하지만 그것들은 5~10배 정도 더 비싸다.[27] 게다가 LED 아래서 재배되는 대마초 작물의 작황은 고압 나트륨 조명보다 생산성이 떨어진다.

새크라멘토 전력공사(Sacramento Municipal Utility District)가 발표한 2018년 연구는 LED로 재배하는 식물의 생산량이 고압 나트륨 조명에서보다 35~40% 낮다고 보고했다.[28] 이 연구 결과는 덴버의 암시장 재배자인 다니엘에게 들은 바와 일치한다. 그는 "LED는 생산성이 좋지 않아요. 그것은 별로 힘이 없습니다."라고 했었다.

전기 사용을 줄이기 위한 노력의 일환으로, 매사추세츠 규제 당국은 대마초 재배 시 사용되는 전력 밀도를 $1m^2$당 535W 이하로 제한했다. 이는 다니엘의 지하실에서 소비되는 전력 밀도보다 훨씬 낮은 것이다. 그 집을 방문한 후, 나는 지하실 크기와 전기 사용량을 토대로 몇 가지 계산을 해 보았다. 그리고 다니엘이 대마초를 재배하는 온실에서의 전력 밀도가 $1m^2$당 약 835W 정도라고 결론지었다. 이는 $1m^2$당 전기 사용량으로 환산했을 때, 대마초를 꽃 피우기 위해 사용하는 전기의 강도가 병원에서 사용하는 양의 22배, 일반 가정의 130배라는 것을 뜻했다.[29]

하지만 내가 다니엘의 지하실 재배 작업장의 전력 밀도를 계산한 수치는 너무 낮을지도 모른다. 에반 밀스는 대마초 재배의 전력 밀도를 1m²당 2,000W, 즉 내가 다니엘 지하실에서 본 밀도의 2.5배로 추정했다.³⁰ 만약 밀스의 추정이 옳다면, 실내 대마초 생산에는 애플이나 페이스북 같은 회사에서 운영하는 데이터 센터 안에서 볼 수 있는 것과 유사한 높은 전력 밀도가 필요하다.³¹

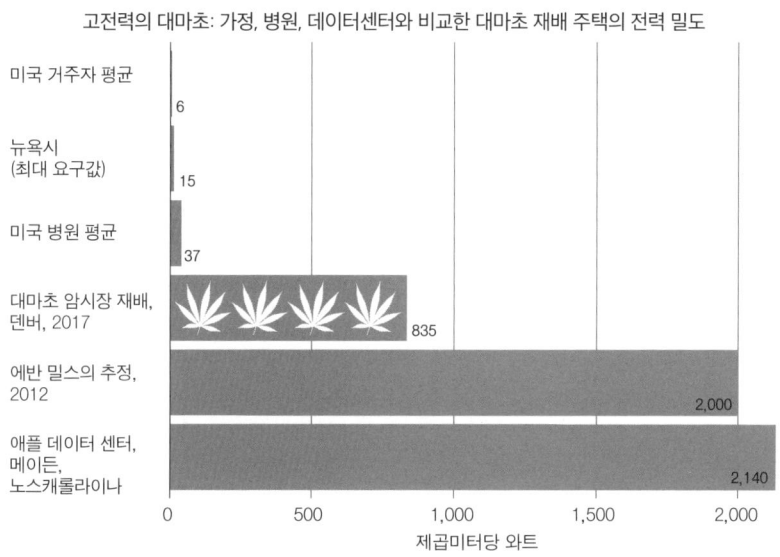

출처: 에너지정보국, 에반 밀스, 저자 계산

대마초 산업의 끝없는 전기 수요는 또 다른 결과를 낳았다. 즉, 암시장 재배업자들의 전기 절도가 급증한 것이다. 한 추정치에 따르면, 미국 대마초 판매의 약 88%는 2016년 기준으로 약 460억 달러 매출 규모의 암시장에서 이루어지고 있었다.[32] 대마초에 대한 끊임없는 수요를 맞추기 위해, 소규모 재배자와 범죄 조직들이 플로리다부터 캘리포니아에 걸쳐 주거지역에서 비밀리에 실내 대마초 생산 사업을 시작했다.

  이익을 극대화하기 위해, 많은 불법 재배자들이 전기를 절도하고 있다. 2017년부터 나는 대마 재배와 전기 사용에 관한 언론 보도를 추적하기 시작했다. 13개월에 걸쳐 정리한 뉴스 목록에 따르면, 경찰 당국은 71개의 대마초 불법 제조 시설을 적발하거나 범죄자들을 체포했다. 71건의 흉악 사건 중 47건이 캘리포니아에서 발생했는데, 그중 2017년 4월에 발생한 머세드 사건이 대표적이다. 《머세드 선스타(Merced Sun-Star)》의 브리아나 캘릭스는 경찰이 불법 재배지에서 350여 종의 대마초 식물을 압수했다고 보도했다. 캘릭스는 머세드 경찰의 말을 인용해서, "현지의 전력 회사가 전기 절도를 조사하기만 하면, 대개는 대마초 재배 사업으로 연결된다." 라고 밝혔다. 캘릭스는 머세드 경찰이 문제의 집을 찾기 전 한 달 전에, 불법 재배자들이 전력망에서 전기를 훔치고 있던 6건의 재배 사업을 미리 조사했다고 덧붙였다.[33]

  대마초를 재배하기 위해서 전기를 훔치는 것은 미국에서만 일어나는 일이 아니다. 2017년 12월, 스페인 카탈로니아에서 현지 경찰은 은행 소유의 산업용 창고에 설치된 대규모 대마초 재배 작업장을 적발했다. 한 지역 언론 매체는 "경찰 당국은 이 일당이 대마초 재배를 위해 50만 6,000달러의 전기를 절도했을 것으로 의심하고 있다."라고 보도했다.[34] 2018년 2월,

호주 경찰은 애들레이드시 인근의 불법 대마초 재배 사업의 배선 불량으로 집에 불이 나, 대마초 재배업자가 어쩔 수 없이 현지 당국에 신고할 수밖에 없었다고도 전했다. 경찰 수사관들은 그가 형편없는 전기 기술자일 뿐만 아니라 전력망에서 전기를 훔치고 있다는 것을 밝혀냈다.[35]

불법적으로 대마초 재배를 하면 비록 전기를 훔치지 않았어도, 재배 과정에서 나타나는 엄청난 에너지 수요로 인해 경찰에 적발될 가능성이 매우 크다. 내가 정리한 71건의 대마초 사건 중 6건 이상이 전기 사용량이 너무 많아서 적발된 경우였다. 2017년 10월, 콜로라도주 라리머 자치주에서 수사관들은 베르수드 마을의 한 집에서 대마초 173개를 적발했다. 이는 거의 91kg에 가까운 양이었다. 현지 보도에 따르면, 수사관들은 이 집에서 "대마초 재배에서 흔히 나타나는 특징인 대량의 물과 전기 사용"이 발견되어 혐의를 의심받고 있었다고 했다. 이 사건과 관련하여 5명이 현장에서 체포되었다.[36]

너무나 대담해서 메달을 받을 만한 사례도 있다. 캘리포니아의 암시장 재배업자들이 샌버나디노 경찰 본부의 뒷문에서 한 블록 남짓 떨어진 6번가와 E번 모퉁이의 낡고 오래된 퍼시픽 벨 건물 안에서 대마초를 생산하고 있던 일화이다. 2017년 12월 13일 아침 8시, 샌버나디노 경찰대는 도시 전체 블록에 대대적으로 많은 경찰차를 출동시켜 매우 정교한 작전이라 평가된 급습 작전을 수행했다. 경찰은 퍼시픽 벨 건물과 도시의 다른 두 곳에서 약 2만 5,000그루의 대마초를 압수했다. 이 사건으로 범죄자 8명이 체포되었다. 경찰 수사관들은 건물들의 전력 사용 기록을 조회해 보고, 거주민이 없는 것으로 추정되는 건물에서 매달 6만 7,000달러의 전기 요금이 징수되고 있는 점을 발견하고 급습하게 되었다."라고 밝혔다.[37] 샌버나디노 경찰서의 대변인 마이크 매든은 작전 완료 후 현지 언론과의 인터뷰에서, "경찰서와 아주 가까운 곳에서 대범하게 대마초를 재배한, 상당히 뻔뻔한 경우"라고 말했다.[38]

너무 많은 마약 중독자들이 실내에서 대마초를 재배하고 있어서, 대마초가 합법적인 장소에서도 전기 관련 문제가 많이 일어난다. 오리건주에서는 2015년 기호용 대마초가 합법화된 지 4개월 만에, 포틀랜드에 본사를 둔 퍼시픽 파워(Pacific Power)가 실내 대마초 재배자들 때문에 발생한 과부하로, 지역 정전 사태를 7건이나 겪었다. 문제가 있는 재배자들에게는 "과부하로 인한 장비 고장과 손실" 명목으로, 각각 약 5,000달러의 벌금이 부과됐다.[39]

대마초 재배업자든, 기후에 의한 것이든 간에, 정전이 발생하면 비용이 많이 들 뿐 아니라 치명적인 문제가 생길 수도 있다. 이는 문제를 일으키는 말썽꾼들과 파괴자들이 너무 잘 알고 있는 사실이다.

15
대정전(Blackout)의 폐해

> 핵폭탄을 제외하고, 현대 대도시에 닥칠 수 있는
> 가장 치명적이고 고통스러운 일은 정전이다.
> - 《뉴욕 타임스》 사설, 1965년

2013년 4월 16일에 발생한 캘리포니아주 샌타클래라 자치주의 메트칼프 변전소 총격 사건 때문에 여전히 사법 당국은 골머리를 앓고 있다. 오전 1시경부터, AK-47 소총으로 무장한 여러 명의 괴한들이 변전소 변압기를 향해 120발의 총알을 난사했다. 그들은 채 1시간도 머물지 않았고, 대조할 만한 발자국도 남기지 않았다. 남겨진 탄피에는 지문이 없었으며, 차량 타이어 자국도 없었다. 야간 투시경과 철사 절단기로 무장한 그들은 광케이블을 절단하고, 지역 911 비상 시스템과 전화선을 간단하게 무력화했다.

총격이 멈춘 직후, 캘리포니아 사법 집행 기관과 FBI 수사관들이 변전소에 즉시 출동하여 증거를 찾기 시작했다. 괴한들은 변전소가 어떻게 배치되었는지 잘 알고 있었다. 범인들이 변압기를 향해 총격을 가한 위치 근처에서 작은 돌조각들이 발견되었다.[1] 하지만 수사는 소득 없이 빠르게 마무리되었고, 아무도 체포되지 않았다.[2]

메트칼프 변전소의 변압기 17대가 AK-47 소총 괴한에 의해 손상되었다. 다행히도 그 공격으로 정전이 일어나지는 않았다. 캘리포니아주 전력망을 운영하는 회사인 캘리포니아 독립 계통 운영기구(CISO)는 다른 전력선에서 전기를 다시 끌어다 배선하고, 전력량을 늘려 나갔다. 그럼에도 불구하고 퍼시픽 가스&전기(PG&E) 회사 직원이 변전소의 서비스를 다시 가동하는 데 거의 한 달이 걸렸다.

메트칼프 공격이 있은 지 약 1년 후, 《월스트리트 저널》의 레베카 스미스 기자는 "만약 파괴자들이 무더운 여름날에 미국의 5만 5,000개의 송전 변전소 중 최소 9곳만 파괴한다면, 국가 전역에서 정전을 일으킬 수 있을 것"이라는 기사를 실었다. 스미스는 연방에너지규제위원회(FERC)의 분석 결과, 문제의 9개 변전소를 정지 상태로 만들 경우 미국은 "몇 주가 아니라 몇 달 동안 암흑 속에 빠질 수 있다"라고 전했다.[3] 일부 보안 분석가들은 스미스의 이야기를 무시했지만, 메트칼프 변전소의 파괴는 미국 전력망의 취약성을 보여준 사건이었다.

앞서 미국의 강력한 기술 기업, 금융 부문, 대마초 사업에 이르기까지, 많은 부분에서 전기가 얼마나 중요한지를 강조했다. 우리는 전기에 의존하여 고전력 소비 생활을 누리고 있다. 하지만 전기에 전적으로 의존하는 건, 우리를 취약하게 만드는 원인이 되기도 한다. 사실 보안 전문가들이 마음 편히 귀가하기 어려운 이유 중 하나는 장시간의 정전이다. 예를 들어, 12시간 이하의 짧은 정전은 큰 피해를 주지 않지만 36시간이 흐르면, 많은 일이 틀어지기 시작한다. 그렇게 72시간 후면, 쓸 수 있는 얼음의 상당량이 녹아 버리고, 식량과 물 공급이 부족해지기 시작하면서, 상황이 급격하게 악화되기 시작한다. 현대 의료는 안정된 전기를 요구하기 때문에, 병원과 요양원의 상황은 특히 더 나빠진다. 실제로 전등이 꺼지고 하루나 이틀 이상 꺼진 상태가 지속되면 환자가 사망하게 된다.

지난 2005년 8월 31일, 허리케인 카트리나가 뉴올리언스를 강타하기 시작하고 약 48시간 정도 지났을 때, 메모리얼 의료센터의 현장 발전 설비가 작동을 멈췄다. 이 병원의 최고 선임 의사 중 한 명인 유잉 쿡 박사는 나중에 이 소리가 그가 들어본 것 중 가장 "끔찍하도록 아픈 소리"였다고 회상했다. 이 병원 의료진은 전날 이틀 동안 수백 명의 환자를 돌보며, 이들을 대피시키기 위해 안간힘을 쓰고 있었다. 발전 설비가 작동하고 있어도 이런 상황에서 대피를 시도하는 것은 매우 힘들다. 전기가 없으면 환풍기와 인큐베이터는 작동을 멈추고, 전등과 컴퓨터, 에어컨, 엘리베이터 등은 모두 무용지물이 되기 때문이다.

카트리나가 뉴올리언스를 강타하기 전에, 병원 관리자들은 이미 메모리얼 의료센터의 전기 시스템이 홍수에 취약하다는 경고를 받았다. 하지만 모두 그 경고를 무시했다.[4] 병원 발전 설비가 작동을 멈춘 후 몇 시간이 흐르고 구조선과 헬리콥터를 기다리는 동안, 병원 의사들은 어떤 환자들의 생존율이 가장 높고, 어떤 환자들의 생존율이 가장 낮은지 분류하기 위해 소집되었다. 『메모리얼에서의 닷새: 폭풍이 휩쓸고 간 병원에서의 삶과 죽음(Five Days at Memorial: Life and Death in a Storm-Ravaged Hospital)』의 저자 셰리 핑크(Sheri Fink)는 한 인터뷰에서, "의사들은 함께 모여 신속하게 선택을 했어요. … 그리고 종잇조각이나 환자복에 각각 1이나 2 또는 3이라는 숫자를 썼어요."라고 말했다. 그녀는 이어서 "1은 비교적 건강한 환자를 말해요. 2는 1보다는 다소 더 아픈 환자이고, 3은 바로 중증 환자입니다."라고 설명했다. 번호 3이 주어진 환자 중 상당수는 의료 기록상 소생하기 어렵다는 진단을 받은 환자였다.[5] 3이 적힌 환자들은 병원에서 제일 마지막으로 대피시킬 예정이었다.

어두워진 병원 내부의 숨 막힐 듯한 더위 속에서, 가장 약한 환자들의 상태가 심각하게 악화하기 시작하자, 쿡과 간호사들은 분류를 시작했다. 숫자 3이라는 번호표가 붙은 환자 중 한 명은 자궁암과 신부전이 진행되어, 중환자실에 입원해 있던 여성이었는데, 진정제로 상당한 양의 모르핀을 맞은 후 부종으로 인해 심하게 부어 있는 상태였다. 쿡은 그녀의 몸무게가 어쩌면 137kg이 넘을지 모른다고 생각했다. 이는 직원들이 그녀를 들고, 6층의 계단을 내려가 대피시키는 것이 거의 불가능하다는 의미였다. 게다가 네 명의 간호사가 그 여자 환자 한 명을 들어 옮겨야 하는 상황이었다. 쿡은 그 자리에서 안락사가 제일 나은 선택이라고 판단했다. 그는 담당 간호사에게 이 환자가 운명할 때까지 모르핀의 양을 늘려 주입하라고 지시했다.

쿡은 나중에 이렇게 회고했다. "그 일은 어쩔 수 없는 결정이었고, 오늘날까지도 내 결정이 잘못된 것이라고 생각하지 않는다. 나는 간호사에게 약을 서둘러 주입하여, 그 환자가 빨리 임종을 맞게 하고 그곳에서 나오게 했다."[6] 쿡만이 환자들에게 치명적인 약을 처방하거나 투여한 것은 아니었다. 메모리얼 의료센터의 발전 시설이 작동을 멈춘 날부터 이틀간 병원 의료진들은 몇몇 다른 환자에게도 치명적인 결과를 불러올 다량의 모르핀을 투여했다. 일부 환자들에게 이 위험한 주사를 놓은 의사 중 한 명인 안나 푸 박사는 후에 사법 당국에 체포되었다. 그러나 한 지방 대배심원은 기소장 발부를 거부했다.[7]

의사들이 환자를 안락사시키는 것은 극단적인 경우다. 하지만 메모리얼 의료센터의 재난은 의료 시스템에 전기가 얼마나 중요한지 보여 주는 하나의 사례이다. 허리케인 카트리나가 루이지애나주와 걸프 해안을 강타한 지 12년이 지난 2017년, 플로리다주에서는 허리케인 어마(Irma)가 덮쳤다. 폭풍이 상륙한 직후, 정전이 주 전역을 휩쓸었다. 9월 10일 오후 3시경, 할리우드에 있는 개인 요양원인 할리우드 힐즈 재활센터에 정전이 발생했다.[8] 요양원 직원들은 911, 지역 전력공사, 플로리다 전력(Florida Power and Light), 주 긴급전화뿐만 아니라 릭 스콧 주지사의 휴대전화에까지 전화를 걸어 도움을 청했다. 정전 후 사흘 동안 요양원에서 보살핌을 받던 12명이 폭염에 사망했는데, 당시 기온은 무려 화씨 99도(섭씨 34도)에 달했다.[9]

메모리얼 메디컬 센터와 할리우드 힐즈 재활센터에서 발생한 정전이 치명적인 사건임은 틀림없다. 하지만 허리케인 마리아가 푸에르토리코를 강타한 것에 비하면, 사망자 수는 상대적으로 적은 편이었다. 조지 워싱턴 대학교 연구진의 보고서에 따르면, 이 섬에서 거의 3,000여 명이 허리케인 때문에 사망했다고 한다. 폭풍이 몰아친 지 4개월 후인 2018년 1월, 늙고 병약한 수많은 사람이 의료적 처치 부족으로 사망하기 시작하면서 사망자 수가 정점을 기록했다.[10]

AP통신, 푸에르토리코의 탐사 저널리즘 센터, 그리고 국제 뉴스 조직인 쾌츠(Quartz)는 허리케인 마리아로 인해 사망한 487명을 조사했다. 조사관들은 조사한 사망자 중 166명이 전기 부족으로 사망했을 것이라고 결론 내렸다. 166명 중 일부는 정전으로 인해 필요한 약을 구할 수 없었다. 심폐증 환자 엘라디아 다빌라와 같은 환자들은 숨을 쉬기 위해 기계식 인공호흡기에 의존할 수밖에 없었다. 다빌라는 폭풍이 지나간 직후에는 괜찮았지만 2017년 11월 15일 허리케인이 강타한 이후 두 달 만에 사망했다.[11]

물론 푸에르토리코를 강타한 허리케인은 비교적 드문 사건이고, 그 섬의 전력망은 폭풍에 의해 치명적인 파손을 당하기 훨씬 전에도 파괴되기 쉬운 상태였다. 그러나 파괴자들은 전력망과 이를 운영하는 전력 회사들의 취약성을 계속 찾아내고 있다. 이러한 악의적 파괴자들은 이론적으로 컴퓨터와 인터넷 연결만으로도 전력망 전체 또는 그중 상당 부분을 차단할 수 있다. 2015년과 2016년에도 우크라이나에서 사이버 공격으로 인한 정전 사태가 발생했다. 전력망을 무력화한 첫 해킹 사례로 알려진 2015년 공격에서 사이버 공격자들은 우크라이나 전력 회사 직원에게 표적 이메일을 보내, 전력 회사 세 곳의 네트워크에 침투했다. 악성코드는 이메일에 첨부된 워드 문서에 포함되어 있었다. 사용자가 워드 문서를 열었을 때, 해커들이 회사의 네트워크에 손쉽게 접속할 수 있게 악성 코드가 활성화되었다. 러시아 해커들의 소행으로 알려진 이번 공격 이후, 한 사이버 보안 분석가는 해커들이 더 광범위한 피해를 줄 수도 있었지만 그러지 않은 것으로 보아, 이번 공격은 "자신들의 해킹 역량을 입증해 보이려 한 짓"이라고 분석했다.[12]

2018년 미국의 최대 전력 회사 중 하나인 아메리칸 일렉트릭 파워(AEP)는 컴퓨터 시스템에 1,400회 이상의 사이버 공격을 당했다. 2019년 초, 회사 관계자는 AEP가 악의적 파괴자들로부터 자사의 시설을 보호하기 위해 사이버 및 물리적 보안 분야에 1억 달러 이상을 지출했다고 밝혔다.[13]

사이버 공격 외에도 전력망은 전자기 펄스, 즉 EMP에 취약하다. EMP는 핵폭발의 결과로 나타난다. 이는 전자기 에너지를 방출하고 전력망을 무력화시킬 수 있는 강력한 전자파 에너지를 대기 중으로 보낸다. 2009년에 출간한 윌리엄 R. 포스첸(William R. Forstchen)의 재난 소설 『1초 후(One Second After)』에서는 악의적 국가들이 적절한 고도에서 다수의 EMP를 폭발시켰을 때, 세계에서 일어나는 황폐한 이야기를 다루고 있다. 포스첸의 소설은 수천 대의 현대식 차량에 대해 묘사하고 있는데, 그중 한 등장인물은 차량에 설치된 전자 장치가 EMP에 의해 손상되어, 모두 운전 불능 상태가 되었다고 설명한다. EMP 공격 이후, 그와 친구들은 "야만인이 쳐들어온다거나 역병이 옆 마을까지 번졌다는 소문을 듣게 되는 700여 년 전

유럽의 누군가처럼" 갑자기 고립되어 버렸다. 포스첸의 소설에서는 미국이 EMP로 공격당한 직후, 식량과 의약품 부족 사태를 겪는다. 영화 「매드 맥스」와 같은 상황이 벌어지면서, 노스캐롤라이나주 블랙 마운틴을 지키는 한 영웅과 그를 따르는 동료 거주민들이 합심하여 야만적인 식인 약탈자들을 쳐부수는 절정의 전투 장면이 펼쳐진다.

포스첸의 소설에서는 성공적인 EMP 공격 이후, 1년 이내에 미국 인구의 약 80~90%가 사망에 이를 것으로 예측했다.[14] 『1초 후』가 묘사하는 종말론적 시나리오는 독자들에게 공포심을 주기 위해 고안된 설정이지만, 실제로 EMP 공격이 성공하게 되면 더욱 심각한 상황이 벌어질 수 있다. 전기 인프라 안전보장이사회(Electric Infrastructure Security Council)는 1962년 카자흐스탄 상공에서 시행된 EMP 실험을 살펴본 후, 상당히 작은 EMP라도 파괴적인 결과를 가져올 수 있다고 분석했다. EMP와 유사한 작용이 오늘날 미국 상공의 높은 고도에서 발생한다면, "미국 전력망에서 약 365개의 대형 변압기가 손상되어, 미국 인구의 약 40%가 4~10년 동안 전기 없는 상태로 살아가야 할 것이다."[15]

2004년 EMP 공격에 의한 미국에 대한 위협을 평가하기 위해 설립된 'EMP 위원회(EMP Commission, Commission to Assess the Threat to the United States from Electromagnetic Pulse(EMP) Attack의 줄임)'라는 연방 기관은 EMP가 "파국적 결과를 초래할 수 있는 소수의 위협 중 하나이며, 미국 사회의 구조와 중요한 기반 시설에 피해를 준다."라는 결론의 보고서를 발표했다. 이 문건은 "파국적 피해"를 주기 위한 "최우선의 방책" 중 하나가 EMP가 전력망을 통하는 것이라고 덧붙였다. 전력망이 손상되면, 식량, 물, 의료 서비스를 받을 수 있는 능력도 저하될 것이다. "핵심 국가 기반 시설 중 어느 한 곳의 복구는 다른 시설의 복구에 달려 있다. 가동 중단 시간이 길어질수록 복구에 문제가 생기고 불확실해질 것이다."[16]

2017년 새로운 EMP위원회는 그 위협을 다시 평가하고, 미국은 "군사 및 중요한 국가 기반 시설이 자연 발생적이거나 인공적인 EMP 공격으로부터 현재는 물론, 지속적인 위협" 속에 직면하고 있다고 말하며, 이전의 노력과 유사한 결론을 내렸다. 또한 EMP 위협은 "북한이나 반정부주의자, 핵무기 테러리스트 등을 포함하여, 주요 원자력 및 소규모 핵무기 보유국 등에 의해 악용될 수 있다."라고 덧붙였다.[17]

일부 테러 전문가들은 EMP 공격의 위협이 과장되었다고 믿는다. 미 육군 출신으로 펜타곤과 뉴욕 경찰서에서 일해 온 대테러 전문가 마이클 A. 쉬한은 EMP 공격이라는 발상이 "지금 당장은 매력적"으로 보일 것이라고 말했다. 하지만 사람들은 "EMP 공격 없이 핵폭탄만으로도 충분히 나빠질 수 있다."는 사실을 잊고 있다. 그는 계속해서, "북한의 EMP 공격을 걱정하냐고요? 당연히 대답은 '아니요'입니다."라고 말했다.[18]

EMP의 위협은 과장일 수 있지만, 전력망 보안 분석가들은 드론의 전략 무기화에 대해서도 우려하고 있다. 알루미늄 포일이 감겨 있는 드론은 1991년 제1차 이라크 전쟁과 1999년 보스니아에서 미군이 사용했던 정전용 폭탄처럼 효과적이고, 훨씬 저렴하며, 은폐하기 쉽다.[19] AK-47 소총을 개발한 러시아 칼라시니코프 그룹은 2019년부터 'KUB-UAV'라고 불리는 작은 자폭용 드론을 판매하기 시작한다고 발표했다. 이 드론은 시속 약 129km의 속도로 30분간 비행할 수 있고, 약 2.7kg의 폭발물을 탑재할 수 있다.[20] 이런 종류의 능력을 갖춘 드론은 주요 변압기 기지 공격에 효과적으로 사용할 수 있다.

정전이 항상 악의적 파괴자나 군대의 작전에 의해 일어나는 것만은 아니다. 나무와 다람쥐도 정전의 흔한 원인이다. 2003년 오하이오주의 나뭇가지들 때문에 정전 사태가 발생하여 5,000만 명의 사람들이 이틀 동안 암흑 속에 고립되어 있었다.[21] 2013년 《뉴욕 타임스》는 다람쥐들이 3개월 동안 24개 주에서 50건의 정전 사태를 일으켰다는 기사를 실었다.[22]

지구와 우주 공간 양쪽의 기후도 정전을 일으키는 원인이 된다. 2012년 허리케인 샌디가 동부 해안을 휩쓸면서 뉴욕, 뉴저지, 그리고 다른 주의 일부 지역이 침수되었다. 17개 주에 걸쳐 퍼져 있는 약 810만 채의 가옥과 미시간주 서쪽에 있는 일부 가옥들까지 전력을 잃었다. 뉴욕 증권거래소는 이틀 동안 폐장되었는데, 이는 1888년의 눈보라 이후 가장 긴 시간이었다. 폭풍과 잇따른 정전으로 인한 총 손실은 250억 달러 이상으로 추산되었다.[23]

태양 폭풍도 대혼란을 일으킬 수 있다. 코로나 질량 방출(coronal mass ejections)로 알려진 이 폭풍은 태양 표면에서 시작되어, 저장된 자기 에너지를 갑자기 방출하기도 한다. 이때 만약 태양과 지구가 일렬로 정렬된 위치에 있으면 태양열 에너지는 지구의 자기장과 충돌하게 되면서 전력망에 전기적 파동을 일으켜 종국에는 정전을 발생시킬 수 있다.[24] 1859년에 거대한 태양 폭풍이 지구에 부딪혔는데, 이를 '캐링턴 사건(Carrington Event)'

이라고 부른다. 에너지의 흐름이 얼마나 강했던지, 전신 사업자들은 기계에 전원을 공급하지 않고도 전신으로 메시지를 주고받을 수 있었다고 한다.[25] 미국 지구물리학연맹이 발간한 2017년 보고서는 캐링턴 사건과 같은 극단적인 태양 폭풍은 대정전을 일으켜 미국 인구의 2/3에 큰 영향을 미칠 수 있으며, "매일 국내 경제가 입을 손실이 총 415억 달러에, 더하여 국제 공급망을 통해 70억 달러의 추가 손실이 더 발생할 수 있다."라고 예측했다.[26]

앞에 열거한 위협 외에도, 전력망은 대형의 고전압 변압기에 거의 전적으로 의존해야 하기 때문에 매우 취약하다. 이 장비들은 복잡하지는 않지만, 제작 및 유지 보수가 어렵다. 미국에서 소비되는 전기의 90% 이상이 고전압 변압기를 통과한다. 만약 악의적인 파괴자들이 상당수의 변압기를 손상하거나 무력화할 수 있다면, 광범위한 정전을 일으킬 수 있다. 2014년 미 전력연구소가 수행한 변압기 취약성 분석 결과, "미국 내 수많은 고전압 변압기가 설계 수명이 다했거나 이를 초과하고 있어, 이는 취약성을 악화시키는 복합적인 요인으로 작용하고 있다."라고 설명했다.[27]

악의적 파괴자가 증가하고 있는지와 상관없이, 미국의 전력망은 더 빈번하게 정전을 겪고 있다. 미국 에너지부가 발간한 자료에 따르면, 2002년에 미국 내 전력망에 나타난 "주요 장애와 이상 발생 건수"는 23건이다. 이러한 정전은 빙설, 화재, 공공 기물 파손, 악천후와 같은 이유 때문에 일어났다. 2016년까지 주요 장애와 이상 발생 건수는 141건으로 4배 이상 증가했다. 흥미롭게도 보고서에서는 "악의적 파괴자" 또는 "사이버 공격"으로 표시되는 건수가 점점 증가했다는 것이다.[28] 이러한 건수의 증가 중 일부는 전력 회사의 세밀하고 정확한 보고에 따른 것일 수 있지만, 소비자들은 전력망이 정전에 더 취약해졌다는 것을 알고 있다. 이러한 인식은 가정용 대기 전력 발전기 사업의 호황에서 찾아볼 수 있다.

위스콘신주 워키쇼의 발전 설비 제조업체인 '제네렉 파워 시스템'은 2010년부터 2017년 사이에 가정용 대기 전력 발전기 판매량이 연간 7억 8,500만 달러로 두 배 이상 늘었다고 밝혔다. 또한 투자설명회에서 "적은 금액이 투자된 노후한 전력망, 유리한 인구 통계, 정전 빈도 증가로 인해, 가정용 대기 전력 발전기 사업은 계속해서 성장할 것으로 기대한다."라고 말했다. 인구 통계 측면에서 주택 대기 전력 발전기 구매자의 70%가 50세 이상이라고 발표했다.[29]

실제로 정전이 발생하는 빈도는 증가했고 수천 명의 사용자가 소형 발전기를 구매했다. 그렇다. 모스크바, 베이징, 테헤란, 평양 등에서 혹시 모를 사이버 해커들이 작은 악성코드로도 전력망을 훼손할 가능성이 있기 때문에 8월의 더위와 어둠 속에서, 그저 땀 흘리고 앉아 있는 것을 원할 사람은 없을 것이다. 그러나 통조림, 아네호 데킬라, 산탄총 등을 비축하기 전에 발전기, 노트북 컴퓨터, 닌텐도 게임기가 모두 외부 정전기장을 차단해 준다는 '패러데이 새장(Faraday cage, 도체로 둘러싸인 구조물로 외부의 정전기를 차단할 수 있다-역자 주)' 안에 안전하게 고정되어 있는지 먼저 확인하자. 금속 상자, 심지어 쓰레기통도 EMP의 영향으로부터 전자 제품을 보호할 수 있다. 전기 및 보안 전문가들은 전력망이 얼마나 취약한지 이미 알고 있다는 것을 기억하자.

2013년 캘리포니아의 메트칼프 변전소 총격 사건, 특히 우크라이나의 사이버 공격 이후, 전력 공급업체들은 자사 시설에 대한 여러 가지 평가를 거쳐 공격당하기 쉬운 취약성을 보완하도록 조처했다. 미국 인구의 약 2/3에 전력을 공급하는, 투자자 소유의 전력 회사를 대표하는 '에디슨 전기연구소(Edison Electric Institute)'의 대변인은 2017년에 이렇게 밝혔다. "많은 전력 회사가 일부 주요 장비에 수동 스위치를 설치하고 있기 때문에 컴퓨터를 통한 공격은 불가능하다. 또 다른 업체들은 운영센터와 핵심 변전소 사이에 광섬유 전용선을 연결하여, 인터넷으로 해커들이 침투할 수 없도록 하고 있다."

물론 전력망의 사이버 공격과 물리적 파괴를 막기 위한 노력이 완벽하게 효과적이라는 보장은 없다. 태양 폭풍은 언제라도 지구를 휩쓸어 버리고, 전력망을 차단할 수 있다. 허리케인, 토네이도, 폭풍우, 산불, 그리고 심지어 다람쥐들의 습격에도 전력망이 무너질 수 있다. 이러한 모든 위협은 현실적이고 해결해야 할 문제이며, 세계 각국이 생산하는 전력량을 획기적으로 증가시키는 즉시 문제를 해결할 필요가 있다.

마지막 4부에서는 세계 전기 수요의 급성장을 살펴보고, 그 급증하는 수요를 어떻게 충족시킬지 논의할 것이다.

| 제4부 |

21세기 테라와트

16
테라와트 챌린지

> 나는 재생 가능 에너지를 좋아한다.
> 하지만 난 산술 전문가이기도 하다.
> **- 데이비드 J. C. 맥케이**, 물리학자, 케임브리지대

노벨상 수상자인 고(故) 리처드 스몰리는 세계에서 가장 시급한 문제들은 사람들이 충분한 에너지를 가지고 있어야만 해결할 수 있다고 말하면서, 이를 "테라와트 챌린지(The Terawatt Challenge)"라고 불렀다. 1996년에 스몰리는 폴리렌이라고 알려진 탄소 분자를 발견함으로써 노벨 화학상을 수상했다. 암으로 사망하기 몇 달 전인 2005년, 세계 최고의 에너지 전도사¹ 중 한 사람이었던 그는 마지막 강연에서 청중들에게 다음 목록을 제시했다.

[표 4] 세계가 직면한 10대 문제

01. 에너지	06. 테러와 전쟁
02. 물	07. 질병
03. 음식	08. 교육
04. 환경	09. 민주주의
05. 빈곤	10. 인구

스몰리는 이 목록을 보여 주면서, 목록의 첫 번째인 에너지 문제를 해결할 수 있다면 "다음 네 개는 사라진다"라고 선언했다. 그러나 휴스턴의 라이스 대학에서 교수로 재직했던 그의 목적은 단순히 에너지를 홍보하는 것만이 아니었다. 그는 전기를 주입하여 레이저로 만드는 방법에 집중했다. 전기는 "한 곳에서 다른 곳으로 에너지를 전달하는 최고의 방법"이기 때문에, 세계의 에너지 요구를 충족시키기 위한 "무엇보다 더 나은 해답"이다. 그는 "북극권에서 파나마에 이르기까지 북미 대륙 전체가 상호 연결된 전기 에너지 그리드(grid, 전기 생산자로부터 소비자까지 연결된 네트워크, 흔히 전력망이라고 번역한다-역자 주)에 연결"할 수 있는 거대한 고전압 전력망을 구상했다. 게다가 그는 수억 명의 전기 소비자가 자체적인 전기 저장 장치를 가질 수 있는 시스템을 상상했다. "이는 정전 시 가정용 컴퓨터에 몇 분간 전력을 공급하는 게 아니라 각 가정이나 기업이 12~24시간 동안 완전하게 가동할 수 있는 무정전 전원 공급 장치와도 같다."[2]

수억 개의 배터리로 지원되는 대용량 전력, 대륙 전체를 연결하는 고전압 전력망에 대한 스몰리의 비전은 실현되지 않았다. 하지만 화학자로서 앞으로 더 많은 전기가 필요할 것이라는 예견은 정확했다. 2018년에는 전 세계 전기 사용량이 4% 증가했다.³ 그 정도의 성장 속도라면, 전 세계 전기 사용량이 두 배가 되는 데 불과 18년밖에 걸리지 않을 것이다. 이것은 현재 전 세계에 설치된 약 6TW의 전기 발전 능력이 2030년대 후반에는 약 12TW로 증가할 것이라는 것을 의미한다.⁴

대마초 생산, 디지털 상거래 확대, 암호화폐 채굴 등 여러 가지 이유로 전기 수요가 급증하고 있다. 도시화, 인구 증가, 에어컨, 정수 처리, 전기자동차(EVs), 기후 변화 등 몇 가지 다른 거시적 경향도 전력 수요 증가를 부추기고 있다. 이러한 변화를 순서대로 살펴보자.

수 세기 동안 인간은 시골 농장의 고된 노동에서 벗어나, 도시의 밝은 빛과 일할 기회를 찾아 왔다. 1500년에는 세계 인구의 5% 미만이 도시에 살았지만 1900년에 그 수치는 15%로 세 배 늘어났고, 2000년에는 다시 47%로 세 배 더 증가했다. 현재 우리는 주로 도시의 세계에 살고 있다. 이 점이 중요한 이유는, 『지구 백과(Whole Earth Catalog)』를 창간한 스튜어트 브랜드가 2012년 인터뷰에서 설명했듯이, "역사는 도시의 규모에 크게 좌우된다. 우리 시대에 두드러지게 눈에 띄는 인구 통계학적 사건은 현재 엄청나게 빠르게 진행 중인 도시화"이다. 그는 개발도상국 모두가 현재 세계적 규모의 대도시들을 갖고 있으며, 그 도시들은 계속 성장할 것이라고 설명했다. "전체적인 수치는 정말 엄청나다. 수십 년 동안, 매주 130만 명에 달하는 사람들이 도시로 몰려들고 있다."⁵ 이러한 지속적인 이주의 결과로, 2050년이면 세계 인구의 약 70%가 도시에 살게 될 것이다.⁶

사람들은 도시로 이주하고 있으며, 계속 출산하고 있어서 2050년경에는 전 세계 인구가 약 97억 명으로 늘어나게 될 것이다.[7]

수십억 명의 새 거주자들은 새로운 아파트와 주택에서 시원하게 머무르기를 원할 것이다. 그렇게 되면 수십억 개의 새 냉장고와 에어컨이 있어야 하는데, 모두 전기가 필요하다. 냉각 수요의 급증은 인도를 보면 알 수 있다. 2018년까지 인도 가정의 약 5%만이 에어컨을 사용하였다. 이때 미국의 경우 에어컨을 사용하는 가정의 비율은 87%였다.[8] 대체로 인도의 기후가 덥다는 점을 생각하면, 이 나라의 에어컨 판매가 급증하는 것은 놀랄 일이 아니다. 인도 최대 은행인 HDFC의 2017년 연구 결과, 에어컨 판매량이 매년 13%씩 증가하고 있는 것으로 나타났다.[9] 이 속도라면, 인도의 에어컨에 연료를 공급하는 데 필요한 전기량은 6년 정도마다 두 배가 될 것이다. 그러나 인도의 사례는 전 세계 에어컨 증가 추세의 일부일 뿐이다.

2018년 국제에너지기구(IEA)가 발표한 보고서 「냉방의 미래(Future of Cooling)」에서는 "세계에서 가장 더운 지역에 사는 28억 인구 중 현재 에어컨을 보유하고 있는 인구는 8%에 불과"하며,[10] 2050년에는 세계 에어컨 보유량이 3배 이상 증가할 것으로 추산했다. "향후 30년 동안 매초 10대의 새 에어컨이 판매될 것"이라고 밝혔다.[11] 그 모든 에어컨이 정상적으로 작동하려면 엄청나게 많은 전기가 필요하다. IEA는 2050년경이 되면, 세계의 모든 에어컨을 작동하기 위해서 연간 약 6,200TWh의 전기가 필요할 거라고 추정한다.[12] 이는 상상하기도 어려운 숫자이다. 따라서 이렇게 바꾸어 생각해 보자. 30여 년 정도 지나면, 전 세계에 있는 에어컨 작동

에 필요한 전기량만 해도 현재 중국이 사용하는 총 전기량과 거의 같을 것이다.[13]

　담수의 수요가 증가하면, 전기 수요 또한 증가할 것이다. 최근 추정에 따르면, 현재부터 2050년 사이에 깨끗한 물에 대한 전 세계의 수요는 1/3만큼 더 증가할 것이다.[14] 이러한 수요를 충족하려면 엄청난 양의 에너지가 필요할 것이다. 미국에서 정수와 폐수 처리가 전체 에너지 소비량의 약 2%를 차지한다는 사실을 생각해 보자. 일부 수도 시스템의 경우, 에너지 비용이 전체 운영비의 40%를 차지할 수도 있다.[15]

　전 세계에서 담수원이 고갈되면서 세계 각국은 바닷물을 식수로 전환하기 위해 많은 양의 전기가 필요한 담수화 시설을 활용하고 있다. 2017년 헥사 리서치는 2025년까지 전 세계에서 담수화에 필요한 지출이 연간 270억 달러에 육박하게 될 것으로 추산했고,[16] 2018년에 아드로이트 마켓 리서치는 2025년까지 세계 담수화 사업이 연간 약 8%씩 성장해, 시장이 10년마다 두 배씩 커질 것이라고 예상했다. 이 보고서에서는 중동에서의 수요가 가장 클 것이며, 사우디아라비아는 담수화 시설을 통해 필요한 물의 절반가량을 얻을 것이라고 밝혔다.[17] 이로써 엄청난 양의 전기가 필요할 것이라고도 언급했다. 이는 캘리포니아 칼즈배드에 있는 미국 최대 담수화 시설을 보면 알 수 있다. 2015년부터 가동되기 시작한 10억 달러 규모의 이 시설은 샌디에이고와 인근 주민들에게 매일 약 5,000만 갤런(1억 8,900만 ℓ)의 담수를 제공하고 있다.[18] 2만 8,000세대의 미국 가정에 많은 양의 물을 공급하려면, 38MW라는 많은 전기가 필요하다.[19] 칼즈배드와 같은 담수화 설비가 앞으로 몇 년 동안 계속 건설됨으로써 전기 수요는 더욱 빠르게 증가할 것이다.

전기 자동차(EV) 사용 증가도 전기 수요를 증대시킬 것이다. 2040년까지 BP는 세계 자동차 시장에 3억 대 이상의 EV가 포함되리라고 예측했는데, 이 모든 EV는 플러그를 꽂고 계속해서 재충전해야 할 것이다.[20]

마지막으로 지구 온난화가 더 심해지거나 더욱 극심한 한파와 폭염이 몰아치는 기후 변화에 따라, 더 안전하고 편안한 환경을 유지하기 위해 우리에게는 훨씬 더 많은 전기가 필요할 것이다. 그 증거로, 2017년 6월 미국 남서부에 발생한 살인적인 폭염을 예로 들 수 있다. 애리조나주 피닉스의 기온은 섭씨 48℃를 기록했다. 찌는 듯한 더위로 인해 전력수요가 급증했고, 서부 5개 주의 여러 전력 회사에서 사상 최대의 전력 소비량을 기록하였다.[21] 6개월 후인 2018년 초에는 반대로 극심한 한파에 시달렸다. "폭탄 사이클론(bomb cyclone)"이라고 불린 이 한파가 계속되는 동안, 미국의 전력 회사들은 난방 수요를 위한 전기를 생산하는 데 기록적인 양의 천연가스를 연소시켜야 했다. 보스턴의 천연가스 수요도 상당히 커져, 연료의 현물 가격이 100만 BTU(영국 열량 단위, 1BTU는 대기압에서 물 1파운드를 1℉ 올리기 위한 열량-역자 주)당 35달러에 달해, 루이지애나 헨리 허브 가스터미널 평균 가격의 10배를 초과했다. 《포브스》의 에너지 분야 기자인 크리스 헬먼은 보스턴이 "세계에서 가장 비싼 가스 시장을 갖고 있다."라고 보도한 바 있다.[22]

요약하여 말하면, 앞으로 수십 년 안에 지금 소비하는 것보다 훨씬 더 많은 전기가 필요할 것이다. 이에 따라 6TW의 새로운 발전 능력을 추가하는 것은 커다란 도전 과제가 될 것이다. 이러한 점에서, 미국이 현재 약 1TW의 발전 능력을 보유하고 있다는 점을 기억해야 한다.[23] 따라서 향후 30여 년간 세계 각국은 기존 미국 전력망 크기의 그리드 6개를 더 증설해야 할 것이다.

의심의 여지 없이, 세계에서 진행 중인 전기화의 속도를 높이고 현재 미국 발전능력의 6배 이상의 추가적 발전 능력을 증설하는 데 가장 큰 장애물은 무결성의 부족이다. 저전력 소비 국가 및 초저전력 소비 국가들에는 부실한 통치 방식과 부패가 만연해 있다. 특히 국제투명성기구의 부패인식지수(CPI)에서 대부분의 나라가 낙제점을 받는 아프리카에서는 부패가 매우 심각한 문제이다.[24] 따라서 많은 나라는 단순히 자국 시스템의 문제가 너무 많이 노출되기 때문에, 새로운 발전 능력을 대거 증설하는 데 나서지 않을 것이다. 은행과 투자 기관들은 돈을 빌리려고 하는 국가들이 청렴하지 않다면 완전한 전기화에 필요한 수십억 달러의 자금 투입을 약속하지 않을 것이다.

'테라와트 챌린지'를 달성하려면 엄청난 양의 자본이 필요할 것이다. 세계에너지위원회는 증가하는 전기 수요에 맞추려면 현재부터 2060년까지 연간 1조 달러 정도의 신규 투자가 필요할 것으로 예측했지만[25] 앞으로 수십 년 동안 현재의 생산량보다 훨씬 더 많은 전기가 필요하다는 건 분명하다.

다음 장에서는 재생 가능 에너지 자원이 크게 인기를 얻고 있음에도 불구하고, 급증하는 전 세계 전기 수요를 맞추는 데 충분하지 않은 이유를 설명할 것이다.

17
완전 재생 가능하다는 착각

> 사람들은 원하는 걸 믿는다.
> - 푸블리우스 테렌티우스 아페르, 로마의 극작가

1970년대 이래로, 미국의 주류 환경 단체와 민주당은 에너지 문제에 대해 긴밀한 연합을 유지하고 있다. 즉, 원자력 에너지를 사용해서는 안 되며, 재생 가능 에너지를 지금보다 훨씬 더 많이 사용해야 한다는 것이다.

예를 들어, 그린피스는 "재생 가능 에너지를 현명하게 사용하면 우리의 필요를 충족시킬 수 있으며, 석유 유출, 기후 변화, 방사능 위험, 핵폐기물 등이 없을 것이다."라고 주장한다.[1] 미국의 가장 큰 환경 단체 중 하나인 시에라 클럽도 완전 재생 불가능한 원자력을 반대한다는 목표를 추진하고 있다. 이 단체는 '석유를 넘어서, 석탄을 넘어서, 천연가스를 넘어서'

캠페인을 수행하고 있으며, "우리는 지구 온난화를 되돌리고, 깨끗하며 재생 가능한 에너지 미래를 창출할 수단이 있다."라고 주장한다. 또 다른 대규모 환경 단체인 천연자원보호위원회(NRDC)도 원자력발전 기술이 너무 많은 위험을 내포하고 있으며, 이러한 문제들이 해결될 때까지 "원자력발전 확대가 미국의 에너지 포트폴리오를 다양화하고 탄소 오염을 줄이는 선도적 주요 전략이 되어서는 안 된다."라고 주장하였다.[2] NRDC는 캘리포니아의 마지막 원자력발전소인 디아블로 캐넌의 2025년 조기 폐쇄를 협상한 환경 단체 중 하나이다.[3]

2005년에 그린피스, 시에라 클럽, 퍼블릭 시티즌 등 300여 개 환경 단체는 "원자력 발전 용량 증설에 투자를 늘리는 걸 수용할 수 없으며, 이것이 필요한 해결책이라는 주장을 단호히 거부한다. … 원자력 발전은 지구 온난화를 해결하기 위한 어떤 해결책도 될 수 없다."라고 쓰인 선언문에 서명했다.[4] 시에라 클럽의 최고 책임자 마이클 브룬은 2016년 "위험한 원자력 발전을 확고히 반대한다."라며 이 단체의 입장을 재확인했다. 이는 새로운 견해가 아니다. 1974년에 이미 시에라 클럽은 "핵분열 과정을 활용한 새로운 원자로의 허가, 건설, 운용을 반대한다."라고 밝혔다. 정부는 "에너지 과용과 불필요한 경제 성장을 억제하기 위한 국가 및 세계 정책의 적절한 개발"을 앞두고, 반대 견해를 고수할 것이라고 밝혔다. 시에라 클럽은 2016년까지 "불필요한 경제 성장"에 관한 마지막 부분을 삭제하지 않았다.

미국 에너지 정치에서 원자력이 버림받은 폐물이라면, 태양열 에너지는 모두가 좋아하는 사과 파이와 같다. 2016년 퓨 리서치 센터에 따르면,

미국 성인의 89%가 태양열 에너지 사용 확대를 선호한다고 나타났다. 같은 여론 조사에서 83%가 더 많은 풍력 발전을 원한다는 결과도 나왔다. 한편 원자력 에너지는 43%, 수압 파쇄법은 42%, 석탄 채굴은 41%만 선호했다.[5]

40년 동안 민주당은 원자력 에너지 사용에 대해 무시하거나 노골적으로 반대하는 태도를 확고하게 밝혀 왔다. 민주당의 2016년 강령에서는 기후 변화가 "우리 경제, 국가 안보, 그리고 우리 아이들의 건강과 미래에 실질적이고 긴급한 위협"이라고 규정하고 있다. 이 강령에는 '핵 확산', '핵무기', '핵 소멸' 등 '핵(원자력)'이란 용어가 31번이나 사용되었지만, '원자력 에너지'라 는 문구는 단 한마디도 포함되어 있지 않다.[6] 민주당 강령에 원자력 에너지에 대해 긍정적으로 마지막으로 언급한 때는 1972년이었다.[7]

원자력 에너지에 대한 당파 분열은 여론 조사 자료를 보면 보다 명백해진다. 2015년 갤럽 여론 조사에 따르면, 원자력 에너지를 지원할 가능성은 공화당 지지층(47%)이 민주당 지지층(24%)의 약 2배가 되는 것으로 나타났다.[8]

미국 상원에서 가장 진보적인 의원들은 완전 재생 가능한 에너지 정책을 추진하고 있다. 2017년 이들 중 제프 머클레이(D-OR), 에드워드 J. 마키(D-MA), 코리 부커(D-NJ), 버니 샌더스(I-VT), 이렇게 네 사람의 의원이 미국에서 2050년까지 화석 연료를 100% 퇴출할 것을 요구하는 '100 by '50 법(100 by '50 Act)'을 도입했다.[9] 이 법안은 에너지 집약적인 산업에서 생산되는 모든 외국 상품에 대한 '탄소세'를 포함하고 있다.[10] '100 by '50' 법안은 배우 겸 활동가인 마크 러팔로, 시에라 클럽의 마이클 브룬, 350.org의 상임이사인 메이 보브를 포함하여, 완전 재생 가능한 에너지 활용에 강한 신념을 가진 사람들이 적극 추천하였다.[11]

또한 2017년 뉴욕 주지사 앤드류 쿠오모는 재생 가능 에너지 목표를 강조하면서, "뉴욕은 이를 지속할 수 있으므로 재생 가능 에너지 사용을 100% 달성할 때까지 멈추지 않을 것"이라고 선언했다.[12] 같은 해, 주 의회의 1/4 이상을 대표하는 50여 명의 매사추세츠 의원은 2050년까지 주 정부가 에너지의 100%를 재생 에너지원에서 얻도록 요구하는 법안에 서명했다. 이 법안의 목표는 "화석 연료 및 오염되고 위험한 형태의 다른 에너지 사용을 궁극적으로 제거하는 것이다."[13]

'재생 가능 에너지 100%'에 대한 견해는 주 정부나 지방 정부에서도 주목을 받고 있다. 2019년 중반까지 미국의 125개가 넘는 도시와 11개 자치주, 5개 주, 콜롬비아 특구, 푸에르토리코 등이 완전 재생 가능 에너지로부터 전기를 얻는 목표를 공동으로 추구해 나갈 것을 채택했다.[14] 이 정부 중 다수는 재생 가능 에너지뿐만 아니라, "깨끗한" 에너지 또는 "탄소 없는" 에너지를 사용할 것이라고 공표했다. 게다가 이케아, 비자, 소니와 같은 브랜드를 포함한 전 세계 175개 이상의 기업도 완전 재생 가능 에너지로부터 전기를 얻는 데 전념할 것을 다짐했다.[15]

2019년 초, 브롱크스와 퀸스의 일부 지역을 포함하는 지역의 민주당 하원 의원 알렉산드리아 오카시오 코르테스와 상원 의원 에드워드 마키는 미국의 에너지와 전력 시스템을 전면적으로 개편할 것을 요구하는 '친환경 뉴딜'을 발표했다. 결의안 본문에는 그 목표를 달성하기 위해 어떤 종류의 기술을 적용해야 하는지에 대해서는 언급이 없지만, 오카시오 코르테스는 자신이 완전 재생 가능한 에너지 접근법을 지지한다고 분명히 밝혔다. 그녀는 의회(의원)에 선출된 직후, 지지자들 앞에서 이렇게 말했다. "우리는 선택할 수 없습니다. 우리는 선택의 여지가 아예 없습니다. 10년 안에 100% 재생 가능 에너지에 도달해야만 합니다. 여기에는 다른 방도가 없습니다."[16] 그리고 몇 달 뒤에는 "우리는 북극성과 같은 길잡이를 선언할 필요가 있는데, 이는 바로 100% 재생 가능한 에너지"라고 말했다.[17]

2019년 초, 약 600여 개 환경 단체는 미국이 "2035년이나 그보다 더 빠르게 100% 재생 가능한 에너지로 전력을 생산하는 것으로 전환해야 한다."라는 내용의 서한을 하원에 제출했다. 같은 서신에는 "재생 가능 에너지의 정의는 반드시… 연소 기반의 모든 발전, 원자력, 바이오매스 에너지, 대규모 수력 및 폐기물 에너지 기술을 배제해야 한다."라고 적혀 있다. 이어서 새로운 전력망이 "민주적으로 통제되는 배터리 저장 장치와 분산 에너지 시스템을 통합할 수 있는 능력"을 갖추어야 한다고 주장하고 있다. 편지의 서명자에는 푸드 앤 워터워치(FWW), 지구의 벗(FoE), 환경 워킹그룹(EWG) 등이 포함되었다.[18]

정치인, 환경 단체, 사회운동가, 그리고 대기업은 복스(Vox)의 한 작가가 말했듯이 "명확하고, 직관적이며, 고무적인 목표이자, 대중의 지지를 높이고 변환을 가속하는 효과적인 방법"이기 때문에, 이 완전 재생 가능한 에너지에 대한 주장에 관심을 기울이고 있다.[19] 실제로 미국에서 가장 저명한 기후 환경 운동가 중 하나인 빌 맥키벤과 동료들은 원자력 에너지를 옹호해서 자신들의 메시지를 희석할 필요가 없으므로, 완전 재생 가능한 에너지와 관련된 의제를 추진하고 있다는 것을 인정했다.[20]

긍정적인 언론 보도를 원하는 유권자, 사회운동가, 정치인, 그리고 기업에게는 '완전 재생 가능'이라는 개념이 매력적으로 다가올지 모르지만, 진실은 다음과 같다. 재생 가능 에너지는 '테라와트 챌린지'를 달성하기에 충분하지 않다. 멀리 보아도, 이는 절대 아니다. 재생 가능 에너지는 비용, 저장, 규모, 토지 사용 등의 에너지 및 전력 시스템을 대체하지 못하게 하는 네 가지 어려운 요소를 갖고 있다. 먼저 비용 문제를 살펴보자.

독일은 재생 가능 에너지로 인해 전기 가격이 어떻게 상승하는지를 보여 주는 좋은 예를 제공한다. 독일의 재생 가능 에너지 전환에 집중한 두뇌 집단인 '아고라 에네르기벤데'에 따르면, 독일의 주택용 전기 가격은 2007~2018년 사이 50%나 급등했다. 그 결과, 독일 거주 국민은 현재 유럽에서 가장 비싼 전기, 곧 kWh당 약 0.37달러의 전기를 사용하고 있다.[21] 이는 독일 산업에도 큰 타격을 입혔다. 2016~2018년 사이에 약 2,000만 명의 독일 근로자를 고용하고 국가 산업 생산량의 상당 부분을 차지하는 독일의 중소기업, 독일어로 '미텔슈탄트(Mittelstand)'라고 부르는 기업들의 전기 가격은 두 배로 올랐다. 미텔슈탄트에 관한 연구에 따르면, 이 분야의 기업 지도자 중 3분의 1이 사업에 위협이 되는 요소로 전기 가격을 꼽는다고 했다.[22]

캐나다 온타리오주도 재생 가능 에너지를 사용하기 위한 노력을 강하게 밀어붙였다. 2009년 온타리오주 정부는 재생 가능 에너지 발전에 대해 시장 가격보다 훨씬 비싼 가격으로 장기 계약을 보장하는 녹색 에너지법(Green Energy Act)을 제정했다. 이 법안의 시행 비용을 충당하기 위해 3,600만 캐나다 국민의 약 40%를 차지하는 온타리오 주 거주민 납부자들에게 전기 요금을 추가로 징수했다. 또한 주 정부는 공중 보건의 향상을 위해 석탄 화력발전소의 폐쇄를 강요했다. 그 결과, 2008~2016년 사이에 온타리오주의 주택용 전기 요금이 71%나 급등했는데, 이는 같은 기간 캐나다의 다른 지역 평균 증가율의 두 배 이상이었다.[23] 이러한 전기 요금 인상은 소비자, 자치 단체, 기타 전기 사용자들의 반발을 불러일으켰다. 《윈저 스타》의 2017년 기사는 2011~2014년 사이에 전기 요금이 거의 두 배나 오른 인구 2만 1,000명의 시골 도시 킹스빌에 주목했다. 치솟는 비용 때문에 도시는 세금을 인상하고 효율성 사업에 더 많은 돈을 쓸 수밖에 없었다. 시장 넬슨 산토스는 "보존 노력에도 불구하고 비용이 상승하고 있다."고 말했다.[24]

2018년 자유시장 싱크 탱크인 프레저 연구소는 "온타리오주의 전기 비용 상승이 제조업에 상당한 재정 부담을 주고, 경쟁력을 저해했다."라는 결론을 담은 보고서를 발표했다. 같은 보고서에 따르면, 석탄의 단계적 폐기는 "온타리오 주의 대기오염 수준에 미미한 영향"을 미쳤으며, 반면 이 지역의 높은 전기 가격 때문에 "2008년부터 2015년까지 제조업 부문에서 약 7만 5,000명의 감원이 발생했다."고 발표했다.[25]

급격히 상승한 전기 요금에 대한 유권자의 혐오감은 2018년 온타리오 주

선거에 결정적인 역할을 했다. 더그 포드가 이끄는 온타리오의 진보 보수당은 15년 동안 이 지역을 이끌어온 현 자유당을 몰아붙였다. 포드는 전기요금을 12% 인하하겠다는 공약을 내걸었고, 이 공약은 큰 반향을 일으켰다.[26] 포드의 진보 보수당은 주 의회 의석 124석 중 76석을 차지하는 대성공을 거두었고, 캐슬린 윈 총리가 이끌던 자유당은 단 7석만 간신히 유지한 채 군소 정당으로 전락했다.[27] 선거가 끝난 몇 달 후에, 프레저 연구소의 에너지 분석가인 케네스 그린은 한 인터뷰에서, "가장 뜨거운 쟁점은 전기 요금이었다. 선거의 판세는 여기서 돌아섰다."라고 말했다. 포드의 새로운 정부는 온타리오주에서 개발 중인 재생 가능 에너지 사업 계약 758건을 신속히 취소했으며, 이로써 지방세 요율을 약 7억 9,000만 달러 정도 절약할 수 있을 것이라 했다.[28] 2018년 12월 포드 정부는 녹색 에너지법을 폐지했다.[29]

호주 정부가 전기 부문에 재생 가능 에너지 의무와 배출량 제한을 부과한 후, 전기 가격이 급등했던 경우를 생각해 보자. 2018년 중도 우파인 자유당 소속 말콤 턴불 총리가 물러난 데는 높은 전기 요금이 크게 작용했다. 보수적이고 강경한 석탄 지지자인 스콧 모리슨 신임 총리는 정부가 시장에 개입하여 전기 요금을 낮추겠다고 약속했다.[30]

턴불이 퇴출당한 직후, 호주의 새로운 에너지 장관인 앵거스 테일러는 새 정부가 재생 가능 에너지 사용 목표를 단계적으로 폐지할 것이며, "이념이나 화려한 겉모습이 아니라 실용주의적으로 추진할 것"을 선언하였다.[31] 테일러는 호주 하원에 전기 점검 계획을 발표하면서, "호주 남부에서 50%의 재생 에너지 실현 목표를 실험한 결과는 무척 충격적이었습니다. … 호주 남부에서는 현재 kWh당 약 50센트의 가격이 책정되었습니다. 이는 호주 전역에서 가장 높은 수준에 속합니다."라고 하였다. 테일러는 "우리는 공정한 거래와 안정적인 전기 생산에 대한 투자로 되돌릴 것입니다. 이것이 바로 이 나라에 필요한 것이기 때문입니다."라고 말했다.[32] 2019년 5월, 수많은 여론 조사에서 패배를 예측했지만, 모리슨의 중도 우파 연합이 재선되었다. 모리슨의 도전자인 노동당 당수 빌 쇼튼은 선거 운동의 상당 부분을 기후 변화에 관한 더 많은 공약에 기반을 두고 있었다.[33]

캘리포니아는 미국에서 재생 가능 의무와 높은 전기 요금에서 모두 계속 선두주자였다. 2008년 당시 주지사였던 아놀드 슈워제네거는 주 전력 회사가 2020년까지 판매하는 전력의 1/3을 재생 가능 에너지로부터 확보하도록 하는 행정 명령에 서명했다.[34] 2015년 주지사 제리 브라운은 2030년까지 전기 요금을 50%로 인상하는 법안에 서명했다.[35] 이러한 움직임은 전기 가격에 영향을 미쳤다. 2018년 버클리 기반의 싱크 탱크인 '환경 진보'의 마크 넬슨과 마이클 셸렌버거는 캘리포니아의 전기 요금이 2011~2017년 사이에 미국의 다른 지역 전기 요금보다 5배 이상 올랐다는 보고서를 발표했다.[36]

결국 이렇게 높은 가격은 역풍을 몰고 왔다. 2018년 4월, 민권 지도자들의 연합체인 '200(Two Hundred)'은 캘리포니아 대기자원위원회(CARB)를 상대로 주 법원에 소송을 제기했다. 국가 기후 정책이 저소득층 및 소수민족 소비자를 차별한다는 것이 소송 사유였다. 102쪽에 달하는 이 소송 문니아에 사는 모든 사람에게 대략 18개의 테슬라 파워월이 필요하다는 것을 의미한다. 그리고 100% 재생 가능한 전기 사용 의무를 이행하려면 훨씬 더 많은 배터리가 필요하다. 즉 거주자마다 36.3TWh 또는 약 71테슬라 파워월이 필요하다.[45] 파워월당 약 6,700달러의 비용이 필요하므로, 캘리포니아 주민 한 명당 약 47만 9,000달러의 비용이 드는 것이다.[46]

브릭의 추정 값은 2018년 보고서를 발표한 4명의 미국 에너지 분석가의 조사 결과와 유사하다. 이 보고서는 재생 가능 에너지로부터 미국에서 사용되는 모든 전기를 확보하려면, "계절 주기 및 예측할 수 없는 날씨 상태"를 극복해야 하며, 그 결과 "몇 주 동안 에너지 저장 및 최정점의 수요에 맞추기 위해 일상적으로 필요한 것보다 훨씬 더 많은 태양열과 풍력 발전 설비를 구축"해야 한다고 결론지었다.[47] 필요한 저장 설비는 "현재 가격으로는 엄청나게 비쌀 것이다."[48] 과연 얼마나 비쌀까? 가장 저렴한 배터리를 사용한다고 해도, 대략 1조 달러를 써야 할 것이다.[49] 이는 미국 국민 한 사람당 약 3,000달러의 청구서가 배달될 수 있다는 의미이다. 하지만 이 합계에는 배터리를 충전하는 데 필요한 모든 풍력 터빈과 태양열 집열판의 비용은 포함되지 않는다는 걸 기억해야 한다. 이는 작은 문제가 아니다. 배터리의 수명은 그리 길지 않으며, 배터리를 자주 충전하고 방전하면 수명이 단축된다. 기존 자동차에서 흔히 사용되는 배터리와 마찬가지로, 납이 함유된 배터리는 3~5년 정도 사용할 수 있다. 테슬라는 파워월에 10년 간의 보증 기간을 제공하고 있다.[50] 따라서 풍력 및 태양열과 같은 재생 가능한 자원의 계절적 변화를 상쇄할 수 있는 충분한 배터리 저장 장치를 제공하려면, 수백만 개의 개별 배터리까지 포함해서 지속적으로 배터리를 검사하고 교체하는 시스템이 필요하다.

미국 경제 전체에 연료를 공급하기에 충분한 전기를 비축하는 것은 여전히 더 어려운 일이다. 2019년 맨해튼 연구소의 마크 P. 밀스는 네바다주 리노 근처에 있는 50억 달러 규모의 테슬라 기가팩토리(Gigafactory)가 세계에서 가장 큰 배터리 제조 시설 중 하나라고 말했다. 밀스는 "이곳의 총 연간 생산량으로 약 3분 동안의 미국 전력 수요를 감당할 수 있다."라고 설명했다. "따라서 이틀분의 미국 전력 수요를 저장할 배터리를 생산하려면, 기가팩토리에서 약 1,000년 동안 생산을 해야 할 것이다."[51]

다른 믿을 만한 연구에서도 정치인과 환경 단체가 추진하는 완전 재생 가능한 에너지 시나리오가 건전한 과학에 근거하지 않는다고 결론을 내렸다. 2017년 호주의 학술 및 핵 활동가 벤 허드가 이끄는 연구에 따르면, 100% 재생 가능한 전기 시스템 구축이 가능하다는 것을 보여 주는 많은 모형화 시나리오가 발표되었지만, 실제로 그러한 시스템이 실현 가능하다는 것을 보여 주는 경험적 또는 역사적 증거는 없다."고 했다.[52]

허드와 나는 버클리에 있는 환경 진보 사무실에서 인터뷰를 진행하면서 재생 가능 에너지의 지속적이지 못한 특성, 그리고 전력망 운영자가 충분한 양의 지원 발전 능력 또는 대량의 저장소를 갖추어야 하는 방안에 대해 논의했다. 여기서 나눈 문제들을 깔끔하게 요약하면 다음과 같다. "재생 가능 에너지 공급의 불안정성, 특히 풍력이나 태양열 발전에서 나타나는 불안정성은 우리가 제공하고자 하는 시스템과 정반대이기 때문에 엄청난 도전이다.

우리는 불안정한 것을 만들려고 하지 않는다. … 연중 매 순간 낮은 비용으로 사람들이 원하는 전기를 공급할 수 있는 안정적이고 예측 가능한 에너지를 만들려고 노력하고 있다. … 날씨에 영향을 받는 것은 어떤 것도 하지 않는 것이 좋다."

일반적으로 재생 가능 에너지 비용이 더 높았던 것은, 대부분의 세계 재생 가능 에너지 지출이 고전력 소비 국가들에 집중되어 있지만, 해당 국가의 전기 수요는 변동이 적거나 감소하고 있기 때문이다. 예를 들어, 미국과 독일의 2017년의 전력 생산량은 2004년과 거의 같았다.[53] 한편 저전력 소비 국가 및 초저전력 소비 국가에서는 전기가 항상 부족하고, 수요가 급증하고 있는 재생 에너지 비용이 고전력 소비 국가들에 비해 크게 뒤떨어지고 있다.

2016년 전 세계 재생 가능 에너지 프로젝트에 대한 투자는 총 2,420억 달러에 달했다. 그중 43%인 약 1,060억 달러가 유럽과 미국에서 지출되었고, 중국은 780억 달러를 지출했다. 따라서 미국, 유럽, 중국은 전 세계 재생 가능 에너지 지출의 75% 이상을 차지했다.

한편 아프리카, 중동, 인도에서의 태양열과 풍력에 대한 투자 지출은 총 170억 달러에 불과했다. 다음 페이지의 그림과 같이, 2016년에 미국은 재생 가능 에너지 프로젝트에 1인당 약 144달러를 지출했다. 인도는 1인당 7달러로 그 값이 약 20배나 적다. 아프리카와 중동 지역은 여전히 낮았고, 그해 미국의 재생 가능 에너지 지출보다 24배나 적은 1인당 6달러였다.[54]

재생 가능 에너지에 대한 지출 격차는 태양열 에너지 생산량에서 특히 명백하게 나타난다. 2017년 아프리카의 모든 나라는 6TWh의 태양열 에너지를 생산했다. 이와 대조적으로 미국은 78TWh(약 13배)에 달하는 전기를 생산했다. 아프리카 인구가 미국의 거의 4배인 12억이라는 점을 생각한다면, 이는 놀라운 대조를 이룬다.

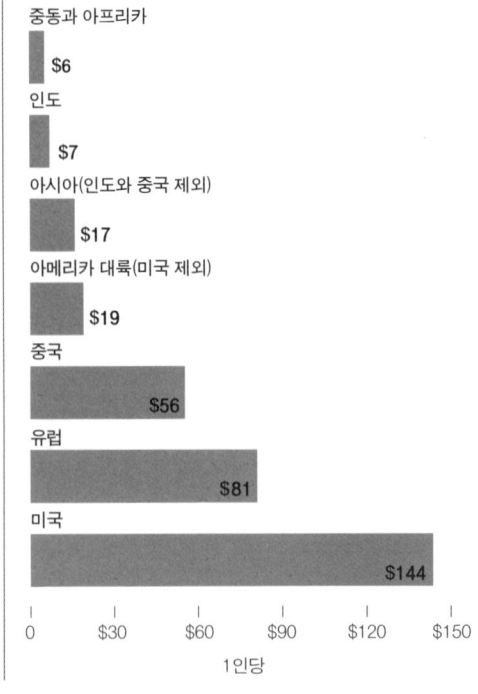

출처: 유엔 환경 프로그램과 블룸버그 신에너지 금융

비용 및 저장 문제 외에도, 재생 가능 에너지의 생산량이 전 세계 전기 수요 증가를 맞출 만큼 아주 빠르게 증가하지 않는다는 점도 문제이다. 척도 문제를 이해하려면 계산을 해보면 된다. 1997년부터 2017년 사이에 세계 전력 생산량은 연평균 571TWh만큼 증가했다.[55] 이는 2017년 기준으로, 591TWh의 전기를 사용한 브라질 규모를 매년 세계 전기 부문에 추가하는 것과 같다.[56]

태양열을 이용해서 전 세계 수요 증가 수준을 맞추려면 무엇이 필요할까? 우리는 다른 유럽 국가보다 많은 약 4만 2,000MW의 태양 에너지 설비 용량을 갖춘 독일을 보고 해답을 찾을 수 있다.[57] 2017년 독일의 태양열 발전 시설은 약 40TWh의 전기를 생산했다.[58] 따라서 전 세계 전력 수요의 증가에 보조를 맞추기 위해서는 현재 독일에 존재하는 태양열 발전 설비의 약 14배를 증설해야 하며, 매년 그만큼 늘려야 한다.

풍력 발전의 사용을 선호한다면, 다른 어떤 나라보다 풍력 발전 설비가 많이 설치된 중국을 살펴보자. 이는 약 16만 4,000MW에 달하며, 미국에 설치된 양의 약 2배에 해당한다.[59] 2017년에 중국은 모든 풍력 발전에서 약 286TWh의 에너지를 생산했다. 전 세계 전기 사용량이 연간 571TWh만큼 증가하고 있다는 사실을 떠올려 보면, 전력 수요 증가에 보조를 맞추기 위해서 세계는 현재 중국의 약 두 배나 되는 풍력 발전 시설을 구축해야 하고, 매년 그만큼 늘려야 할 것이다.

비용, 저장, 규모 등이 모두 중요한 과제지만, 완전 재생 에너지 시나리오를 달성하는 데 가장 큰 장애물은 간단하다. 그러한 목표를 달성하려면 엄청난 양의 풍력 터빈과 태양열 패널을 설치해야 하는데, 토지가 충분하지 않다는 것이다. 사실 현재 원자력 및 탄화수소에서 공급되고 있는 모든 에너지를 대체하는 데 필요한 규모로 풍력 터빈과 태양열 패널을 배치하려면, 주(州) 규모 면적의 토지를 터빈과 패널로 포장해야 할 것이다.

이것에 대한 증거는 미국 과학자들의 올스타 그룹이 미국 국립과학원회보에 발표한 2017년 논문을 보면 알 수 있다. 미국 해양대기청(NOAA)과 콜로라도 대학교에서 근무한 수학자 크리스토퍼 클랙과 다른 20명의 최고 과학자들이 작성한 이 논문은 '완전 재생 가능한 에너지 경제'라는 생각이 완전히 잘못이라고 밝히고 있다.[60]

클랙의 논문은 스탠퍼드 대학교 공학 교수 마크 Z. 제이컵슨의 연구 성과를 부정한다. 제이컵슨은 100% 재생 가능한 에너지 시스템의 경제·기술적 생존 가능성에 관한 주장을 펼쳐 유명 인사가 되었다. 2013년에 그는 데이비드 레터맨의 텔레비전 쇼에 출연해 자신의 주장을 뒷받침했다.[61] 또한 거대 환경 단체와 기후 운동가들의 총애를 받았다. 그는 자신의 주장이 엔론 사태를 부른 회계 부정, 대안적 사실, 비이성적 기술 만능주의(technology hopium) 등에 근거하고 있음에도 영웅으로 대접받았다. 그의 성과에는 수많은 결점이 있었다. 그러나 그의 주장은 정치적으로 큰 인기를 끌었고, 그것만으로도 충분했다. 이후 그의 학술 논문은 동료 평가를 거쳤다. 2015년 제이콥슨은 미국 캘리포니아 대학 버클리 캠퍼스의 전임 연구원 마크 델루치와 스탠퍼드 대학원생인 메리 카메론, 베다니 프루와 공동 집필한 논문을 미국 국립과학원회보(Proceedings of the National Academy of

Sciences)에 발표했다. 100% 재생 가능 에너지로 "그리드 신뢰성 문제에 대한 저비용 해결책"을 제시한다고 주장한 이 논문은 미국 국립과학원이 연례적으로 수여하는 코자렐리상을 받았다. 스탠퍼드 대학의 한 웹사이트는 제이콥슨의 논문이 "2015년 저널에 게재된 3,000개 이상의 연구 논문 중 미국 국립과학원회보 편집위원회가 선정한 6개 중 하나"라고 자랑했다.[62]

제이콥슨의 수상 논문이 발표된 후, 몇 달간 클랙과 동료들은 그 논문의 주장을 연구했는데, 결국 그 숫자는 단순히 앞뒤가 맞지 않는다는 결론을 내렸다. 제이콥슨의 주장을 폭로한 2017년 논문에서 클랙은 공동 저자인 캘리포니아 대학 버클리 캠퍼스의 댄 캄먼, 전 EPA 과학자문위원회 위원장인 그레인저 모건, 로렌스 리버모어 국립연구소의 제인 롱과 함께 제이콥슨의 논문에 "수없이 많은 결점과 오류"가 있다고 결론을 내렸다. 또한 그의 논문은 "유효하지 않은 모델링 도구를 사용했고, 모델링 오류를 포함했으며, 타당하지 않고 부적절하게 뒷받침하는 가정을 만들었다." 이러한 오류는 100% 풍력, 태양열 및 수력 발전 시스템의 가능한 비용, 기술적 신뢰성 또는 타당성에 대한 지침으로서 신뢰할 수 없는 수준이다."라고 했다.

미국 국립과학원이 2015년 논문을 철회해야 할 이유인 가장 큰 오류 중 하나는 제이콥슨이 미국의 수력 발전량을 10배 증가시킬 수 있는 능력을 과장했다는 점이다. 이는 엄청난 오류였지만, 제이컵슨의 계획에서 치명적인 결함은 이 계획에 필요한 엄청난 면적의 토지와 관련되어 있었다. 제이콥슨의 계획대로라면, 거의 2.5TW의 풍력 에너지 발전 설비를 구축할 필요가 있고 그중 대다수는 육지에 설치해야 하는데, 이것은 매우 엄청난 규모였다.⁶³ 2016년 미국에 설치된 석탄, 가스, 원자력, 수력, 풍력, 태양열 등 모든 유형의 전체 전기 발전 용량이 약 1TW라는 점을 기억하자.

클랙과 그의 동료들은 제이컵슨이 주장한 모든 재생 가능한 목표를 달성하는 데 필요한 모든 풍력 터빈을 수용하려면, "풍력 터빈 설치를 위해 미 대륙의 약 6%에 해당하고, 1,500m²보다 큰 면적인 거의 50만 km²가 필요하다."라고 밝혔다.⁶⁴

그러나 클랙이 지적한 이 '50만 km²'는 캘리포니아주보다 큰 면적으로, 모든 재생 가능 에너지 시스템에 필요한 엄청난 수의 풍력 터빈을 수용하기 위한 실제 토지 면적보다 과소평가된 것이다.⁶⁵ 2018년 하버드 대학 박사후 과정의 연구원 리 밀러와 물리학과 교수 데이비드 키스는 환경 연구지에 논문을 발표했다. 밀러와 키스는 1,150개의 태양열 개발 사업과 411개의 육상 풍력 개발 사업에서 2016년의 에너지 생산 자료를 조사했다. 이 연구에서 풍력 개발 사업은 2016년 미국의 전체 풍력 발전량의 약 절반인 총 4만 3,000MW의 발전량인 것으로 나타났다.⁶⁶ 태양열 집열판이 풍력 터빈보다 토지 단위당 약 10배 더 많은 에너지를 생산한다는 사실을 발견했는데,⁶⁷ 이 발견만으로도 이 논문은 의미가 있다. 그러나 풍력 에너지의 보잘것없는 전력 밀도를 분석한 것이 화제가 되었다. 그 방법은 다음과 같다.

《하버드 가제트(Harvard Gazette)》에서 밀러는 "풍력발전소의 주변 영역으로 나눈 에너지 생성률을 의미하는 평균 전력 밀도가 일부 주요 에너지 전문가의 추정치보다 최대 100배나 낮다는 것을 발견했다."라고 설명했다. 문제는 풍력 에너지의 잠재력 추정치가 대부분 "바람의 그림자(wind shadow)"를 무시한다는 점이다. 즉, 설치된 터빈을 통과하는 공기 흐름이 터빈으로 흘러가는 공기를 어떻게 방해하는지를 간과한다는 것이다.[68] 밀러와 키스는 "예를 들어, 현재의 미국 전력 소비량을 풍력 발전으로 충족하려면, 미 대륙의 약 12%에 해당하는 토지가 필요할 것"이라고 판단했다. 약간의 수학적 계산을 하면, 12%라는 수치가 어떤 의미인지 알 수 있다. 미 대륙의 면적은 약 760만 km^2이고,[69] 이 면적의 12%는 약 91만 2,000km^2가 될 것이다. 따라서 미국의 현재 전기 수요를 충족시키는 것만으로도 캘리포니아 면적의 두 배 이상이 필요하다는 계산이 나온다. 미국이 캘리포니아 면적의 두 배를 기꺼이 풍력 터빈으로 덮을 용의가 전혀 없기 때문에 우리의 전기 수요를 맞추고, 운송, 가정용 난방, 산업에 필요한 액체 및 가스 연료를 대체하려면 상당한 면적의 토지가 필요하다는 것을 기억하자.

또한 밀러(Miller)와 키스(Keith)의 2018년 계산은 2010년 바츨라프 스밀이 저서 『에너지 신화와 현실: 과학을 에너지 정책 논쟁에 끌어오기(Energy Myths and Realities: Bringing Science to the Energy Policy Debate)』에서 이미 했던 계산과 거의 일치한다는 점에 주목해야 한다. 스밀은 "미국의 모든 전력 수요를 맞추기 위해 대형 풍력 터빈에 의존하려면, 약 1.8TW의 새로운 발전 설비 용량을 갖추어야 할 것이다. 이는 전 국토의 거의 1/10에 해당하거나 텍사스와 캔자스 지역을 합친 면적에 가까운 90만 km^2의 부지가 필요하다는 것"이라고 설명했다.[70]

밀러와 키스의 논문은 세 가지 면에서 중요하다. 첫째, 결론에 도달하기 위해 모델이 아닌 실제 데이터를 사용하고 있다. 둘째, 저자들이 연구한 풍력 에너지의 전력 밀도는 정부의 에너지 부처, 기후 변화에 관한 정부 간 패널, 제이콥슨과 같은 학자들이 주장한 것보다 훨씬 낮다는 것이다. 셋째, 풍력 에너지가 막대한 면적의 공간을 줄일 수 없다는 것을 보여주고 있다. 밀러와 키스는 "요컨대 우리는 풍력 터빈 설계가 개선되고, 설치 자리를 줄이는 능력이 향상되어 비용도 크게 절감되었다는 점은 인정하지만, 전력 밀도는 변하지 않았다는 점을 알게 되었다."라고 쓰고 있다. 이 결론은 주목할 만하다. 지난 20여 년 동안 베스타스, 제너럴 일렉트릭(GE)과 같은 제조업체들은 수백만 달러를 투자해 터빈에 설치한 날개, 기어, 발전기의 효율성을 향상했다. 또한 장비의 크기를 극적으로 크게 해서 최신 모델의 높이는 약 260m에 달하는데, 이것은 자유의 여신상 높이의 거의 세 배에 달한다.[71] 하지만 이러한 개선에도 불구하고, 이 산업은 바람의 운동 에너지를 더 많은 전기 에너지로 전환하지 못하고 있다. 물리학적 측면에서 풍력 에너지 사업은 독일 물리학자 알버트 베츠의 이름을 딴 '베츠 한계(Betz limit, 바람을 에너지로 변환할 때 얻을 수 있는 효율의 한계치-역자 주)'와 충돌하고 있다.[72] 가장 최근에 지어진, 가장 높은 풍력 터빈이 이 한계에 근접하고 있다.

이는 풍력 부문이 특정 대지에서 생산할 수 있는 에너지 양의 물리적 한계에 도달하고 있음을 의미한다. 밀러와 키스, 스밀이 지적했듯이, 주어진 풍력 터빈의 전력 밀도는 m^2당 대략 0.5~1W 정도 수준이다. 즉, 풍력 부문에서 에너지 생산량을 크게 늘리려면, 점점 더 많은 터빈으로 땅을 덮어야 한다는 걸 의미한다. 하지만 이러한 터빈들의 크기가 점점 더 커지고 더 많은 대지를 차지할수록 더 많은 사람의 눈에 띌 것이고, 사람들은 집 주변에 많은 터빈이 설치되는 것을 바라지 않기 때문에 반대도 심해질 것이다. 바로 이 점을 놀랍게도, 2018년 말 풍력 산업을 대표하는 무역 협회인 뉴욕 청정 에너지 연합(Alliance for Clean Energy New York)의 상임이사 앤 레이놀즈가 지적했다. 재생 가능 에너지 관련 회의에서 레이놀즈는 "개인적으로 풍력 에너지를 반대하는 주장의 근거는 사람들이 이 터빈을 보기 싫어하기 때문이라고 생각한다."라고 참석자들에게 말했다.[73]

완전 재생 가능한 에너지 계획의 무익성에 관한 최고의 성과는 아마도 고(故) 데이비드 J. C. 맥케이 케임브리지 대학 물리학과 교수의 연구일 것이다. 맥케이는 2008년에 『지속 가능한 에너지: 뜨거운 공기 없이(Sustainable Energy: Without the Hot Air)』를 출판했다. 이는 재생 가능 에너지를 위한 토지 사용의 영향을 진지하게 파악한 최초의 학술 서적 중 하나이다.[74] 맥케이는 토지 사용과 현대 사회에 필요한 막대한 양의 에너지에 대한 냉철한 계산으로 빠르게 유명해졌다. 예를 들어, 수력 파쇄를 활용하는 석유와 가스 시추 시설처럼, 같은 양의 에너지를 풍력 발전으로 생산하기 위해서는 약 700배의 토지가 필요하다고 계산했다.[75] 그는 2012년 재생 가능 에너지에 관한 TED 강연에서 이렇게 말했다. "여기에는 자잘한 실수도 많고, 친환경을 위장한 것들도 많으며, 오도된 광고들도 많다. 나는 물리학자로서, 인기에 영합하려는 사람들을 바로잡고 진정한 차이를 만드는 행동을 이해하도록 사람들을 도와야 한다는 의무감을 느낀다. 나는 재생 가능 에너지를 좋아하지만 산술 전문가이기도 하다."[76]

맥케이는 46세의 나이에 암으로 세상을 떠나기 불과 며칠 전인 2016년 어느 날, 영국의 작가 겸 활동가인 마크 리나스와 함께 자신의 삶과 일, 그리고 에너지에 관한 견해를 나누었다. 인터뷰하는 동안, 맥케이는 재생 가능 에너지에만 전적으로 의존한다는 생각을 "끔찍한 망상"이라고 불렀다.[77]

완전 재생 가능한 시나리오에 대한 학문적 평가는 가치 있는 일이지만, 관찰자들은 왜 그것이 실현 불가능한지를 이해하기 위해 모호한 저널들을 힘들여 확인할 필요가 없다. 그저 대규모의 재생 가능 에너지 프로젝트의 침해를 막아내고 있는 수백 개의 시골 마을, 도시, 자치주를 잘 살펴보기만 하면 된다. 이러한 반발은 뉴욕에서 캘리포니아, 온타리오에서 네스 호까지 여러 군데에서 찾아볼 수 있다.

18
이 땅은 내 땅이다

> 우리는 이 재생 가능 에너지 추진이
> 미국의 시골 지역에 대한 공격이라고 느낀다.
> - K. 대린 박, 메릴랜드주 프로스트버그 거주자이자 ANCHOR 대표1

에너지 정책과 토지 이용 정책은 불가분의 관계이다. 이 계획에 따라 원자로, 석유와 가스 시추, 송유관, 탄광, 풍력 에너지 개발 사업이나 대량의 태양열 집열판 등이 어느 곳에든 최종적으로 건설될 예정이고, 또 누군가는 여기에 반대할 것이다.

예를 들어, 2016년과 2017년 초 다코타 액세스 송유관 설치에 반대하기 위해 수천 명의 시위자가 노스다코타주 캐넌볼 인근에 모였다. 그 시위는 《뉴욕 타임스》의 1면 기사를 포함하여 언론의 엄청난 주목을 받았다. 700명 이상의 기후 변화 활동가와 그 외 사람들이 시위 중에 체포되었다. 그들은 이 송유관이 스탠딩 록 인디언 보호구역의 전통이 담긴 영토를 횡단함으로써 부족의 문화적·정신적 권리를 침해하고 있다고 주장했다.[2] 그럼에도 불구하고 이 송유관은 2017년 중반에 도널드 트럼프 대통령이 취임하여 석유 운송을 시작한 후, 승인을 위해 신속하게 추진되었다.[3]

2018년 말 콜로라도의 유권자들은 350.org, 시에라 클럽, 그린피스 등 수많은 환경 단체가 지지한 시민 발의안인 112호 법안을 거부한 사례가 있다. 이 발의안은 가정, 병원, 학교, '취약 지역' 등으로부터 762m 내에서는 석유와 가스 시추 활동을 금지하는 것을 주요 골자로 하고 있다.[4] 이 발의안이 통과되었다면, 미국 내 6위의 천연가스 생산지인 콜로라도에서 석유와 가스 생산을 효과적으로 금지했을 것이다.[5]

에너지와 토지 이용 분쟁이 미국에서만 일어나는 것은 아니다. 독일에서는 노천의 갈탄 광산을 원시림인 함바흐 숲까지 확장하는 것에 반대하여 시위대가 수년간 싸워 왔다. 2018년 10월, 독일 법원은 환경 단체의 손을 들어주면서 광산의 소유주인 RWE에 광산 확장을 중단하라고 명령했다. 그러나 이 사건의 최종 판결은 2020년까지는 내려지지 않을 수 있다.[6]

이러한 토지 이용 분쟁은 일반적으로 탄화수소 부문에 대항하는 환경 단체들을 다루기 때문에 언론에 많이 보도되었다. 그러나 이 싸움이 풍력이나 태양열 에너지 개발 사업과 관련이 있을 때, 같은 환경 단체들, 그리고 대부분의 전국적인 언론 매체들은 이를 무시한다. 그럼에도 유럽이나 호주는 물론이고 미국 전역에서 농촌 거주민들이 대규모 재생 가능 에너지 사업에 동원되고 있으며, 반대 세력의 확장은 이미 제한되고 있다. 재생 가능 에너지에 대한 이러한 반발 증가는 내가 '공터 신화(vacant-land myth)'라고 칭하는 것의 예시를 잘 보여주고 있다.

이 공터 신화는 무한히 사용되지 않고 보호되지 않은 중서부 땅이 있으며, 재생 가능한 에너지 장치의 숲으로 덮일 준비가 되어 있다고 지속적으로 생각하게 하지만, 진실은 다르다. 전국 각지, 시골 지역 사회, 심지어 주 전체가 풍력 에너지 개발 사업, 태양열 에너지 개발 사업, 그리고 고압 송전선 설치에 저항하거나 거부하고 있기 때문이다.

재생 에너지에 대한 시골의 반발을 더 깊이 연구하기 전에, 나는 석유와 가스 산업이 환경에 매우 부정적인 영향을 끼친다는 명백한 사실을 기꺼이 밝힐 것이다. 오클라호마에서 자란 나는 버려진 관로와 탱크, 펌프들이 널려 있는 오래된 유전에서 메추라기를 잡고 놀았는데, 이때 개인적으로 석유 산업이 야생 생물에 끼칠 수 있는 폐해를 직접 보았다. 1990년대 초, 텍사스, 오클라호마, 뉴멕시코의 석유 구덩이가 어떻게 매년 수십만 마리의 새를 죽이고 있는지, 연방 정부가 철새 조약을 막기 위해 석유와 가스 회사를 어떻게 기소하고 있는지에 대한 기사를 여러 편 게재하였다.[7] 멕시코만의 딥워터 호라이즌(Deepwater Horizon) 폭발과 같은 사고 때문에 7억 5,700만 리터 이상의 기름이 유출되어 해양 생물, 조류, 그리고 물론 사람들에게까지 엄청난 피해를 줄 수 있다. 2010년 사고로 약 80만 마리의 새와 6만 5,000마리의 거북이가 떼죽음을 당했다. 또한 시추 시설에서 일하고 있던 11명이 사망했으며, 그 외에도 17명의 노동자가 다쳤다.[8]

석유와 가스 부문은 육지에서 수많은 사고를 겪었다. 2015년 캘리포니아에서는 알리소 캐년 천연가스 저장소 폭발로 인근 포터 랜치에 살고 있던 수천 명의 주민이 대피했다.[9] 이 사고와 그 밖의 다른 사건들로 석유와 가스 부문에 대하여 여러 지역에서 법정 투쟁과 토지 이용에 관한 많은 싸움이 발생했다. 기후 변화 활동가들은 미국 전역의 송유관 사업에 반대하고 있다. 한편 셰일 혁명이 확대되면서, 굴착 작업은 도시와 교외 거주자들의 땅을 잠식하기 시작했다. 트럭 운송량이 늘어났고, 15층 높이의 굴착 장비로 인해 교외 지역 주민과 시추 지역 주민 간의 갈등이 증가했다. 2015년까지 보수적 성향의 싱크 탱크인 국립정책분석센터(National Center for Policy Analysis)가 실시한 집계에 따르면, 400개가 넘는 지역 사회가 단단한 암석층에서 석유와 가스를 추출하는 데 사용하는 수압 파쇄 공정을 제한하거나 금지했다.[10] 또한 버몬트, 뉴욕, 메릴랜드의 3개 주에서는 이 공정을 금지했다.[11]

이러한 금지 조치는 지난 2015년에 1,700만 달러를 모금한 푸드 앤 워터워치 등 국가 환경 단체들이 추진했다.[12] 전국에 17개 지사를 두고 있는 이 그룹은 "국가, 주 및 지방 차원에서 275개 이상의 조직이 수압 파쇄 및 관련 활동의 금지를 요구하는 연합체를 구성하는 '수압 파쇄에 반대하는 미국인(Americans Against Fracking)'이라는 단체를 만들었다."[13] 천연자원보호위원회(Natural Resources Defense Council)는 뉴욕에서 캘리포니아까지 지역 사회에서 원자력 에너지, 수압 파쇄, 송유관과의 전쟁을 주도했다. 2017년 이 단체는 1억 7,700만 달러라는 거액을 모금했다.[14] 이들은 정책 및 법률 팀을 활용하여 "수압 파쇄에 관한 효과적인 지역 법률을 만들고, 법원에 이의를 제기할 경우 효과적으로 이러한 법을 방어하며, 모든 수준에서 지역 사회 권리와 지역 통제를 유지하고 보호하기 위해 노력"하는 지역 사회의 수압 파쇄 방지 캠페인을 시작했다.[15] 2016년에 9,400만 달러를 모금한 '어스저스티스(Earthjustice, 지구 정의)'라는 또 다른 단체도 수압 파쇄 행위 금지를 촉구했으며,[16] 전국 18개 지역에 사무소를 운영하고 있다.[17]

탄화수소 시추 개발 사업이 환경에 피해를 준다는 건 의심의 여지가 없다. 이는 지표수와 지하수, 그리고 식수를 오염시킬 수 있다. 그들은 거대한 땅을 파헤칠 수 있지만, 재생 가능 에너지 개발 사업도 환경을 파괴한다. 이는 사람들, 공동체, 그리고 야생동물들에게 상당히 부정적인 영향을 끼친다. 시골 주민들은 그들의 부동산 가치와 조망권을 보호하려는 목적으로 풍력 에너지 개발 사업에 반대한다.[18] 그들은 매일 밤 50~60층 높이의 풍력 터빈 꼭대기에 붙은 적색 점멸등을 보면서 여생을 보내고 싶어 하지는 않는다. 또한 거대한 기계가 내는 소음과 귀에는 들리지 않는 음파의 영향을 받기를 원하지도 않는다.[19] 참고로 20~20,000Hz 사이에 발생하는 소리 범위는 가청 주파수 범위이다. 저음역대를 포함한 20Hz 이하의 소리는 인간이 감지할 수 있지만 들리지는 않는다.

프리우스 등의 소형 차량을 운전하며 사는 도시 거주자들에게 거대한 풍력 개발 사업 반대론자들은 그저 님비(NIMBY), 즉 "내 뒷마당은 안 돼!(Not in my backyard)"라고 외치는 이기적인 사람들로 쉽게 치부될 수 있지만, 시골의 땅 주인들은 걱정할 만한 충분한 이유가 있다. 수많은 연구에서 풍력발전소가 재산 가치와 인간의 건강에 해로운 영향을 미칠 수 있다는 것을 보여 주었기 때문이다. 그리고 시골 주민들이 이전보다 풍력 산업의 폐해를 더 많이 알게 되면서, 더 많은 사람이 이에 동조해 맞서 싸우고 있다. 2010년 환경 단체 '어스 퍼스트!(Earth First!, 지구 제일주의)' 일부 회원들을 포함한 다섯 명이 롤린스산의 60MW급 풍력 개발 사업 건설 현장으로 진입하는 도로를 봉쇄했다는 이유로 메인주 링컨시 인근에서 체포되었다.《포틀랜드 프레스 헤럴드》에 따르면, 시위대 중 한 명은 "농촌 메인에 대한 유린을 중단하라."라는 팻말을 들고 있었다.[20]

2012년 뉴욕 우티카 인근에 사는 수십 명의 농촌 주민이 터빈에서 나는 소음으로 인해 두통과 수면 장애가 발생했고, 재산 가치에 피해를 입고 있다고 주장하면서 풍력 개발 사업 소유주를 상대로 2억 달러 규모의 소송을 냈다. 소송을 제기한 원고들은 모두 2011년 1월부터 발전을 시작한 74MW 규모의 하드스크래블 풍력발전 시설에서 1.6km 이내에 살고 있었다. 이웃들은 풍력발전 시설 가동 직후부터 터빈에서 나는 소음에 대해 불평을 하기 시작했다.[21]

2015년 로스앤젤레스 자치주 감독 위원회는 비법인 지역 내에서 대형 풍력 터빈을 금지하는 조례안에 만장일치로 찬성표를 던졌다.[22] 위원회 중 한 명은 오바마 행정부에서 미국 노동부 장관을 역임한 힐다 솔리스였다.[23] 해당 조치에 대한 청문회에서 마이클 D. 안토노비치 감독관은 "풍력발전의 터빈은 시각적인 역병을 만든다."라고 증언했다. 나아가 초고층 빌딩 크기의 터빈들이 세워지면, "앤털로프 계곡과 산타모니카 산맥 같은 지역의 어두운 밤하늘을 지키려고 야외 조명을 제한한 '다크 스카이(dark sky)' 조례를 위반하는 것"이라고 말했다.[24]

이 풍력 터빈은 낮과 밤 모두 황폐한 풍경을 보여 준다. 그리고 2015년 새크라멘토주 입법자들이 2030년까지 주 전력 회사의 50%를 재생 가능 에너지로부터 확보하도록 하는 법안을 통과시켰지만, 거의 동시에 로스앤젤레스 자치주 정치인들이 이를 금지한 것은 아주 아이러니한 일이다.[25]

또 2015년 버몬트주 인구 1,100여 명의 이라스버그 주민들은 마을 서쪽에 건설하기로 한 5MW짜리 풍력발전 개발 사업에 관한 마을 회의를 열었다.[26] 회의는 투표로 진행되어 반대 274표, 찬성 9표로 마무리되었다.[27]

2016년 노스다코타주 빌링스 자치주의 다코타 액세스 송유관 설치에 반대하기 위해 수천 명의 시위대가 캐논 볼 근처에 모인 것과 동시에, 자치주 시의회 의원들은 지역 내 약 10,117헥타르(25,000 에이커)의 땅을 점유하는 383MW 풍력 에너지 개발 사업을 거부했다. 이 지역 주민들은 이 프로젝트의 시각적 영향을 가장 우려했는데, 여기에는 지역 관광 명소인 테어도어 루스벨트 국립공원 안쪽에서 터빈 일부가 보일 것이라는 사실 등이 포함된다. 이 회의에서 짐 아르토 의원은 풍력발전 계획에 반대표를 던지겠다고 발표하면서, "이곳은 산등성이부터 관광, 형형색색의 협곡에 이르기까지 우리 경제에서 여러 면에서 다양한 용도로 이용되고 있기 때문에 이 프로젝트는 우리 자치주와 시민들에게 너무 많은 영향을 미친다. 또한 이 프로젝트의 규모가 너무 커서 서부 노스다코타에 미칠 시각적 영향은 자치주에서 감당할 수 있는 것을 훨씬 뛰어넘는다."라고 말했다.[28]

발전량의 약 1/3을 풍력에서 얻는 아이오와주에서 '옵티멈 리뉴에이블'이라는 회사가 추진하는 3중 터빈 풍력발전 개발 사업을 파예트, 부캐넌, 블랙호크 이렇게 세 자치주가 거부했다.[29] 2015년에 100명 이상의 지역 주민이 우려를 표명하자, 블랙호크 자치주 조정위원회는 이 사업을 거부했다.[30]

앤드류 쿠오모 뉴욕 주지사는 주 정부가 2030년까지 재생 에너지로부터 50%의 전기를 확보하도록 명령했다.[31] 하지만 예이츠와 서머셋 자치주뿐만 아니라 이리(Erie)와, 올리언스, 나이아가라 자치주는 모두 온타리오호의 기슭에 수십 대의 터빈을 가동해야 하는 '풍력 등대(Lighthouse Wind)'라는 200MW급 개발 사업을 저지하기 위해 싸우고 있다.[32] 풍력 등대 건설을 추진하는 같은 개발업자인 버지니아 '에이펙스 클린 에너지'가 온타리오호의 동쪽 기슭에 자리한 작은 섬인 갈루에 109MW의 풍력 설비를 건설하기 위한 뉴욕의 개발 사업도 주민들의 격렬한 저항에 직면해 있다.[33] 헨더슨 인근 마을 주민들은 이 개발 사업을 수년간 반대해 왔으며, 에이펙스는 주 정부에 제출한 문서에서 대머리독수리가 갈루섬에 둥지를 틀고 있다는 사실을 보고에서 제외했다.[34] 이러한 보고 누락은 논란을 일으켰고, 2019년 초 갈루 프로젝트 신청을 철회하기에 이르렀다.[35] 2019년 4월에 에이펙스는 풍력 등대 개발 사업을 중단한다고 발표했다.[36]

풍력 산업에 대한 반발에 관한 언론의 편향적인 보도는 풍력 등대 개발 사업에서 특히 명백하게 나타난다. 비록 이를 둘러싼 분쟁이 3년 이상 격렬히 진행됐고, 이것은 뉴욕에서 가장 명성을 얻은 풍력발전 개발 사업이었지만, 《뉴욕 타임스》는 분쟁 관련 기사를 단 한 편도 게재하지 않았다.[37]

비록 《뉴욕 타임스》에서 이것을 다루고 있지 않아 읽을 수는 없겠지만, 풍력발전 사업은 미국의 농촌 지역에서 너무 인기가 없어서 풍력발전 업계 최대 규모의 기업은 이 개발 사업에 저항하는 작은 도시들을 고소하는 중이다. 2017년 플로리다에 본사를 둔 '넥스트에라 에너지(NextEra Energy)'는 오클라호마주의 인구 3,200명의 힌튼시를 상대로 주와 연방법원에 소송을 제기하였다.[38] 시의회 의원들이 풍력 터빈을 "공공의 폐해"로 간주하고 시 경계에서 3.2km 이내 설치를 금지하는 조례를 승인하자마자, 넥스트에라는 힌튼시를 고소했다. 힌튼의 셸리 뉴턴 시장은 전화 인터뷰에서, "이 조례를 통과시켜서 우리 스스로 충분한 공간을 확보했다."라고 말했다. 뉴턴은 오클라호마주의 다른 마을들이 어떻게 그들의 시 경계 근처에 풍력 터빈의 건설 허가를 내줬는지 지켜봤다고 했다. 그 결과, 새로운 터빈으로부터 가장 멀리 떨어진 지역에서 도시의 모든 새로운 개발이 일어나고 있었다. 그녀는 "우리는 성장할 수 있는 공간을 원한다."라고 말했다.

넥스트에라는 또다시 풍력 터빈 침해를 제한하는 조례를 제정한 미시간주, 인디애나주, 미주리주 등 지방 정부를 상대로 소송을 제기했다. 힌튼을 고소한 지 불과 몇 주 지나지 않아, 이 회사는 미시간의 엘링턴 타운십과 알머 타운십이라는 소규모 지방 정부를 상대로 소송을 제기했다. 왜냐하면 이 두 지방 정부가 모두 십수 km^2에 달하는 시골 마을인 투스콜라 자치주에 풍력 터빈 4대 이상을 설치하는 118MW짜리 풍력 개발 사업인 '투스콜라 3'에 반대했기 때문이었다.[39] 인디애나주에서 넥스트에라는 루시 자치주의 의회가 회사가 건설하고자 했던 22개의 풍력 터빈 프로젝트에 대해 허가를 거부하자 주 정부에 소송을 제기했다.[40] 그리고 2016년 미주리주 클린턴 자치주에서는 풍력 터빈 설치를 금지한 후, 해당 자치주 공무원들을 상대로 주 정부에 소송을 제기했다. 2019년 4월, 이 풍력 에너지 대기업은 약 143m 높이의 31개 풍력 터빈을 설치할 수 있는 토지 이용 허가가 취소된 후, 미시간주 주니아타 타운십을 고소했다.[41]

또한 넥스트에라는 반(反)풍력발전 활동가 한 사람을 고소했는데, 그녀가 단지 프로젝트 중 하나를 반대했다는 이유였다. 이 회사는 2013년 캐나다 토론토의 최대 로펌 중 하나인 매카시 테트로트를 고용해, 캐나다 온타리오주 커우드의 거주민인 에스더 라이트만을 상대로 명예훼손 소송을 제기했다. 두 아이의 엄마인 라이트만이 회사의 분노를 산 이유는 무엇이었을까? 그녀는 자신의 'Ontario-windresistance.org' 웹사이트에서 이를 두고 "넥스테러(NexTerror)"와 "넥스트에러(NextError)"라고 칭했다. 내가 2015년 《내셔널 리뷰》에 소송 관련 최신 소식을 기고했을 때 넥스트에라는 이 소송에 대한 언급을 거부했다.

하지만 이것은 놀랄 일도 아니다. 맥카시 테트로트가 라이트만을 상대로 소송을 제기하기 직전, 온타리오주 의회는 넥스트에라가 그녀의 입을 막기 위해 제기하려는 'SLAPP 소송' 전술을 불법화하는 법률을 고려하고 있었다. SLAPP 소송은 필요 이상으로 상대방을 고소하여 전략적으로 봉쇄하려는 목적의 소송을 말한다. 거의 30개의 미국 주들이 SLAPP(strategic lawsuit against public participation, 공공 참여에 대한 전략적 소송의 줄임말) 소송의 남발을 금지하는 법안을 통과시켰다. 라이트만을 상대로 소송을 제기한 직후, 회사는 이 사건에 대해서 철저한 조사를 시작하겠다고 위협하며, 그녀에게 금전적 손해 보상을 받아 유나이티드 웨이(United Way) 자선 단체에 기부하겠다고 주장했다. 그 후 회사는 이 사건을 덮기로 했다. 넥스트에라가 60MW 풍력 개발 사업을 시작한 후, 라이트만은 가족의 거처를 커우드에서 뉴브런즈윅의 세인트앤드루스로 옮겼다. 그러나 넥스트에라는 결코 자신의 명예훼손 소송을 철회하지 않았다.[42] 2019년 6월, 라이트만은 자신에 대한 소송은 여전히 해결되지 않았다고 밝혔다. 그녀는 이메일을 통해, "세계에서 가장 윤리적인 기업 중 하나가 소송을 제기하지 않을 것이라고 말했다면 괜찮았을 것 같아요. 그렇게 했다면 회사 평판에도 도움이 되었을 거예요."라고 설명했다.

에스더 라이트만과 같은 개인들을 상대로 법적인 싸움을 거는 넥스트에라의 강력한 전략적 소송은 회사의 공들여 다듬어진 대외 이미지와 대조되는 중요한 사례이다. 2019년 2월 26일, 넥스트에라는 "12번째로 세계에서 가장 윤리적인 기업"으로 선정되었다는 보도자료를 냈다. 이번 발표에서 에티스피어 인스티튜트(Ethisphere Institute)는 "윤리적 사업 관행의 표준을 정의하고 발전시키는 세계적 선두주자"라고 공표했다. 이 보도자료에 따르면, 에티스피어의 CEO 티모시 어블리치의 말을 인용하여, "높은 윤리적 기준과 청렴성이 '넥스트에라 에너지'의 사업 전략의 핵심이며, 넥스트에라 에너지는 서비스를 제공하는 지역 사회를 개선하는 데 도움을 주고 있다."라고 말했다. 같은 보도 자료에서도 《포춘》지 선정 2019년 전기 및 가스 전력 회사 부문의 '가장 존경받는 기업'으로 13년 만에 12번째 1위에 올랐다고 밝혔다.[43]

넥스트에라는 작은 도시와 개인들을 법정에 세우고 있다. 그들은 거대한 풍력 에너지 발전 기업이면서 실제 수백만 달러의 보조금과 결부되어 있기 때문이다. 넥스트에라는 세계에서 가장 큰 풍력 에너지 생산 회사이지만, 실제 하고 있는 사업은 보조금 사냥인 것으로 보인다.

2017년 워싱턴 DC에 있는 비정당 소속의 싱크 탱크인 조세경제정책연구소(Institute on Taxation and Economic Policy)는 미국에서 가장 많은 보조금을 받는 기업 중 하나로 넥스트에라를 지목하는 내용의 보고서를 발표했다. 2008~2015년 넥스트에라는 215억 달러의 수익을 올렸지만 최종적으로 3억 1,300억 달러의 마이너스 법인세를 납부했다. 다시 말해서 7년 동안 넥스트에라의 법인세율은 -1.5%를 기록했다. 전체 산업에서 보잉과 제너럴 일렉트릭과 같은 대기업을 포함해서, 넥스트에라보다 법인세를 많이 납부한 기업은 단 10개 기업뿐이었다.[44] 조세경제정책연구소는 넥스트에라가 78억 달러의 보조금을 받았을 것으로 추정했다. 이 금액은 기업에 대한 정부 혜택을 추적하는 워싱턴 DC 소재 비영리 단체인 '굿 잡 퍼스트(Good Jobs First)'가 보고한 금액과 상당한 차이를 보인다.[45] 굿 잡 퍼스트는 넥스트에라가 주와 연방 보조금, 대출 보증에서 약 58억 달러나 모았다고 추정했었다.[46]

넥스트에라의 보조금 사냥 능력이 뛰어나다는 것은 곧 연방 정부에 법인세를 내지 않아도 된다는 것을 의미한다. 이 기업은 증권거래위원회에 제출한 2018년 10-K에서, 대차대조표에 33억 달러의 세액공제 이월액을 신고했다.[47] 세액공제 이월을 활용하면, 개인이나 사업체를 포함한 납세자는 이익을 상쇄하여 향후 세금 채무를 줄일 수 있다.

자금난에 처한 지방 정부를 위협하기 위한 목적이 분명했던 넥스트에라의 다국적인 소송 행태는 풍력 산업이 미국 농촌에서 반대에 부딪히는 일이 많아졌다는 사실을 반영한다. 내가 게재한 기사들, 거의 대부분의 지방 신문과 텔레비전 방송국의 기사들을 모아 본 결과, 2015년 한 해에만 미국의 65개 시군에서 관할 구역 내의 풍력발전소 건설을 금지하거나 제한 또는 연기하는 조례를 통과시킨 것으로 드러났다. 내 계산에 따르면, 2015~2019년 중반 사이에 230여 개 정부 기관이 풍력발전소 건설을 제한하거나 거부하기 위한 움직임을 보였다.

2018년에 발생한 풍력 제한 사례 중 하나로, 인디애나주의 헨리 자치주, 7개 지역 사회에서 마을 주변에 약 6.4km의 완충 지대를 설치하는 결의안을 통과시킨 일이 있었다. 《뉴캐슬 쿠리어 타임스》 기자인 대럴 래드포드는 "풍력발전에 반대하는 벽을 세우는 도시"라는 제목의 2018년 11월 1일자 기사에서 헨리 자치주에서는 "아직도 풍력발전 반대 운동이 많이 일어나고 있다."라고 전하며, 지역 사회 연합의 "절반 이상"이 풍력발전 반대 조례를 통과시켰다고 썼다.[48] 펜실베이니아주 포레스트 타운십은 베들레헴 수자원 당국이 소유한 부동산에 20개 이상의 터빈을 건설하려는 '아틀란틱 윈드'라는 기업의 신청을 거부했다. 지역구 위원회 폴 포갈 위원은 지역 방송 매체와의 인터뷰에서, "우리는 단지 이것이 마을 사람들에게 적절하지 않다고 느꼈을 뿐이다."라고 밝혔다.[49]

2009년부터 풍력 산업의 성장을 추적해 온 미시간주 주민 캐본 마티스는 중서부의 수십 개 지방 정부와 협의해, 그들이 거대한 풍력발전소의 침해를 막아 줄 기법과 토지 이용 규제에 일조하고 있다. 비영리 단체 '인터스테이트 정보시민연합(Interstate Informed Citizens Coalition)'의 자원봉사자인 마티스는 2018년 전화 인터뷰에서 풍력발전 분야에 대한 농촌 주민들의 경계심이 점점 더 높아지고 있다고 전했다. "몇 년 전만 해도 풍력 사업 회의에 100~200명이 참석하려면 1년은 걸릴 것 같았다. 하지만 지금은 지역에서 풍력발전을 반대하는 이들을 60~90일 만에 사오백 명은 모을 수 있다."라고 말했다.

마티스는 거대한 터빈을 설치함으로써 피해를 입고 있는 풍력발전소 인근에 자리한 미임대 소유지에 대한 "보상되지 않는 폐해와 안전성 감소"가 근본적인 문제라고 믿고 있다. 그는 이 문제의 결과가 "불법 침해 지정"이라고 말한다. 그는 소유지 경계선보다 주택을 기준으로 발생하는 차질과 소음 한계를 설정해서 풍력 산업이 정당한 보상 없이 이웃들로부터 사실상 보조금을 받고 있다고 하였다. 그는 이것이 "근본적으로 불공정하며, 소음 지정 원칙에 위배된다."라고 말했다.[50] 풍력 산업이 주변 토지 소유주에 전가하는 비용을 인정하고, 그들에게서 안락함을 보상하는 방법만이 풍력 산업의 유일한 길이라고 그는 주장한다.

풍력발전 반대의 목소리가 얼마나 거센지는 미국에서 가장 야심 찬 재생 가능 에너지 요구 조건을 가진 캘리포니아에서조차 풍력 발전소가 건설되지 않고 있는 것을 보면 알 수 있다. 캘리포니아는 2017년에 약 5,600MW의 풍력발전소를 설치했는데, 이는 과거 2013년보다 약 107MW가 줄어든 값이다.[51] 2017년 《샌디에이고 연합 트리뷴》의 롭 니콜레우스키는 로스앤젤레스 자치주의 풍력발전소 금지 외에도 샌디에이고, 솔라노, 인요 등 3개 자치주에서도 풍력발전소 금지 조례와 더불어 풍력 관련 규제를 통과시켰다고 보고했다. 그는 캘리포니아주 풍력에너지협회장의 말을 다음과 같이 인용했다. "우리는 주 전역에서 이와 같은 제한에 직면해 있다. … 새로운 개발의 잠재력 측면에서 보면 상당히 암울하다." 이 협회장은 캘리포니아에서 새로운 프로젝트를 진행하지 못하는 업계의 설정을 한탄했다.[52]

미국 국경의 북쪽을 바라보고 있는 온타리오주는 풍력 반대 운동의 중심지가 되어 왔다. 캐나다 지방에서는 90개 도시가 자신들을 "불굴의 주인"이라고 선언하고 있다.[53] 대서양 전역에서도 반대 운동이 명백하게 진행되고 있다. 2010년에 '풍력 기지에 대항하는 유럽인 플랫폼(EPAW)'은 20개국에서 약 400여 명의 회원을 확보하고 있었다. 2019년까지 그 규모는 4배 가까이 늘었으며, 32개국 1,471개 회원 조직에 이르렀는데, 독일 바바리아와 폴란드에서 반발이 특히 두드러졌다.[54] 두 지역 모두 가장 가까운 주택이나 민감한 다른 지역에서 10배 가까운 높이에 풍력 터빈을 설치해야 한다는 이른바 '10H 규정'을 시행하여 풍력 터빈 설치를 효과적으로 금지해왔다.[55] 정부가 10H 규정을 도입한 후, 2016년 폴란드 풍력에너지협회장은 "폴란드 풍경에서 풍력 단지가 사라지게 될 것"이라고 한탄했다.[56]

유럽에서 풍력발전에 대한 저항이 거세지고 있다는 사례는 수십 가지가 있다. 2011년 웨일스 중심부에 대규모 풍력발전소를 세우려는 계획을 중단할 것을 요구하며 1,500여 명의 시위대가 웨일스 국회에 몰려왔다.[57]

BBC는 "웨일스 중부에서 이 거대한 것을 파괴하고 싶다. … 시골 웨일스를 하나의 거대한 전력 발전소로 만들 것인가?"라는 시위대의 말을 인용했다.⁵⁸ 2015년 영국 정부는 와이트섬 근처의 영국 해협에 건설될 계획이었던 970MW 규모의 나비투스만 해상 풍력발전소의 허가를 반려했다.⁵⁹ 194개의 터빈을 사용하는 이 프로젝트를 거절한 이유는 "바다 경치와 풍경, 시각적 영향" 등의 이유 때문이었다.⁶⁰

스코틀랜드에서는 지방 야당이 계획한 수많은 풍력발전소를 당국이 거부했다.⁶¹ 2015년 퍼거스 유잉 스코틀랜드 에너지부 장관은 "후대에 남겨 줄 수 없는 풍경과 시각적 영향 때문에 계획이 거부되었으며, 그 이익은 어떠한 정책적 이익보다 크지 않다."라고 했다.⁶² 2016년 스코틀랜드의 유명한 네스호 부근에 제안된 풍력 개발 사업은 관광에 잠재적 영향을 미칠 수 있다는 이유로 현지 당국이 거부했다.⁶³ 스코틀랜드에서 풍력 터빈 추진을 가장 반대하는 단체 중 하나는 '스코틀랜드 스핀 반대(Scotland Against Spin)'이다. 이 단체는 웹사이트에서 풍력 에너지는 "고객에게 좋지 않고, 일자리에 나쁘며, 환경에도 좋지 않다. 시 공무원과 정치인 모두 재생 에너지 기업의 정치적 대변인(spin-doctors)들에게 포괄적으로 농락당해 왔다."라고 주장했다.⁶⁴

2018년 《폴리티코》는 프랑스에서 제안된 풍력 발전 사업이 마찰을 빚고 있다고 보도하면서, "신규 프로젝트의 70%가 항소하고 있다."고 밝혔다. 같은 기사에서 그리드 개발을 촉진하는 협회인 '리뉴어블스 그리드 이니셔티브'의 CEO 안토넬라 바타글리니의 말을 인용했다. 바타글리니는 "비중이 커지고 있는 재생 가능 에너지를 지원하는 데 필요한 그리드 인프라를 실현하는 것이 늦었다."라고 말했다. 왜 그렇게 되었나? "대부분 개발사업들은 지역적인 반대에 처해 있다. 국가나 유럽 수준에서는 볼 수 없지만 모든 곳에는 건설 반대가 존재한다." 유럽 전력망을 조정하는 기관인 유럽 송전 시스템 운영자 네트워크(European Network of Transmission System Operators for Electricity)의 분석에 의하면 350개의 송전 프로젝트 제안 중 100개가 '현지 수용성' 문제로 지연되거나 일정이 조정된 것으로 나타났다.[65]

농촌 주민들은 자신들의 부동산 가치를 우려해 풍력발전 사업에 반대하고 있다. 2015년 에너지 분석가 주드 클레멘테는 《포브스》 기고문에서 풍력 발전 사업이 인근 부동산의 자산 가치를 하락시킨다는 5개 연구를 인용했다. 그는 "풍력발전이 우리의 전기 포트폴리오에서 더 큰 역할을 차지하기 때문에, 지역 자산 가치에 미치는 영향을 더는 무시할 수 없다."라고 결론지었다.[66] 예를 들어, 시카고의 부동산 감정가 마이클 맥캔은 2010년에 일리노이주 애덤스 자치주 위원들에게 증언 하기를, "주민들의 자산 가치는 풍력 터빈 발전사업의 규모와 밀접한 영향 관계에 있다."라고 결론지었다. 그는 계속해서, "실물 자산 매매 자료에서 일반적으로 가치 손실이 25~40% 범위에서 나타나며, 일부는 주택의 포기 및 철거로 측정한 총손실에서, 일부는 풍력 에너지 개발자나 거의 완전한 시장성 상실을 보여 주는 기타 경우에서 나타난다."라고 덧붙였다.[67]

런던 정치경제대학(LSE)의 2014년 연구에서는 12년 동안 풍력발전소와 거리상 가까운 지역에 있는 100만 건 이상의 부동산 거래를 조사한 결과,

대형 풍력발전소에서 2km 이내에 있는 주택의 가치가 약 11%나 감소한 것을 밝혀냈다. LSE의 공간경제연구센터장 스티브 기븐스는 영국과 웨일즈의 풍력발전소 150곳을 연구하고 있다. 기븐스는 "풍력발전소가 보이지 않는 지역은 가격이 오르고 있고, 보이는 지역에서는 가격이 내려가고 있다."라고 이번 연구를 요약했다.[68]

2016년 독일 아헨 대학의 연구원 두 명은 에너지 경제학 학술지에 "풍력 터빈 건설로 큰 영향을 받는 부동산 가격은 9~14%가량 떨어졌다. 반면 풍력 터빈이 보이는 전망이 아주 작거나 그 주변에 있는 부동산은 평가 절하가 없었다."라는 연구 논문을 발표했다.[69]

2019년 독일의 싱크 탱크인 RWI의 연구 결과, 단독 주택의 가치는 "풍력 터빈이 1km 이내에서 가동을 시작하면, 평균 7% 정도 떨어진다."라고 밝혀졌다. RWI의 분석은 2007년에서 2015년 사이에 독일의 대표적인 온라인 부동산 중개업자의 사이트에 게시된 270만 채 이상의 주택 가격을 기준으로 이루어졌다. 풍력 터빈에서 8km 이상 떨어진 주택에서는 자산 가치의 하락이 없었다. RWI는 이러한 가치 하락이 시골 지역에 미치는 해로운 미학적 영향뿐만 아니라, 터빈에서 발생하는 잠재적인 소음 공해 때문이라고 말했다. RWI 연구원인 마누엘 프론델은 "풍력 발전은 에너지 전환 성공에 중요한 요소지만, 때에 따라 부동산 소유주에게 심각한 영향을 미칠 수 있다."라고 요약했다.[70]

농촌 주민들도 풍력 터빈으로 인한 소음 공해를 우려할 만한 이유가 있다. 워싱턴에 있는 로비 그룹 미 풍력 에너지 협회를 통해, 풍력 산업은 풍력 터빈이 큰 소음을 내지 않으며, 인간에게 해롭지 않다고 일관되게 주장해 왔지만, 사실은 그렇지 않다. 거대한 터빈에 의해 발생하는 가청 소음과 불청 소음이 사람을 자극하여 잠을 못 이루게 하며, 심하면 병들게 할 수 있다는 것을 보여 주는 과학적이고 경험적인 증거가 많이 있다.[71]

또한 풍력발전소 소음이 동물들에게 악영향을 미친다는 충분한 증거도 있다. 2013년 폴란드 연구진이 조사한 결과, 풍력 터빈에서 근접한 곳에서 사는 거위는 멀리 떨어진 곳에서 사는 거위보다 몸무게가 덜 나가고 "움직임에서 불안한 변화"를 보이는 것으로 나타났다.[72] 2015년에 다른 폴란드 연구진이 수행한 돼지에 관한 연구에서, 풍력 터빈 근처에서 사육되는 돼지는 대조군의 돼지보다 고기의 품질이 떨어진다는 사실을 밝혀냈다. 이 논문은 "고기 품질에 부정적인 영향을 주지 않기 위해서는 풍력 터빈에서 발생하는 소음에 동물들이 노출되지 않게 하는 것이 중요하다."라는 다소 애매한 평가로 끝을 맺었다.[73]

영국 왕립 수의대, 런던 동물학회, 스코틀랜드 해양연구소가 2016년 풍력발전소 근처에 사는 오소리들을 조사한 결과, 풍력 발전 터빈에서 1,000m 이내에 사는 오소리들이 대조군들보다 생리적인 스트레스를 더 많이 받는 것으로 나타났다. 또한 이 연구는 터빈에 가까이 사는 오소리들의 털에서 검출된 코르티솔 수치가 대조군보다 거의 세 배나 높다는 것을 발견했다. 코르티솔은 신체가 신진대사를 조절하고, 위험이나 스트레스에 반응하도록 돕는 부신에서 생성되는 스테로이드 호르몬이다. 이것은 때때로 "스트레스 호르몬"이라고도 부른다. 연구자들은 "풍력 기지 근처에 사는 오소리의 털에서 검출된 매우 높은 코르티솔 수치"는 오소리들이 "시상하부-뇌하수체-부신(HPA) 축 활동의 만성적인 증가로 고통을 겪고 있어서 스트레스를 심하게 받은 것으로 표현할 수 있다."라고 결론지었다.[74]

풍력 터빈의 소음에 대해 불평하는 이들에 관한 내 뉴스 매체 기사는 2009년으로 거슬러 올라간다. 그해에만 해도 텍사스, 오리건, 뉴욕, 미네소타, 위스콘신, 캐나다, 뉴질랜드, 호주, 프랑스, 영국의 시골 주민들은 풍력 터빈의 소음과 특히 수면 부족 문제에 대해 불만을 토로했다. 2010년 메인주 포트 켄트의 방사선 전문의인 마이클 니센바움 박사는 메인주 북동부의 마스힐 풍력발전소 근처에 사는 약 24명의 거주자들을 조사했다. 같은 해 그는 연구 결과를 발표했는데, 풍력 터빈에서 약 1.1km 이내에 거주하는 주민의 82%가 수면 장애를 호소했다. 또한 니센바움은 대조군으로 터빈으로부터 최소 5km 이상 떨어진 지역에 사는 24명에 대해서도 조사했다. 그는 대조군에 속한 사람 중 4%만이 수면 장애를 호소한다는 사실을 발견했다. 그는 "농촌 환경에서 1.5MW 이상의 터빈을 능선에 배치하면 이로부터 1km 이내에 사는 사람들이 부정적인 영향을 받게 된다는 것은 의심의 여지가 없다."라고 결론지었다.[75] 그는 이 인터뷰에서 풍력 산업이 "의도적으로 수면 방해 문제를 무시하고 있다."라고 피력했다.[76]

수면 부족은 인간을 병들게 할 수 있다. 니센바움은 2010년 버몬트주 몽펠리에서 열린 기자회견에서, 마스힐 주민들에 대한 초기 조사를 마친 후 이 같은 견해를 밝혔다. 니센바움 교수는 "두통은 수면 부족과 밤낮이 바뀌는 질병으로 이어진다."라고 말하면서 소음 공해를 겪고 있는 사람들에게는 심리적인 도움은 필요하지 않고, "그들의 집에서 터빈을 멀리 떨어뜨려야 한다."고 덧붙였다.[77] 2012년 니센바움은 두 명의 공동저자와 함께 연구 결과를 학술 저널 〈노이즈 앤 헬스〉에 발표했다. 이 논문은 "산업용 풍력 터빈 근처에 사는 사람들이 수면 장애와 건강 이상이라는 부작용을 겪는다는 것을 뒷받침한다."라고 결론지었다.[78]

하버드 대학에서 교육을 받은 칼 필립스 5세 박사는 2011년 〈과학, 기술, 사회 회보(Bulletin of Science, Technology & Society)〉 저널의 동료 검토에서, "풍력 터빈이 인근 주민들에게 심각한 건강 문제, 특히 스트레스 장애 유형의 질병을 적지 않은 비율로 유발한다는 많은 증거가 있다."라고 결론지었다.[79]

세인트루이스에 있는 워싱턴 대학 의대 이비인후과 연구 과학자 알렉 솔트는 풍력발전 사업의 건강 효과에 대해 광범위하게 연구했으며, 풍력 터빈의 소음이 "사람의 건강을 위협할 수 있다."는 결론을 내렸다. 솔트는 풍력 산업군이 "인간은 초저주파 소음을 들을 수 없으므로, 인간에게 영향을 미칠 수 없다는 입장을 취해 왔지만, 우리는 이 점에 강하게 동의하지 않는다."라고 밝히고 있다.[80] 2012년 논문에서 솔트와 워싱턴 대학의 동료인 제프리 리히텐한은 "저주파 음의 생리적 영향은 널리 알려진 것보다 더 복잡하다. 이런 지식을 바탕으로 우리에게 인식되지 않는 소리라도 귀에는 분명하게 전달되고, 아직 완전히 이해되지 않은 방식으로 사람들에게 영향을 미칠 수 있다는 것을 우려해야 한다."라고 결론지었다. 또한 그들은 초저주파 및 저주파 소음으로 내이(內耳)의 부종인 '국소적 내림프 수종(ELH)'

을 초래할 수 있다고 결론짓는다. 이 상태는 현기증과 평형감각 상실로 이어질 수 있다.[81] 풍력 터빈에서 발생하는 소음에 대해 불평하는 사람들 사이에서 이 두 가지 증상은 매우 흔하다. 따라서 저주파 소음과 초저주파 소음이 몸의 균형을 잡는 역할을 하는 전정기관계에 영향을 미치는 것으로 보인다.

2012년 미국 로스앤젤레스 캘리포니아대 청각생리학 교수이자 전문가인 피터 나린스는 학술지 〈어쿠스틱스 투데이(Acoustics Today)〉에 논문을 발표했다. 이 논문에서 나린스와 공동 저자인 후안-슈 애니 첸은 풍력 터빈이 '실질적인 수준의 초저주파 소음 및 저주파 소음'을 발생시킨다는 것을 발견했으며, "지역 사회 노출과 잠재적 건강 위험을 최소화하기 위해 풍력발전 계획과 지리적 위치에 대한 조정과 규제가 필요하다."라고 주장했다.[82]

덴마크, 이란, 독일, 포르투갈의 다른 연구들도 모두 이와 비슷한 결론을 내렸다. 2014년 덴마크 연구진은 "풍력 터빈의 소음이 용량-반응 관계에서 노출된 피실험자의 두통과 수면 장애의 위험을 증가시킨다는 것을 발견했다."라고 밝혔다.[83] 또한 2015년 이란 연구진은 풍력 터빈의 소음이 "두통, 수면, 건강에 직접적인 영향을 미칠 수 있다."는 점을 밝혀냈다.[84]

2017년 독일 연구진은 "주택에서 가까운 풍력 터빈 건설은 주거 복지에 상당한 부정적 영향을 미친다."라고 결론을 내렸는데, 그 영향은 풍력발전소에서 약 4km 이내에 거주하는 사람들도 감지할 수 있다.[85] 포르투갈 연구원 5명이 실시한 2017년의 연구는 "풍력 터빈 소음은 개인의 안락한 삶을 크게 훼손한다. 왜냐하면 주택 개조에 필요한 자원을 쓰거나 지출을 고려하는 결정에 큰 영향을 미치기 때문이다."라고 결론지었다.[86]

수년 동안 풍력 산업은 앞에서 열거한 것과 같은 연구 결과를 무시해 왔다. 풍력 산업은 잘 속는 기자들의 도움을 적지 않게 받았다. 예를 들어, 《파퓰러 사이언스(Popular Science)》의 2018년 기사에는 "멀리서 보면 풍력 터빈의 소음은 냉장고 소음 수준이다."라고 쓰여 있다. 이 기사의 출처는 세계 최대 풍력 터빈 제조업체 중 하나인 제너럴 일렉트릭이다.[87]

풍력 산업계와 관련 업계들도, 불평하는 이들이 말하는 불편함과 불면증의 이유가 단지 상상에 불과할 뿐이라는 '노시보(Nocebo)' 효과가 있다고 주장한다. 그러나 노시보 효과가 그렇게 강하고 풍력 터빈에 의한 소음 공해 문제가 전혀 없다면, 왜 전 세계 많은 지역에서 그렇게 많은 사람이 소음 공해 문제에 대해 오랫동안 불평해 왔을까? 게다가 풍력 터빈 소음이 문제가 되지 않는다면, 왜 그렇게 많은 나라의 과학자들이 이것이 문제라는 것을 적시하는 논문을 발표했을까? 그리고 왜 풍력 산업은 소음에 불만을 품은 주민들을 매수해 왔을까?

2018년 《미네아나폴리스 스타 트리뷴》은 '위스콘신 파워 앤 라이트(Wisconsin Power and Light)'가 "지속적인 소음 때문에 불만이 많은 버니와 셰릴 하겐, 데이브와 비르짓트 랭루드"의 주택들을 사들였다고 보도했다. 이 두 부부는 수년 동안 벤트 트리 풍력발전소에서 나는 소음에 대해 불평해 왔다. 미네소타 상무부가 실시한 2016년 연구는 풍력발전소 소음에 대한 불만이 '실질적'이었으며, 이 발전소의 터빈이 주 소음 기준을 초과했다는 사실을 밝혀냈다.⁸⁸ 전력 회사가 그들의 주택을 구매하기로 합의하기 전인 2017년 데이브 랭루드는 《스타 트리뷴》의 마이크 휴렛에게 10대의 풍력 터빈이 그의 집에서 1.2km 이내에 건설되어 있는데, 가장 가까운 것은 고작 350m 떨어져 있다고 했다. 그는 "우리 집 안에서 쉭, 쉭 하는 소리가 들린다. 잠을 잘 수 없고, 늘 수면 부족에 시달렸다. 시외에 나가면 그제야 부족한 잠을 보충할 수 있었다."라고 말했다. 그는 터빈 근처에 가까이 거주하는 다른 사람과 마찬가지로 소음 때문에 종종 심한 두통을 앓았다. 게다가 주택 내부를 포함해서 그의 소유지는 회전하는 터빈 날개의 그림자로 인한 스트로보 효과인 그림자 깜박임(shadow flicker) 현상의 영향을 받았다. "그래서 미칠 지경이다."라고 랭루드는 말했다.⁸⁹

풍력 터빈의 소음이 문제가 되지 않는다면, 매사추세츠와 아이오와에 있는 도시에서는 왜 에너지 회사들에 풍력발전 시설을 해체하고 철거하도록 강요하는가? 매사추세츠주 팔머스에서는 마을이 폐수처리장에 설치한 120m짜리 풍력 터빈 한 쌍을 소음 때문에 폐쇄했다.⁹⁰ 지난 2012년 닐 P. 안데르센과 그의 아내인 엘리자베스 L. 안데르센은 터빈에서 나는 소음 때문에 소유지에서 누릴 수 있는 자격을 박탈당했다고 주장하며, 팔머스 마을을 고소했다. 2017년 법원은 합의와 함께, 1.65MW 터빈 2대에 대해 가동을 중단하라는 명령을 내렸다. 팔머스시는 이로 인해 터빈을 해체하고 철거하는 데 약 100만 달러가 들 것으로 추산했다.⁹¹ 안데르센은 2018년 《팔머스 엔터프라이즈》 신문의 기자에게 터빈 소음을 이렇게 설명했다. "소리는 들리지 않지만 가슴까지 전해지는 쿵쾅거리는 맥박 소리이다. 극도로 고통스럽다. 심장 박동처럼 들려서 잠을 잘 수 없다. 미칠 것 같다."[92]

2018년 터빈 소음에 대한 수많은 불만이 제기된 후 아이오와주 페어뱅크에 있는 마을 주민들은 3년 간의 법정 투쟁에서 승리하여 풍력발전 운영자들에게 3대의 풍력 터빈을 철거하도록 했다. 137m 높이의 터빈 근처에 사는 체니 허쉬는 지역 유력지인 《드모인 레지스터》에 기계 소음은 너무 나쁘고, "날개가 돌면서 항상 만들어 내는 쿵쾅거리는 소음 때문에 문 앞에 나가 대화를 하며 앉아 있기도 힘들었다."고 말했다.[93]

모든 풍력발전소가 소음 문제를 일으키는 것은 분명히 아니다. 하지만 터빈이 작동할 때 발생하는 저주파음(10~200Hz)과 초저주파음(0~10Hz) 문제가 사람에게 다양한 영향을 미친다는 것은 확실하다. 어떤 사람들은 소음의 영향을 빨리 느끼고 이를 멀미에 비유한다. 반면 다른 사람들은 소음을 전혀 느끼지 못할 수도 있다. 그럼에도 불구하고 저주파 소음과 초저주파 소음에 의한 폐해는 수십 년 전부터 잘 알려져 있다. 미국 국립보건원이 발간한 2001년 보고서는 초저주파에 노출되면 현기증이 생길 수 있으며, "피로, 무감각, 우울증, 귀 압력, 집중력 저하, 졸음"도 유발할 수 있다고 밝혔다.[94]

풍력 터빈의 소음과 인간의 건강에 관한 학문적 연구 외에도, 지난 10여 년 동안 나는 풍력발전소가 주택 인근에 건설된 후 건강 이상을 경험했거나 심지어 집을 떠난 수십여 명을 직접 인터뷰한 적이 있다. 2010년 미주리주 킹시티 근처에 있는 거대한 터빈에 의해 밀집 대형으로 둘러싸인 농장의 말 조련사 찰리 포터와 이야기를 나누었다. "위압적인 소음, 수면 부족, 끊임없는 두통" 그리고 불안 때문에 그와 아내는 18년이나 살았던 8헥타르 규모의 농장을 포기해야만 했다. 가장 가까운 풍력 터빈은 그들의 집에서 약 549m 떨어진 곳에 있었다. 터빈에서 나는 소음은 "우리가 누려 온 전원생활을 망쳤다."라고 포터는 말했다. "우리는 농장을 팔 생각이 전혀 없었다. 하지만 지금은 팔고 싶어도 팔 수가 없게 됐다."

2010년에는 뉴질랜드 마카라 인근의 가족 농장에서 양을 키우던 자넷 워렌을 인터뷰했는데, 그녀와 가족은 인근에 풍력 터빈이 건설될 당시 202헥타르에 달하는 농장을 소유하고 있었다. 그녀는 이메일을 통해 나에게 이 터빈은 "지속적인 소음과 진동"을 발산하는데, 그 결과 "만성 수면 장애로 인한 집중력 저하, 울화병, 단기 기억력 감퇴"를 겪고 있다고 말했다. 워렌의 집에서 약 884m 떨어진 곳에 설치된 이 터빈은 2009년 7월부터 가동하여 전기를 생산하기 시작했고, "우리는 8월부터 공식적으로 소음 규정 준수 불만 사항을 기록하기 시작했다."라고 그녀는 말했다. 2010년 초, 그녀와 남편은 소음 때문에 어쩔 수 없이 집을 떠났다.[95]

또 2010년 위스콘신주 엠파이어의 주민 토니 모이어와 인터뷰를 가졌는데, 그는 2008년 말경 자신의 집에서 426m 떨어진 곳에 세워진 풍력 터빈 3대가 만들어 내는 소음 때문에 큰 고통을 안고 살고 있었다. "밤에 자다 깨면, 울부짖는 듯한 소리로 다시 잠을 잘 수가 없다." 모이어와 아내는 수면 유도에 도움이 된다는 백색 소음기도 사용했지만, 아무 소용이 없었다. 그들은 집을 팔 수도 없었다. "동쪽, 서쪽, 북쪽에 풍력 터빈이 설치되어 있어서 집을 팔 수 있는 유리한 옵션이 없었다. 부동산업자와 이야기하면, 그들은 풍력발전소 근처의 집은 팔리지 않는다고 말한다."[96]

2016년에 나는 풍력 소음의 또 다른 피해자 마이클 키인을 인터뷰했다. 2004년에 키인과 아내 도로시는 아일랜드의 로스커먼 자치주에 있는 0.85헥타르의 외딴 오두막을 7만 2,000유로에 매입했다. 그 후 몇 년을 보내면서, 약 10만 유로를 더 들여 그곳을 개조했다. 하지만 인근에 풍력 터빈이 건설된 직후인 2013년에 이들은 집을 떠났다. 키인에 따르면, 2016년에 그들은 이 부동산을 5만 5,000유로라는 헐값에 팔았다.[97]

키인은 이메일을 통해 "지난 2년 동안 집에서 750m 떨어진 에네르콘 2.3MW 터빈 2대의 건설 소음에 시달려야 했다."라고 말했다. "우리는 수면 부족, 만성 스트레스, 불안 증세를 진단받은 후, 의사 3명의 조언에 따라 과감한 결단을 내렸다."[98] 터빈에서 나는 소음이 문제가 되지 않는다는 풍력 산업계의 주장에 대해 질문했을 때, 그는 "풍력 산업이 세계의 정부에 어떤 도움을 주고, 이들은 어떻게 방조했는지에 대한 진실은 곧 밝혀질 것이다."라고 대답했다. "어떤 이들은 자살을 생각할 정도로 고통을 당했으며, 많은 이들의 삶은 고통으로 가득 찼다."[99]

또한 2016년에는 데이브와 로즈 엔즈를 만났다. 2011년 엔즈 부부는 밀워키에서 북쪽으로 약 1시간 30분 정도 떨어진 브라운 자치주에 있는 작은 농업 공동체이면서, 위스콘신주 덴마크 근처에 있는 그들의 집을 떠날 수밖에 없었다. 그 이유는 집 근처에 지어진 6대의 풍력 터빈에서 발생하는 소음 때문이었다. 가장 가까운 터빈은 16.6헥타르의 땅에 지어진 그들의 집에서 약 975m 떨어진 곳에 설치되었다. 부부는 1978년에 부동산을 매입했다. 셜리 풍력발전소로 알려진 듀크 에너지 소유 20MW 규모의 발전소가 터빈을 가동하기 시작한 직후, 두 사람은 모두 "두통, 귀 통증, 메스꺼움, 시력 저하, 불안, 기억 상실, 전반적인 불안감 등 수많은 증상을 경험하기 시작했다."라고 엔즈는 말했다.[100] 엔즈 부부는 집에 머무르면서 자신들의 캠핑 차량에서 살거나 친구 집에 머물기 시작했다.

2016년에 세워진 위스콘신주 덴마크 근처의 풍력 에너지 반대 표지판
출처: 저자 촬영

브라운 자치주 주민 중 엔즈 부부만 풍력 발전 소음에 시달리는 것은 아니었다. 《그린베이 프레스 가제트(Green Bay Press Gazette)》에 따르면, 이 자치주에서 약 20가구가 터빈 소음에 의해 부정적인 영향을 받았다. 그리고 "브라운 자치주 보건부장인 오드리 머피에 의하면, 세 가구가 풍력 터빈 발전에서 발생하는 저주파 소음으로 인한 신체적 질병을 피해 집을 떠났다." 2014년 이 문제를 조사한 후, 이사회는 터빈을 공중 보건 위험으로 선포한 발의안에 대해 4대 0으로 가결(의결)했다. 머피는 《가제트》와의 인

터뷰에서, "이 문제를 힘겹게 조사하면서, 시민들을 돕기 위해 어떤 조치가 필요하다고 느꼈다."라고 말했다.[101]

2015년에 현 보건국장 츄 샹은 이사회의 결정을 철회하고, 터빈 소음과 인간의 건강 문제를 직접 연관시킬 충분한 증거가 없다고 결론지었다.[102] 같은 해, 샹은 동료에게 그녀가 풍력 터빈 근처의 지역을 방문할 때마다 편두통에 시달렸다고 말했다. 결정 철회 직후, 샹은 브라운 자치주에서 다른 직책을 맡기 위해 사임했다.[103]

내가 엔즈 부부를 만났을 때, 그들은 덴마크에 있는 자신의 집에서 만나는 걸 거절했다. 대신 우리는 인근 지역인 라이트스빌에 있는 서브웨이 샌드위치 가게에서 만났다. 몇 년 전부터 그들이 처한 곤경에 대해 데이브와는 여러 번 통화했지만, 로즈는 직접 만난 적이 없었다. 그린베이의 제지 공장에서 30년 넘게 일해 온 데이브는 "우리는 이런 것들을 전혀 예상하지 못했습니다."라고 말했다. 내가 로즈와 데이브에게 왜 부동산을 팔지 않느냐고 물었을 때, 로즈는 "우리는 양심적인 사람들이다. … 만약 어떤 가족이 그리로 이사를 온다면, 가족 중 몇 명은 병에 걸릴 것이다. 어떻게 좋은 마음으로 이 집을 팔 수 있을까? 그들은 꼼짝없이 당하게 될 것이다."라고 대답했다. 45분 정도 잡담을 나눈 후, 우리는 잠시 휴식을 취했다. 주차장에 서서 서로 작별 인사를 할 때, 데이브는 "우리가 가진 재산권을 지켜야 할 미국 땅에서, 어떻게 풍력발전소를 추진하는 회사 때문에 우리 땅에서 강제로 쫓겨나는 일이 생길 수 있을까?"라고 물었다.

토지 이용 분쟁에는 태양열 발전소를 둘러싼 다툼도 포함된다. 캘리포니아에서는 현재 모하비 사막에서 운영되고 있는 377MW 규모의 이반파 태양열 단지가 "멸종 위기종으로 등재된 사막거북에게 영향을 미친다."라는 이유로 환경 보호론자들의 거센 반발을 사고 있다.[104] 14km²에 달하는 이 개발 사업은 계속되겠지만, 이반파는 매우 거대한 규모 때문에 미국에서 건설된 극소수의 태양열 에너지 개발 사업 중 하나가 될 것이다. 한편 2016년 뉴욕에서는 지역 환경 단체들이 태양열 발전소의 진입로를 만들기 위해 약 146만km²(350에이커)에 달하는 롱아일랜드의 삼림 지대를 황폐하게 벌채하는 것에 반대하며 투쟁했다. 이 프로젝트를 반대하는 사람 중 한 명인 딕 암퍼는 AP 통신에 "세계 어느 곳에서도 숲에서 태양열 발전을 하는 것은 어리석은 짓"이라고 말했다.[105]

위스콘신주 라이트빌 인근 샌드위치 가게에서 만난 로즈와 데이브 부부(2016년 8월 4일)
출처: 저자 촬영

2019년 1월 버지니아주 스폿실베이니아 자치주의 주민들은 발전소가 완공되면 약 26km²에 달할 500MW 규모의 태양열 발전 개발 사업과 싸우고 있었다.《프리랜스 스타(Free-Lance Star)》의 프레데릭스버그에 따르면, 지역 주민들은 태양열 발전소가 "집 근처에 위치하기에는 너무 크며, 잠재적인 건강과 환경적 위험을 초래할 수 있다. 또한 자산 가치에 미치는 영향에 대해서도 우려한다."[106] 《볼티모어 선(Baltimore Sun)》은 같은 달, 조지타운 대학이 후원하는 태양열 에너지 개발 사업을 둘러싸고 메릴랜드주 찰스 자치주에서 격렬하게 이루어진 논란에 대해 보도했다.《볼티모어 선》의 스콧 댄스 기자가 쓴 기사를 보면, 97헥타르의 숲을 완전히 벌채해야 하는 태양열 개발 사업은 '생태계의 멸종과 청정에너지 추구' 사이에서 선택해야 하는 문제이다. 댄스는 남김없이 완전히 깎여 나가게 될 이 숲은 "오듀본 협회가 '중요한 조류 보호 지역'으로 선정한 메릴랜드의 30여 개 지역"보다 더 드문 것 중 하나라고 설명했다. 이것은 이 숲이 거대하고 가까이에 남아 있는 흔치 않은 숲이라는 것을 의미한다. 시에라 클럽의 메릴랜드 남부 지부의 한 회원은 태양열 개발 사업이 "미래를 생각하지 않는다."고 표현했다.[107]

2019년 5월 인구 6,000명의 뉴욕 캄브리아 마을 이사회는 100MW 베어리지 태양열 발전소 제안을 만장일치로 거부했다. 만약 건설된다면, 2억 1,000만 달러의 이 사업으로 약 364헥타르에 달하는 지역에 태양열 집열판이 가득 찰 것이다. 투표 며칠 후, 나는 캄브리아 마을에서 27년간 감독직을 맡아 온 라이트 엘리스와 이야기했는데, "우리는 태양열 개발 사업을 원하지 않으며 이를 반대한다."라고 말했다. 이 사업 제안은 캄브리아의 구역 지정법을 위반한다고 했다. 게다가 태양열 사업이 "영구적인 농

경지 손실"을 초래하고, 인근 350여 채의 주택 가치를 잠재적으로 떨어뜨릴 것이라고 주장했다.[108]

풍력 에너지의 확산은 박쥐와 조류에도 치명적인 영향을 미치고 있다. 2013년 한 연구는 미국의 풍력 터빈이 연간 약 88만 8,000마리의 박쥐와 57만 3,000마리의 새를 죽이고 있다고 추정했다. 이렇듯 희생당하는 조류 중에는 약 8만 3,000마리의 맹금류들도 포함되어 있다.[109] 같은 해, 미국 어류 및 야생동물 관리국(USFWS)의 맹금류 생물학자들은 큰 풍력발전기가 대머리독수리와 황금독수리에 미치는 치명적인 영향에 관한 논문을 발표했다. 그들은 2007년에서 2011년 사이에 풍력 터빈으로 인해 6마리의 대머리독수리를 포함하여 85마리의 독수리가 희생됐다고 발표했다.[110] 이 보고서의 주저자인 조엘 파겔은 이 값을 '절대적으로 최솟값'이라고 말했다.[111] 2007년에 미국은 17GW의 풍력 에너지를 설치했고, 터빈 때문에 두 마리의 독수리가 죽었다고 보고서는 밝혔다. 연구원들은 2011년까지 풍력발전소는 47GW로 증가했고 터빈에 의해 24마리의 독수리가 죽었다는 사실을 확인했다.[112] 풍력의 용량이 3배가 되는 기간 동안에 희생되었다고 기록된 독수리 수는 12배 증가했다.

풍력 터빈으로 인해 독수리 사망률이 증가한다는 파겔의 2013년 연구는 어류 및 야생동물 관리국이 "풍력발전소가 독수리를 강제로 쫓아내거나 날개 충돌로 인한 죽음을 막기 위해, 과학적으로 입증될 만한 어떠한 보호 조치도 하지 않았다."라고 했던 보고서의 발표 이후, 몇 달 후에 공개되었다.[113]

2018년 벵갈루루에 있는 인도 과학연구소(ISS)의 생태학자들은 20년 동안 풍력발전소가 운영된 인도 서부 가츠 산맥에 서식하는 야생 생물들을 대상으로 풍력 터빈의 영향을 연구했다. 연구자들은 풍력발전소가 최상위 포식자의 위치와 같아질 수 있다는 걸 발견했다. 이 보고서는 "이 지역에서 포식 조류들의 활동이 줄어들면서, 풍력 터빈은 효과적으로 낮은 열대 수준에서 연쇄적으로 영향을 미쳐 포식자 없는 환경을 만든다."라고 설명했다.[114] 또한 그들은 풍력발전소 인근 지역에 그렇지 않은 지역보다 훨씬 더 많은 도마뱀이 서식하고 있다는 걸 발견했다. 이 연구는 풍력발전소가 "복잡한 생태학적 결과"를 낳고 있으며, "과소평가 되었지만 새롭게 영향을 미치는 부분이 상당히 많다."라고 결론지었다.[115]

풍력 에너지 증진론자들은 건물과 고양이도 새를 죽이고 있다며 조류 사망 수를 낮추려고 다양한 시도를 하는 중이다. 그들의 말이 사실일 수도 있다. 그러나 집고양이는 황금독수리나 대머리독수리를 죽이지 않는다. 하지만 풍력 터빈은 수십 마리씩 죽이고 있다. 같은 풍력 에너지 증진론자 중 많은 사람들은 기후 변화가 풍력 터빈보다 야생동물에 더 큰 장기적 위협이 된다고 주장한다. 그럴 수도 있고 아닐 수도 있다. 그러나 미래의 어느 시점에 동물들이 기후에 영향을 받게 된다고 해서, 야생동물을 지금 즉각적으로 희생시킨다는 것은 전혀 말이 되지 않는다.

풍력 터빈은 박쥐들에게 특히 치명적이다. 2016년 미국 지질조사국 소속 과학자 토머스 오셔와 폴 M. 크라이언 박사는 세 명의 동료와 함께 풍력 터빈이 박쥐 집단 폐사의 가장 큰 원인이라는 논문을 발표했으며, 이 논문에는 풍력 터빈으로 인해 폐사하는 박쥐 수가 박쥐를 괴롭히는 곰팡이 병인 백비증후군(white-nose syndrome)으로 인한 개체 사망 수를 초과한다는 내용을 담고 있다.[116] 이 논문의 논의 부분에서, 크라이언 박사는 풍력 산업이 박쥐 개체수에 미치는 해악이 장기적으로 부정적인 영향을 미칠 수 있다고 하였다. "박쥐는 수명이 길고 번식 속도가 매우 느리다. 박쥐의 개체 수는 매우 높은 성체 생존율에 의존한다. 이는 박쥐가 큰 손실로부터 매우 느리게 회복된다는 것을 의미한다."라고 밝히고 있다.[117]

환경 보호 단체인 버드 스터디 캐나다가 2016년 발표한 풍력 에너지에 대한 보고서에서, 박쥐 개체군에 대한 풍력 터빈의 유해한 영향을 추가로 확인할 수 있다. 이 연구에 따르면, "캐나다 전역에서 죽은 박쥐가 조류보다 더 자주 보고되고 있으며, 발견된 모든 조류 사체의 75%를 차지한다." 보고서는 2015년 5월 1일부터 10월 31일 사이에, 온타리오의 풍력 터빈에서만 약 4만 2,656마리의 박쥐가 죽었고, 그 기간 동안 각각의 풍력 터빈에서 하루에 약 18마리의 박쥐가 죽는다는 걸 발견했다.[118] 온타리오에서 죽은 박쥐 중에는 작은갈색박쥐나 북부긴귀박쥐와 같은 희귀종이나 멸종 위기종도 포함되어 있었다. 또한 이 보고서는 같은 6개월 동안 지역의 풍력 터빈이 462마리의 맹금류를 죽게 했다는 것을 발견했다.[119]

박쥐는 독수리만큼 인기가 없다. 하지만 박쥐는 중요한 꽃가루 매개 동물이면서 식충류이다. 경제학자들은 텍사스에서만 박쥐가 연간 10억 달러 이상의 살충제를 절약하는 것으로 추정했다.[120] 2014년 박쥐에 관해서 세계 최고의 전문가 중 한 명인 멀린 터틀을 만나, 유일하게 날아다니는 이 포유류에게 풍력 발전이 미치는 영향에 관하여 이야기한 적이 있다. 그는

"박쥐 개체군에 정통한 사람이라면 누구나, 풍력 터빈이 여러 박쥐의 장기 생존력에 미치는 영향에 대해 깊이 우려하고 있다."라고 말했다. 국제 박쥐 보호 단체를 창립한 터틀은 박쥐의 느린 생식률에 대한 논점을 다시 강조했다. "무익하게도 우리는 새로운 멸종 위기종들이 생겨날 커다란 위험에 처해 있다. 생태계와 농업 면에서 박쥐의 이점을 잃을 위험이 있다."라고 말했다.[121]

풍력 터빈이나 태양열 사업과 같은 발전 설비의 인적·생태적 영향은 대규모의 재생 가능 발전소의 건설이 직면한 토지 이용 과제의 한 측면에 불과하다. 대도시 고객들에게 태양열과 풍력발전 전기를 옮기는 데 필요한 고전압 송전선을 놓고, 시골 지역에서 토지 이용 분쟁이 벌어지고 있다.

아이오와주는 2017년 고전압 송전선 이용을 금지하는 법을 제정했다. 이 조례는 아이오와에서 일리노이까지 전기를 운반할 수 있는 805km에 달하는 20억 달러의 고전압 직류 송전선(Rock Island Clean Line)을 더 이상 사용하지 못하게 만들었다.[122] 이러한 반대에 부딪혀 이 프로젝트의 개발사인 휴스턴에 본사를 둔 클린 라인 에너지 파트너스(Clean Line Energy Partners)는 아이오와주 프로젝트 신청을 철회해야 했다.

2018년 초에 클린 라인 에너지 파트너스도 아칸소주 전역에 걸쳐 1,159km, 25억 달러어치의 송전선을 건설하느라 들인 수년 간의 노력을 중단한다고 발표했다. 플레인즈와 이스턴 클린 라인(The Plains and Eastern Clean Line)의 목표는 오클라호마에서 미국 남부와 남동부의 고객들에게 풍력 에너지를 전달하는 것이었다. 그러나 이 사업은 주 의회 대표단이 이 협정을 반대했던 아칸소주에서 격렬한 반대에 부딪혔다.[123] 이 사업이 취소된 후, 대표단은 송전 개발 사업의 종료는 "주 정부의 권리에 대한 승리이며 아칸소에 대한 승리"라는 성명을 발표했다. 이 성명서에서 에너지 개발 사업이 "승인 과정에서 아칸소 토지 소유주들의 발언권을 빼앗아서는 안 된다."라고 계속해서 발표했다.[124]

또한 2018년 뉴햄프셔 규제 당국은 매사추세츠주에 있는 퀘벡 수력발전 시설에서 소비자에게 전력을 전달하는 노던 패스 트랜스미션(Northern Pass Transmission)이라는 고압 송전 사업을 거부했다. 뉴햄프셔 부지 평가 위원회는 화이트 산맥을 통과하는 300km, 16억 달러 규모의 이 사업을 만장일치로 거부했다.[125]

이와 유사한 고전압 사업인 25억 달러 규모, 약 1,200km의 그레인 벨트 익스프레스(Grain Belt Express)는 미주리주 시골 주민들의 반대로 수년 동안 지연됐다. 2010년에 처음 제안된 4,000MW 개발 사업은 캔자스주에서 인디애나주 등으로 전기를 이전하도록 설계되었다.[126] 그러나 2015년 미주리주 공공 서비스 위원회는 주 토지 소유주들에 대한 비용이 이익을 상회하는 것으로 결론짓고 사업을 중단했다.[127] 사업을 둘러싼 다툼이 부분적으로 해결된 것은 1988년 중반이었다. 미주리주 대법원은 송전선을 찬성하는 판결을 내렸다. 그러나 미주리주의 몇몇 자치주들은 여전히 이 개발사업을 승인해야 하며, 2018년 말까지 송전선 사업은 민간 토지 소유자로부터 얻어야 할 700개 이상의 지역권 중 40개 정도만 획득했을 뿐이다.[128] 일리노이주의 법적 문제도 해결해야 할 과제로 남아 있다.[129]

옥상 태양열 시스템을 제외한 모든 발전소는 그들이 생산한 에너지를 고객에게 전달하기 위해 송전선과 배전선이 필요하다. 그러나 재생 가능 에너지 개발 사업은 특히 긴 송전선에 의존한다. 최고의 풍력, 태양열, 수력 자원은 전기 사용량이 적은 시골 지역에 있기 때문이다. 이러한 원격 지역에서 수요가 많은 도시 지역으로 전기를 이동하려면 긴 송전선이 필요하다. 재생 가능 에너지 용량이 전력망에 더 많이 추가될수록 더 많은 전송 용량을 구축해야 한다. 2012년 미국 국립 재생 가능 에너지 연구소(NREL)는 미국이 재생 가능 에너지원에서 90%의 전기를 끌어오려면, 고전압 전송 용량을 두 배로 늘려야 할 것으로 추정했다.[130] 현재 미국은 약 38만 6,000km의 고전압 송전선을 보유하고 있다.[131] 고전압 프로젝트가 직면하고 있는 마찰을 고려해 볼 때, 미국이 그 용량을 두 배로 늘릴 수 있을지는 매우 의심스럽다.

물론 재생 가능 에너지와 고전압 송전 사업이 모두 토지 이용을 둘러싼 논쟁을 불러일으키는 것은 아니지만 그들 중 대다수는 그렇다. 그리고 이런 사업들의 확산에 따라, 토지 이용을 두고 더 많은 갈등이 불가피하다. 따라서 토지 이용이나 비용 등의 문제가 이미 재생 가능 에너지의 성장을 제한하고 있다면, 전기 생산자들은 치솟는 세계 수요를 충족시키고 온실가스를 덜 배출하기 위해 무엇을 사용해야 할까? 이에 대한 해답은 원자력 에너지이다.

19
원자력의 필요성

> 지금까지 원자(atom)는 최고의 악당으로 여겨졌다.
> 우리의 머릿속에 그 파괴력이 먼저 자리 잡은 것이다.
> 그러나 같은 힘을 창조와 모든 인류의 복지를 위해 사용할 수 있다.
>
> - 하인즈 하버, 『우리의 친구 원자(Our Friend the Atom)』 중[1]

뉴욕 뷰캐넌에 있는 인디언 포인트 에너지센터(IPEC)에 전기를 생산하는 기계는 거의 보이지 않는다. 물론 돔 형태의 원자로 건물은 수 킬로미터 떨어진 곳에서도 볼 수 있다. 그러나 발전기를 움직이는 열을 발생시키기 위해 소량의 우라늄이 핵분열하고 있는 원자로 건물은 방문객들의 행동의 자유가 엄격하게 제한되어 있다. 원자로에서 생성된 증기가 발전기의 날개를 회전시켜 그 운동 에너지를 전기로 변환하는 터빈은 커다란 금속 덮개로 가려져 있고, 전기가 생산되는 주 발전기도 이와 비슷하게 가려져 있다. 그럼에도 불구하고 운 좋게 2호기 터빈 홀 안으로 들어갈 수 있는 방문객들은 이 거대한 기계의 내부를 엿볼 수 있다.

항공기 격납고 크기의 터빈 홀 중앙에는 고강철 주 터빈 축의 짧은 구획을 드러내기 위해 장막과 관로, 안전 장벽이 벗겨져 있다. 가벼운 기름 칠로도 1분에 1,800바퀴 정도 회전을 하며 희미한 빛을 낸다. 지름이 약 20cm 정도 되는 이 축은 아무 소음도 발생하지 않는다. 대신에 이 축의 회전 운동은 터빈 홀에서 느낄 수 있는 희미한 윙윙거림, 진동과 합쳐진다.

61m 길이의 구동축은 원자로가 생산한 3,200MW의 열에너지를 약 1,000MW로 변환할 수 있는 강철 척수라고 할 수 있다.[2] 그 전기는 '빅애플'이라 부르는 뉴욕의 대부분을 움직인다. 이 단일 축 자체만으로 뉴욕시의 860만 명의 거주자 중 8분의 1에 해당하는 이들에게 에너지를 공급할 수 있다. 5개 자치구의 전등, 엘리베이터, 지하철, 전차 8개 중 1개를 작동하는 건 물론이고, 100만 명 이상의 뉴욕 시민이 정교하게 균형 잡힌 이 회전 강철 조각 한 개 덕분에 생성된 전기에 의존하고 있다는 것은 매우 놀라운 사실이다.

에디슨 시대부터 대규모로 전기를 생산하는 사업은 2호기의 터빈 홀에 있는 것과 비슷한 기계에 의존해 왔다. 목표는 똑같이 유지되었다. 즉, 자석의 연축기 내부에서 구리 코일을 회전시키는 구동축을 돌려서 전류를 생성한다. 그리고 구동축을 회전시킬 때 2호기와 3호기는 거의 차이가 없다. 인디언 포인트에 있는 두 개의 원자로는 미국에서 가장 큰 엔진에 속한다. 가장 더운 여름날에, 적절한 작동 온도를 유지하기 위해 매분 320만 ℓ의 허드슨 강물을 응집 장치를 통해 퍼내야 할 정도로 많은 열을 생산한다.

나는 언론계에 종사하는 동안 공장, 광산, 정유 시설 그리고 수많은 발전소를 방문했다. 인디언 포인트는 그들 모두를 관심 밖으로 밀어낸다. 이는 후버 댐, 게이트웨이 아치, 워싱턴 기념비와 같은 미국의 상징물들과 함께 높이 평가되어야 하는 공학, 건축, 독창성의 경이로운 산물이다. 아아, 그렇지 않다. 인디언 포인트는 다른 시대의 상징물이다.

인디언 포인트는 정부와 기업들이 크게 성장하고 있을 때 시작되었다. 뉴딜과 제2차 세계 대전을 계기로 연방 정부와 주 정부는 주간(州間) 고속도로, 다리, 내륙 수로, 수력 발전 사업과 같은 대형 공공사업을 벌였다. 미국은 1930년대부터 1960년대에 미국의 건축 비평가 루이스 뭄포드가 나중에 '민주주의의 피라미드'라고 불렀던 많은 댐 구조물을 건설했다.[3] 인디언 포인트 건설은 드와이트 아이젠하워 대통령이 주간 고속도로 시스템을 시작한 것과 같은 해인 1956년에 시작되었다.[4] 2년 전인 1954년에는 미국 최초의 상용 원자로가 펜실베이니아주 선적항에서 이미 건설되고 있었다.

인디언 포인트는 미국에 세워진 어떤 위대한 댐과도 동등하거나 이를 능가한다. 그러나 이 댐에 의해 생기는 거대한 저수지와는 달리, 고밀도화의 최고점을 대표한다.[5] 이 두 개의 원자로는 원자력 에너지의 가장 큰 장점인 탁월한 전력 밀도를 완벽하게 보여 주는데, 이것들은 자연을 위해 땅을 아껴 쓸 수 있게 한다.

이 점을 설명하기 위해 인디언 포인트의 설치 공간과 재생 가능 에너지를 수용하는 데 필요한 공간을 비교해 보자. 인디언 포인트는 1km² 미만이다.[6] 이 작은 설치 구역에서 인디언 포인트는 연간 약 16.4TWh의 무탄소 전기를 안정적으로 생산한다.[7] 인디언 포인트의 발전량을 이해하기 위해 설치 공간을 상황에 맞게 구상해 보면, 이런 식으로 생각해 볼 수 있다. 뉴욕시 센트럴 공원 안에 3개의 인디언 포인트를 넣을 수 있다.

이제 인디언 포인트의 설치 공간과 생산성을 풍력 터빈에 의해 전기를 생산하는 것과 비교해 보자. 연간 같은 양의 전기를 생산할 수 있는 해상 풍력발전소의 예상 산출량을 기초로 약 4,005MW의 풍력 터빈을 건설해야 할 것이다.[8] 이 정도의 용량이라면 약 1,335km^{2}에 걸쳐 수백 개의 터빈을 분산시켜야 한다.[9] 따라서 토지 이용이나 해양 이용의 관점에서, 현재 인디언 포인트에서 생산되고 있는 것과 같은 양의 전기를 풍력 에너지로 생산하기 위해서는 약 1,300배의 땅이 필요하다.[10]

상상하기만 해도 너무 많은 숫자이다. 그러므로 센트럴 공원을 다시 한 번 떠올려 보자. 맨해튼에 있는 이 유명한 공원의 둘레 안에 3개의 인디언 포인트가 들어갈 수 있다는 점을 기억하자. 이는 인디언 포인트에서 생산하는 에너지 생산량을 풍력으로 대체하려면 센트럴 공원 대지의 400배를 풍력 터빈의 숲으로 뒤덮어야 한다는 걸 의미한다.

작은 설치 면적이나 뉴욕시 전력 공급의 중요성, 탄소를 배출하지 않는다는 점에도 불구하고, 인디언 포인트는 조기 폐쇄될 예정이다. 2021년이 되면 2호기와 3호기의 구동축이 회전을 멈춘다. 노후화로 인해 원자로가 폐쇄되는 것이 아니다. 그것들은 앞으로 수십 년간 계속 가동되는 대신 정치적인 이유로 폐쇄되고 있다. 리버키퍼(Riverkeeper)와 천연자원방어위원회(Natural Resources Defense Council) 등 반핵단체들은 원자력 발전소가 허드슨강의 물고기에게 피해를 주고 뉴욕 시내와 주변 주민들에게 위험을 끼치고 있다며, 수년 동안 원전 폐쇄를 주장해 왔다. 민주당 소속 앤드류 쿠오모 뉴욕 주지사는 반핵 운동에 동참할 것을 선언했고, 2017년 초 그는 두 개의 원자로가 폐쇄될 예정이라고 의기 양양하게 발표했다.

인디언 포인트의 폐쇄가 온실가스 감축 노력을 방해하고 있는, 미국 전역에서 벌어지고 있는 무분별한 원자로 퇴출의 일환이라는 것이 나로서는 불만스럽다. 실제로 온실가스 감축에 있어 원자력 에너지가 중요한 역할을 함에도 불구하고, 미국 원자력 에너지 부문은 전면적인 위기에 처해 있다. 2013년과 2018년 사이에, 미국의 전력 회사는 15개의 원자력 발전소를 폐쇄했거나 폐쇄한다고 발표했다. 이 원전의 총생산량은 연간 133TWh이다.[11] 이는 2017년 미국의 모든 태양열 시설에서 생산한 것보다 약 70%나 더 많은 탄소 제로(0) 전기이다.[12] 미국 원자로는 조기 퇴역할 뿐만 아니라, 2020년대 중반 아이다호에 건설될 예정인 소형 원자로를 제외하고 미국의 전력 회사가 고려 중인 새로운 원자력 발전소는 없다.

이 모든 것을 폐쇄하는 결과는 명백하다. 맨해튼 프로젝트 시절부터 원자력 에너지의 개발과 배치에서 세계를 이끌어 온 미국의 경우 원자력 에너지는 급속히 도태되고 있다. 이는 그린피스와 시에라 클럽의 반핵 운동가들을 기쁘게 할지는 모르지만, 기후 변화를 막는다는 면에서는 큰 손실이다. 또한 미국의 원자력 능력의 상실은 전기 가격 상승, 전력망의 안정성 저하, 재생 가능 에너지 프로젝트의 설치 공간을 둘러싼 토지 이용 분쟁 확대 등을 의미할 수 있다.

뉴욕시 전력: 연간 16.4TWh의 전기 생산을 위해 원자력과 풍력 에너지가 요구하는 토지 면적 비교

┠— 센트럴파크(3.4km²)   ■— 인디언 포인트 에너지센터(1km²)

원자력 에너지
1km² 또는 센트럴파크 규모의 0.3배

<

풍력 에너지
1,335km² 또는 센트럴파크 규모의 약 400배

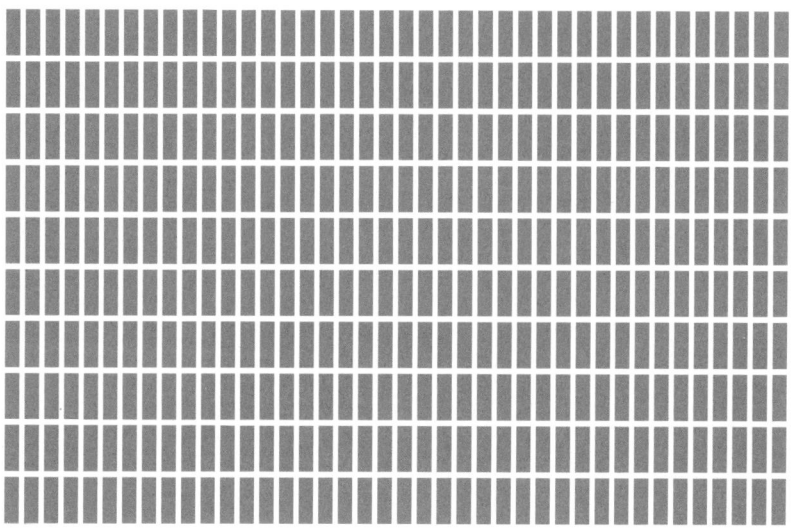

출처: 천연자원방어위원회, 저자 계산

• ○ •

더 나아가기 전에, 원자력 에너지에 관한 내 견해를 분명히 밝히고자 한다. 만약 여러분이 온실가스와 원자력에 반대하는 사람이라면, 여러분은 정전(blackout)에 찬성하는 것이다. 원자력 에너지 사용을 많이 늘리지 않고서는 전 세계의 이산화탄소 배출량을 간단히 줄일 방법이 없다.

수많은 과학자가 그 사실을 명백히 밝혀 왔다. 2011년 세계에서 가장 유명한 기후 과학자 중 한 명인 제임스 한센은 "재생 에너지가 미국, 중국, 인도 또는 전 세계에서 화석연료 사용을 단계적으로 빠르게 줄여 나갈 거라고 생각하는 건 부활절 토끼와 치아 요정을 믿는 것과 비슷하다."라고 썼다. 그는 이어서 정치인과 환경 단체는 "부활절 토끼 환상에 경의를 표한다. 이는 하기 쉬운 일이기 때문이다. 그들은 화석연료의 필요성을 단계적으로 줄여 나가기 위해, 실제로 무엇이 필요한지는 설명하기를 꺼린다."라고 하였다.[13]

2013년 말, 한센과 다른 세 명의 기후학자들은 환경 운동가들에게 원자력 지원을 권장하는 공개서한을 썼다. 그들은 "원자력을 지속적으로 반대하는 것은 위험한 기후 변화를 피할 수 있는 인류의 능력을 위협한다. 풍력, 태양열, 바이오매스와 같은 재생 가능 에너지는 미래의 에너지 경제에서는 확실히 제 역할을 하겠지만, 이러한 에너지 자원은 세계 경제가 요구하는 규모로 저렴하고 안정적인 전력을 공급할 만큼 매우 빠르게 확장하지는 못한다."라고 썼다.[14] 2015년 파리에서 열린 유엔 기후 변화 회의에서, 2013년 서한의 공동 저자 중 한 명이자 카네기 과학연구소의 기후 과학자인 켄 칼데이라는 원자력이 모든 배출량 저감 노력의 일부가 되어야 한다는 자신의 의견을 다시 피력했다. "목표는 재생 가능 에너지 시스템을 만드는 것이 아니다. 우리가 할 수 있는 한 환경적으로 가장 유리한 시스템을 만드는 동시에, 가장 저렴한 전력을 제공하는 것을 목표로 삼아야 한다. 태양이 빛을 잃고 바람이 현대 문명에 필요한 규모로 불지 않을 때, 탄소를 배출하지 않는 동력을 제공할 수 있는 기술은 단 한 가지뿐이다. 그것이 바로 원자력이다."라고 말했다.[15]

또 국제에너지기구(IEA)는 2015년에 "원자력 발전은 온실가스 배출을 제한하는 중요한 요소"라고 선언했다. 만일 세계 각국이 허용 한도로 널리 합의된 '2°C 시나리오'로 온도 상승을 제한할 수 있다는 희망을 품으려면, 2018년에 총 375GW였던 세계 원자력 발전 용량이 2050년까지 두 배 이상 증가해야 한다.[16]

2019년 5월, 국제에너지기구는 원자력 에너지 사용을 더 늘리지 않는다면 전 세계 이산화탄소 배출량이 급증할 것이며, "청정에너지 시스템으로 전환하려는 노력이 급격히 어려워지고 비용이 더 많이 들 것"이라고 선언하면서 원자력에 대한 지지를 재차 강조했다. 그렇다면 과연 얼마나 큰 비용이 들까? 이 기관은 "원자력 에너지 사용이 계속 감소할 경우 2018~2040년까지 선진국 전기 부문에 1조 6,000억 달러의 추가 투자가 필요할 것"이라고 추산했다. 다시 말해 "선진국 전체에서 전기 공급 비용이 연평균 800억 달러에 가까워질 것"으로 예측하는데, 이것은 물가 상승을 의미한다. 또한 이 보고서는 토지 이용 갈등이 커지면서 태양열과 풍력 에너지가 그 공백을 메울 수 없음을 분명히 밝히고 있다. 파리에 본사를 둔 이 기관은 "풍력 발전 설치에 대한 저항과 태양열 집열판 농장은 재생 에너지 용량을 늘리는 데 큰 장애물"이라고 말했다.[17]

온실가스 배출량을 줄이기 위해 원자력 에너지가 중요한 것은 인디언 포인트를 다시 한 번 살펴보면 알 수 있다. 2017년 엠파이어 스테이트의 전력망을 관리하는 비영리 단체인 뉴욕 독립 시스템 운영자(New York Independent System Operator)는 2021년까지 인디언 포인트의 두 원자로를 예정대로 폐쇄하면, 거기서 생산되는 전기는 대부분 3개의 가스 화력발전소로 대체될 것이라고 결론을 내린 보고서를 발표했다.[18] 원자로가 폐쇄될 때마다 항상 탄화수소를 태우는 발전소로 대체되는데, 이는 이산화탄소의 배출량을 증가시킨다는 말이다. 한 가지 추정에 따르면, 인디언 포인트가 폐쇄되고 그 생산량이 가스 화력발전소로 대체될 때 뉴욕의 전기 부문 배출량은 29% 증가한다.[19]

2017년 뉴잉글랜드 독립 시스템 운영자(New England Independent System Operator)는 2014년 604MW 버몬트 양키 원자력 발전소 폐쇄 이후, 온실가스 배출량이 전년 대비 3% 가까이 증가했다고 보고했다.[20] 그러면 배출량이 늘어난 이유는 무엇인가? 뉴잉글랜드의 가스 화력발전 전기 비율은 원자력 발전소 가동 중단 이후 6포인트 상승하여 49%에 육박했다.[21]

2013년 캘리포니아주 당국자들이 샌오노프레 원자력 발전소의 조기 폐쇄를 협상한 후, 비슷한 결과가 발생했다. 폐쇄 후, 버클리 캘리포니아

대 하스 경영 대학원 교수인 루카스 데이비스는 미시간 대학의 제럴드 R. 포드 대학 공공정책 대학원에서 일하는 캐서린 하우스먼과 함께 연구한 결과를 논문으로 발표했다. 이 논문은 샌오노프레가 문을 닫은 후 첫해에 캘리포니아의 이산화탄소 배출량이 약 900만 톤이나 급증했다는 내용을 담고 있다. 그들은 그 양이 "도로에 200만 대의 자동차를 추가로 투입하는 것과 같다."라고 지적했다.[22]

버몬트 양키와 샌오노프레의 폐쇄는 인디언 포인트의 폐쇄와 함께 암울한 전망의 일부이다. 2020년대 중반까지, 미국은 설치된 원자력 용량의 5분의 1을 조기 폐쇄할 수 있을 것이다.[23] 무엇이 폐쇄를 부추기고 있는가? 주요 요인은 저가 천연가스이다. 또 원자력 발전소는 많은 보조금을 지원받는 풍력이나 태양열에서 생산되는 전력과 도매 시장에서 경쟁해야 한다. 노후화된 원자로, 후쿠시마 원전 사고 이후의 규제, 그리고 거대 환경 단체들의 끝없는 반대가 더해지면서 미국의 원자력 부문은 계속 타격을 받아 왔다.

충분한 자금 지원을 받는 원자력 반대론자들은 이 발전소를 폐쇄한다는 소식에 환호했다. 수십 년 동안, 원자력 에너지 반대파들은 자신의 주장을 정당화하기 위해 방사능, 폐기물, 그리고 비용이라는 세 가지를 이용하여 비판해 왔다. 그러면 이 과정을 순서대로 살펴보도록 하자.

원자력 안전의 관점에서 보면 2011년 3월 11일에 일본 후쿠시마에서 일어났던 일보다 더 무서운 시나리오는 상상하기 어렵다. 리히터 규모 9.0의 지진이 일본 해안에서 130km 떨어진 지역을 강타했다. 지진이 일어난 지

몇 분도 지나지 않아, 후쿠시마 제1원자력 발전소에 7개의 쓰나미가 잇따라 덮쳤다. 이로 인해 원자력 발전소의 냉각수 펌프를 계속 가동하도록 설계된 예비 디젤 발전기가 곧바로 고장 났다. 하루 뒤에는 수소 폭발로 1호기 원자로 건물 지붕이 날아가 버렸다. 이후 며칠간 비슷한 폭발이 2호기와 3호기를 강타하여[24] 3개의 원자로가 용융되었다.[25] 이는 1986년 체르노빌 사고 이후 최악의 원전 사고였다. 후쿠시마 재난 이후 그린피스는 방사능 공포를 심기 위해 최선을 다했다. 2011년 3월 22일,《뉴욕 타임스》의 기명 논설 페이지인 '옵에드(op-ed)'에서, 국제 그린피스 대표 쿠미 나이두는 "원자력 에너지는 실질적 해결책이라고 하기에는 비싸고 치명적인 방해물"이라고 선언했다. 나이두는 원자력 에너지는 "본질적으로 안전하지 않으며" 방사능으로 인해 발생할 수 있는 "유전적 돌연변이, 선천적 결함, 암, 백혈병 등의 질병은 끔찍하다."라고 주장했다.[26]

소비자들에게 '방사능 공포증'을 심어 주려는 그린피스의 노력에도 불구하고, 원자력 에너지가 여전히 가장 안전한 전기 생산 방식으로 남아 있는 것이 현실이다.[27] 후쿠시마 사고로 정확히 두 명의 사망자가 발생하였다. 쓰나미가 원자로 단지를 강타한 지 약 3주 후에, 노동자 두 명의 시신이 이 공장에서 발견된 것이다. 그들은 방사능으로 죽지 않았다. 사인은 익사였다.[28]

그렇다고 후쿠시마에서 일어난 일의 심각성을 축소하려는 건 아니다. 그곳의 혼란을 해결하는 데에만 수십 년이 걸리고, 수천억 달러가 들 것이다. 모든 과대 선전과 두려움에도 불구하고, 후쿠시마에서 정확히 방사능에 의한 사망자는 나오지 않았다. 반복해서 말하면, 일본이나 다른 어느 곳에서도 후쿠시마 사고에서 유출된 방사능으로 죽은 사람은 없다. 여러분은 지구의 벗, 그린피스, 시에라 클럽을 포함한 세계 최대의 반핵 단체들로부터 이 말을 듣지 못했을 것이다. 모두가 방사능 공포증을 원자력 에너지를 반대하는 운동의 중심 교리로 삼았다. 그런데도 사실은 분명하다.

2013년 유엔 방사선 영향 과학위원회(UNSCEAR)는 후쿠시마에 대한 보고서를 발표했는데, 후쿠시마에서는 "사고 현장과 관련된 약 2만 5,000명의 근로자 중 방사선 관련 사망자는 아직 관찰되지 않았다. 소수의 고(高)노출 근로자를 고려할 때, 방사선 피폭으로 인한 갑상선암의 과도한 사례가 향후 몇 년 동안 발견될 가능성은 낮다." 갑상선암은 방사선 피폭에 의한 가장 흔한 질병 중 하나이다. 유엔 위원회는 18개 국에서 온 80명의 과학자로 구성되었다.[29]

2018년 영국 임페리얼 칼리지 런던(Imperial College London)의 게리 토마스 교수는 후쿠시마의 방사능 공포가 과장되었다고 말했다. 토마스는 60분 호주 방송과의 인터뷰에서, 후쿠시마에 여러 번 가 본 적이 있으며, 이른바 이 "아름다운 나라"로 되돌아가는 데 망설이지 않을 것이라고 했다. 체르노빌 조직 은행을 운영하며 방사능의 영향에 관한 분야의 전문가인 그는 체르노빌 사고로 인한 방사선 중독 사망자가 최대 160명 이하일 것이라고 말했다.[30] 이것은 예상했던 수천 명의 사망률보다 훨씬 적은 것이다. 후쿠시마에서 방사능으로 인한 사망률은 어떨까? 토마스는 "절대 아무도 없다. … 방사선 중독으로 죽은 사람은 없다."라고 단언하였다.[31] 그는 후에

〈60 Minutes〉 보도에서 톰 스타인포트 기자에게 다음과 같이 말했다. "우리가 체르노빌과 후쿠시마에서 배운 교훈은 방사선이 실제 주변 지역 사람들의 건강에 해악을 끼치지는 않는다는 것이다. 이는 단지 방사능 공포증이다. 두 사고에서는 실제 물리적 피해보다 심리적 피해가 훨씬 더 크다."[32]

반핵 단체 등은 안전한 방사선량 수준은 없다고 주장하면서 방사능 공포를 부채질하고 있다. 사실 우리는 항상 방사선에 노출되어 있다. 그뿐만 아니라 방사선은 암을 포함한 수많은 질환을 의료적으로 치료하는 데도 널리 이용되고 있다. 이러한 사실에도 불구하고, 원자력 산업은 '알라라(ALARA)'라고 알려진 정책에 의해 제약을 받아 왔으며, 이는 방사능 수치를 "합리적으로 달성 가능한 낮은 수준(As Low As Reasonably Achierable)"으로 유지해야 한다는 걸 의미한다. 그러나 에너지 분석가인 제임스 콩카가 《포브스》의 2018년 기사에서 지적했듯이, ALARA에 따르면 원자력 산업은 이제 "과거의 방사선 수치를 보호"하기 위해 수십억 달러를 소비해야 한다. 그는 "방사능은 지구상에서 가장 약한 돌연변이 유발 물질 중 하나"라고 덧붙였다. "그래서 누구에게 해를 끼치려면 상당한 양의 방사선이 필요하다."[33]

콩카의 기사는 히로시마와 나가사키의 원폭 이후 인간의 건강에 미치는 방사능 영향과 관련하여 미국 유전학회가 2016년 발표한 분석에 동의하고 있다. 이 연구는 "구체적인 후속 연구로 밝혀진 실제와 비교할 때, 사고 당시 생존자와 그 자녀들의 암 발생률, 선천적 기형 등에 대한 대중의 인식이 크게 과장되어 있다."라고 결론지었다.[34]

반핵 운동가들은 방사능에 대한 과장된 우려 외에도, 원자로에서 생성되는 방사성 폐기물은 안전하게 폐기할 수 없으므로 새로운 원전을 건설해서는 안 된다고 기계적으로 주장하고 있다. 다시 말하지만, 이는 사실이 아니다. 환경 진보(Environmental Progress)의 창립자이자, 세계 최고의 원자력 에너지 지지자 중 한 명인 마이클 셸렌버거가 지적했듯이, 원자력 에너지의 폐기물 처리 흐름은 사실 원자력의 최대 장점 중 하나이다. 캘리포니아 대학 캠퍼스에서 몇 블록 떨어진 버클리 근처 텔레그래프 거리에 있는 환경 진보 사무실에 앉아 있는 동안, 셸렌버거는 나에게 원자력 에너지가 "독성 폐기물을 모두 처리하는 유일한 전기 생산 방법"이라고 말했다. 그는 원자력 에너지가 환경으로 흘러들어가는 것을 막고 있음에도, 사람들은 원자력 발전소에서 나오는 폐기물이 큰 문제라고 생각한다고 말했다.

셸렌버거를 비롯한 사람들은 핵폐기물 문제가 기술적인 문제가 아니라 정치적 문제라고 지적했다. 이는 인디언 포인트 사례에서 보면 알 수 있다. 내가 공장을 방문했을 때 두 명의 엔터지(Entergy) 직원인 제리 나피와 브라이언 뱅고르가 원자로에서 나온, 사용 후 핵연료를 보관하는 시설을 보여 준 적이 있었다. 이 시설의 북쪽에는 테니스 코트 두 개 크기의 면적에, 업계에서는 '건식 저장 용기(dry cask)'로 알려진 큰 강철 콘크리트로 만들어진 약 30여 개의 원통이 있었다. 통마다 높이는 4.5m, 지름은 2.4m 정도 되고 무게는 100톤가량 되었다.

줄지어 늘어선 원통들을 보면서, 내가 태어난 해로부터 2년 후인 1962년에 전기를 처음 생산하기 시작한 이래로 발전소의 전체 운영 시간 동안 사용한 대부분의 핵연료가 이렇게 좁은 공간에 다 들어갈 수 있다는 사실에 크게 놀랐다. 만약 어떤 테러리스트가 이 원통을 훔쳐 나가려고 한다면 어떻게 될까? 그럴 가능성에 대해 질문했을 때, 나피는 "기본적으로 불가능합니다."라고 대답했다. 그러고는 회사가 현장 주변의 건식 저장 용기를 통제하기 위해 사용하는 거대한 기계를 가리켰다. 거대한 금속 궤도에서 작동하는 이 기계는 시간당 1.6km 정도 움직였는데, 방사성 물질을 조금이라도 훔치려는 사람이 타고 도주할 만한 차량은 아니었다.

인디언 포인트의 건식 저장 원통은 미국의 원자력 에너지 부문에서 만들어진 핵폐기물의 일부이다. 뉴욕에 이 시설 공사가 시작된 1950년대 이후, 미국 내에서 약 8만 톤의 고준위 폐기물을 생산해 왔다. 이것은 어쩌면 많은 양처럼 들릴지도 모르지만 이 사실을 생각해 보자. 만약 모든 폐기물을 한곳에 모아 약 9.1m 높이로 쌓아 올린다면, 그것은 대략 축구 경기장 한 개 정도의 면적을 차지할 것이다.[35]

핵폐기물의 핵심은 적절한 관리이다. 프랑스는 세계 최고의 핵폐기물 처리 사례 중 하나를 보여준다. 프랑스는 약 60개의 원자로에서 약 75%의 전기를 얻는다. 게다가 세계원자력협회(WNA)에 따르면, 프랑스는 세계에서 가장 높은 수준의 표준화된 원자로를 보유하고 있다.[36] 이들 발전소에서 나오는 모든 고준위 방사성 폐기물을 수집, 압축, 용해하고 있으며, 현재는 라 아그 지역 인근의 단일 시설에 안전하게 보관하고 있다.

2018년, 뉴욕 뷰캐넌 인디언 포인트 에너지센터(IPEC). 건식 원통 보관 구역은 사진의 오른쪽 아래에서 찾아볼 수 있다.

출처: 타이슨 컬버 촬영

프랑스는 사례로서 핵폐기물 처리에 필요한 정치적 의지를 보여 주지만, 미국 의회는 수십 년 동안 정치적으로 비겁한 행동을 보여 왔다. 1982년 연방 정부가 원자력 전력 회사 스스로 모든 핵폐기물을 제거하도록 요구하는 법률인 '핵폐기물 정책법(Nuclear Waste Policy Act)'이 의회에서 통과되었을 때, 샌안토니오 스퍼스는 NBA 우승을 5번이나 했고, 나사(NASA)는 화성 탐사 로봇을 착륙시켰다. 이러한 지상과 우주의 위업에도 불구하고, 미국의 경우 아직도 원자로에서 나오는 사용 후의 핵연료를 장기간 보관하고 폐기할 수 있는 장소가 없다. 그 결과, 핵폐기물은 인디언 포인트 등 전국 수십 곳에 나뉘어 계속 보관되고 있다.[37]

2011년 대통령 자문 위원회인 미국 원자력의 미래에 대한 블루 리본 위원회는 미국의 사용 후 핵연료 정책이 "전부 완전히 붕괴되었다."라고 요약했다.[38] 지난 수십 년간, 연방 정부는 네바다주 유카산의 폐기물 저장소에 약 150억 달러를 지출해 왔지만 정치는 시설의 개방을 막았다.[39] 2008년 버락 오바마는 네바다주에서 선거 운동을 하는 동안, 강력한 주의원인 민주당 상원 의원 해리 레이드와 인사를 나누며, 유카산 지역에 대한 연방 자금 지원을 취소하겠다고 약속했다. 당선된 후, 오바마는 이를 바로 실행했다. 비록 유카산이 언제 개방될지는 확실하지 않지만, 연방 정부는 여전히 실행 가능한 선택권을 가지고 있다. 현재 인디언 포인트의 건식 원통과 다른 핵시설들은 연방 정부가 소유하고 있는 부지에 임시 보관될 수 있다. 에너지부는 사우스캐롤라이나의 사바나강 부지, 테네시주의 오크리지 국립연구소, 워싱턴주의 핸퍼드 부지 등 핵폐기물을 임시로 보관하기에 탁월한 후보 지역을 몇 군데 보유하고 있다. 또 다른 장소로 뉴멕시코주의 폐기물 격리 파일럿 플랜트(WIPP)는 연방 정부가 국방부에서 만들어진 방사성 폐기물을 처리하는 데 이미 활용하고 있다. 의회가 이 문제를 다루기 위한 정치적 의지를 모을 수 있다면, 이곳 또한 핵폐기물을 저장하는 데 사용될 수 있을 것이다.

이러한 연방 정부 부지들은 이미 폐기물을 감시할 수 있는 보안 및 안전 시스템을 갖추고 있다. 미 국립연구소의 근로자들은 수십 년의 핵물질 관련 경험을 보유하고 있고, 연구실 근처의 지역 사회는 원자력 에너지에 정통하며, 그 연구소가 제공하는 일자리를 유지하기 원한다. 게다가 그 부지들은 충분히 넓다. 예를 들어, WIPP는 41km²를 차지한다. 연방 소유의 이 부지를 사용해서 핵폐기물을 임시로 보관한다면, 의회가 유카산을 개방하거나 다른 폐기 장소를 찾는 데 충분한 시간을 줄 것이다. 한편 미국의 원자력 에너지 분야에서 나온 대부분의 사용 연료는 전기를 생산하기 위해 사용된 같은 위치에 계속 저장될 것이다.

방사능 공포와 폐기물 처리는 원자력 분야를 방해하고 있지만, 원자력 에너지의 미래가 직면하고 있는 가장 큰 문제는 비용이다. 이것은 미국의 최근 역사를 보면 알 수 있다. 2012년 미국 원자력규제위원회(NRC)는 조지아주 오거스타 인근 보글(Vogtle) 3, 4호기의 건설 허가를 승인했다. 주로 서던사가 소유하고 있는 보글 원자로는 2,200MW의 전기를 생산할 수 있다. 이 두 원자로는 1978년 이후 미국에서 처음으로 건설 허가를 받았다. 이들은 피동 냉각을 허용하고, 후쿠시마에서 발생한 용해 사고에 대한 내성을 강화하도록 설계된 웨스팅하우스 AP1000이다. 원자로가 발표되었을 때, 이 프로젝트의 총비용은 140억 달러로 추산되었다. 이 프로젝트는 부분적으로 에너지부로부터 83억 달러의 대출 보증을 받아 자금을 확보했다.[40] 보글 원자로가 NRC로부터 승인을 받은 직후, NRC는 사우스캐롤라이나에 있는 두 개의 AP1000 원자로인 서머 2와 서머 3에 대한 건설 허가를 추가로 승인했다.

그러나 2017년 일본 도시바의 자회사인 웨스팅하우스는 보글(Vogtle)과 서머(Summer) 사업에서 막대한 손실을 입고 파산을 신청했다. 웨스팅하우스 파산 직후 서머 소유주인 SCANA와 샌티 쿠퍼(Santee Cooper)는 약 90억 달러를 개발 사업에 썼음에도 불구하고 비용 초과 때문에 원자력 시설을 포기할 것이라고 발표했다.[41] 비용 초과는 보글에도 피해를 줘 2018년까지 보글 원자로 건설에 드는 비용은 애초 사업비의 두 배 가까운 250억 달러로 치솟았다. 비용 증가에도 불구하고, 보글 프로젝트의 소유주들은 공사를 지속하기로 했다.[42]

인디언 포인트에 있는 2호기 원자로와 거의 같은 양의 전기를 생산할 AP1000과 같은 대형 원자로 건설에는 엄청난 건설 비용만 드는 것이 아니다. 하늘 높은 줄 모르는 건설 비용 외에도, 새로운 원자로 설계를 상용화하려는 기업들은 막대한 설계비용 때문에 부담스러워한다. 2015년 미국 회계감사원(U.S.GAO)은 "새로운 원자로에 대한 NRC의 인증을 획득하는 것은 설계 및 인증 또는 면허 취득에 최대 10억~20억 달러의 비용이 드는 수십 년의 과정"이라고 결론지었다.[43] 벤처 투자가들은 원자력 기술에 관심이 있을 수 있지만, 수십억 달러에 달하는 비용 면에서 새로운 원자로 설계가 중앙 정부의 지원을 받지 않는 한, 시장에 출시되거나 상당한 시장 점유율을 차지할 가능성은 거의 없어 보인다.

사실 세계 원자력 에너지 분야를 볼 때, 국영 기업들만이 상당량의 새 원자력 발전소를 구축할 여력이 있는 것이 분명하다. 국가 지원 모델은 특히 세계 어느 나라보다 더 많은 원전을 건설하고 있는 중국에서 두드러진다. 이러한 노력은 중국핵공업집단공사(CNNC)와 중국광핵그룹(CGN)이 주도하고 있다.[44] 2019년 초까지 중국은 15기의 원자로를 건설 중이었고, 여러 개의 발전 관로가 더 있었다.[45] 국영 기업을 통해 원자력 발전소 관련 기술을 수출한 한국에서도 이를 관측할 수 있다. 한국전력공사(KEPCO)는 아부다비에 5,600MW 규모의 바라카 원전을 건설하고 있다.[46] 이 원전이 완공되면, 이것은 세계 최대 규모의 단일 원자력 프로젝트가 될 것이다.[47] 바라카의 첫번째 원자로는 2020년에 전력 생산을 시작할 것으로 예상하지만,[48] 한국의 정치인들은 핵 프로그램을 수십 년 동안 단계적으로 폐지하고 대신에 재생 가능 에너지에 더욱 의존할 계획이다.[49]

인도 정부 역시 더 많은 용량을 건설할 것이라고 말했다. 2018년 초에는 총용량이 9,000MW인 12기의 신규 원자로 계획을 발표했는데, 이는 인도가 향후 10여 년 지나면 원자력 시설을 현재보다 두 배 이상 갖게 된다는 것을 의미한다. 이 중 10개의 원자로는 인도 자체 기술로 가압 중수로 설계를, 2개는 러시아의 원자로 설계를 사용할 것이다.[50]

러시아의 국가 소유권이 전 세계 원자력 에너지 보급에서 확실한 선도국이 되도록 도와주었다는 것은 분명하다. 2012년 중반까지 국영 원자력 회사인 로사톰은 방글라데시와 인도에서의 12기의 원자로 건설 사업을 포함하여, 약 36기의 신규 원자력 발전소를 건설하는 계약을 맺었다.[51] 2018년 이 회사는 튀르키예 최초의 200억 달러 규모의 원자력 발전소를 건설하기 시작했고, 이것은 2023년에 가동될 예정이다. 로사톰(Rosatom)은 모두 약 1,300억 달러 규모의 계약을 맺고 있으며, 러시아 정부의 프로젝트 자금 지원 의지에 따라 건설 계약의 많은 부분이 강화되었다.[51]

로사톰은 육상에 건설 중인 많은 원자로 외에도, 세계 최초의 원자력 발전선을 배치한 기업이기도 했다. 2018년에 이 러시아 국영 기업은 무르만스크 항구에서 이 발전선을 시험하기 시작했다. 이 발전선은 총 발전 용량이 70MW인 해저식 원자로 2기를 탑재하고 있다. 한 보고서에 따르면, 로사톰 관계자들은 "단기적 전력 상승이나 장기적 전력 추가 공급이 필요한 연안 도시에 발전선을 인도할 계획"이라고 밝혔다. 이 선박은 두 개의 기내 원자로를 12년 동안 가동하기에 충분한 농축 우라늄을 보유하고 있다. 이후 이 발전선은 러시아로 견인되어, 사용한 핵연료와 방사성 폐기물을 처리할 것이다. 원자력 발전선의 첫 번째 위치는 시베리아 외딴 항구인 페벡(Pevek)이 될 것이다. 로사톰이 상트페테르부르크에서 무르만스크로 발전선을 옮겼을 때 그린피스 범선이 꼬리를 물고 따라왔는데, 그 배에는 "물에 띄우는 핵 원자로? 진짜?(Flocating Nuclear Reactor Srsly?)"라고 쓰여 있었다.[52]

이 그린피스 활동가들은 수십 년간 지속해 온 선박 추진장치의 역사를 쉽게 무시해 버린다. 최초의 원자력 잠수함인 USS 노틸러스는 1955년에 세계 해양 순찰을 시작했다. 1962년까지 미 해군은 24척 이상의 원자력 잠수함을 운용했고, 30척 이상의 원자력 잠수함이 건조 중이었다. 그후 미국, 중국, 인도, 러시아, 프랑스와 같은 나라들의 원자력 시설들은 1만 2,000년 이상의 원자로 가동 시간을 축적하였다.[53] 반면 로사톰이 만든 것 같은 원자력 추진선은 이목을 끌 수 있고, 레바논과 이라크에서 사용했던 것 같은 석유 연소 원자력 추진선에 대한 대안이 될 수 있지만, 전 세계의 생활 기준을 향상하는 데 필요한 전력의 극히 일부만을 제공할 것이다.

원자력 산업이 세계 전기 시장에서 더 큰 관심을 끌기 위해서는 현재 건설되고 있는 원자로보다 더 싸고 안전한 원자로를 개발해야 한다. 대부분의 노력은 본질적으로 안전한 원자로를 설계하는 것이 목적이다. 이는 냉각 및 격납 시스템이 사고와 방사성 물질의 대량 누출을 방지하도록 설계되었다는 것을 의미한다. 원자력 지지자들은 소형 모듈식 원자로(SMRs, Samall Modular Reactors)가 큰 잠재력을 지니고 있다고 믿는다. 일반적으로 용량이 300MW 이하인 발전소로 정의되는 SMR은 단일 또는 복수 단위로 배치될 수 있다. 이론적으로 SMR은 현재 건설되고 있는 원자로보다 훨씬 더 저렴할 수 있다. 많은 부품이 건설 현장이 아닌 공장에서 만들어질 수 있기 때문이다. 중앙 집중식 생산 시설을 갖추면, 한 장소에 있는 전담 인력이 최종 목적지(바지선, 철도 또는 트럭)로 가서 원자로를 시험, 건설 및 운송할 수 있다. 또한 노동력을 한곳에 집중시키면 학습 곡선을 가속화해서, 원자로를 생산하는 회사가 생산을 간소화하고, 비용을 절감해서 더 많은 원자로를 더 빨리 건설할 수 있게 된다.

    미국계 거대 건설업체인 플루오르가 소유하고 있는 뉴스케일 파워(NuScale Power)는 전 세계에서 흔히 사용되는 경수로를 더 작은 버전으로 건설할 계획이다. 각 뉴스케일 원자로의 전기 출력은 60MW(실제로는 77MW로 설계 승인을 신청했다-역자 주)로 예상된다.[54] 이와는 대조적으로, 현재 보글에 건설되고 있는 원자로 형태인 웨스팅하우스 AP1000은 1,110MW의 전기 생산 능력을 갖추고 있다.[55]

    이론적으로 이 작은 크기는 뉴스케일의 고객에게 더 많은 유연성을 제공한다. 고객이 미래에 더 많은 발전을 원한다면, 60MW 단위로 용량을 추가할 수 있다. 뉴스케일은 에너지부로부터 약 2억 2,600만 달러의 보조금을 받았다.[56] NRC로부터 허가를 받은 후, 아이다호 국립연구소에 첫 원자로를 건설하고 생산한 전기를 워싱턴 유타 연합 시 전력 시스템과 에너지 노스웨스트에 판매할 계획이다.[57] 그러나 재정적으로 안전한 모회사, 연방 정부 보조금, 프로젝트에 대한 연방 소유의 대지, 그리고 고객을 확보하고 있어도 뉴스케일은 2020년대 중반까지 원자로에서 전기 생산을 시작할 것 같지 않다.

아마도 가장 두드러지고, 가장 유망한 SMR 설계는 용융염을 사용하는 설계이다. 이 설계는 기존의 원자로처럼 연료봉을 사용하는 대신, 핵연료를 소금 혼합물에 섞는다. 용융염 원자로(molten-salt reactor)는 검증된 실적을 가지고 있다. 에너지부는 1960년대 오크리지 국립연구소에서 설계를 시험했고, 그 용융염 원자로는 6년 동안 운영되었다.[58] 캐나다 회사인 테레스트리얼 에너지(Terrestrial Energy)는 연료를 공급받지 않고도 7년 동안 가동할 수 있는 용융염 원자로를 개발하고 있다.[59] 테레스트리얼은 2030년까지 온타리오에 190MW급 원자로를 건설할 계획이며, 이 발전소는 천연가스 화력발전소와 같은 가격 경쟁력을 갖추게 될 것이라고 밝혔다.[60]

유망한 용융염 원자로 설계 기술을 보유한 또 다른 회사는 토르콘(ThorCon)으로, 조선소를 이용하여 원자로를 건설하기 원하고 있으며, 해상 선체에 배치될 250MW 모델이다. 토르콘은 이라크와 레바논에 카라데니즈 지주사가 배치한 로사톰 원자력 발전선 및 석유 연료 화력발전선과 경쟁하기 위해 선박을 만들고자 한다. 하지만 토르콘이 첫 번째 설계 도안을 완성하는 데 약 10억 달러가 필요하고, 이 자금을 조달하기가 어렵다는 문제가 있다.

뉴스케일, 테레스트리얼, 토르콘, 그리고 다른 원자력 신생 기업들에게 나타나는 설계 문제는 '상용화(commercialization)'라는 한 단어로 요약할 수 있다. 원자로 설계는 이론적으로는 매력적으로 들릴지 모르지만, 원자로가 건설될 때까지, 다시 말해서, 수십, 수백 개의 원자로가 건설될 때까지 그들은 '테라와트 챌린지'에 크게 이바지할 수 없으며, 또 그렇게 하지도 않을 것이다. 실제로 이 기업들이 제품을 상업적으로 사용하는 데 시간이 오래 걸릴수록, 원자력 발전이 미래의 전력망에 크게 이바지할 가능성은 줄어들 것이다. 전력 생산자들은 앞으로 수십 년 안에 배치할 발전기의 종류에 대해 신속하게 결정해야 한다. 그들은 새로운 원자로를 개발하고, 시험하고, 허가받기까지 몇 년을 기다릴 수 없다.

토르콘의 공동 설립자인 로버트 하그리브스는 전화 인터뷰에서, 그의 회사가 1W당 약 1달러의 비용으로 원자로를 건설할 수 있다고 믿는 상황을 설명했다. 그는 이 가격이 용융염 원자로가 초기 자본 비용면에서 천연가스 화력발전소와 경쟁할 수 있는 가격대를 의미한다고 하였다. 하그리브스는 최초의 원자로를 건설하고 배치하기 위해 수억 달러가 필요한 그와 같은 회사에, "그 많은 돈을 투입하고 회수를 위해 8년 동안 기다려 줄 투자자를 찾기는 힘들다고 말하며, 투자자들은 돈을 돌려받지 못하게 하는 규제 장벽이 생길까 봐 우려하고 있다."라고 했다. 게다가 "너무 많은 사람이 원자력 에너지를 반대하기 때문에, 규제 당국은 새로운 원자로 설계에

동의하는 것을 꺼린다." 물론 자금 확보에도 문제가 있다. 그는 또 "세계은행은 우리와 같은 프로젝트에 손을 대지 않을 것이다."라고도 했다.[61]

핵분열을 이용하는 SMR 외에도 일부 야심 찬 기업들은 핵융합 가능성을 계속 좇고 있다. 이러한 회사 중에는 캘리포니아에 있는 TAE 테크놀로지(TAE Technologies)가 있는데, 이 핵융합이 "상업적 핵융합 에너지[62]로 나아가는 의도적인 경로"라고 했다. 2019년 초, 이 회사는 2023년에 설계의 상용화에 착수하리라 예측했다.[63] TAE는 6억 달러의 투자 자본을 마련했고, 전(前) 에너지장관이었던 어니스트 모니즈를 이사진 가운데 한 명으로 선임했다.[64] 그러나 핵융합은 엄청난 양의 열을 처리할 수 있는 격납 시스템의 구축을 포함하여 많은 어려움에 직면하고 있다.[65]

간단히 말해서, 오늘날 시장을 지배하고 있는 경수로 설계와는 다른 화학 물질을 이용하는 새로운 원자로의 배치에는 많은 어려움이 따르고 엄청난 비용이 든다. 새로운 핵 기술도 대중의 오랜 불신을 극복할 수 있어야 한다. 원자력 에너지가 직면하고 있는 지속적인 마찰을 고려할 때, '테라와트 챌린지'를 충족시키는 데 사용될 가능성이 가장 큰 기술과 연료는 무엇일까?

20
미래의 그리드

> 영혼이란 무엇인가? 마치 전기와 같다.
> 실제로 그것이 뭔지 잘 모르지만, 방에 불을 밝히는 힘이다.
> - 레이 찰스

베이루트 남동쪽 쵸우프 산맥의 높은 곳에 있는 브카르즈이(Bkerzay)라는 리조트에는 여러 국가의 기술이 결합된 전기 설비가 설치되어 있다.[1] 리조트 주차장은 100kW의 중국산 태양열 집열판으로 덮여 있다. 이 집열판들은 레바논의 햇빛을 전기로 변환하여, 자동차에서 내려 언덕 아래로 잠깐 걸어 내려가는 산책로 쪽 석조 건물에 저장한다. 그 안에는 불가리아에서 설계되고 인도에서 제조된 약 300kWh의 납산 배터리를 쌓아 두는 선반이 있다. 배터리를 교체하려면 레바논의 항구에서 인도로 다시 보내져, 그곳에서 제련되어 새 배터리로 교체될 것이다.

"리조트에는 자체 레스토랑이 있고, 도자기 공방도 있어요. 거의 마을과 같아요. 모든 식재료를 여기서 제한 없이 공급할 수 있어요. 모든 게 저희 시스템에 연결되어 있죠."라고 마르완 엘 쿠리는 말했다. 그는 브카르즈이에 시스템을 설계하고 설치한 베이루트 회사 E24 솔루션의 엔지니어이다. 그 소유지들을 돌아다니면서 나는 그에게 많은 질문을 했다. 왜 리튬이온 대신 납산 배터리를 쓰는가? 엘 쿠리는 "이 배터리들은 훨씬 저렴하고 작동이 잘된다."라고 대답했다. 앞으로는 어떨까? "하루하루 나아지고 있다."라는 게 그의 대답이다. E24는 배터리와 태양열 시스템에 관한 연구 개발을 계속하고 있다. 그 결과, "안정성이 높고 수명이 긴 배터리를 사용하여 그 시스템은 비용이 점점 저렴해지고 성능이 향상된다."라고 했다.

브카르즈이의 마이크로그리드(microgrid)는 태양열 집열판에서 납산 배터리에 이르기까지, 모든 분야에서 상호 연결된 글로벌 공급망이 테라와트 챌린지 문제를 해결하는 데 얼마나 도움이 되는지 보여 주었다. 리튬, 납, 천연가스, 석탄, 태양열 집열판, 터빈, 코발트 등 전기 생산에 필요한 모든 상품의 세계 무역이 가속화되고 있다. 앞으로 수십 년 동안 세계에서 필요한 막대한 양의 전기를 생산할 수 있으려면, 무역은 계속 성장해야 한다.

나는 브카르즈이 방문을 계기로 태양열과 저장 장치에 대한 회의적인 시각을 재고할 수밖에 없었다. 태양열 발전 가격이 하락하고 있고 그것은 태양열 생산량의 엄청난 증가로 이어지고 있다. 2012년부터 2017년 사이에 전 세계 태양열 생산량은 442TWh로 4배 이상 증가하였다.[2] 배터리 가격도 하락하고 있다. 저렴한 태양열과 저장소를 결합하면 시골에 사는 사람들은 물론, 브카르즈이와 같은 외딴 휴양지에 더 많은 선택권을 갖게 할 것이다. E24의 설립자인 앙투안 사브는 더 많은 도시 거주민이 태양열과 저장 장치를 사용할 것이라고 믿고 있다. 베이루트 중심부에 있는 그의 사무실에서 인터뷰하는 동안, 사브는 나에게 "마이크로그리드(microgid)가 미래입니다."라고 말했다. 테라와트 챌린지는 전기가 부족한 모든 사람에게 전통적인 전력망을 확장해서는 충족될 수 없다. 그는 "전력 회사가 전력 수요와 같은 속도로 수준을 계속 향상할 수는 없을 것"이라고 했다. 이러한 사실을 고려할 때, 사브는 "우리 각자가 태양으로부터 필요한 에너지를 생성하기 시작하는 일은 불가피할 것"이라고 말했다.

브카르즈이의 마이크로그리드는 무결성, 자본 및 연료가 기존의 전력망 모양을 결정하는 방법을 다시 한번 보여 준다. 쵸우프 산에 고립된 덕분에 이 리조트의 태양열 발전 시스템은 완전하다. 아무도 몰래 접근해서 이 집열판과 배터리를 운반하거나 전기를 훔쳐 가지 않는다. 무결성은 이 시스템에 투자한 자본이 사라지지 않는다는 걸 보장한다. 게다가 이 시스템은 킬로와트시당 30~50센트의 비용이 드는 지역 발전소에서 나오는 디젤 화력발전 전기와 경쟁할 수 있기 때문에 경제적으로도 합리적이다. 이러한 요소들은 태양열 연료가 공급되는 전력망을 선택하는 데 도움을 주었다.

브카르즈이에 있는 것과 같은 마이크로그리드는 경제적 합리성에 부합하는 장소에서 계속 확장해 나갈 수 있을 듯하다. 그러나 광범위한 태양열-저장소 구축이 직면하고 있는 도전은 만만치 않다. 문제는 늘 그렇듯이 규모에 있다. 2017년 오스틴에 있는 우리 집 지붕의 태양열 집열판

8.5kW에서 생산된 전기를 포함하여, 지구상의 모든 태양열 에너지 개발 사업의 총생산량은 하루에 200만 배럴에 불과했다. 이는 의미심장하게 들릴지도 모른다. 그러나 같은 해, 전 세계의 에너지 사용량은 하루 2억 7,100만 배럴로 집계되었다.[3] 즉, 전 세계 태양열 에너지 생산량은 전 세계 에너지 수요의 0.5%를 약간 웃도는 수준이다.

테라와트 단위로 태양열과 저장소를 만드는 건 수십억 톤의 자원을 캐내고 운반하고 재활용해야 하는 일이다. 그러한 물질들은 실리카, 구리, 납, 아연, 리튬뿐만 아니라 막대한 양의 희토류 원소와 코발트 같은 희소한 성분들을 포함한다. 이 모든 것들을 채굴하고 제련하는 것은 사람들과 환경에 상당한 영향을 미칠 것이다. 리튬이온 배터리에 사용되는 코발트의 상당량은 콩고에서 생산되고 있으며, 대부분 아동 노동력을 착취하는 광산에서 공급된다. CNN은 2018년에 이 주제로 '더러운 에너지(Dirty Energy)'라는 훌륭한 시리즈를 만들었다.[4] 게다가 혼합형(하이브리드) 차량, 풍력 터빈, 기타 친환경 기술들에는 많은 양의 희토류 원소가 필요하다. 중국은 네오디뮴, 란타늄, 프라세오디뮴과 같은 원소를 포함하는 희토류 시장에서 약 80%의 시장을 점유하고 있다.[5] 이러한 원소의 생산은 내몽골의 바오터우시에서 많은 환경적 손실을 끼쳤다. 2015년 BBC의 팀 모언은 "거의 액체 상태의 검고 유독한 진흙으로 가득 찬 인공 호수"를 포함한 바오터우의 산업 오염에 대해 보도했다. 그는 이어 중국의 희토류 시장 지배는 "지질학에 관한 게 아니라, 다른 나라들이 꺼리는 환경적 타격을 기꺼이 감수하려는 중국의 의지에 관한 것"이라고 말했다.[6]

리튬이온 배터리는 지난 몇 년간 가격이 급격히 하락했다. 또한 납산 배터리를 포함한 다른 종의 저장 장치와 경쟁해야 한다. 납산 배터리 회사들은 이미 전 세계적인 재활용 네트워크를 가지고 있어서, 리튬 경쟁 업체들보다 큰 이점을 가지고 있다. 현재 모든 납산 배터리의 약 99%가 재활용되고 있다. 반면 현재 사용되고 있는 대부분의 리튬이온 배터리는 재활용되지 않고 있으며, 2018년까지 리튬전지의 약 3%만 재활용되고 있다. 리튬이온 배터리는 재활용 비용이 많이 들기 때문에 비율이 낮다. 연구원들이 이 배터리들을 재활용하는 새로운 방법을 찾고 있지만, 현재 전 세계에서 제조되고 배포되고 있는 수백만 톤의 리튬이온 배터리를 처리할 준비가 되었는지, 그게 언제가 될지는 여전히 확실하지 않다.[7]

제조의 관점에서 리튬이온 배터리는 공급망에 심각한 위험을 내포하고 있다. 이러한 위험에는 배터리 자체 폐기뿐만 아니라, 배터리를 만드는 데 필요한 재료의 확보도 포함된다. 이러한 사실을 고려할 때, 테라와트 챌린지를 달성하려면, 태양열 집열판과 대용량 배터리보다 훨씬 더 많은 것이 필요할 게 분명하다. 우선 값싸고, 안정적이며, 확장 가능한 연료가 필요하다. 그리고 저탄소나 무탄소 연료가 필요하다. 마지막으로 높은 전력 밀도를 가져야 한다. 다시 말해서 작은 공간에서 많은 에너지를 생산할 수 있어야 한다.

천연가스는 방금 제시한 기준에 부합하기 때문에 미래의 연료로 손색이 없다. 비교적 비용이 저렴하고, 탄소 배출량도 적으며, 작은 공간에서도 생산할 수 있다. 더 좋은 점은 매장량이 풍부하고, 새로운 가스전이 발견되어 전 세계 여러 국가에서 엄청난 양을 생산하고 있다는 점이다. 지난 20년 동안 거대한 가스전이 미국 내륙, 이스라엘 연안, 아프리카 연안 등지에서 발견되었다. 사실 치솟는 천연가스 소비에도 불구하고 매장량은 계속 증가하고 있다. 1997년과 2017년 사이에 세계 가스 매장량이 50% 이상 증가했다는 것이 입증되었다.[8]

이는 이해하기 어려운 것처럼 보이지만, 천연가스를 더 많이 찾을수록 더 많이 발견된다는 건 당연하다. 현재 세계 가스 매장량은 약 193조 ㎥에 달한다. 이것은 현재의 생산 속도로도 52년 동안 충분히 생산할 수 있는 양이다. 셰일 혁명(shale revolution)은 미국을 세계 천연가스 산업을 지배하는 국가로 만들었다. 수평 시추 기법, 수압 파쇄법 및 기타 기술의 사용으로 가속화된 이 혁명 덕분에, 미국은 "역사상 가장 빠르고 거대한 세계 에너지의 추가 공급" 혜택을 누리게 되었다.[9]

세계 에너지를 엄청나게 추가 공급받은 데 따른 결과는 미국의 액화천연가스(LNG) 사업의 성장에서 쉽게 볼 수 있다. 더 나아가기 전에, 액화천연가스 사업이 어떻게 작동하는지 그 방식을 설명하고 넘어가자. 천연가스를 섭씨 약 -162℃의 온도로 냉각시키면 액체로 변한다. 연료를 액화하면 가스의 부피가 600분의 1로 줄어들어, 큰 해양 선박에 적재하여 운송할 수 있다. 나이지리아, 카타르, 러시아 등 천연가스 자원이 풍부한 나라들뿐만 아니라 최근에는 미국이 천연가스를 LNG로 전환하여 해외 소비자들에게 운송할 수 있게 되었다.

2000년대 중반, 세계 최고의 에너지 전문가들 사이에서 일치된 의견은 미국의 천연가스가 고갈되고 있다는 것이었다. 예를 들어, 2007년에 당시 엑손모빌의 최고 경영자였던 리 레이먼드는 "북미에서 가스 생산은 정점을 찍었다."라고 선언했다.[10] 천연가스 생산 감소에 대한 불안은 LNG 수입 터미널에 대한 막대한 투자로 이어졌고, 2000년대 후반까지 미국은 하루 약 230억 세제곱피트의 LNG 수입 능력을 구축했다.[11]

그러나 셰일 혁명은 기존 통념을 뒤집어 놓았다. 2007년과 2019년 사이에 미국의 가스 생산량은 하루 약 500억 세제곱피트에서 약 900억 세제곱피트로 치솟았다.[12] 이는 12년 만에 80%가 증가한 것이다. 이 천연가스를 국내에서 모두 사용할 수 없게 되자 미국 생산자들은 해외로 눈을 돌리기 시작했고, 2018년 말까지 미국은 하루에 약 40억 세제곱피트의 LNG를 수출하고 있다.[13] 에너지 정보국(EIA)은 2020년 중반이 되면, 이 수출량이 하루에 106억 세제곱피트에 이를 것으로 예상한다.

미국이 잠재적 LNG 수입국에서 실제적 LNG 수출국으로 전환되면서, 세계 가스 시장에 지각변동을 일으켰다. 10년 남짓한 기간에 걸쳐 미국은 세계 LNG 시장에서 하루에 340억 세제곱피트 가까이 거래를 하였다. 이것은 중국의 천연가스 하루 소비량의 1.5배에 해당할 만큼 많은 양이다.[14]

천연가스 초강대국으로서 미국은 현재 석탄에 맞먹는 양의 메탄가스를 뉴캐슬에 공급하고 있으며, 어쩌면 에스키모에게 얼음도 공급하고 있을 것이다. 2019년 5월, 세계 최대의 석유 회사인 사우디아라비아 아람코는 셈프라 에너지와 20년 계약을 맺었다. 이번 계약은 셈프라가 아람코에 연간 500만 톤의 LNG를 공급할 것을 요청하고 있다. LNG는 셈프라가 텍사스의 포트 아서에 짓고 있는 새로운 액화 시설에서 생산될 것이다.[15] 아람코와의 거래는 페르시아만으로 가는 미국 천연가스의 가장 최근 사례이다. LNG 운반선은 2017년부터 쿠웨이트와 아랍에미리트(UAE)에서 미국 천연가스 화물을 고객에게 공급해 왔다.[16]

세계 천연가스 생산량은 2000년 이후 50% 이상 급증했으며, 이에 상응하는 세계 LNG 무역의 성장으로 인해 전 세계 에너지 생산자와 소비자에 대한 기대를 재조정하는 것이 불가피해졌다. 이는 미국의 전력망에서 탄소를 제거하는 데에도 도움을 주고 있다. 저가의 가스가 미국 전력 회사의 선택 연료로서 점차 석탄을 대체하고 있어서, 탈탄소화(decarbonization)가 일어나고 있기 때문이다.

나는 정책 입안자들에게 오래도록 논리적인 방안으로 이 천연가스를 원자력 에너지와 같이 장려하는 것을 주장해 왔다. 천연가스와 핵 사용 증대는 기후 변화에 대한 거부감 없는 최상의 정책을 제공한다. 가스와 탄소 이 두 가지는 상당한 탈탄소화를 이루면서, 경제와 환경에 부정적인 영향을 최소화할 것이기 때문이다. 세계 천연가스 생산은 매우 급속도로 증가하여, 2040년에는 세계 가스 화력발전소에서 생산되는 전기의 양이 석탄 화력발전의 생산량과 거의 같아질 것으로 예측된다.[17]

천연가스의 청정 연소 특성을 활용하기 위해, 세계 각국은 가스 설비를 확대하고 있다. 인도 정부는 2018년 초에 과냉각된 연료를 가스 단계로 다시 변환하여, 관로를 통해 발전소와 다른 소비자에게 공급할 수 있도록 11개의 LNG 수입 터미널을 새로 건설할 것이라고 발표했다. 인도는 많은 양을 수입하겠다고 발표함으로써, 세계 최대의 해상 천연가스 소비국 중 하나가 되겠다는 계획을 분명히 했다. LNG는 인도가 더 많은 전기를 생산하도록 도울 뿐만 아니라 이산화탄소 배출량을 줄이고, 석탄에 대한 의존도를 낮출 수 있도록 하여 대기 질 향상에 이바지할 것이다.[18]

현 시점에서, LNG는 향후 수십 년 동안 전 세계 연료 혼합에 더 큰 역할을 할 것이다. 다음 페이지의 그림은 연료에 의한 전 지구적 발전 용량과 향후 30년 동안 그 용량이 어떻게 변할 것인지를 보여 준다. 국제 에너지 기구(IEA)의 '세계 에너지 전망 2017'에서 발췌한 보고서에 따르면, 세계 태양열 용량은 2025년이면 세계 풍력 용량을 초과할 수 있다. 또한 이 보고서는 2040년까지 원자력 발전 능력이 서서히 성장하여 석탄 화력의 고지에 다다를 것이며, 천연가스 화력 발전 능력이 시장 점유율을 크게 높일 것으로 전망하고 있다.[19]

확실히 천연가스 사용 증가에는 약간의 비용이 따른다. 화석연료 반대론자들은 천연가스 추출과 가스관 건설에 반대하고 있다. 이 활동가들은 수압 파쇄법을 주 목표로 하고 있는데, 이는 생산자들이 지하 암석에 모래와 물을 쏟아부어, 안에 차 있는 기름과 가스를 밖으로 퍼내기 위해 사용하는 공정이다. 석유와 가스 추출이 환경에 부정적인 영향을 미친다는 것은 의심의 여지가 없다. 오클라호마에서 폐수를 수압 파쇄로 처리하는 데 사용되는 우물은 지진과 관련이 깊다. 콜로라도와 텍사스에서는 시추 현장이 교외 지역을 잠식했는데, 이는 많은 트럭 통행량과 시추 장비의 소음 때문에 지역 주민들의 불만을 불러오는 상당한 원인을 제공하고 있다.

천연가스는 모든 에너지원과 마찬가지로 장단점이 있다. 하지만 천연가스의 장점은 환경적인 단점보다 더 중요하다. 천연가스는 비료, 철강, 플라스틱 생산뿐만 아니라 교통, 발전, 난방, 요리 등 다양한 용도로 사용될 수 있어서 미래의 연료로 주목받을 것이다. 천연가스는 연소 중에 석탄의 절반도 안 되는 이산화탄소를 배출한다. 또한 이산화황이나 산화질소와 같은 전통적 대기오염물질 면에서도 석탄보다 깨끗하다.

천연가스가 미래의 연료가 될 수 있는 또 다른 이유는 세계적으로 매장량이 엄청나기 때문이다. 현재의 소비 속도라면, 세계 가스 매장량은 50년 이상 지속할 것이라 예상된다. 게다가 가스 화력발전소는 풍력과 태양열의 간헐성을 상쇄하기 위해 사용될 수 있으며, 천연가스는 테라와트 챌린지를 충족시키는 데 사용되는 주요 연료 중 하나가 될 것이 분명하다.

나는 천연가스와 태양열 에너지에 대해 낙관적이지만, 테라와트 챌린지를 충족해야 할 때 이들을 마법의 총알처럼 생각하지는 않는다. 전 세계 전력 공급량을 두 배로 늘리는 일은 쉽지 않겠지만 역사를 돌아보면, 가능할 수도 있다. 예를 들어, 1990년에서 2017년 사이에 세계 전기 생산량은 두 배 이상 증가했다.[20]

테라와트 챌린지: 2015년 전 세계 각국의 발전 용량 및 2040년 글로벌 용량 예측

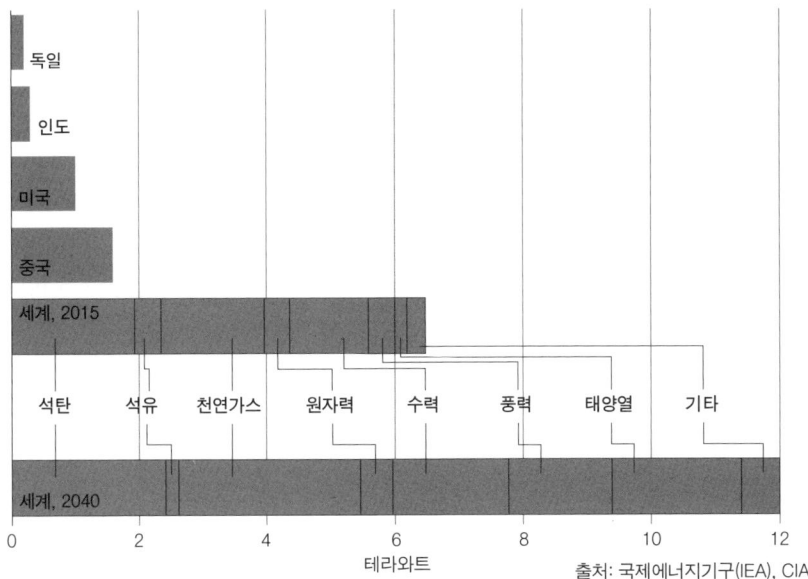

출처: 국제에너지기구(IEA), CIA

 우리는 테라와트 챌린지를 충족시키기 위해 석탄·원자력·석유·천연가스·수력·태양열·지열 등, 전 세계의 이용 가능한 모든 연료가 필요할 것이다. 그러나 이러한 도전 과제는 단지 더 많은 전기를 생산하기 위한 것이 아니다. 이는 시골의 풍경과 경관을 해치지 않아야 하고, 야생동물과 사람들의 땅을 보호하며, 야생 지대와 해양 경관을 보존해야 하는 것이다. 테라와트 챌린지는 우리에게 더 작은 공간에서, 더 많은 전기를, 더 깨끗하게 생산할 것을 요구한다. 초고층 빌딩이 가득한 고밀도 도시에 전력을 공급하기 위해, 밀도가 높고 확장 가능한 연료가 필요할 것이다. 우리는 저탄소 전기를 생산하기 위해 생물권을 파괴할 수는 없다. 대신 토지 사용

절감에 더 집중해야 한다. 그것은 원자력 에너지에 대한 끊임없는 공포를 극복하고, 그 잠재력을 수용하는 것을 의미한다. 이는 재생 가능 에너지에 대한 듣기 좋은 표현에서 벗어나, 이미 태양열과 풍력 에너지의 성장을 제한하고 있는 토지 이용 분쟁에 대응하는 것을 의미한다.

전기는 과학에서 가장 젊은 분야에 속한다. 원자력 기술과 모든 전기·전자 제품의 혁신은 계속될 것이다. 우리는 전기를 생산하고, 전송하며, 저장하는 데 놀라운 효율성을 달성하고 있다. 나노 기술, 저렴한 배터리, 더 나은 태양열 집열판, 더 효율적인 컴퓨팅 및 인공지능이 이러한 발전을 이끄는 데 도움이 될 것이다. 발전이 계속됨에 따라 전기 사용 비용이 감소하므로, 전기 사용량이 증가할 수 있다. 태양열 집열판과 리튬, 우라늄, 천연가스에 이르는 모든 분야의 세계적 공급망은 전 세계의 더 많은 사람이 현대 사회로 나아갈 수 있도록 하는 데 도움이 될 것이다.

결론

전기는 인간의 권리가 되었다

> 나는 몸의 전기를 노래하네.
> - 월트 휘트먼

 이 책을 펴내기 위해, 나는 전 세계를 여행하면서 수십 명의 사람을 인터뷰했다. 가능한 한 많은 이들에게 똑같은 질문을 했다. 전기는 무엇을 의미하는가? 이 답변은 내가 방문한 장소만큼이나 다양했다. 미국 베이루트 대학의 공학 교수인 리아드 체디드는 이렇게 대답했다. "전기는 번영을 의미한다. 이는 좋은 삶을 의미한다. 이는 사업이라는 뜻이다."

뉴욕대 교수인 캐럴린 키세인은 전기가 "삶을 의미한다."라고 말했다. 아이슬란드의 클라우드 컴퓨팅 회사인 아드바니아에서 프로젝트 관리자로 일하는 기슬리 카트리나르손은 "기회"라고 답했다. 하지만 이 질문에

대한 많은 답변 중, 계속 반복되는 한 가지 주제는 전기가 인간의 권리가 되었다는 것이다. E24의 앙투안 사브는 내 질문에 "전기는 당신이 인간이라는 것을 의미한다."라고 대답했다.

테라와트 챌린지에 대한 인본주의적 반응은 명백했다. 우리는 이를 피할 수 없다. 기후 변화와 관련하여 일어날 수 있는 일에 대한 걱정 때문에, 수억 명의 사람들을 어둠 속에 가둘 수는 없다. 교육, 정부, 기업, 정치가 모두 온라인에서 일어나고 있는 21세기에 이런 연결망에 연결되지 않은 채로 있는 것은 정말로 무력하다는 것을 의미한다. 아이슬란드의 해적당 지도자인 비르짓타 요스도티르는 레이캬비크에서의 인터뷰에서, "전기는 절대적으로 인간의 권리"라고 말했다. 아이슬란드 의회인 앨딩에서 4년간 복무한 존스도티르는 정부, 디지털 프라이버시, 직접 민주주의의 투명성을 지지하는 주요 지지자였다. 그녀는 "연방이든, 도시든, 마을이든 거의 모든 현대 민주주의 기능이 인터넷에서 이루어지고 있다."라고 말했다. 그 의존성은 결국 "강력하고, 안정적이며, 값싼 전기 없이 민주적인 혁신과 더 많은 형태의 직접 민주주의를 갖는 것은 불가능하다."라는 걸 의미한다.

전기는 혁신과 번영에만 필수적인 것이 아니다. 이것은 우리 인체에 필수적이다. 우리의 몸은 전기적이다. 영국의 시인 퍼시 비쉬 셸리가 말했듯이, 우리는 "전기화된 진흙에 지나지 않는다."[1] 2012년에 영국의 생리학 교수 프랜시스 애슈크로프트는 이온 채널(통로)을 통해 우리 몸에서 전기가 어떻게 퍼지는지를 자세히 다룬 책인 『생명의 불꽃』을 출판했다. 이 통로들은 지구상의 모든 유기체의 세포막에 있는 작은 문 같은 모공이다. 애슈크로프트는 이온 통로는 "세상의 창문 역할"을 하며, "모차르트 4중주를 듣는 것부터 테니스공이 떨어질 지점을 판단하는 것까지 감각 정보를 뇌가 해석할 수 있는 전기 신호로 변환하는 능력에 따라 달라진다."라고 설명한다.[2]

그뿐만 아니라 우리의 기초 대사율, 즉 우리가 쉬는 동안 우리 몸에 의해 소비되는 에너지의 양은 일반적으로 전기 관련 용어로 측정한다. 우리 몸은 일반적으로 약 100W의 전력을 소비하며, 그중 약 1/5인, 약 20W의 전력을 뇌에서 소비한다.[3]

전기가 우리 몸 안에서 어떻게 이동하는지, 그리고 전기가 어떻게 인류를 변화시켰는지를 생각할 때, 철학적이거나 심지어 종교적인 용어로 생각하는 것은 불가피하다. 전기적인 언어는 영적인 언어와 겹쳐진다. 우리는 단지 배우는 것이 아니라 깨달음을 얻는다. 우리는 변화만 하는 것이 아니라 변환하고 있다. 우리는 악을 외면하는 것이 아니라 빛을 본다.

신과 같은 빛에 대한 개념은 세계 최대의 종교에 널리 퍼져 있다. 성경의 처음 몇 줄(창세기 1:3-4)은 신의 계명을 다음과 같이 말하고 있다. "'빛이 있으라.' 하시자 빛이 있었고 하느님께서 보시니 그 빛이 좋았다. 하나님께서는 빛과 어둠을 가르시어, 빛을 낮이라 부르시고 어둠을 밤이라 부르셨다." 하나님이 이집트를 벌하시기 원하셨을 때, 모세에게 손을 뻗어 "손으로 만져질 듯한 어둠이 이집트 땅을 덮게 하여라(탈출기 10:21)."라고 하였다. 시편(119:105)에서는 "당신 말씀은 제 발에 등불, 저의 길에 빛입니다" 그리고 다시 이사야서(60:1)에서 하나님은 빛에 비유된다. "일어나 비추어라. 너의 빛이 왔다. 주님의 영광이 네 위에 떠올랐다."

신약성서에서 예수는 제자들에게 말한다. "나는 세상의 빛이다. 나를 따르는 이는 어둠 속을 걷지 않고 생명의 빛을 얻을 것이다."(요한복음 8:12) 요한복음 후반부에는 이렇게 전한다. "빛이 너희 가운데에 있는 것도 잠시뿐이다. 빛이 너희 곁에 있는 동안에 걸어가거라. 그래서 어둠이 너희를 덮치지 못하게 하여라."(요한복음 12:35~37)

코란은 "알라는 하늘과 땅의 빛이다. 알라는 그가 원하는 그의 빛으로 인도한다."라고 말한다.[4] 알라, 여호와, 예수는 창조자이자 빛이지만, 사탄은 어둠의 왕자이다. 신비로움은 어둠 속에서 번영한다. 한 성경 연구 지침서는 이렇게 말한다. "어둠은 신에 반하는 모든 것을 불러일으킨다."[5]

전기는 창세기에서 보여 준 신의 창조적인 권능의 일부를 우리에게 조금 부여해 주었다. 스위치를 돌리면 신에 반하는 것을 없애고 어둠을 추방할 수 있다. 우리는 휴대폰을 사용하여, 밤에 낯선 호텔이나 차고를 안전하게 통과 할 수 있다. 수천조 개의 전자가 우리 손에 있으면, 원하는 만큼의 빛을 만들어 낼 수 있다. 전기에 대한 종교적 상징성은 조야슈리 로이와의 논의 중 하나에서 빛을 발했다. 기억하겠지만, 조야슈리는 우리를 콜카타에 초대했고, 마즐리시푸쿨에 사는 레헤나 자마달에게 나를 소개해 주었다. 조야슈리는 복음주의적인 관점에서 전기에 관해 이야기했다. 그녀는 전기를 통해 우리 인간은 "자연과 공동 창조"에 참여할 수 있다고 말했다. 하지만 그 어떤 창조물도 전기 없이는 생겨나지 않는다. 조야슈리는

"어둠에 빠져 있으면, 어둠에도 흡수된다. 그렇게 되면 그대는 빛을 보지 못하고 다른 사람에게 빛을 전해 줄 수 없다."라고 말했다.

테라와트 챌린지에 대한 인본주의적 대응은 간단하다. 어둠 속에 사는 사람들이 현대성과 진보의 밝은 빛으로 들어올 수 있도록 빛과 힘을 사람들에게 전해 주는 것이다. 그런 일이 일어나게 하는 것은 쉽지 않을 것이다. 전기화는 무결한 사회를 필요로 한다. 그것에는 자본과 연료가 필요하다. 그러나 더 확대된 전기화와 더 높은 생활 수준을 추구하는 추세는 막을 수 없는 것처럼 보인다. 전기는 다른 어떤 형태의 에너지도 하지 못할 정도로 인간에게 영양을 공급한다. 우리는 부족하지 않도록 더 많은 인간의 번영이 필요하다. 물론 더 많은 전기를 생산함에 따라 환경에 큰 영향을 미칠 것이다. 더 많은 구리와 납을 캐고, 더 많은 우라늄과 리튬을 제련하며, 더 많은 가스 유정을 뚫고, 더 많은 태양열 집열판을 만들고, 더 많은 배터리를 재활용해야 할 것이다. 우리가 이 모든 것을 하면서 더 많은 전기를 생산하기 때문에 더 많은 이산화탄소를 배출할 것이고, 이는 기후에 영향을 미칠 것이다. 기후 변화에 대한 지속적인 경고에도 불구하고, 우리는 다가오는 어떤 변화에도 적응할 수 있고 또 그럴 것이라고 낙관한다. 우리는 가만히 있을 수 없다. 또 저전력 소비와 초저전력 소비 지역에 사는 수십억 명의 사람들에게 현대성을 전해야 한다.

오늘날 많은 사람이 인류 역사상 어느 때보다도 더 오래, 더 자유롭고, 더 건강한 삶을 살고 있으며, 이것은 대부분 전기 덕분이다. 우리의 미래와 전기화의 미래에 관한 낙관론은 무궁무진하다. 컴퓨터, 배터리, 발전기,

조명, 마이크로칩, 모터의 발전은 문명과 현대성의 끊임없는 발전을 계속 이루어가게 할 것이다. 전 세계적으로 값싸고, 풍부하고, 안정적인 전기를 지구상의 모든 사람에게 전파하는 것은 시간이 걸리겠지만, 가능한 일이다.

SI 수치 설계 및 전력 단위

우리는 국제단위계(International System of Units)의 일부라는 것을 의식하지 않고도, 수많은 숫자에 대한 정의(밀리, 메가, 나노)를 반복해서 사용한다. 이 시스템은 일반적으로 SI로 알려져 있는데, 'Système International d'Unités'의 약칭이다. 프랑스는 측정 단위를 서로 맞추는 데 중요한 역할을 했다. 대부분의 사람들이 이러한 지정에 대해 단순하게 알고 있다는 점을 고려하며 다음 페이지의 표를 참조해서 욕토(yocto)에서 요타(yotta)에 이르는 모든 수치 지정에 대해 살펴본다.

수	접두어	기호
10^{-24}	욕토(yocto-)	Y
10^{-21}	젭토(zepto-)	Z
10^{-18}	아토(atto-)	A
10^{-15}	펨토(femto-)	F
10^{-12}	피코(pico-)	P
10^{-9}	나노(nano-)	N
10^{-6}	마이크로(micro-)	μ
10^{-3}	밀리(milli-)	M
10^{-2}	센티(centi-)	C
10^{-1}	데시(deci-)	D
10^{1}	데카(deka-)	Da
10^{2}	헥토(hecto-)	H

10^3	킬로(kilo-)	K
10^6	메가(mega-)	M
10^9	기가(giga-)	G
10^{12}	테라(tera-)	T
10^{15}	페타(peta-)	P
10^{18}	엑사(exa-)	E
10^{21}	제타(zetta-)	Z
10^{24}	요타(yotta-)	Y

1와트(watt(W)) = 1줄(joule)/초(second(J/s)) 또는 0.00134마력(horsepower)
1킬로와트(kilowatt) = 1,000와트(watts) 또는 1.35마력(horsepower(hp))
1메가와트(megawatt) = 1,000,000와트(watts)
1기가와트(gigawatt) = 1,000,000,000와트(watts)
1테라와트(terawatt) = 1,000,000,000,000와트(watts)

출처: Math.com

일반 배터리에 저장된 전기의 비용 가치

배터리는 어디에나 있지만, 저장할 수 있는 에너지의 양은 적다. 예를 들어, 아이폰을 구동하는 배터리에는 약 6Wh의 전기가 필요하다. 전기의 비용은 킬로와트시당 12센트(미국의 주택용 전기 평균 가격)로, 6Wh에는 약 0.7센트의 비용이 든다.

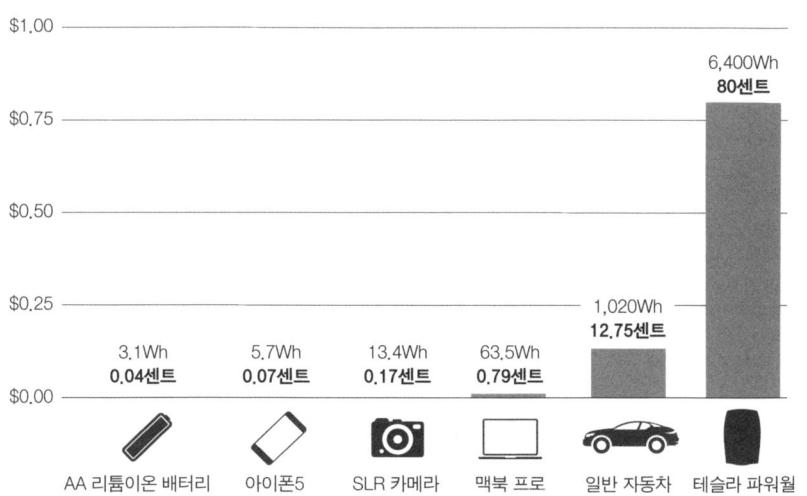

출처: 저자 계산, Allaboutbatteries.com, Apple.com, Tesla.com

주석

제1부 현대성을 의미하는 전기

도입 안톤 루이스 지역

1 에너지 성장 허브(에너지 빈곤을 종식시키고 고에너지 기후 회복형 미래 구축을 위한 데이터 기반 솔루션을 발전시키기 위한 글로벌 싱크탱크), https://energyforgrowth.org/article/high-income-low-energy-countries-dont-exist-update-sep-2024/
2 나중에 계산해 보니 그 가족의 1인당 전기 소비량은 연간 약 1,300킬로와트시(kWh)였다. 페루나 콜롬비아 같은 나라 주민 평균 소비량과 거의 같은 수준이다.
3 로듐 그룹(Rhodium Group)은 정전으로 인해 고객이 전기를 사용하지 못한 시간(고객-시간)을 계산하여 비교를 수행했다.
4 트레버 하우저(Trevor Houser)와 피터 마스터스(Peter Marsters), '세계에서 두 번째로 큰 정전 사태', 로듐 그룹, 2018년 4월 12일, https://rhg.com/research/puerto-rico-hurricane-maria-worlds-second-largest-blackout
5 위키백과, '1849년 태양 폭풍', 최종 수정일: 2019년 4월 9일 06:38, https://en.wikipedia.org/wiki/Solar_storm_of_1859
6 데보라 버드(Deborah Byrd), '태양 초강력 폭풍으로 인한 하루 400억 달러의 손실', EarthSky, 2017년 1월 20일, http://earthsky.org/earth/40-billion-a-day-for-solar-super-storms
7 레베카 스미스(Rebecca Smith), '러시아 해커들, 미국 전력 제어실에 침투했다고 국토안보부 관리들 밝혀' 《월스트리트 저널》, 2018년 7월 23일, www.wsj.com/articles/russian-hackers-reach-u-s-utility-control-rooms-homeland-security-officials-say-1532388110
8 '연방 정부의 녹색 뉴딜 정책 수립 의무 인식', H.R. Res 109, 제116회 의회(2019), www.congress.gov/bill/116th-congress/house-resolution/109/text
9 2018년 말 기준 아마존은 약 4,700메가와트의 발전 용량을 소유 또는 관리하고 있었다. 비교를 위해 크로아티아는 약 4,900메가와트, 라오스는 약 4,500메가와트를 보유하고 있었다. CIA 월드 팩트북, '국가 비교: 전기—설치 발전 용량', www.cia.gov/LIBRARY/publications/the-world--factbook/rankorder/2236rank.html
10 『2018년 세계 에너지 BP 통계 리뷰』(런던: BP, 2018)에 따르면 1985년부터 2015년까지 전 세계 전력 생산량은 145% 증가했다. 이렇게 전력 소비량은 같은 기간 동안 60% 증가한 석유 소비량보다 두 배 이상 빠르게 증가한 것이다. 또한 석탄(85%), 천연가스(111%), 원자력 소비량(74%)보다 더 빠르게 성장했다.
11 (2017년 기준) 연간 전 세계 석유 및 가스 수입은 약 2.9조 달러에 달한다. 이 수치는 BP의 2018년 세계 에너지 통계 리뷰에 근거하며, 전 세계 석유 소비량은 하루 9,800만 배럴, 천연가스 소비량은 하루 약 6,300만 배럴로 추산된다. 석유와 가스 소비량을 합치면 연간 약 590억 배럴에 달한다. 배럴당 50달러를 적용하면, 연간 약 2.9조 달러가 된다.
12 2017년 미국의 전력 판매액은 총 3,900억 달러에 달했다. 에너지 정보국(EIA)의 '최종 고객에게 판매된 전력 수익(Revenue from Selling of Electricity to Ultimate Customers)', www.eia.gov/electricity/annual/html/epa_02_06.html을 참조하면 연간 약 4,200테라와트시의 전력을 생산하는 미국은 전 세계 전력 생산량의 약 16%를 차지한다. 따라서 6×4,000억 달러 = 2.4조 달러로 추산된다.
13 2016년 전 세계 자동차 판매량은 약 8억 8,400만 대에 달했다. 자동차 산업은 자동차 한 대당 2만 5,000달러로 자동차 산업의 매출은 약 2.1조 달러가 된다. 자동차 판매 데이터는 '중국, 인도, 유럽의 급증하는 수요로 인해 2016년 글로벌 자동차 판매량이 5.6% 증가했다.', JATO, 2017년 2월 9일, www.jato.com/usa/global-car-sales-5-6-2016-due-soaring-demand-china-india-europe/를 참조. 신차 평균 가격은 2015년 3월 16일, 오토모티브 뉴스, 2015년 3월 16일, www.autonews.com/article/20150316/RETAIL01/303169975/chinas-got-sales-u.s.-has-riches. 글로벌 제약 사업은 연간 약 1조 달러의 매출을 기록하고 있다. 비즈니스 리서치 회사, '성장하는 제약 시장: 전문가 예측 및 분석', 시장 조사 블로그, 2018년 5월 16일, https://blog.marketresearch.com/the-growing-pharmaceuticals-market-expert-forecasts-and-analysis
14 에너지 정보국(EIA), '최종 고객에 대한 전기 판매 수익' 보고서를 참조
15 2018년 기준, 포드(Ford): 1,603억 달러, 제너럴 일렉트릭(GE): 1,216억 달러, 제너럴 모터스(GM): 1,470억 달러로 세 회사의 매출 총액은 4,289억 달러

16 '전 세계 온실가스 배출량 데이터', 환경보호청, www.epa.gov/ghgemissions/global-greenhouse-gas-emissions-data
17 바츨라프 스밀, '무어의 저주와 거대한 에너지 망상', The American, 2008년 11월 19일, www.aei.org/publication/moores-curse-and-the-great-energy-delusion/

01 전기 입문

1 에린 웨이먼(Erin Wayman), '가장 초기의 인류 불 사용 증거', Smithsonian.com, 2012년 4월 4일, www.smithsonianmag.com/science-nature/the-earliest-example-of-hominid-fire-171693652/
2 하루는 8만 6,400초이다. 40만 년이 8만 6,400초라면 1년은 0.216초이다. 따라서 전기 시대의 140년은 30.24초가 된다.
3 '전류(Electric Current)', SI 단위 설명 웹사이트, www.si-units-explained.info/ElectricCurrent/#.WESLOHeZPNw
4 독립기념관협회, '전기', The Electric Ben Franklin, UShistory.org, www.ushistory.org/franklin/science/electricity.htm. '벤자민 프랭클린', APS Physics, www.aps.org/programs/outreach/history/historicsites/franklin.cfm
5 윌리엄 비티, '와트, 옴, 암페어, 볼트는 어떻게 관련되어 있는가?', 2000년 4월 2일, http://amasci.com/elect/vwatt1.html
6 조너선 레서(Jonathan Lesser)와 레오나르도 자키노(Leonardo Giacchino)가 저서 『에너지 규제의 기초(Fundamentals of Energy Regulation)』(2013년)에서 유사한 예시를 제공해 준 데 감사드린다.
7 제임스 글릭(James Gleick), 『정보: 역사, 이론, 홍수(The Information: A History, a Theory, a Flood)』(빈티지: 뉴욕, 2011년), 126쪽, 170쪽
8 '에너지 형태의 기본', Energy Kids, EIA, www.eia.gov/kids/energy.php?page=about_forms_of_energy-basics
9 2017년 전 세계 전력 생산량은 2만 5,500테라와트시(Twh)였다. 이는 하루 약 70TWh 또는 시간당 2.9TWh에 해당한다. 전 세계 자동차는 약 10억 대이며, 자동차 배터리 하나는 약 1,000와트시(Wh)를 저장할 수 있다. 따라서 전 세계 자동차 배터리는 약 1테라와트시이며, 이는 전 세계에 약 30분간 전기를 공급할 수 있는 양이다.
10 SI 단위계에서 개인의 이름을 딴 단위는 대문자로 표기한다. 예를 들어, 제임스 와트의 이름을 딴 와트는 대문자 W로, 볼타의 이름을 딴 볼트는 대문자 V로 표기한다. 시간의 약어는 개인의 이름을 딴 것이 아니므로 대문자로 표기하지 않는다. 참고로 1,000와트는 1.34마력에 해당한다.
11 EIA 데이터, '표 1.2 미국 요약 통계, 2007-2017', www.eia.gov/electricity/annual/html/epa_01_02.html, 표 4.2.B 참조. 2017년 여름, 미국의 총 유틸리티 규모 설치 용량은 1.084테라와트였다.

02 전기의 변혁적인 힘

1 알렉스 엡스타인(Alex Epstein)은 2014년 저서 『화석 연료에 대한 도덕적 옹호(The Moral Case for Fossil Fuels)』에서 에너지가 인간의 번영에 얼마나 핵심적인 역할을 하는지 강력하고 일관된 주장을 펼쳤다.
2 볼프강 시벨부시(Wolfgang Schivelbusch), 『환멸의 밤: 19세기 빛의 산업화(Disenchanted Night: The Lndustrialization of Light in the Nineteenth Century)』(캘리포니아 대학교 출판부, 1995년), 81-82쪽
3 시벨부시, 『환멸의 밤』, 45쪽
4 시벨부시, 『환멸의 밤』, 158쪽
5 시벨부시, 『환멸의 밤』, 35쪽
6 위키백과, '시카고 대화재(Great Chicago Fire)', 최종 수정 2019년 5월 10일
7 시벨부시, 『환멸의 밤』, 52쪽
8 데이비드 E. 나이(David E. Nye), 『미국의 전기화: 새로운 기술의 사회적 의미(Electrifying America)』(MIT 프레스, 1990년), 5쪽
9 필립 F. 슈웨(Phillip F. Schewe), 『그리드: 전기화된 세계의 중심을 향한 여정(The Grid: A Journey Through the Heart of Our Electrified World)』(조셉 헨리 프레스: 워싱턴 DC, 2007년), 38쪽
10 모리 클라인(Maury Klein), 『파워 메이커들(The Power Makers)』(블룸즈버리, 2008년), 171쪽
11 클라인, 『파워 메이커들』, 172쪽
12 맥스 로저(Max Roser), '야간 조명(Light at Night)', 데이터로 보는 세상(Our World in Data), https://ourworldindata.org/light
13 미국 에너지부(Department of Energy), '특수 조명에서의 발광다이오드(LED) 에너지 절약 추정치', 2008년 10월

14 알바니아의 연간 전력 소비는 약 7.1 테라와트시, 라트비아는 약 6.7 테라와트시이다.
15 BBC 역사채널, 〈제임스 와트(James Watt, 1736-1819)〉, www.bbc.co.uk/history/historic_figures/watt_james.shtml
16 찰스 R. 모리스(Charles R. Morris), 『혁신의 새벽: 미국 산업혁명의 시작(The Dawn of Innovation)』(퍼블릭어페어즈, 2012년), 110쪽
17 크레이그 R. 로치(Craig R. Roach), 『간단히 말해 전기: 벤저민 플랭클린부터 일론 머스크까지 세상을 바꾼 기술(Simply Electrifying: The Technology That Transformed the World, from Benjamin Franklin to Elon Musk』(벤벨라 북스, 2017년), 27쪽
18 모든 전기가 고도로 질서정연한 것은 아니다. 번개나 정전기는 비정형적인 전기 에너지의 대표적인 예다.
19 EOL(Encyclopedia of Earth), '에너지 전환(Energy Transitions)' - 아널프 그루블러(Arnulf Grubler), EOL 웹사이트의 원본 링크(https://editors.eol.org/eoearth/wiki/Energy_transitions)는 현재 접근이 불가능함. 대체 링크는 http://library.snls.org.sz/Encyclopedia%20of%20the%20Earth/editors.eol.org/eoearth/wiki/Energy_transitions.html
20 바츨라프 스밀(Vaclav Smil), '전력 밀도 기초(Power Density Primer)', 2010년 5월 8일, http://vaclavsmil.com/wp-content/uploads/docs/smil-article-power-density-primer.pdf
21 바츨라프 스밀, 『전력 밀도: 에너지원과 용도를 이해하는 열쇠(Power Density: A Key to Understanding Energy Sources and Uses)』(MIT 프레스: 캠브리지 MA, 2015년), 86-87쪽
22 스밀, 『전력 밀도』, 166쪽
23 데이비드 나이(David Nye), 『미국의 전기화(Electrifying America)』, 228쪽
24 스밀, 『전력 밀도』, 166쪽
25 '포드 루즈 연대표', 헨리 포드(www.thehenryford.org/visit/ford-rouge-factory-tour/history-and-timeline/timeline). 또한 '헨리 포드 리버 루즈 공장', 디트로이트: 자동차 도시의 역사와 미래, http://detroit1701.org/Ford%20Rouge%20Plant.html
26 나이, 『미국의 전기화』, 225쪽
27 엘리엇 스피처(Eliot Spitzer), 「콘 에디슨(Con Edison)의 1999년 7월 전력 서비스 중단: 뉴욕 시민을 위한 보고서」, (Albany, 2000년 3월 9일), G-2, G-3
28 제이얀쓰 콜리야두(Jayanth C. P. Koliyadu) 외, 「고체 밀도 플라즈마 탐사를 위한 고조파 생성의 최적화 및 특성화」, 《Photonics》 제4권 제2호(2017년 3월 30일), www.mdpi.com/2304-6732/4/2/25
29 첩 펄스 증폭(CPA, chirped pulse amplification)은 빛의 강도를 낮추기 위해 짧은 펄스를 먼저 늘인 후, 이를 증폭 및 압축하여 매우 높은 강도로 만드는 방식이다. 2018년 노벨물리학상은 이 방식의 레이저에 대한 선구적 연구에 수여되었다. 수상자 중 한 명은 캐나다 출신의 도나 스트릭랜드로, 여성으로서는 세 번째 여성 물리학상 수상자가 되었다. 에밀리 코노버(Emily Conover), '눈부신 레이저 기술로 노벨 물리학상 수상', Science News, 2018년 10월 2일, www.sciencenews.org/article/dazzling-laser-feats-earn-these-physicists-nobel
30 윌리엄 A. 울프(Wm. A. Wulf), '위대한 업적과 도전 과제(Great Achievements and Grand Challenges)', 《The Bridge》(2000년 가을/겨울): 5, www.nae.edu/File.aspx?id=7327
31 일마즈 바야르(Yilmaz Bayar)와 하산 알프 외젤(Hasan Alp Özel), "신흥 경제권의 전기 소비와 경제 성장", 지식 경영, 경제 및 정보 기술 저널 4, 2호(2014년 4월)
32 로저 앤드류스(Roger Andrews), '전기와 국가의 부', Energy Matters 블로그, 2015년 11월 22일, http://euanmearns.com/electricity-and-the-wealth-of-nations/
33 카시프 임란(Kashif Imran)과 마수드 미슈쿠르 시디키(Masood Mashkoor Siddiqui), 「에너지 소비와 경제 성장: 3개 SAARC 국가의 사례 연구」, 《유럽 사회 과학 저널》 제16권 제2호(2010년), www.scribd.com/document/39466448/Energy-consumption-and-Economic-Growth.
34 키스 브래드셔(Keith Bradsher), '수출 감소로 중국 실업률 상승(China's Unemployment Swells as Exports Falter)', 〈뉴욕 타임스〉, 2009년 2월 5일, www.nytimes.com/2009/02/06/business/worldbusiness/06yuan, 골드만삭스 분석가들도 중국의 생산량 지표로 전력 데이터를 사용한다고 밝혔다.
35 시 첸(Xi Chen)과 윌리엄 하우스(William D. Nordhaus), 「경제 통계의 대리자로서의 광도 데이터의 가치」(연구 보고서 번호 16317, NBER(전미경제연구소), 케임브리지, MA, 2010년 8월), www.nber.org/papers/w16317.pdf
36 J. 버논 헨더슨(J. Vernon Henderson), 아담 스토어가드(Adam Storeygard), 데이비드 N. 와일(David N. Weil), 「우주에서 본 경제 성장 측정」, 《American Economic Review》, 제102권 제2호(2012년 4월), www.aeaweb.org/articles?id=10.1257/aer.102.2.994
37 OECD/IEA, '1인당 전력 소비량(kWh)', 세계은행, http://data.worldbank.org/indicator/EG.USE.ELEC.KH.PC?year_high_desc=true

38 마리안 L. 투피(Marian L. Tupy) 인용, 「글리니글스의 허상: 아프리카 개발을 위한 새로운 추진의 핵심에 있는 잘못된 우선순위(The False Promise of Gleneagles: Misguided Priorities at the Heart of the New Push for African Development)」, 워싱턴 DC: 카토 연구소, 2009년, https://object.cato.org/sites/cato.org/files/pubs/pdf/dpa9.pdf

39 에드워드 글레이저(Edward Glaeser), 『도시의 승리: 우리의 위대한 발명이 우리를 더 부유하고, 더 똑똑하며, 더 친환경적이고, 더 건강하고 행복하게 만드는 방법(Triumph of the City: How Our Greatest Invention Makes Us Richer, Smater, Greener, Healthier, and Happier)』(펭귄: 뉴욕, 2011년)

03 수직 도시

1 리처드 로즈, 『에너지: 인류 역사(Energy: A Human History)』(사이먼 앤 슈스터: 뉴욕, 2017년)
2 '브루클린 브리지', History.com, 최종 수정: 2018년 8월 21일, www.history.com/topics/brooklyn-bridge
3 '1790년부터 1990년까지의 뉴욕 인구 역사', 보스턴 대학교 물리학과, http://physics.bu.edu/~레드너/projects/인구/cities/뉴욕.html
4 데이비드 W. 던랩(David W. Dunlap), '불에 휩싸이고 얼음에 싸인 Equitable의 본부는 100년 전에 함락되었다.', 시티룸(블로그), 《뉴욕 타임스》, 2012년 1월 8일, https://cityroom.blogs.nytimes.com/2012/01/08/consumed-in-fire-cloaked-in-ice-equitables-headquarters-fell-100-years-ago/
5 에디슨의 첫 번째 전력망 지도는 켈시 캠벨 돌라한(Kelsey Campbell-Dollaghan)의 'NYC 최초의 전력망에 대한 잊혀진 이야기(The Forgotten Story of NYC's First Power Grid)', 기즈모도(Gizmodo), 2015년 1월 26일, https://gizmodo.com/the-forgotten-story-of-nycs-first-power-grid-1681857054, 도보 지도는 Google Maps, https://bit.ly/2VkeewT
6 변압기는 전기 시대의 상징이며, 마이크로프로세서는 정보 시대의 상징이다. 1885년, 웨스팅하우스는 영국의 한 공학 저널에서 교류 시스템의 전압을 높이거나 낮출 수 있는 장치에 대한 기사를 읽었다. 개인의 성실성과 사업 감각으로 전설적인 인물이었던 웨스팅하우스는 당시 '2차 발전기'라고 불렸던 장치의 중요성을 직감했다. 그는 변압기 특허권을 확보하기 위해 재빨리 중위를 유럽으로 파견했다. 웨스팅하우스는 변압기를 사용하면 교류 전압을 높일 수 있다는 것을 알고 있었다. 1만 1,000볼트 송전선을 사용하여 나이아가라 폭포의 수력 발전소를 32km 떨어진 버팔로 시와 연결했다. 웨스팅하우스가 나이아가라 폭포에서 교류 송전의 효율성을 입증한 후, 전 세계 발전기들이 웨스팅하우스의 고전압 설계를 모방하기 시작했다. 1900년까지 전기 생산업체들은 6만 볼트 송전선을 통해 전기를 송전했다. 1912년에는 전압이 두 배 이상 증가하여 150킬로볼트에 이르렀다. 1930년에는 송전선의 전압이 240킬로볼트에 달했다. 오늘날 전기 회사들은 360킬로볼트와 720킬로볼트에서 작동하는 고압선을 일상적으로 사용한다. 이에 대한 자세한 내용은 질 존스(Jill Jonnes)의 저서 『빛의 제국: 에디슨, 테슬라, 웨스팅하우스, 그리고 세계 전기화 경쟁(Empires of Light: Edison, Tesla, Westinghouse, and the Race to Electrify the World)』(랜덤하우스: 뉴욕, 2003년), 123-125쪽, 메튜 H. 브라운(Matthew H. Brown)과 리처드 P. 세다노(Richard P. Sedano)의 저서 『전기 전송: 입문서(Electricity Transmission: A Primer)』(국가전기정책위원회(National Council on Electricity Policy): 워싱턴 DC, 2004년), www.energy.gov/sites/prod/files/oeprod/DocumentsandMedia/primer.pdf
7 프레드릭 달젤(Frederick Dalzell), 『공학적 발명: 프랭크 J. 스프래그와 미국 전기 산업(Engineering Invention: Frank J. Sprague and the U.S. Electrical Industry)』(MIT 프레스: 케임브리지, 매사추세츠, 2009년)
8 달젤, 『공학적 발명』
9 폴 이스라엘, 『에디슨: 발명의 생애(Edison: A Life of Invention)』(존 와일리 앤 선즈: 뉴욕, 1998년), 223쪽
10 조셉 J. 커닝햄, 『뉴욕 전력(New York Power)』(크리에이츠스페이스: 자체 출판, 2013년), 19쪽
11 프랭크 로섬 주니어(Frank Rowsome Jr.), 『전기 견인차의 탄생: 발명가 프랭크 줄리안 스프래그의 특별한 삶과 시대』(크리에이츠스페이스: 자체 출판, 2013년)
12 커닝햄, 『뉴욕 전력』, 20쪽
13 로버트 브래들리 주니어, '마력은 말보다 확실히 강하다!', MasterResource(블로그), 2009년 9월 29일, https://www.masterresource.org/?s=Horsepower+Sure+Beats+Horses%21
14 에릭 모리스(Eric Morris), 『말의 힘에서 마력으로(From Horse Power to Horsepower)』, 《액세스》(2007년 봄) 7쪽, www.accessmagazine.org/spring-2007/horse-power-horsepower/
15 그레고리 커티스, '리뷰: '말과의 작별'을 통해 펼쳐지는 역사 속 거친 질주', 《월스트리트 저널》, 2018년 2월 9일, www.wsj.com/articles/review-a-wild-ride-through-history-in-a-farewell-to-the-horse-1518212178
16 로버트 C. 케네디, '골드 160주년. 골드 130주년', On This Day(블로그), 《뉴욕 타임스》, http://movies2.nytimes.com/learning/general/onthisday/harp/1016.html

17 짐 매킨, '9번가 엘(The Ninth Avenue El)', 블루밍데일 히스토리(블로그), 2013년 9월 13일, https://bloomingdalehistory.com/2013/09/13/the-ninth-avenue-el/
18 달젤, 『공학적 발명』
19 달젤, 『공학적 발명』
20 로섬이 쓴 스프래그 전기는 1960년대 초에 완성되었지만, 로섬은 원고를 출판할 출판사를 찾지 못했다. 이 책은 마침내 2013년 스프래그의 손자 존 스프래그에 의해 출판되었다.
21 로섬, 『전기 견인차의 탄생』
22 달젤, 『공학적 발명』
23 로섬, 『전기 견인차의 탄생』
24 로섬, 『전기 견인차의 탄생』
25 로섬, 『전기 견인차의 탄생』
26 최근 오스틴 시내에서 21층까지 엘리베이터를 타고 1980년대에 지어진 건물인 체이스 타워 꼭대기 층으로 올라갔다. 37초 만에 약 64미터를 이동했는데, 이는 분당 104미터, 즉 시속 6.2킬로미터의 속도로 이동한 것이다.
27 캐럴 파리스, 바바라 스턴펠드, 스티븐 새뮤얼스, 아이라 B. 태거, 「운동으로 걷는 노인의 빠른 보행 속도」, 미국 노인학회지 52권, 1호. 3(2004년 3월), www.ncbi.nlm.nih.gov/pubmed/14962157
28 에블린 주트(Evelyn Jutte), '프랭크 J. 스프래그(Frank J. Sprague)', 엘리베이터 박물관, https://theelevatormuseum.org/sprague.php
29 에밀리 배저(Emily Badger), '하이퍼루프 조차도 출퇴근 시간을 바꾸지 않는 이유', 《뉴욕 타임스》, 2017년 8월 10일, www.nytimes.com/2017/08/10/upshot/why-even-the-hyperloop-probably-wouldnt-change-your-commute-time.html
30 NYC 빌딩, 'DOB, 엘리베이터 안전을 위한 'Stay Safe. Stay Put.' 캠페인 시작', 보도자료, 2016년 7월 5일, www1.nyc.gov/site/buildings/about/pr-elevator-safety-campaign.page
31 '1790년부터 1990년까지 뉴욕 인구 역사', 보스턴 대학교 물리학과, http://physics.bu.edu/~redner/projects/population/cities/newyork.html
32 맷 리들리(Matt Ridley), '쾌활해야 할 17가지 이유', 맷 리들리 온라인(블로그), 2012년 3월 1일, www.rationaloptimist.com/blog/17-reasons-to-be-cheerful-1/
33 칼리 레드베터(Carly Ledbetter), '전 세계에서 가장 비싸고 아름다운 아파트 10곳', 《허프포스트 라이프》, 2014년 12월 9일, www.huffingtonpost.com/2014/12/09/most-expensive-apartments-in-the-world_n_6295480.html
34 리차드 플로리다(Richard Florida), '도시 토지의 엄청난 가치', 시티랩(Citylab), 2017년 11월 2일, www.citylab.com/equity/2017/11/the-staggering-value-of-urban-land/544706/
35 셀린느 제(Celine Ge), '고급 라이프: 홍콩, 세계 고층 빌딩 차트 1위 - 그리고 그 중 대부분은 주거용', 《사우스 차이나 모닝 포스트》, 2015년 12월 31일, www.scmp.com/news/hong-kong/economy/article/1896807/living-high-life-hong-kong-tops-world-charts-skyscrapers-and
36 뉴욕시 건물, 'DOB, 안전하게 지내세요. 그대로 두세요.' 캠페인 시작'

04 새로운 (전기) 합의

1 블라디미르 레닌(Vladimir Lenin), '공산주의는 소련의 힘이며 전 국가의 전기화', 1920년 12월 22일, 소련 역사의 열일곱 가지 순간, http://soviethistory.msu.edu/1921-2/electrification-campaign/communism-is-soviet-power-electrification-of-the-whole-country/
2 바츨라프 스밀(Vaclav Smil), 『20세기 창조: 1867-1914년의 기술 혁신과 그 지속적인 영향(Creating the Twentieth Century: Technical Innovations of 1867-1914 and Their Lasting Impact)』(옥스퍼드 대학교 출판부: 뉴욕, 2005년)
3 1902년, 미국은 약 6기가와트시의 전력을 생산했다. 1930년까지 생산량은 114기가와트시를 초과했다. 미국 인구조사국, 미국 역사 통계, 《콜로니얼 타임스》, 1970년(1975) 'Chapter S: Energy', 821쪽, www2.census.gov/library/publications/1975/compendia/hist_stats_colonial-1970/hist_stats_colonial-1970p2-chS.pdf
4 클라인, 『파워 메이커』, 397쪽
5 클라인, 『파워 메이커』, 402쪽
6 클라인, 『파워 메이커』, 403쪽
7 투자 관리, 증권거래위원회, 공공-유틸리티 지주회사 규제(워싱턴 DC: 1995년 6월), www.sec.gov/news/studies/puhc.txt
8 투자 관리 부서, 공공 유틸리티 지주회사 규제, 13쪽

9 1935년 공익사업 지주회사법: 1935-1992(EIA: 워싱턴 DC, 1993), www.eia.gov/electricity/archive/0563.pdf
10 '일렉트릭 본드 앤 셰어 컴퍼니(Electric Bond and Share Company)', http://snaccooperative.org/ark:/99166/w6713g3m
11 '일렉트릭 본드 앤 셰어 컴퍼니', SNAC, 번호 41264488, http://socialarchive.iath.virginia.edu/ark:/99166/w6713g3m
12 존 윌리엄스(John Williams), 『콜로라도 강 하류 관리청의 숨겨진 이야기(The Untold Story of the Lower Colorado River Authority)』(텍사스 A&M 대학 출판부, 2016년), 81쪽
13 『거래 장부: 텍사스 파워 앤 라이트 컴퍼니(Deal Books: Texas Power & Light Company)』, 리먼 브라더스 아카이브, 베이커 도서관 및 블룸버그 센터, 하버드 비즈니스 스쿨, 보스턴, www.library.hbs.edu/hc/lehman/Data-Resources/Companies-Deals/Texas-Power-Light-Company, 윌리엄스, 『콜로라도 강 하류 관리청의 숨겨진 이야기』, 81쪽도 참고
14 미국 인플레이션 계산기, www.usinflationcalculator.com
15 데이터, '미국, 연간 전기 평균 소매 가격', EIA, www.eia.gov/electricity/data/browser/ #/topic/7?agg=0,1&geo=g&endsec=vg&linechart=ELEC.PRICE.US-ALL.A~ELEC.PRICE.US-RES.A~ELEC.PRICE.US-COMA~ELEC.PRICE.US-IND.A&칼럼차트=ELEC.PRICE.US-ALL.A~ELEC.RES.A~ELEC.PRICE.US-COM.A~ELEC.PRICE.US-IND.A&map=ELEC.ALL.A&ctype=line차트<ype=pin&rtype=s&maptype=0&rse=0&pin=
16 존 A. 개러티와 피터 게이, 편집, 『컬럼비아 세계사』(하퍼 앤 로우: 뉴욕, 1972년), 1015쪽
17 프랭클린 D. 루즈벨트, '오레곤주 포틀랜드에서 열린 공익사업 및 수력발전 개발 캠페인 연설', 1932년 9월 21일, 미국 대통령 프로젝트, www.presidency.ucsb.edu/ws/index.php?pid=88390
18 '노동력, 고용, 실업, 1929-39: 추정 방법', 노동통계국, 기술 노트, www.bls.gov/opub/mlr/1948/article/pdf/labor-force-employment-and-unemployment-1929-39-estimating-methods.pdf
19 '미국 실업률', 인포플레이즈, www.infoplease.com/business-finance/labor-and-employment/united-states-unemployment-rate
20 프랭클린 D. 루즈벨트, '오레곤주 포틀랜드에서 열린 공익사업 캠페인 연설'
21 월드 아틀라스, '미국 대통령 선거 역사상 가장 큰 압승', 최종 수정: 2017년 4월 25일, www.worldatlas.com/articles/largest-landslide-victories-in-us-presidential-election-history.html
22 270 to Win(웹사이트), '1932년 대통령 선거', www.270towin.com/1932_Election/ .
23 위키백과, '1912년 미국 대통령 선거', 최종 수정: 2019년 4월 29일 01:10, https://en.wikipedia.org/wiki/United_States_presidential_election,_1912
24 토머스 P. 휴즈(Thomas P. Hughes), 『힘의 네트워크: 서부 사회에서의 전기화(Networks of Power: Electrification in Western Society)』, 1880-1930(존스 홉킨스 대학교 출판부: 볼티모어, 1983년), 286-287쪽
25 데이비드 케네디, '오리건 전기 협동조합에 대한 연설'(오리건주 세일럼, 2017년 11월 30일 연설).
26 프랭클린 D. 루즈벨트, '의회에 보내는 연례 메시지', 1935년 1월 4일, 미국 대통령 프로젝트, www.presidency.ucsb.edu/documents/annual-message-congress-3
27 위키백과, '샘 레이번', 최종 수정: 2019년 5월 17일 06:33, https://en.wikipedia.org/wiki/Sam_Rayburn
28 폴 E. 앤더슨, '샘 레이번(Sam Rayburn)과 농촌 전기화', East Texas History(웹사이트), http://easttexashistory.org/items/show/73
29 앤서니 샴페인(Anthony Champagne), 『샘 레이번 하원의원(Congressman Sam Rayburn』(럿거스 대학교 출판부: 뉴브런즈윅, 1984년), 48쪽
30 미국 의회 전기 디렉토리, '휠러, 버튼 켄달', 1882년-1975, http://bioguide.congress.gov/scripts/biodisplay.pl?index=w000330
31 버튼 K. 휠러(Burton K. Wheeler), 『서부에서 온 양키: 자유분방한 미국 상원의원의 솔직한 이야기(Yankee from the West: The Candid Story of the Freewheeling U.S., Senator from Montana)』(더블데이: 뉴욕, 1962년), 306쪽
32 휠러, 『서부에서 온 양키』, 295쪽
33 휠러, 『서부에서 온 양키』, 307쪽
34 대평원 백과사전, '노리스, 조지 W.(1861-1944)', http://plainshumanities.unl.edu/encyclopedia/doc/egp.pg.058. '유니카메랄의 역사'도 참조, 네브래스카 주의회, https://nebraskalegislature.gov/about/history_unicameral.php
35 위키백과, 'George W. Norris', 최종 수정: 2019년 4월 13일 21:22, http://en.wikipedia.org/wiki/George_W._Norris
36 월트 세너트, '조지 W. 노리스 상원의원 대 헨리 포드', 맥쿡 가제트, 2008년 6월 9일, www.mccookgazette.com/story/1435485.html

37 브리태니커 백과사전 온라인, '조지 W. 노리스', www.britannica.com/biography/George-W-Norris
38 휠러, 『서부에서 온 양키』, 308쪽
39 휠러, 『서부에서 온 양키』, 313쪽
40 윌 로저스는 나의 5촌이다. 아버지 쪽의 증조할머니는 윌 로저스의 2촌이었다.
41 위키백과, 2019년 5월 6일 15:20, https://en.wikipedia.org/wiki/Will_Rogers#Newspapers_and_magazines, 최종 수정: '윌 로저스'
42 휠러, 『서부에서 온 양키』, 310쪽
43 지주회사들은 '공공시설지주회사법'에 맞서 대법원까지 소송을 제기했다. 1938년, 대법원은 이 법이 합헌이라고 판결했다(참고: Paul W. White의 「공공시설지주회사법」 논문, http://paulwwhite.com/the-public-utility-company-act-of-1935_316.html).
또한 1938년, 사뮤엘 인슐이 파리 지하철에서 심장마비로 사망한 채 발견되었다. 한때 미국에서 가장 영향력 있는 사업가 중 한 명이었던 그는 주머니에 신분증이나 돈 한 푼 없이 발견되었다. 그의 지주회사는 1932년에 파산했고, 이로 인해 인슐은 순자산보다 1,600만 달러나 더 많은 빚을 지게 되었다. 한 기록에 따르면, 그는 "파산 선고를 받기에는 너무 파산했다."고 한다. 1934년, 인슐은 사기 혐의로 재판을 받았지만 무죄 판결을 받았다(참고: PBS의 다큐멘터리 〈They Made America〉 중 '사뮤엘 인슐' 편, www.pbs.org/wgbh/theymadeamerica/whomade/insull_hi.html).
44 〈공공 전력과 민간 전력: 프랭클린 D. 루즈벨트(FDR) 시대부터 오늘날까지(Public vs. Private Power: From FDR to Today)〉, Frontline, PBS, www.pbs.org/wgbh/pages/frontline/shows/blackout/regulation/timeline.html
45 REA는 1935년 루스벨트 대통령의 행정명령을 통해 처음 창설되었다. 1936년 농촌 전기화법(Rural Electrification Act)이 통과되면서 농촌전기국(Rural Electrification Administration)은 독립적인 기관이 되었다. 법의 원문은 1936년 5월 20일 승인된 제74회 의회 법률 제432장인 '1936년 농촌 전기화법'을 참고할 수 있으며, 이 법은 2018년 12월 20일 제정된 공법 115-334호를 통해 개정되었다., https://legcounsel.house.gov/Comps/Rural%20Electrification%20Act%20Of%201936.pdf.
46 조지 W. 노리스(George W. Norris), 『자유주의와의 싸움: 조지 W. 노리스의 자서전(Fighting Liberal: The Autobiography of George W. Norris)』, 2판(바이슨 북스: 링컨, NE, 2009년)

05 전력망의 확장

1 윌리엄스, 『콜로라도 강 하류 관리청(Lower Colorado River Authority)』, 105쪽
2 존슨은 1937년 4월 10일 미국 하원의원으로 취임. 위키백과, 'Lyndon B. Johnson', 최종 수정: 2019년 5월 12일 13:58, https://en.wikipedia.org/wiki/Lyndon_B._Johnson
3 윌리엄스, 『콜로라도 강 하류 관리청』, 85쪽
4 미국 인구조사국, 「미국 역사 통계: 식민지 시대부터 1970년까지」(1975년), S장: 에너지, 816쪽
5 미국에는 두 개의 콜로라도 강이 있다. 이 장에서 다루는 강은 텍사스주 내에서 시작되고 끝나는 강이며, 다른 하나는 콜로라도주에서 시작되어 바하 캘리포니아 만으로 흘러간다.
6 '하이랜드 호수와 댐(Highland Lakes and Dams)', LCRA, www.lcra.org/water/dams-and-lakes. 현재 뷰캐넌 댐의 발전 용량은 54.9메가와트이며, 맨스필드 댐은 108메가와트이다.
7 로니 더거(Ronnie Dugger), 『정치인: 린든 존슨의 삶과 시대(The Politician: The Life and Times of Lyndon Johnson)』, (W.W. 노턴: 뉴욕, 1982년), 209쪽
8 로버트 캐로(Robert Caro), 『권력으로 가는 길(린든 존슨의 세월, 제1권)(The Path to Power(The Years of Lyndon Johnson, Volume 1))』, (빈티지: 뉴욕, 1983년), 524~527쪽
9 캐로, 『권력으로 가는 길』, 527쪽
10 윌리엄스, 『콜로라도 강 하류 관리청』, 86쪽
11 윌리엄스, 『콜로라도 강 하류 관리청』, 86쪽
12 윌리엄스, 『콜로라도 강 하류 관리청』, 84-86쪽
13 '텍사스 주요 통계', 미국 인구조사국, www.census.gov/quickfacts/TX
14 1938년, 협동조합은 텍사스 힐 컨트리 지역의 약 3,000가구에 전기 서비스를 제공했다. '협동조합 이야기', PEC, www.pec.coop/about-us/cooperative-difference/cooperative-story/
15 '서비스 지역', PEC, www.pec.coop/Home/Energy_Services/Service_Area_Map.aspx
16 2018년에 로린과 저자는 힐 컨트리에 부동산을 매입하여 PEC 고객이 되었다. 추가 고객 수는 2017년 연례 보고서(페데르날레스 전기 협동조합: 텍사스주 존슨 시티, 2018년), https://2bqwe7212tygr0q3a7b9e1bv-wpengine.netdna-ssl.com/wp-content/uploads/2018/06/PEC-AR-2017.pdf, 매출 데이터는 2017년 재무

보고서(페데르날레스 전기 협동조합: 텍사스주 존슨 시티, 2018년), https://2bqwe7212tygr0q3a7b9e1bv-wpengine.netdna-ssl.com/wp-content/uploads/2018/06/PEC-AR-FINANCIALS-2017.pdf
17 회원사, 전국 농촌 유틸리티 협동조합 금융 공사, www.nrucfc.coop/content/cfc/about_cfc/our-members.html
18 미국 인구조사국, 「미국 역사 통계, 식민지 시대부터 1970년까지(1975)」, 'S장: 에너지', 829-830쪽
19 미국 인구조사국, 「미국 역사 통계, 식민지 시대부터 1970년까지(1975)」, 'S장: 에너지', 827쪽
20 캐럴린 디미트리(Carolyn Dimitri), 앤 에플랜드(Anne Effland), 닐슨 콘클린(Nielson Conklin), 『미국 농업과 농장 정책의 20세기 변혁(The 20th Century Transformation of U.S. Agriculture and Farm Policy)』(미국 농무부: 워싱턴 DC, 2005년), 2쪽, https://ageconsearch.umn.edu/bitstream/59390/2/eib3.pdf
21 개러티와 게이(Garraty and Gay), 『콜럼비아 역사(Columbia History)』, 1,015쪽
22 피터 Z. 그러스먼, 『미국 에너지 정책과 실패 추구』(케임브리지: 케임브리지 아저씨들, 2013년).
23 「2015~2016 연례 목록 및 통계 보고서」(버지니아주 알링턴: 미국 공권력 협회, 2016년), 26-27쪽. 투자자 소유의 지배회사는 미국 전체 전기 고객 1억 3,500만 명 중 약 8,800만 명을 보유하고 있다.
24 EIA, 'Exelon-Pepco 합병으로 미국 최대 전력회사가 성공할 수 있다', 《Today in Energy》, 2015년 10월 21일, www.eia.gov/todayinenergy/detail.php?id=23432. Exelon은 미국 고객 1억 3,500만 명 중 약 850만 명의 고객을 보유하고 검증, 전체의 약 6.3%에 해당한다.
25 '2014년 10대 전력회사', 《Power Technology》, 2014년 10월 1일, www.power-technology.com/features/featurethe-top-10-biggest-power-companies-of-2014-4385942/
26 '국가 전력망: 중국', 포춘 글로벌 500대 기업(Fortune Global 500), http://fortune.com/global500/state-grid/
27 「2018년 세계 에너지 BP 통계 리뷰」
28 '1인당 GDP, 현재 미국 달러', 세계은행, https://data.worldbank.org/indicator/NY.GDP.PCAP.CD?locations=CN
29 미국 인구조사국, 「미국 역사 통계, 식민지 시대부터 1970년까지」(1975년), 'S장: 에너지', 821쪽
30 미국 인구조사국, 「미국 역사 통계, 식민지 시대부터 1970년까지」(1975년), 'S장: 에너지', 224쪽
31 미국 인구조사국, 「미국 역사 통계, 식민지 시대부터 1970년까지」(1975년), 'S장: 에너지', 225쪽
32 OECD/IEA, '1인당 전력 소비량(kWh)', 세계은행, 2014년, https://data.worldbank.org/indicator/eg.use.elec.kh.pl
33 노리스, 『자유주의자들과의 싸움』, 318-319쪽
34 카로, 『권력으로 가는 길』, 524-527쪽

06 전기의 사각지대에 놓인 여성

1 〈Reddy Kilowatt〉, 유튜브, 2013년 9월 19일, www.youtube.com/watch?v=5_kW2KZ04wk
2 더 자세한 내용은 기후 변화에 관한 정부간 협의체(IPCC), '제5장: 지속 가능한 개발, 빈곤 퇴치 및 불평등 감소', 2018년, www.ipcc.ch/site/assets/uploads/2018/11/sr15_chapter5.pdf
3 OECD/IEA, '1인당 전력 소비량(kWh)', 세계은행, 2014, https://data.worldbank.org/indicator/eg.use.elec.kh.pl
4 마즐리슈푸쿠르 주민들을 조사한 미르두찬다 차토파디아이에 따르면, 이 마을 주민의 약 90%가 무슬림이다.
5 마이클 립카와 콘래드 해킷, '왜 무슬림은 세계에서 가장 빠르게 성장하는 종교 집단인가', 팩트 탱크(블로그), 퓨 리서치 센터, 2017년 4월 6일, www.pewresearch.org/fact-tank/2017/04/06/why-muslims-are-the-worlds-fastest-growing-religious-group/
6 '변화하는 세계 종교 지형', 퓨 리서치 센터, 2017년 4월 5일, www.pewforum.org/2017/04/05/the-changing-global-religious-landscape/
7 '전 세계 종교와 교육', 퓨 리서치 센터, 2016년 12월 13일, www.pewforum.org/2016/12/13/religion-and-education-around-the-world/
8 니콜라스 잭슨, '데이터 분석가 한스 로슬링: 세탁기 투표 열풍', 애틀랜틱, 2010년 12월 8일, www.theatlantic.com/technology/archive/2010/12/data-analyst-hans-rosling-people-vote-for-washing-machines/67680/
9 조셉 D. 코팍, '가정 및 농장 전기 공사의 조직과 운영', 소비자 할부 신용 정부 기관(워싱턴 DC: 미국 국립경제연구소, 1940년), www.nber.org/chapters/c4943.pdf
10 코팍(Coppock), '조직 및 운영', 97쪽
11 조지아 전력 회사의 최고경영자(CEO)인 폴 바우어스에게 레디 킬로와트의 역사에 대한 강의를 해주신 데 대해 감사드린다.
12 아불 바캇(Abul Barkat), '방글라데시 농촌 전기화 프로그램의 경제 및 사회적 영향 평가 연구', 인간개발연구센터,

2002년 10월, xxi쪽, http://citeseerx.ist.psu.edu/viewdoc/download?doi=10.1.1.469.671&rep=rep1&type=pdf
13 타린 딩켈만(Taryn Dinkelman), '농촌 전기화가 고용에 미치는 영향: 남아프리카 공화국의 새로운 증거'(프린스턴 대학교, 2010년 8월), 25쪽, https://rpds.princeton.edu/sites/rpds/files/media/dinkelman_electricity_0810.pdf
14 샤히두르 R. 칸커(Shahidur R. Khandker) 외, 「농촌 전기화로 가장 큰 혜택을 보는 사람은 누구인가? 인도의 증거(Who Benefits Most from Rural Electrification? Evidence in India)」(2012년 8월 12일부터 14일까지 워싱턴주 시애틀에서 열린 농업 및 응용 경제 협회의 2012 연례 회의에서 발표된 논문), http://ageconsearch.umn.edu/bitstream/125090/2/AliR.pdf
15 「여성 생식기 절제: 변화의 역학에 대한 통계적 개요 및 탐구(Female Genital Mutilation/Cutting: A Statistical Overview and Exploration of the Dynamics of Change)」(유니세프: 뉴욕, 2009년), www.unicef.org/media/files/FGCM_Brochure_Lo_res.pdf
16 유네스코 통계 연구소, '문해율, 성인 여성(15세 이상 여성의 비율)', 월드뱅크, data.worldbank.org/indicator/SE.ADT.LITR.FE.ZS?end=2012&start=1970&view=chart&year_high_desc=false
17 「세계 어린이 국가 2015: 행정 요약」(유니세프: 뉴욕, 2014년), 표 9, 87쪽, www.unicef.org/publications/files/SOWC_2015_Summary_and_표.pdf
18 월드 아틀라스, '여성에게 투표권을 처음 부여한 나라는 어디인가?' 최종 수정: 2019년 3월 18일, www.worldatlas.com/articles/first-15-countries-to-grant-women-s-suffrage.html, 이 소식통은 뉴질랜드의 이전에 여성 참정권이 있었던 몇 가지 사례가 있었지만, 그 사례들은 일시적이었다고 지적한다.
19 매트 노박, '1920년대 전기가 농장을 영원히 변화시킬 것이라고 생각한 것', 《기즈모도(Gizmodo)》, 2013년 6월 3일, https://paleofuture.gizmodo.com/how-the-1920s-thought-electricity-would-transform-farms-510917940
20 '타임라인: 미국 여성 권리, 1848-1920', 인포플리즈, www.infoplease.com/spot/womens-rights-movement-us

제2부 수많은 사람들은 왜 여전히 어둠 속에 갇혀 있고 그들은 무엇을 하고 있을까?

07 우리집 냉장고와 세상

1 헨리 슐레진저, 『배터리: 휴대용 전원이 기술 혁명을 일으킨 방법(The Battery: How Portable Power Sparked a Technological Revolution)』(하퍼콜린스: 뉴욕, 2010년), 176쪽
2 다른 분석가들은 냉장고를 벤치마크로 사용했다. 2013년 당시 세계개발센터(Center for Global Development)의 선임 연구원이었던 토드 모스는 냉장고의 에너지 소비량을 여러 아프리카 국가 주민들의 에너지 소비량과 비교했다(참고: 토드 모스, '내 냉장고 대(對) 파워 아프리카(이니셔티브)(My Fridge Versus Power Africa)', 세계개발센터, 2013년 9월 9일), www.cgdev.org/blog/my-fridge-versus-power-africa. 모스의 냉장고는 연간 459킬로와트시를 소비했다.
3 마이클 블루제이, "냉장고는 전기를 얼마나 사용하나요?", Saving Electricity(블로그), 2014년 4월, http://michaelbluejay.com/electricity/refrigerators.html
4 로라 코지(Laura Cozzi) 외, '전기 없는 인구 10억 명 아래로 감소', IEA, 2018년 10월 30일, www.iea.org/newsroom/news/2018/october/population-without-access-to-electricity-falls-below-1-billion.html
5 슈베(Schewe), 『더 그리드(The Grid)』, 78쪽
6 앨런 D. 파스테르나크(Alan D. Pasternak), 『글로벌 에너지의 미래와 인간 개발: 분석용 프레임워크(Global Energy Futures and Human Development: A Framework for Analysis)』, (로렌스 리버모어 국립연구소: 캘리포니아주 리버모어, 2000년), 17쪽, https://e-reports-ext.llnl.gov/pdf/239193.pdf
7 인간 개발 보고서(Human Development Report) 2015(유엔개발계획: 뉴욕, 2015년), 3쪽, http://hdr.undp.org/sites/default/files/2015_human_development_report_1.pdf
8 유엔은 HDI를 "인간 개발의 세 가지 기본 차원에 초점을 맞춘 종합 지수이다. 첫째, 출생 시 기대수명으로 측정되는 길고 건강한 삶을 사는 능력, 둘째, 평균 교육 기간 및 예상 교육 기간으로 측정되는 지식 습득 능력, 셋째, 1인당 국민총소득으로 측정되는 적정한 생활 수준 달성 능력이다. HDI의 상한은 1.0이다."라고 설명한다. 즉, HDI가 1에 가까울수록 국민의 요구를 충족하는 데 더 유리한 국가이다.

9 '앨런 파스테르나크' 부고, 샌프란시스코 크로니클, 2010년 9월 20일, www.legacy.com/obituaries/sfgate/obituary.aspx?n=alan-pasternak&pid=145700927
10 니콜라스 반 프랫, '퀘벡 포트녹스의 메이플 시럽 살펴보기', 글로브 앤 메일, 2014년 12월 31일, www.theglobeandmail.com/news/national/a-look-inside-quebecs-fort-knox-of-maple-syrup/article22262093/
11 『2018년 세계 에너지 BP 통계 리뷰』
12 국제에너지기구(IEA), '주요 세계 에너지 통계', 2013년
13 '세계에서 가장 긴 송전선', 파워 테크놀로지, 2014년 2월 17일, www.power-technology.com/features/featurethe-worlds-longest-power-transmission-lines-4167964/. 2019년 초 중국은 3,000km가 넘는 고압 송전선을 시운전했다. 〈세계 최고 전압 송전 프로젝트 가동 시작〉, UNTV, 2019년 1월 2일, www.untvweb.com/news/worlds-highest-voltage-transmission-project-starts-operation/
14 '251개 공공 소유 전기 및 가스 유틸리티(미국)', *Utility Connection*, www.utilityconnection.com/page2e.asp#muni_util
15 '회사 프로필(Corporate Profile)', 중국 국가전력망공사, www.sgcc.com.cn/ywlm/aboutus/profile.shtml

08 전기의 필수불가결한 요소: 무결성, 자본, 연료

1 '전기의 역사', 에너지 연구소, www.instituteforenergyresearch.org/history-electricity/
2 블랙맥스(Black Max) 3,600/4,500와트 휴대용 가스 발전기, 2019년 5월 19일 샘즈 클럽(Sam's Club)에서 299.98달러에 판매, www.samsclub.com/sams/blackmax-black-ma-generator/prod18650560.ip
3 퍼먼(Firman) W01781 2100/1700와트 반동식 시동 가스 휴대용 발전기, 2019년 5월 19일 아마존에서 663.36달러에 판매, www.amazon.com/Firman-W01781-Whisper-Inverter-Generator/dp/B01M0SIRSZ
4 대런 에이스모글루(Daron Acemoglu)와 제임스 A. 로빈슨(James A. Robinson), 『국가는 왜 실패하는가: 권력, 번영, 빈곤의 기원(Why Nations Fail: The Origins of Power, Prosperity, and Poverty)』(크라운 비즈니스: 뉴욕, 2012년), 3-4쪽
5 세계은행 자료. 2017년 네덜란드 GDP는 8,300억 달러였다. 세계은행 및 OECD, "GDP(현재 미국 달러)", https://data.worldbank.org/indicator/ny.gdp.mktp.cd?most_recent_value_desc=true
6 세계 에너지 투자 2019(IEA: 파리, 2019년 5월), 10쪽
7 에디슨 전기 연구소와의 개인 커뮤니케이션
8 제임스 콘카(James Conca), '미국의 전기와 일자리', 《포브스(Forbes)》, 2017년 8월 3일, www.forbes.com/sites/jamesconca/2017/08/03/electricity-and-jobs-in-america/#671c5f6267f1
9 '와이오밍: 주 프로필 및 에너지 추정치', 미국 에너지 정보국(EIA), www.eia.gov/state/?sid=WY#tabs-4
10 알렉산더 리히터(Alexander Richter), '에너지 독립과 재생에너지에 초점을 맞춘 지부티의 지열 에너지 투자', 《씽크 지오에너지(Think Geoenergy)》, 2018년 9월 17일, www.thinkgeoenergy.com/focusing-on-energy-independence-and-renewables-djibouti-is-banking-on-geothermal-energy/

09 미국식 전쟁 방법

1 '슈워츠코프 브리핑 녹취록', AP 통신, 1991년 1월 30일, www.apnews.com/70207cbe2403c2e5743c256e1ef0f208
2 로버트 D. 맥패든, '미국 걸프전 사령관 노먼 슈워츠코프 장군, 78세 나이로 사망', 《뉴욕 타임스》, 2012년 12월 27일, www.nytimes.com/2012/12/28/us/gen-h-norman-schwarzkopf-us-commander-in-gulf-war-dies-at-78.html
3 공중 폭격 작전은 1991년 1월 16일에 시작되었다. 자세한 내용은 브리태니커 백과사전 온라인 '페르시아 걸프전', www.britannica.com/event/Persian-Gulf-War
4 '슈워츠코프 브리핑 녹취록', AP
5 에릭 슈미트, '이라크 공습; 오늘의 선택 무기인 순항 미사일은 그 정확성으로 평가받고 있다', 《뉴욕 타임스》, 1993년 1월 18일, www.nytimes.com/1993/01/18/world/raid-iraq-day-s-weapon-choice-cruise-missile-valued-for-its-accuracy.html
6 CBU-94 '블랙아웃 폭탄', BLU-114/B '소프트 폭탄', GlobalSecurity.org, www.globalsecurity.org/military/systems/munitions/blu-114.htm
7 토마스 E. 그리피스 주니어, 『국가 전기 시스템의 전략적 공격(*Strategic Attack of National Electrical Systems*)』(에어 대학교 출판부: 맥스웰 공군 기지, AL, 1994년), 41쪽, www.comw.org/pda/fulltext/griffith.pdf

8 다른 수인성 질병으로는 이질, 장열, 렙토스피라증 등이 있다. 자세한 내용은 나비드 살레, "수인성 질병의 확산", 2018년 8월 2일, 베리웰 헬스, www.verywellhealth.com/what-you-should-know-about-waterborne-illnesses-4151851
9 그리피스, 『전략적 공격』, 33쪽
10 위키백과, '수이호 댐에 대한 공격', 최종 수정: 2019년 1월 21일 06:40, https://en.wikipedia.org/wiki/Attack_on_the_Sui-ho_Dam
11 블레인 하든, '미국의 전쟁 범죄 북한은 잊지 않을 것이다', 《워싱턴 포스트》, 2015년 3월 24일, www.washingtonpost.com/opinions/the-us-war-crime-north-korea-wont-forget/2015/03/20/fb525694-ce80-11e4-8c54-ffb5ba6f2f69_story.html?utm_term=.942d9ccc1848
12 그리피스, 『전략적 공격』, 33쪽
13 '롤링 썬더 작전', GlobalSecurity.org, www.globalsecurity.org/military/ops/rolling_thunder.htm
14 그리피스, 『전략적 공격』, 33쪽
15 바튼 겔먼, '이라크에서 연합군 공습', 《워싱턴 포스트》, 1991년 6월 23일, www.washingtonpost.com/archive/politics/1991/06/23/allied-air-war-struck-broadly-in-iraq/e469877b-b1c1-44a9-bfe7-084da4e38e41/?utm_term=.acd8ed68e5a8
16 『걸프 위기 이후 이라크의 국제 연구팀, 보건 및 복지: 심층 평가』(경제 및 사회 권리 센터: 뉴욕, 1991년), 4쪽, www.cesr.org/sites/default/files/Health_and_Welfare_in_Iraq_after_the_Gulf_Crisis_1991.pdf
17 존 F. 번스, '세상; 후세인이 몇 명을 죽였나요?' 《뉴욕 타임스》, 2003년 1월 26일, www.nytimes.com/2003/01/26/weekinreview/the-world-how-many-people-has-hussein-killed.html
18 IEA/OECD, '1인당 전력 소비량(kWh)', 세계은행, https://data.worldbank.org/indicator/eg.use.elec.kh.pc. 1990년 capita 1인당 전력 사용량은 연간 약 1,300킬로와트시였다. 이는 1979년 1인당 연간 726킬로와트시보다 거의 80% 증가한 수치이다.
19 유엔 아동 사망률 추정을 위한 기관 간 그룹, '영아 사망률(신생아 1,000명당)', 세계은행, https://data.worldbank.org/indicator/SP.DYN.IMRT.IN?locations=IQ. GDP는 "1인당 GDP, 현재 US$", 세계은행, https://data.worldbank.org/indicator/NY.GDP.PCAP.CD?locations=IQ.
20 폴 루이스, '전쟁 후; 유엔 조사, 이라크 전쟁 피해 종말 직전 수준', 《뉴욕 타임스》, 1991년 3월 22일, www.nytimes.com/1991/03/22/world/after-the-war-un-survey-calls-iraq-s-war-damage-near-apocalyptic.html
21 『걸프 전쟁에서 불필요한 죽음: 항공전 중 민간인 사상자와 전쟁법 위반(Needless Deaths in the Gulf War: Civilian Casualties During the Air Campaign and Violations of the Laws of War)』(휴먼 라이츠 워치: 뉴욕, 1991년), www.hrw.org/reports/1991/gulfwar/CHAP4.htm
22 마크 산토라, '전쟁 중인 국가: 이라크의 돕기; 구호 활동가들은 구호 배포 계획을 지연시키고 있다', 《뉴욕 타임스》, 2003년 3월 25일, www.nytimes.com/2003/03/25/world/nation-war-helping-iraqis-continued-fighting-delays-plans-for-aid-distribution.html
23 「이라크 전쟁의 인적 비용(The Human Costs of War in Iraq)」(경제 및 사회 권리 센터: 뉴욕 브루클린, 2003년), 7쪽, www.cesr.org/sites/default/files/Human_Costs_of_War_in_Iraq.pdf
24 그리피스, 『전략적 공격』, 42쪽
25 바바라 크로셋, '이라크 제재로 어린이 사망, 유엔 보고서', 《뉴욕 타임스》, 1995년 12월 1일, www.nytimes.com/1995/12/01/world/iraq-sanctions-kill-children-un-reports.html
26 에드먼드 L. 앤드류스, '전쟁 후: 에너지; 이라크의 전기 서비스를 방해하는 도둑과 사보타주', 《뉴욕 타임스》, 2003년 6월 21일, www.nytimes.com/2003/06/21/world/after-the-war-energy-thieves-and-saboteurs-disrupt-electrical-services-in-iraq.html
27 제임스 글랜즈, '전쟁의 도달 범위: 반군의 전략; 사보타주들이 여름이 가까워짐에 따라 전기 및 수도 시설을 목표로 하고 있을지도 모른다.', 《뉴욕 타임스》, 2004년 6월 9일, www.nytimes.com/2004/06/09/world/reach-war-insurgents-strategy-saboteurs-may-be-aiming-electrical-water-sites.html
28 제임스 글랜즈, '미국 기관, 이라크 재건 프로젝트에서 새로운 폐기물과 사기 발견', 《뉴욕 타임스》, 2007년 2월 1일, www.nytimes.com/2007/02/01/world/middleeast/01reconstruction.html
29 〈9월 14일 회의록〉, 언론과의 만남, NBC, 2003년 9월 14일, www.nbcnews.com/id/3080244/ns/meet_the_press/t/transcript-sept/#.W-s9AS_Mzvc
30 '이라크 지수', 브루킹스 연구소, 다양한 날짜, www.brookings.edu/iraq-index/
31 하델 알 세이그, '이라크, 전기 부족에 높은 대가 지불', 《내셔널》, 2012년 7월 13일, www.thenational.ae/business/iraq-pays-high-price-for-lack-of-electricity-1.361492, 추가 참고: 그리피스, 『전략적 공격』, 41쪽
32 아르와 이브라힘, '이라크 전역의 전기 차단으로 여름 더위에 삶을 견딜 수 없게 되다', 〈알 자지라〉, 2018년

7월 21일, www.aljazeera.com/news/2018/07/electricity-cuts-iraq-life-unbearable-summer-heat-180731111220743.html
33 모하메드 에브라힘, '이라크의 송전선을 겨냥한 테러 공격', 이라크 뉴스, 2018년 12월 31일, www.iraqinews.com/features/terrorist-attack-targets-power-transmission-line-in-iraq/
34 이사벨 콜스와 알리 나빈, '석유가 풍부한 이라크는 불을 계속 켜둘 수 없다', 《월스트리트 저널》, 2018년 7월 21일, www.wsj.com/articles/oil-rich-iraq-cant-keep-the-lights-on-1532174400
35 미나 알드루비, '바스라 건강 위기: 17,000명이 물 중독으로 병원에 입원', 《내셔널》, 2018년 8월 29일, www.thenational.ae/world/mena/basra-health-crisis-17-000-admitted-to-hospitals-for-water-poisoning-1.764991
36 제인 아라프, '몇 달 간의 시위 로일 이라크 석유 수도 바스라', NPR, 2018년 9월 27일, www.npr.org/2018/09/27/651508389/months-of-protests-roil-iraqs-oil-capital-basra
37 에드워드 웡, '트럼프, 이라크에 이란산 에너지 구매 중단 촉구', 《뉴욕 타임스》, 2019년 2월 11일, www.nytimes.com/2019/02/11/us/politics/iraq-buying-energy-iran.html
38 '사담 시대 이후, 미국의 제재에도 불구하고 이란-이라크 협력 강화', 《유라시아 타임스》, 2019년 2월 12일, https://eurasiantimes.com/post-saddam-era-iran-iraq-boost-cooperation-despite-american-sanctions/
39 브리태니커 백과사전 온라인, '이란-이라크 전쟁', www.britannica.com/event/Iran-Iraq-War
40 웡, "트럼프가 이라크를 밀어붙입니다."
41 암마르 카림, '전기 위기로 이라크인들이 시원한 공기를 마시고 있다', Phys.org , 2018년 8월 1일, https://phys.org/news/2018-08-electricity-crisis-iraqis-gasping-cool.html

10 베이루트의 발전소 마피아

1 저자와의 개인적 의사소통
2 유세프 디아브, "레바논 시돈에서 '헤즈볼라' 지지자들 간의 무력 충돌로 2명 사망", 《앗샤르끄 알아우싸드(Asharq Al-Awsat)》, 2017년 10월 4일, https://eng-archive.aawsat.com/youssef-diab/news-middle-east/2-killed-armed-clash-hezbollah-supporters-lebanons-sidon
3 '레바논', 「2011년 국제 종교 자유 보고서」(미국 국무부: 워싱턴 DC, 2011년), https://2009-2017.state.gov/documents/organization/193107.pdf
4 엘리 부리와 조셉 엘 아사드, '레바논 전기 문제: 전력 중단의 경제적 비용 추산', Energies 9(2016): 583쪽. 부리와 아사드의 수치는 2014년이다. 그 해 레바논의 GDP는 457억 달러였다.
5 알렉스 지아도스, "그린 에너지가 레바논의 '발전기 마피아'를 이길 수 있을까?", 《블룸버그》, 2018년 2월 26일, www.bloomberg.com/news/features/2018-02-26/can-green-energy-beat-lebanon-s-generator-mafias
6 지아드 K. 압델누르, "레바논 전기 위기의 부패", 중동 정보 회보 제5권 8호-9호(2003년 8월~9월)
7 지나 사이피와 사라 엘 시르카, '헤즈볼라: 레바논에서 ISIS를 상대로 '임무 완수'', CNN, 2017년 8월 29일, www.cnn.com/2017/08/29/middleeast/hezbollah-isis/index.html
8 존 다니셰프스키, "이스라엘이 베이루트 전기를 차단하다", 《로스앤젤레스 타임스》, 1996년 4월 16일, http://articles.latimes.com/1996-04-16/news/mn-59120_1_northern-israel. "민간인 폰: 전쟁법 위반과 이스라엘-레바논 국경에서의 무기 사용"(휴먼 라이츠 워치: 뉴욕, 1996년), www.hrw.org/reports/1996/Israel.htm#P231_56403
9 레베카 트룬슨, "이스라엘이 레바논 다리와 발전소를 폭파하다", 《로스앤젤레스 타임스》, 1999년 6월 25일, http://articles.latimes.com/1999/jun/25/news/mn-50004
10 '이스라엘에 대한 미국의 공대지 미사일 추가 금지', 《휴먼 라이츠 워치》, 2000년 5월 23일, www.hrw.org/news/2000/05/22/no-additional-us-air-ground-missiles-israel
11 "이스라엘에 대한 미국의 추가 공대지 미사일 배치 금지", 로버트 피스크, "레바논 국민, 이스라엘의 분노에 큰 타격", 《인디펜던트》, 2000년 2월 9일, www.independent.co.uk/news/world/middle-east/lebanons-people-bear-the-brunt-of-israeli-wrath-5372062.html
12 리처드 블랙, "레바논의 환경 '위기'", BBC 뉴스, 2006년 7월 31일, http://news.bbc.co.uk/2/hi/science/nature/5233358.stm
13 린 누에헤드, "이스라엘, 유엔의 레바논 유막 조사 허용", 《로이터》, 2006년 8월 21일. 발전소 용량 및 가동 연도는 위키백과, '지에(Jieh)'를 참조, 최종 수정: 2019년 2월 22일 16:16, https://en.wikipedia.org/wiki/Jieh
14 데클란 월시, "포위된 병원이 피폭 속에서 계속 싸우다", 《가디언》, 2006년 8월 14일, www.theguardian.com/world/2006/aug/14/syria.israel4
15 "레바논: 고의적인 파괴 또는 '부수적 피해'? 이스라엘의 민간 기반 시설 공격", 앰네스티 인터내셔널, 2006년

8월 22일, www.amnesty.org/en/documents/MDE18/007/2006/en/
16 파루크 파둔 등, 「레바논의 전기: 문제점과 권고사항」, 에너지 절차서 19(2012년): 310-320, https://ac.els-cdn.com/S1876610212009812/1-s2.0-S1876610212009812-main.pdf?_tid=d92e7896-fcf1-4969-8a46-4a030ab4bcd8&acdnat=1545082789_8eeaa16d96916b1c3d5cd21660ab3fa8
17 레바논의 수력 발전 용량은 약 200메가와트이지만 레바논의 거의 모든 수력 발전소는 유지보수와 업그레이드가 필요하기 때문에 실제 생산량은 미미하다. 용량은 세계 에너지 위원회의 '레바논 수력 발전'을 참조, www.worldenergy.org/data/resources/country/lebanon/hydropower/, 출력에 대해서는 '레바논—수력 발전원에서의 전기 생산', IndexMundi, www.indexmundi.com/facts/lebanon/electricity-production-from-hydroelectric-sources
18 OECD/IEA, '석유원으로부터의 전력 생산(전체의 %)', 세계은행, https://data.worldbank.org/indicator/EG.ELC.PETR.ZS? end=2014&start=1960&year_high_desc=true
19 앨런 시하데 외, 「분산 발전이 베이루트의 공기 중 발암 물질에 대한 가정 노출에 미치는 영향」(베이루트 아메리칸 대학교: 베이루트, 2013년), 4쪽, 9쪽, www.aub.edu.lb/ifi/Documents/publications/research_reports/2012-2013/20130207ifi_rsr_cc_effect%20Diesel.pdf
20 OECD/IEA, '석유원으로부터의 전력 생산(전체의 %)', 세계은행, https://data.worldbank.org/indicator/EG.ELC.PETR.ZS
21 사이먼 티스달, '레바논에서 불을 켜놓는 튀르키예 전력선', 《가디언》, 2013년 4월 11일, www.theguardian.com/world/2013/apr/11/turkish-power-ship-lights-on-lebanon, 수미아지트 다스굽타, "카라데니즈 전력선이란 무엇인가?" 마린 인사이트, 2016년 7월 21일, www.marineinsight.com/types-of-ships/what-is-karadeniz-powership/

11 석탄 없이 조명을 유지하는 건 불가능하다

1 '카터 대통령의 에너지 문제 대국민 연설 전문', 《뉴욕 타임스》, 1977년 4월 19일, www.nytimes.com/1977/04/19/archives/transcript-of-carters-address-to-the-nation-about-energy-problems.html
2 OECD/IEA, '석탄 발전량(전체 대비 %)', 세계은행, https://data.worldbank.org/indicator/EG.ELC.COAL.ZS?locations=IN
3 애니 고웬(Annie Gowen), '인도의 막대한 전력 수요는 지구에 큰 문제', 《워싱턴 포스트》, 2015년 11월 6일, www.washingtonpost.com/world/asia_pacific/indias-huge-need-for-electricity-is-a-problem-for-the-planet/2015/11/06/a9e004e6-622d-11e5-8475-781cc9851652_story.html
4 클라이드 러셀(Clyde Russell), "칼럼—인도 에너지 미래에서 석탄이 승자에서 패자로: 러셀", 〈CNBC〉, 2019년 2월 20일, www.cnbc.com/2019/02/20/reuters-america-column-coal-going-from-winner-to-loser-in-indias-energy-future-russell.html
5 로저 피엘게 주니어(Roger Pielke Jr.), "글로벌 기후 변화 과제 해결을 위한 긍정적인 길", E360, 2010년 10월 18일, http://e360.yale.edu/features/a_positive_path_for_meeting_the_global_climate_challenge
6 다큐멘터리 <주스: 전기가 세상을 설명하는 방법(Juice: How Electricity Explains the World)>에서 거의 정확히 같은 말을 한 브라이트 뉴 월드(Bright New World) 사의 설립자 벤 허드(Ben Heard)에게 감사드린다.
7 "인도의 의도적인 국가적 기여: 기후 정의를 향한 노력", 유엔 기후변화협약(UN Framework Convention on Climate Change)에 대한 의도된 국가적 결의적 기여, 2015년 10월 1일 제출, 5쪽, www4.unfccc.int/submissions/INDC/Published%20Documents/India/1/INDIA%20INDC%20TO%20UNFCCC.pdf
8 「2017년 배출량 격차 보고서」(뉴욕: 유엔 환경 계획, 2017), xxi쪽, https://wedocs.unep.org/bitstream/handle/20.500.11822/22070/EGR_2017.pdf
9 「2017년 배출량 격차 보고서」, 38쪽
10 IEA, 「2018년 세계 에너지 전망」
11 「2018년 세계 에너지 BP 통계 리뷰」(런던: BP, 2018년), 47쪽, www.bp.com/content/dam/bp/business-sites/en/global/corporate/pdfs/energy-economics/statistical-review/bp-stats-review-2018-electricity.pdf
12 티모시 가드너, '블룸버그 자선단체, '석탄과의 전쟁'에 6,400만 달러 기부', 《로이터》, 2017년 10월 11일, www.reuters.com/article/us-usa-coal-bloomberg /bloombergs-charity-donates-64-million-to-war-on-coal-idUSKBN1CG2M5
13 「블룸버그 자선재단 2018 연례 보고서」(블룸버그 자선재단: 뉴욕, 2018년), 18쪽, 62쪽, www.bbhub.io/dotorg/sites/34/2018/05/Bloomberg-Philanthropies-Annual-Report-2018.pdf
14 세바스티앙 말로, "마이클 블룸버그, 석탄 발전소 폐쇄에 5억 달러 지출", 《로이터》, 2019년 6월 7일, www.reuters.com/article/us-climate-change-coal-usa/michael-bloomberg-to-spend-500-million-to-close-

coal-plants-idUSKCN1T82I5
15 '석탄을 넘어', 《ELAW Advocate》(2017년 겨울호), 1쪽, www.elaw.org/system/files/attachments/advocate/fulldownload/ELAW_Winter_2017_full.pdf
16 '수출입은행, 베트남 석탄화력발전소에 자금 지원 중단', 《로이터》, 2013년 7월 18일, www.reuters.com/article/2013/07/18/us-usa-vietnam-coal-idUSBRE96H15X20130718
17 안나 유카나노프와 발레리 볼코비치, "세계은행, 석탄화력발전소 자금 지원 제한", 《로이터》, 2013년 7월 17일, www.reuters.com/article/2013/07/16/us-worldbank-climate-coal-idUSBRE96F19U20130716
18 칼 매시슨(Karl Mathiesen), "세계은행, 코소보 발전소 폐쇄, 전 세계 석탄 지원 중단", 《Climate Home News》, 2018년 10월 10일, www.climatechangenews.com/2018/10/10/world-bank-dumps-support-last-coal-plant/
19 미국 회사의 LNG 분석가와의 개인 소통
20 「2018년 세계 에너지 BP 통계 리뷰」
21 프리드리 쿠오(Frederick Kuo), "중국과 일본의 동남아시아 에너지 프로젝트 경쟁으로 새로운 석탄 전쟁 전선 부상", 《South China Morning Post》, 2018년 4월 1일, www.scmp.com/comment/insight-opinion/article/2139667/new-coal-war-frontier-emerges-china-and-japan-compete-energy
22 「2018년 세계 에너지 BP 통계 리뷰」
23 「2018년 세계 에너지 BP 통계 리뷰」
24 '말레이시아와 마헤쉬 칼리 1,320MW 발전소 합작 투자 계약 체결', Energynewsbd.com, 2016년 7월 20일 http://energynewsbd.com/details.php?id=646
25 크리스틴 시어러(Christine Shearer) 외, '2018년 호황과 불황: 세계 석탄 발전소 파이프라인 추적'(CoalSwarm: 샌프란시스코, 2018년), https://endcoal.org/wp-content/uploads/2018/03/BoomAndBust_2018_r6.pdf
26 조지아 브라운(Georgia Brown), "영국 전력 생산, 사상 첫 석탄 없는 날 달성", 《가디언》, 2017년 4월 21일, www.theguardian.com/environment/2017/apr/21/britain-set-for-first-coal-free-day-since-the-industrial-revolution
27 맷 맥그래스(Matt McGrath), "영국과 캐나다, 석탄에 맞서는 세계적 동맹을 이끌다", 〈BBC News〉, 2017년 11월 16일, www.bbc.com/news/science-environment-42014244
28 브래드 플러머(Brad Plumer), 나자 포포비치(Nadja Popovich), "19개국, 석탄 단계적 폐지 선언. 하지만 석탄 사용량은 많지 않아", 《뉴욕 타임스》, 2017년 11월 16일, www.nytimes.com/interactive/2017/11/16/climate/alliance-phase-out-coal.html, 연합 회원사 목록은 '탈석탄 동맹: 선언', 2017년 11월 16일, https://assets.publishing.service.gov.uk/government/uploads/system/uploads/attachment_data/file/660041/powering-past-coal-alliance.pdf
29 '아다나에 17억 달러 규모의 화력 발전소 건설 예정', 《Daily Sabah》, 2017년 10월 26일, www.dailysabah.com/energy/2017/10/27/thermal-power-plant-worth-17b-to-be-established-in-adana
30 「2018년 세계 에너지 BP 통계 리뷰」
31 테리 맥칼리스터(Terry Macalister), "벨파스를 만나다 - 유럽 최대 탄소 오염국(그리고 곧 더 큰 오염국이 될 것이다)", 《가디언》, 2009년 7월 22일, www.theguardian.com/environment/2009/jul/22/europes-biggest-carbon-polluter-coal
32 앤드류 쿠레스(Andrew Kureth), "폴란드가 여전히 석탄에 집착하는 이유", 《폴리티코》, 2017년 10월 17일, www.politico.eu/article/why-poland-still-clings-to-coal-energy-union-security-eu-commission/
33 '폴란드의 PGNiG, 셰니에르(Cheniere)와 장기 LNG 계약 체결', 《로이터(Reuters)》, 2018년 11월 8일, www.reuters.com/article/usa-energy-pgnig/polands-pgnig-signs-long-term-lng-deal-with-cheniere-idUSL8N1XJ2GW
34 시어러(Shearer) 외, 「2018년 호황과 불황(Boom and Bust 2018)」, 4쪽. 석탄 발전 용량이 몇 년간 높은 수준을 유지해왔다는 점은 주목할 만하다. 2017년 《CoalSwarm》은 273기가와트의 석탄 발전 용량이 건설 중인 것으로 추정했다(참조: 크리스틴 시어러(Christine Shearer) 외, 「2017년 호황과 불황: 전 세계 석탄 발전소 건설 계획 추적」(《CoalSwarm》: 샌프란시스코, 2017년), 6쪽, https://endcoal.org/wp-content/uploads/2017/03/BoomBust2017-English-Final.pdf).
2016년에는 이 수치가 338기가와트였다(참조: 크리스틴 시어러 외, 「2016년 호황과 불황: 전 세계 발전소 건설 계획 추적」(《CoalSwarm》: 샌프란시스코, 2016년), http://endcoal.org/wp-content/uploads/2016/06/BoomAndBust_2016.pdf).
2015년에는 276기가와트였다(참조: 브래드 플루머, "전 세계적으로 2,100개의 새로운 석탄 발전소가 계획되고 있다―지구를 끓일 만큼 충분한 양", 《Vox》, 2015년 7월 9일, www.vox.com/2015/7/9/8922901/coal-renaissance-numbers)).

35 '국가 비교: 전력-설치된 발전 용량', CIA 월드 팩트북, www.cia.gov/library/publications/the-world-factbook/rankorder/2236rank.html
36 아고라(Agora), '전력 부문의 에너지 전환, 2017년 현황'(PowerPoint 프레젠테이션, 2017년 1월 4일), 25쪽, www.agora-energiewende.de/en/publications/the-energy-transition-in-the-power-sector-state-of-affairs-in-2017/
37 스탠리 리드(Stanley Reed), "독일의 녹색 에너지 전환, 막대한 투자에도 불구하고 정체", 《뉴욕 타임스》, 2017년 10월 7일, www.nytimes.com/2017/10/07/business/energy-environment/german-renewable-energy.html
38 쇠렌 아멜랑(Sören Amelang), "독일의 에너지 전환 비용은 얼마인가?", 《Clean Energy Wire》, 2018년 6월 1일, www.cleanenergywire.org/factsheets/how-much-does-germanys-energy-transition-cost
39 마르쿠스 와켓(Markus Wacket), "독일 연합 협상단, 2020년 기후 목표 폐기에 합의: 소식통", 《로이터》, 2018년 1월 8일, www.reuters.com/article/us-germany-politics/german-coalition-negotiators-agree-to-scrap-2020-climate-target-sources-idUSKBN1EX0OU
40 클레어 스탬(Claire Stam), "유럽 위원회, 기후 목표 상향 계획 포기", Euractiv, 2018년 10월 2일, www.euractiv.com/section/climate-environment/news/european-commission-to-abandon-plans-for-rising-climate-ambition
41 에릭 키르시바움(Erik Kirschbaum), "독일, 석탄 화력 발전소 84곳 모두 폐쇄…재생 에너지에 주로 의존할 것", 《Los Angeles Times》, 2019년 1월 26일, www.latimes.com/world/europe/la-fg-germany-coal-power-20190126-story.html
42 다나카 치사토(Chisato Tanaka), "일본, 세계적인 비판에도 불구하고 석탄 화력 발전소 계속 의존", 《재팬 타임스(Japan Times)》, 2018년 10월 9일, www.japantimes.co.jp/news/2018/10/09/reference/japan-continues-rely-coal-eyes-coal-fired-plants-despite-global-criticism/#.XGB-96fMyik
43 데니스 노마일(Dennis Normile), "글로벌 트렌드에 역행하는 일본, 다시 석탄 발전 도입", 《Science》, 2018년 5월 2일, www.sciencemag.org/news/2018/05/bucking-global-trends-japan-again-embraces-coal-power
44 《소스워치(SourceWatch)》, "석탄 전력 기술", 최종 수정: 2015년 9월 18일 21:29, www.sourcewatch.org/index.php/Coal_power_technologies
45 필립 브라소르(Philip Brasor), "일본, 재생 에너지에 부족한 에너지 투자", 《재팬 타임스》, 2018년 1월 6일, www.japantimes.co.jp/news/2018/01/06/national/media-national/japan-spends-scant-energy-renewables/#.W6wJQi3MzQg

제3부 고전력에서의 전망

12 새로운 (전기) 경제

1 아마존 2017 연례 보고서(아마존: 시애틀, 2018)의 Form 10-K, 11쪽, https://ir.aboutamazon.com/static-files/917130c5-e6bf-4790-a7bc-cc43ac7fb30a
2 폴 R. 모니카(Paul R. La Monica), "애플 시가 총액 1조 달러 달성", 〈CNN〉, 2018년 8월 2일
3 리디아 드필리스(Lydia DePillis), "아마존은 이제 1조 달러 가치", 〈CNN〉, 2018년 9월 4일, https://money.cnn.com/2018/09/04/technology/amazon-1-trillion/index.html
4 에릭 존사(Eric Jhonsa), "아마존의 클라우드 지출은 증가하고 있지만 페이스북만큼 빠르지는 않다", 《TheStreet》, 2018년 8월 9일, https://www.thestreet.com/technology/amazons-cloud-capital-spending-is-growing-but-not-as-fast-as-facebooks-14678361
5 이더넷의 창시자인 로버트 메칼프(Robert Metcalfe)의 이름을 딴 메칼프의 법칙(Metcalfe's Law)은 통신 네트워크의 가치는 네트워크 노드 수의 제곱에 비례하여 증가한다는 법칙이다. 전화기 한 대만 있는 네트워크는 사실상 무용지물이다. 하지만 전화가 급증함에 따라 개별 사용자에게 전화 네트워크의 가치는 기하급수적으로 증가한다.
6 사바 해미디(Saba Hamedy), "유튜브가 엄청난 성과를 거둬", 《Mashable》, 2017년 2월 27일, https://mashable.com/2017/02/27/youtube-one-billion-hours-of-video-daily/#ReJAlTXFQSq4
7 'Cisco 글로벌 클라우드 지수: 예측 및 방법론, 2016-2021 백서', 시스코, 2018년 11월 19일, www.cisco.com/c/en/us/solutions/collateral/service-provider/global-cloud-index-gci/white-paper-c11-738085.html, 다른 주요 기술 기업들과 마찬가지로 시스코는 많은 전력을 사용한다. 2017년 시스코는 1.6TWh 이상의 전력을

사용했는데, 이는 애플과 거의 비슷한 수준이다. 참조: 「2017 기업 사회적 책임 보고서」(시스코: 캘리포니아주 산호세, 2017년), 102쪽, www.cisco.com/c/dam/assets/csr/pdf/CSR-Report-2017.pdf

8 피터 W. 휴버(Peter W. Huber)와 마크 P. 밀스(Mark P. Mills), 『바다 없는 우물: 연료의 황혼, 폐기물의 미덕, 그리고 에너지가 결코 고갈되지 않는 이유(The Bottomless Well: The Twilight of Fuel, the Virtue of Waste, and Why We Will Never Run of Energy)』(베이직 북스: 뉴욕, 2005년), 34-35쪽

9 전력 데이터는 각 회사의 기업 보고서에서 발췌했다. 시가 총액 데이터는 매크로트렌드(Macrotrends)에서 얻었으며, 각 연도의 마지막 거래일을 기준으로 한다.

10 파하드 만주(Farhad Manjoo), "워싱턴이 빅테크 기업들을 막을 수 있을까? 기대하지 말라", 《뉴욕 타임스》, 2017년 10월 25일, www.nytimes.com/2017/10/25/technology/regulating-tech-companies.html

11 로셸 토플렌스키(Rochelle Toplensky), "EU, 구글에 검색 시장 지배력 남용 혐의로 24억 유로 벌금 부과", 《파이낸셜 타임스》, 2017년 6월 27일, www.ft.com/content/9554a8bc-5b12-11e7-b553-e2df1b0c3220

12 다니엘 보피(Daniel Boffey), "구글, 검색 엔진 결과 관련 EU의 24억 유로 벌금에 항소", 《가디언》, 2017년 9월 11일, www.theguardian.com/technology/2017/sep/11/google-appeals-eu-fine-search-engine-results-shopping-service

13 '검색 엔진 시장 점유율', 데스크톱/노트북, Net Marketshare, www.netmarketshare.com/search-engine-market-share.aspx?qprid=4&qpcustomd=0.14

14 토드 해즐턴, 로라 파이너, "애플의 현금 보유액 2,254억 달러(Apple's Cash Hoard Now at $225.4 Billion,)", 《CNBC》, 2019년 4월 30일, www.cnbc.com/2019/04/30/apple-now-has-225-billion-cash-on-hand.html. 'GDP(현재 미화)', 세계은행, https://data.worldbank.org/indicator/NY.GDP.MKTP.CD?year_high_desc=true

15 "파라다이스 페이퍼스: 애플의 비밀 조세 회피처 드러나(Paradise Papers: Apple's Secret Tax Bolthole Revealed)", 《BBC 뉴스》, 2017년 11월 6일, www.bbc.com/news/world-us-canada-41889787

16 렉스 너팅, "아마존은 중국보다 더 많은 미국인 일자리를 없앨 것이다", MarketWatch, 2017년 3월 15일, www.marketwatch.com/story/amazon-is-going-to-kill-more-american-jobs-than-china-did-2017-01-19

17 헤일리 피터스, "소매업의 종말이 계속되면서 2019년에 7,000개 이상의 매장이 문을 닫고 있다 — 전체 목록은 다음과 같다.", Business Insider, 2019년 5월 21일, www.businessinsider.com/stores-closing-in-2019-list-2019-3

18 데이비드 응앙가, "페이스북에서 마크 저커버그를 차단할 수 없는 이유", 《Business Insider》, 2017년 9월 6일, www.businessinsider.com/heres-why-you-cant-block-mark-zuckerberg-on-facebook-2017-9

19 세바스찬 휴먼, "페이스북은 여전히 지배적인 소셜 플랫폼", 《소셜 미디어 투데이》, 2017년 5월 30일, www.socialmediatoday.com/social-networks/facebook-remains-dominant-social-platform-infographic20, 카렌 길크리스트, "카렌 길크리스트, "구글과 페이스북에 대응하기 위해 반독점 면제 입찰에 나선 신문사들", CNBC, 2017년 7월 10일, www.cnbc.com/2017/07/10/newspapers-bid-for-antitrust-exemption-to-tackle-google-and-facebook.html

20 카렌 길크리스트, "신문사들, 구글과 페이스북 대응 위해 독점금지법 면제 신청 추진", CNBC, 2017년 7월 10일, www.cnbc.com/2017/07/10/newspapers-bid-for-antitrust-exemption-to-tackle-google-and-facebook.html

21 로이 그린슬레이드(Roy Greenslade), "페이스북이 신문과 저널리즘의 공공의 적 1위인 이유", 《가디언》, 2017년 9월 20일 2016, www.theguardian.com/media/greenslade/2016/sep/20/why-facebook-is-public-enemy-number-one-for-newspapers-and-journalism

22 길크리스트, "입찰에 나선 신문사들"

23 브래드 터틀, "아마존, 시가총액 1조 달러 달성한 두 번째 기업으로 등극. 제프 베조스의 현재 가치는 얼마인가", 《타임》, 2018년 9월 4일, http://time.com/money/5386380/amazon-1-trillion-jeff-bezos-net-worth/

24 조엘 코트킨, "오늘날의 테크 재벌들은 강도 귀족들보다 더 나쁘다", 《데일리 비스트》, 2016년 8월 11일, www.thedailybeast.com/todays-tech-oligarchs-are-worse-than-the-robber-barons

25 로렌 토마스 & 코트니 레이건, "소매업체 여러분, 조심하세요. 아마존은 이렇게 커지고 있습니다.", CNBC, 2018년 7월 13일 www.cnbc.com/2018/07/12/amazon-to-take-almost-50-percent-of-us-e-commerce-market-by-years-end.html

26 그렉 입(Greg Ip), "페이스북, 구글, 아마존에 대한 반독점 소송", 《월스트리트 저널》, 2018년 1월 16일, www.wsj.com/articles/the-antitrust-case-against-facebook-google-amazon-and-apple-1516121561

27 러브 더 세일즈(Love the Sales), "아마존 프라임 데이 웹사이트 다운으로 매출 1억 달러 가까이 손실", 보도자료, 2018년 7월 16일, www.lovethesales.com/press/amazons-prime-day-website-crash-costs-them-nearly-100-million-in-sales

28 리치 밀러(Rich Miller), "프린빌에 또 다른 대규모 데이터 센터가 들어설까?", *Data Center Knowledge*, 2012년 4월 9일, www.datacenterknowledge.com/archives/2012/04/09/another-major-data-center-for-prineville/
29 "세계 최대 데이터 센터: 350 E. Cermak", *Data Center Knowledge*, 2010년 4월 13일, www.datacenterknowledge.com/special-report-the-worlds-largest-data-centers/worlds-largest-data-center-350-e-cermak/
30 마이클 캐스너(Michael Kassner), "데이터 센터 백업 발전기에서 찾아야 할 것", 《TechRepublic》, 2014년 10월 27일, www.techrepublic.com/article/what-to-look-for-in-a-data-center-backup-generator/
31 디젤 발전기 세트(Caterpillar: 일리노이주 디어필드, 2013년), http://s7d2.scene7.com/is/content/캐터필러/LEHE0341-02
32 아마존은 전기 사용량을 보고하지 않으므로 전기 소비량을 보고하는 4개 기업 중 전기 사용량이 가장 많은 알파벳의 사용량에 맞추기 위해 사용량을 벤치마킹했다. 하지만 아마존은 알파벳보다 훨씬 더 많은 컴퓨팅 성능과 데이터 센터를 보유하고 있다. 따라서 자이언트 파이브의 소비량 추정치는 최소한으로 봐야 한다.
33 2015년 아일랜드는 약 24테라와트시의 전력을 소비했다. 「국가 비교: 전기-소비」, CIA 월드 팩트북, www.cia.gov/library/publications/the-world-factbook/rankorder/2233rank.html
34 아르마 셰하비(Shehabi, Arman) 외, 「미국 데이터 센터 에너지 사용 보고서」(로렌스 버클리 국립 연구소: 버클리, 2016년), https://eta.lbl.gov/publications/united-states-data-center-energy
35 회사 데이터, 저자 계산
36 마이클 카스너, "마이크론의 와이오밍 데이터 센터 투자 7억 5,000만 달러", *TechRepublic*, 2015년 3월 7일, www.techrepublic.com/article/microsofts-750-million-data-center-investment-in-wyoming/
37 허먼 K. 트래비시, "마이크로소프트와 와이오밍 유틸리티가 모두에게 적합한 데이터 센터 요금제를 설계한 방법", 《유틸리티 다이브》, 2016년 12월 20일, www.utilitydive.com/news/how-microsoft-and-a-wyoming-utility-designed-a-data-center-tariff-그 작품/430807/
38 존 멀리건, "마이크로소프트, 대규모 데이터 센터 서비스를 위해 더블린 발전소 건설 강요", 《아이리시 인디펜던트》, 2017년 9월 16일, www.independent.ie/business/microsoft-forced-to-build-dublin-power-station-to-service-huge-data-centre-36137561.html
39 「구글 환경 보고서 2018」(구글: 캘리포니아주 마운틴 뷰, 2018년), 48쪽, https://storage.googleapis.com/gweb-sustainability.appspot.com/pdf/Google_2018-Environmental-Report.pdf
40 「국가 비교: 전기-소비」, CIA 월드 팩트북, www.cia.gov/library/publications/the-world-factbook/rankorder/2233rank.html
41 2018년, 위키리크스는 2015년 10월 현재 전 세계 116개의 데이터 센터를 운영하고 있다는 아마존 내부 문서를 유출했다. 예브게니 스베르들리, "위키리크스, 아마존 데이터 센터 목록 발표", *Data Center Knowledge*, 2018년 10월 12일, www.datacenterknowledge.com/amazon/wikileaks-publishes-what-it-says-list-amazon-data-centers
42 저스틴 브라운, "AWS, 3분기 매출의 45%로 퍼블릭 IaaS 시장 공략", *CIO Dive*, 2016년 11월 1일, www.ciodive.com/news/aws-commands-public-iaas-market-with-45-of-q3-revenue/429442/
43 자나키람 MSV(Janakiram MSV), "AWS가 어떻게 멈출 수 없는 저거너트(Juggernaut, 인도 신화에서) 크리슈나(Krishna) 신상(神像)로 변했는지 - re:Invent 2018의 분석", 《포브스》, 2018년 12월 2일, www.forbes.com/sites/janakirammsv/2018/12/02/how-aws-has-turned-into-an-unstoppable-juggernaut-an-analysis-from-reinvent-2018/#2d490f3669be
44 벤자민 우튼(Benjamin Wootton), "누가 아마존 웹 서비스를 사용하고 있는가?", *Contino*, 2017년 1월 26일, www.contino.io/insights/whos-using-aws. 또한, 론 밀러(Ron Miller), "NFL, 머신러닝 기반의 통계 패키지 개발을 위해 AWS와 협력", *Techcrunch*, 2017년 11월 29일, https://techcrunch.com/2017/11/29/nfl-teams-with-aws-on-statistics-package-driven-by-machine-learning/
45 나오미 닉스, "CIA 기술 관계자, 아마존 프로젝트를 '혁신적'이라고 부른다.", 《블룸버그》, 2018년 6월 20일, www.bloomberg.com/news/articles/2018-06-20/cia-tech-공식 calls, amazon, 클라우드, 프로젝트, transform
46 AWS, "새로운 AWS 시크릿 리전 발표", 보도자료, 2017년 11월 20일, https://aws.amazon.com/blogs/publicsector/announcing-the-new-aws-secret-region/
47 나오미 닉스, "아마존이 펜타곤의 클라우드 계약을 따내는 것을 막기 위한 치열한 전투의 안쪽", 《블룸버그》, 2018년 12월 20일, www.bloomberg.com/news/features/2018-12-20/tech-giants-fight-over-10-billion-pentagon-cloud-contract
48 '아마존 풍력 및 태양광 발전소', 아마존, www.amazon.com/p/feature/e9gomtbrh5qk4yp
49 브래드 스미스, "최신 에너지 계약을 통해 Microsoft의 샤이엔 데이터센터는 이제 풍력 에너지만으로 구동되

어 더 친환경적이고 책임감 있는 클라우드를 구축할 수 있게 되었다." Microsoft on the Issues(블로그), 2016년 11월 14일, https://blogs.microsoft.com/on-the-issues/2016/11/14/latest-energy-deal-microsofts-cheyenne-datacenter-will-now-powered-entirely-wind-energy-keeping-us-course-build-greener-responsible-cloud/

50 '그리드를 녹색화: 구글이 재생 에너지를 구매하는 방법', Google, Environment, https://environment.google/projects/pppa/
51 케이시 앤더슨, "새로운 애플 본사, 태양광 및 친환경 건물 부문에서 기록 세운다", Renewable Energy World, 2017년 3월 3일, www.renewableenergyworld.com/ugc/articles/2017/02/28/new-apple-headquarters-sets-records-in-solar-and-green-building.html
52 해밀턴은 애플 데이터 센터의 전력 밀도를 평방 피트당 200와트로 추정했는데, 이는 평방 미터당 2,160와트에 해당한다. 제임스 해밀턴, "나는 태양광 발전을 좋아하지만 ….", Perspectives(블로그), 2012년 3월 17일, https://perspectives.mvdirona.com/2012/03/아이러브-solar-파워-하지만/
53 마크 P. 밀스, "에너지와 정보 인프라 파트 1: 비트코인 및 거대 데이터 센터", RealClearEnergy, 2018년 9월 19일, www.realclearenergy.org/articles/2018/09/19/energy_and_the_information_infrastructure_part_1__bitcoins__behemoth_datacenters_110339.html
54 게리 쿡과 엘리자베스 자르딤, 「클릭! 클린 버지니아: 데이터 센터 골목을 움직이는 더러운 에너지」(그린피스: 워싱턴 DC, 2019년), 11쪽, www.greenpeace.org/usa/wp-content/uploads/2019/02/Greenpeace-Click-Clean-Virginia-2019.pdf. 또한 다음 자료도 참고. 게리 쿡, 「클릭! 클린: 누가 친환경 인터넷 구축 경쟁에서 이기고 있는가?」(그린피스: 워싱턴 DC, 2017년), 86-87쪽, https://storage.googleapis.com/planet4-international-stateless/2017/01/35f0ac1a-clickclean2016-hires.pdf. 2019년 그린피스 보고서에 따르면, 2018년 말까지 아마존은 버지니아 데이터 센터에서만 1,686MW의 용량을 보유했다. 2017년 보고서는 2016년에 이 회사가 다른 미국 데이터 센터에서 약 542MW의 용량을, 해외 사업장에서 886MW의 발전 용량을 보유했음을 보여 준다. 지난 몇 년간 AWS의 급속한 성장을 고려하여, 나는 버지니아를 제외한 아마존의 미국 내 데이터 센터 용량이 2016년과 2018년 말 사이에 두 배로 증가했다고 추정했다. 따라서 1,686 + 542 + 542 + 886 = 3,656MW이다.
55 《비즈니스 와이어》, "아마존, AWS 글로벌 인프라를 지원하기 위한 3가지 새로운 재생 에너지 프로젝트 발표", 보도자료, 2019년 4월 8일, www.apnews.com/Business%20Wire/f69d0796a2fc4ee4838de67c0ebf7f5a
56 이 추정치는 데이터 센터의 모든 현장 발전기와 자체 또는 계약된 모든 재생 에너지 용량을 포함한다.
57 '후버 댐', 매립국(Bureau of Reclamation), 최종 수정: 2018년 8월 1일, www.usbr.gov/lc/hooverdam/faqs/powerfaq.html
58 전력 시스템: 로스앤젤레스의 발전 및 송전(로스앤젤레스 수자원부: 로스앤젤레스, 2015년), http://d3n8a8pro7vhmx.cloudfront.net/themes/5595dcbfebad640bf5000001/attachments/original/1430387153/LADWP_Power_System_Fact_Sheet.pdf?143038715
59 '발전소', 오스틴 에너지, 최종 수정: 2019년 3월 7일, https://austinenergy.com/ae/about/company-profile/electric-system/power-plants/
60 예를 들어, 마이크로소프트 페이, www.microsoft.com/en-us/payments; 애플 페이, www.apple.com/apple-pay/; 구글 페이, https://pay.google.com/about/ #friends; 아마존 페이, https://pay.amazon.com/us

13 화폐의 전기화

1 안나마리아 안드로이티스(AnnaMaria Andriotis), "비자(Visa)가 카드 고객에게: 서명 제도 폐지", 《월스트리트 저널》, 2018년 1월 12일, www.wsj.com/articles/visas-new-tune-on-card-signatures-dont-sign-on-the-dotted-line-1515776401?mg=prod/accounts-wsj
2 「2015년 연례 보고서」(비자(Visa): 캘리포니아주 포스터 시티, 2015년), http://s1.q4cdn.com/050606653/files/doc_financials/annual/VISA-2015-Annual-Report.pdf
3 마이클 피츠제럴드(Michael Fitzgerald), "비자(Visa)가 데이터를 보호하는 방법", 패스트 컴퍼니, 2011년 10월 19일, www.fastcompany.com/1784751/how-visa-protects-your-data
4 2018년 연례 보고서(비자(Visa): 캘리포니아주 포스터 시티, 2018년), https://s1.q4cdn.com/050606653/files/doc_financials/annual/2018/Visa-2018-Annual-Report-FINAL.pdf
5 데이터 센터는 약 14만 제곱피트(1만 3,000제곱미터)에 달한다. 토니 콘처(Tony Kontzer), "비자 데이터 센터 내부", 《Network Computing》, 2013년 5월 29일, www.networkcomputing.com/networking/inside-visas-data-center/1599285558. 월마트 매장의 평균 면적은 13만 4,000제곱피트이다. "프로파일: 월마트(Walmart Inc)(WMT.N)", 《로이터》, www.reuters.com/finance/stocks/companyProfile?symbol=WMT.N
6 피츠제럴드, "비자가 데이터를 보호하는 법" 비자 시설에는 각각 8MW의 대기 발전 용량을 갖춘 7개의 포드가 있다.

7 콘처, "비자 데이터 센터 내부"
8 '한눈에 보는 비자(Visa) 주식회사'(비자: 캘리포니아주 포스터 시티, 2015년), https://usa.visa.com/dam/VCOM/download/corporate/media/visa-fact-sheet-Jun2015.pdf
9 자이 윤 탄(Zhai Yun Tan), "수표를 폐기할 때가 왔는가?" NPR, 2016년 3월 3일, www.npr.org/2016/03/03/468890515/is-it-time-to-write-off-checks
10 페드와이어 펀드 서비스-연간(Fedwire Funds Service—Annual), 연방준비제도이사회, 최종 수정: 2019년 2월 7일, www.federalreserve.gov/paymentsystems/fedfunds_ann.htm
11 자이온 마켓 리서치, '2022년까지 글로벌 모바일 지갑 시장 점유율 3조 1,421억 7,000만 달러 돌파 전망: 자이온 마켓 리서치' 보도자료, 2018년 3월 16일, https://globenewswire.com/news-release/2018/05/16/1507295/0/en/Growth-of-Global-Mobile-Wallet-Market-Share-to-Cross-Over-USD-3-142-17-billion-by-2022-Zion-Market-Research.html
12 토마스 맥가스(Thomas McGath), "M-PESA: 케냐의 디지털 결제 혁신", 《N26 Magazine》, 2018년 4월 9일, https://mag.n26.com/m-pesa-how-kenya-revolutionized-mobile-payments-56786bc09ef
13 리시 아이엔거(Rishi Iyengar), "50일 간의 고통: 인도가 현금을 낭비했을 때 무슨 일이 일어났는가", CNN, 2017년 1월 4일, https://money.cnn.com/2017/01/04/news/india/india-cash-crisis-rupee/index.html
14 누푸르 아난드, "나렌드라 모디 정부는 현금 사용을 중단하려 했다. 그 결과 경제를 질식시켰다.", Quartz, 2017년 11월 8일, https://qz.com/india/1123463/demonetisation-the-narendra-modi-overnment-tried-to-kill-cash-it-ended-up-strangling-the-economy/
15 글로벌데이터, "모바일 월렛이 인도에서 점차 현금을 대체하고 있다", 보도자료, 2018년 2월 22일, www.globaldata.com/mobile-wallet-gradually-displacing-cash-india-says-globaldata/
16 카터 그레이든, "암호화폐란 무엇인가?" CCN, 2014년 9월 16일, www.cryptocoinsnews.com/cryptocurrency/
17 폴 비냐(Paul Viana)와 마이클 케이시(Michael Casey), 『암호화폐 시대: 비트코인과 디지털 화폐가 글로벌 경제 질서에 도전하는 방법(The Age of Cryptocurrency: How Bitcoin and Digital Money Are Challenging the Global Economic Order)』(세인트 마틴스 프레스: 뉴욕, 2015년)
18 패트릭 하월 오닐, "잃어버린 마운트곡스 비트코인 운세의 기이한 사례", 사이버스쿱, 2017년 6월 21일, www.cyberscoop.com/bitcoin-mt-gox-chainalysis-elliptic/
19 '경고: 에니그마 해킹; 지금까지 도난당한 이더리움 47만 달러 이상', 해커 뉴스, 2017년 8월 20일, http://thehackernews.com/2017/08/enigma-cryptocurrency-hack.html
20 사이먼 데니어, "비트코인 '채굴'의 기괴한 세계가 티베트에서 새로운 보금자리를 찾다", 《워싱턴 포스트》, 2016년 9월 12일, www.washingtonpost.com/world/asia_pacific/in-chinas-tibetan-highlands-the-bizarre-world-of-bitcoin-mining-finds-a-new-home/2016/09/12/7729cbea-657e-11e6-b4d8-33e931b5a26d_story.html
21 '아이슬란드의 전력 가격 상승', 아스카 에너지, 2017년 3월 17일, https://askjaenergy.com/2017/03/17/rising-power-prices-in-iceland/
22 EIA, '표 5.3. 최종 고객에 대한 전기 평균 가격', 《월간 데이터 파워(Data Power Monthly)》, www.eia.gov/electricity/monthly/epm_table_grapher.php?t=epmt_5_3
23 '산업 소비자를 위한 전기 요금, 2016년 하반기', 유로스타트, 2017년 6월 28일, http://ec.europa.eu/eurostat/statistics-explained/index.php/File:Electricity_prices_for_industrial_consumers,_second_half_2016_(EUR_per_kWh)_YB17.png, 유로 가격은 2017년 11월 5일에 달러로 전환되었다.
24 아이슬란드에 투자하기, http://datacenter.invest.is
25 위키백과, '아이슬란드의 경제', 최종 수정: 2019년 4월 29일 23:11, https://en.wikipedia.org/wiki/Economy_of_Iceland
26 '전기 생산', 국가에너지청(NFA, 아이슬란드어로 Orkustofnun), www.nea.is/geothermal/electricity-generation/
27 마크 코폭(Mark Coppock), "세계 암호화폐 채굴은 아이슬란드보다 더 많은 전기를 사용한다", 디지털 트렌드, 2017년 7월 7일, www.digitaltrends.com/computing/bitcoin-ethereum-mining-use-significant-electrical-power/
28 캐롤린 빌러, "비트코인의 급증하는 에너지 사용량은 입소문이다. 우리는 계산을 확인해 봤다", PRI, 2017년 12월 20일, www.pri.org/stories/2017-12-20/bitcoins-sky-rocketing-energy-use-viral-story-we-checked-math . 뉴질랜드 데이터는 "국가 비교: 전기-소비", CIA 월드 팩트북, www.cia.gov/library/publications/the-world-factbook/rankorder/2233rank.html
29 '비트코인(BTC)', 코인게코, www.coingecko.com/en/price_charts/bitcoin/usd
30 '이더리움(ETH)', 코인게코, www.coingecko.com/en/price_charts/ethereum/usd

31 케이트 루니, "지폐 유통량 급증, 세계적 부패와 연관 가능성", CNBC, 2019년 2월 27일, www.cnbc.com/2019/02/27/theres-been-a-mysterious-surge-in-1

14 대마초 재배에 사용하는 전기

1 그의 침실 3개짜리 집은 매달 약 7,000킬로와트시(kWh)의 전기를 사용하고 있다. 콜로라도의 평균적인 가정은 매달 700킬로와트시 미만을 소비한다. 자세한 내용은 '콜로라도의 가정 에너지 사용'(EIA: 워싱턴 DC, 2009년), www.eia.gov/consumption/residential/reports/2009/state_briefs/pdf/co.pdf
2 '3종의 대마초 재배 조명. 어떤 조명이 가장 큰 수확량을 낼까요?', '대마초 재배 방법', www.how-to-marijuana.com/marijuana-grow-lights.html
3 일부 재배자들은 재배 주기의 일부 기간 동안 온실을 활용하여 1년에 3개의 야외 작물을 생산할 수 있다고 주장한다. 알키미아 재배소(Alchimia Grow Shop), "비수기 야외 대마초 재배(Off-Season Marijuana Crops Outdoors)", *Alchimia*(블로그), 2015년 2월 23일, www.alchimiaweb.com/blogen/off-season-marijuana-crops-outdoors/
4 에반 밀스(Evan Mills), "대마초 과잉양을 위한 비(非)친환경적 온실", 2018년 2월 26일, 5, https://docs.google.com/viewer?a=v&pid=sites&srcid=ZGVmYXVsdGRvbWFpbnxtaWxsc2VuZXJneWFzc29jaWF0ZXN8Z3g6NDA4MWQyZGNlNjUwMWE5Ng
5 지나 S. 워렌, "북극곰을 구하기 위한 대마초 규제: 대마초 산업의 에너지 및 기후 영향", 《컬럼비아 환경법 저널》제40권 제3호(2015년), 403쪽, www.columbiaenvironmentallaw.org/regulating-pot-to-save-the-polar-bear-energy-and-climate-impacts-of-the-marijuana-industry/
6 2016년에 《Cannabis Business Times》는 재배자들이 와트당 1.6그램의 생산량을 보고 있다고 보도했다. 파운드당 약 454그램이다. 따라서 1,000와트당 3파운드가 넘는다는 주장이다. '수확량 측정', 《Cannabis Business Times》, 2016년 10월 6일, www.cannabisbusinesstimes.com/article/measuring-yield/
7 메리 폴스, "대마초가 미국에서 가장 에너지 집약적인 작물이라는 사실을 알고 계셨나요?", 《포틀랜드 프레스 헤럴드》, 2017년 1월 15일, www.pressherald.com/2017/01/15/whats-the-most-energy-intensive-crop-in-america/
8 에반 밀스, '실내 대마초 생산의 탄소 발자국', 《에너지 정책》제46호(2012년), 59쪽, https://s3.amazonaws.com/dive_static/diveimages/cannabis-carbon-footprint.pdf
9 찰스 피시맨, "전기차, 대마초, 그리고 데이터가 미국 전력 수요를 줄일 수 있을까?"(모닝스타: 시카고, 2018년), www.researchpool.com/provider/morningstar/consolidated-edison-inc-ed-can-evs-pot-and-data-save-us-electricity-demand
10 피터 멜로니(Peter Maloney), "데이터 센터, 전기 자동차, 그리고 대마초가 수요 증가를 가져올 것", 미국 공공전력협회, 2018년 12월 10일, www.publicpower.org/periodical/article/data-centers-evs-and-cannabis-poised-boost-demand
11 발롯피디아(Ballotpedia), "콜로라도 대마초 합법화 이니셔티브, 수정안 64(2012)", https://ballotpedia.org/Colorado_Marijuana_Legalization_Initiative,_Amendment_64_(2012)
12 에밀리 배커스와 개인 의사 소통, 2018년 5월 21일
13 그레이스 후드, "덴버 전력의 거의 4%가 현재 대마초에 사용됨", 콜로라도 공영 라디오, 2018년 2월 19일, www.cpr.org/news/story/nearly-4-percent-of-denver-s-electricity-is-now-devoted-to-marijuana
14 "국가별 비교: 전력 소비량", CIA 월드 팩트북, www.cia.gov/library/publications/the-world-factbook/rankorder/2233rank.html
15 "2018년 주별 대마초 법률 지도", 거버닝, 최종 수정, 2018년 11월 7일, www.governing.com/gov-data/safety-justice/state-marijuana-laws-map-medical-recreational.html
16 크리스 모리스, "콜로라도는 대마초를 합법화한 최초의 주였다. 이제 주지사는 대마초 재범죄화 가능성을 배제하지 않을 것이다.", 야후! Finance, 2018년 4월 20일, https://finance.yahoo.com/news/colorado-first-state-legalize-marijuana-162942435.html
17 몬터레이 버드(Monterey Bud), "2016년 대마초 총 판매량 533억 달러 돌파", *Marijuana.com*, 2017년 1월 18일, www.marijuana.com/news/2017/01/total-marijuana-sales-topped-53-3-billion-for-2016/
18 크리스 베넷(Chris Bennett), "대마초 재배는 이제 미국 농업의 일부", *AgWeb*, 2018년 1월 8일, www.agweb.com/mobile/article/marijuana-farming-is-now-for-us-agriculture-naa-chris-bennett/
19 '표 2.2. 전력 판매 및 직접 사용', EIA, www.eia.gov/electricity/annual/html/epa_02_02.html
20 데이비드 페리스, "에너지 고갈된 대마초 산업의 수요 조절에 어려움을 겪는 공공사업체들", E&E News, 2014년 8월 8일, www.eenews.net/stories/1060004230

21 2015년 페루의 전력 사용량은 약 41테라와트시였다. "국가별 비교: 전기 소비량", CIA 월드 팩트북, www.cia. gov/library/publications/the-world-factbook/rankorder/2233rank.html

22 '국가별 비교: 전기 소비량', CIA 월드 팩트북, www.cia.gov/LIBRARY/publications/the-world-factbook/rankorder/2233rank.html

23 '콜로라도', 에너지 연구소, www.instituteforenergyresearch.org/states/colorado/

24 '6-16-8.—기분 전환용 대마초 사업 운영 관련 요건', 볼더 시 조례, 2019년 4월 17일 https://library.municode.com/co/boulder/codes/municipal_code?nodeId=TIT6HESASA_CH16REMA_6-16-8REREOPREMABU

25 로버트 월튼, "볼더, 대마초 재배자에게 추가 전기 요금 부과", Utility Dive, 2014년 11월 12일, www.utilitydive.com/news/boulder-levies-extra-electric-charge-on-marijuana-growcrs/332012/. "토지 이용", 볼더 카운티, www.bouldercounty.org/departments/land-use/

26 "6-16-8.—레크리에이션용 대마초 사업 운영 관련 요건", 매사추세츠 대마초 관리 위원회(2018년), 51쪽, https://mass-cannabis-control.com/wp-content/uploads/2018/03/SEC-OFFICIAL_935cmr500.pdf, 이 조례는 전력 밀도 제한을 평방피트당 50와트와 평방피트당 36와트로 규정하고 있다. 평방미터당 10.7평방피트가 있다. 따라서 밀도 제한은 각각 평방미터당 535와트와 385.2와트이다. 조례 시행일은 '매사추세츠 대마초 규제 기관: 대마초 재배자의 최대 출력은 36와트', Margolin & Lawrence, 2018년 5월 8일, http://blog.margolinlawrence.com/massachusetts-cannabis-update-state-imposes-strict-energy-limits-on-marijuana-cultivators

27 댄 아담스(Dan Adams), "점점 더 심각해지는 우려: 대마초 규제로 제품 품질 저하 우려", 《보스톤 글로브》, 2018년 3월 8일, www.bostonglobe.com/metro/2018/03/08/skeptical-led-lights-marijuana-growers-decry-lighting-efficiency-rule/AC9qm18nmfM9rgaUrl26QK/story.html

28 케이티 라이클리터(Katie Leichliter) 외, 『SevenLeaves, 2017: 실내 원예 조명 연구』(새크라멘토 시립 유틸리티 지구: 캘리포니아주 새크라멘토, 2018년), 5쪽, www.smud.org/-/media/Documents/Business-Solutions-and-Rebates/Advanced-Tech-Solutions/LED-Reports/Seven-Leaves-Indoor-Horticulture-LED-Study-Final.ashx

29 병원 계산은 EIA 데이터를 기반으로 한다. '표 C14. 2012년 전기 소비량 및 지출 집약도', EIA, 2016년 5월, www.eia.gov/consumption/commercial/data/2012/c&e/cfm/c14.php, 입원 병원은 연간 31kWh/ft²의 전력을 소비한다. 연간 8,760시간이다. 따라서 3만 1,000Wh/ft²/년 ÷ 8,760시간 = 3.5W/ft². m²당 10.7ft², 따라서 병원의 전력 밀도는 37.4W/m²이다.

미국의 평균 주택 면적은 2,100제곱피트(약 196제곱미터)이다. 브리짓 말의 "전 세계 평균 주택의 크기는 얼마나 되나요?", Elle Decor, 2015년 8월 26일, www.elledecor.com/life-culture/fun-at-home/news/a7654/house-sizes-around-the-world/. 미국 평균 주택은 연간 약 11,000킬로와트시를 소비한다. '미국 가정은 얼마나 많은 전기를 소비하는가' 참조. 자주 묻는 질문, EIA, 최종 수정: 2018년 10월 26일, www.eia.gov/tools/faqs/faq.php?id=97&t=3

계산: 11,000kWh/년 ÷ 196m² = 1,100만Wh/년 ÷ 196m²
1,100만Wh ÷ 196m² = 56,122Wh/m²/년
56,122Wh/m²/년 ÷ 8,760h/년 = 6.4W/m²

30 밀스, "The Carbon Footprint(탄소 발자국)", 59쪽. 또한 "연기 속 에너지: 실내 대마초 생산의 탄소 발자국", Energy Associates, https://sites.google.com/site/millsenergyassociates/topics/energy-efficiency/energy-up-in-smoke

31 슈나이더 일렉트릭은 평균 데이터 센터의 전력 밀도를 제곱미터당 1,722와트로 추정한다. 닐 라스무센, 「데이터 센터의 공간 및 전력 밀도 요구 사항 계산」(APC by 슈나이더 일렉트릭: 사우스 킹스턴, 로드아일랜드, 2013년), www.apc.com/salestools/NRAN-8FL6LW/NRAN-8FL6LW_R0_EN.pdf

32 버드(Bud), "총 대마초 판매량"

33 브리아나 칼릭스, "머세드 경찰, 실내 대마초 재배 시설 폐쇄", 머세드 선스타, 2017년 4월 26일, www.mercedsunstar.com/news/article146912004.html

34 AFP, "경찰, 카탈루냐 은행 창고를 이용해 대량의 대마초 재배한 갱단 검거", 로컬 ES, 2017년 12월 18일, www.thelocal.es/20171218/spain-breaks-ring-that-used-bank-warehouses-to-grow-marijuana

35 벤 하비, "셰이도우 공원 수경 재배실 화재 발생", News.com.au, 2018년 2월 17일 www.news.com.au/national/south-australia/hydroponic-drug-room-at-sheidow-park-goes-up-in-flames/news-story/c3e04225650bf55e8cf3b5f40b4f4cc5

36 앨리시아 스티스(Alicia Stice), "수사관, 불법 대마초 재배 현장에서 약 90kg의 대마초 적발", Coloradoan, 2017년 11월 3일, www.coloradoan.com/story/news/2017/11/03/berthoud-man-arrested-connection-

possible-illegal-pot-grow/830187001/
37 롭 맥밀란(Rob McMillan), "경찰에 따르면 샌버너디노에서 발견된 대마초 재배가 도시에서 가장 규모가 클 수 있다", ABC7, 2017년 12월 13일, http://abc7.com/san-bernardino-marijuana-grow-could-be-largest-found-in-city/2778188/
38 베아트리스 E. 발렌수엘라(Beatrice E. Valenzuela), "샌버너디노에서 압수된 수만 그루의 대마초", Cannifornian, 2017년 12월 2017년 11월 15일, www.thecannifornian.com/cannabis-business/cultivation/tens-thousands-marijuana-plants-seized-san-bernardino-raid/
39 로버트 월튼(Robert Walton), "대마초 재배 시설로 인해 Pacific Power, 여름철 7건의 정전 발생", Utility Dive, 2015년 11월 6일, www.utilitydive.com/news/marijuana-grow-houses-trigger-7-summer-outages-for-pacific-power/408741/

15 대정전(Blackout)의 폐해

1 테드 코펠(Ted Koppel), 『불 끄기: 사이버 공격, 준비되지 않은 국가, 그 여파에서 살아남기(Lights Out: A Cyberattack, A Nation Unprepared, Surviving the Aftermath)』 (크라운: 뉴욕, 2015년), 18-19쪽
2 리처드 A. 세라노와 에반 할퍼, "정교하지만 저기술(low-tech)의 전력망 공격, 당국을 당황하게 하다", 로스앤젤레스 타임즈, 2014년 2월 11일, www.latimes.com/nation/la-na-grid-attack-20140211-story.html
3 레베카 스미스, "미국, 소규모 공격으로 인한 국가 정전 위험", 《월스트리트 저널》, 2014년 3월 12일, www.wsj.com/articles/u-s-risks-national-blackout-from-small-scale-attack-1394664965
4 셰리 핑크, "카트리나 병원 사망자가 2,500만 달러에 합의한 후 제기된 집단 소송", 프로퍼블리카, 2011년 7월 21일, www.propublica.org/article/class-action-suit-filed-after-katrina-hospital-deaths-settled-for-25-millio
5 셰리 핑크, 스티브 아두바토의 인터뷰, One on One, NJTV, 2014년 7월 18일, 유튜브, www.youtube.com/watch?v=AXgM3DTyXFY
6 셰리 핑크, '기념관의 치명적인 선택들', 프로퍼블리카, 2009년 8월 27일, www.propublica.org/article/the-deadly-choices-at-memorial-826
7 '안나 푸 박사', 셰리 핑크 웹사이트, www.sherifink.net/dr-anna-pou/
8 앤드류 V. 페스타노와 제이미 기롤라, "디포지션, 할리우드 요양원 열 노출 비극의 세부 사항 공개", NBC6, 2018년 1월 8일, www.nbcmiami.com/news/local/Deposition-Reveals-Details-of-Hollywood-Nursing-Home-Heat-Exposure-Tragedy-468381873.html. 또한 마이클 네델만, "플로리다 요양원, 에어컨 고장 후 남편과 아내 14명 사망", CNN, 2017년 10월 9일, www.cnn.com/2017/10/09/health/florida-irma-nursing-home-deaths-wife/index.html
9 페스타노와 기롤라, "증언으로 세부 사항 공개돼"
10 푸에르토리코 허리케인 마리아로 인한 예상 초과 사망률 확인(밀켄 공중보건대학원: 워싱턴 DC, 2018년), 10쪽, https://publichealth.gwu.edu/sites/default/files/downloads/projects/PRstudy/Acertainment%20of%20the%20Estimated%20Excess%20Mortality%20from%20Hurricane%20Maria%20in%20Puerto%20Rico.pdf
11 AP 통신, 쿼츠, 푸에르토리코 탐사 저널리즘 센터, '허리케인 마리아의 희생자들', 데이터베이스, https://hurricanemariasdead.com/database.html
12 데이비드 길버트, "여기서 일어날 수 있는 일이다: 우크라이나의 발전소 해킹은 다른 나라에 대한 엄중한 경고이다.", 바이스, 2017년 1월 15일, https://news.vice.com/story/ukraines-power-station-hack-is-a-stark-warning-to-the-rest-of-the-world
13 2019년 2월 4일 오스틴에서 열린 UT 에너지 위크 프레젠테이션에서 AEP 관계자 킵 폭스가 이 수치를 제공했다.
14 윌리엄 R. 포스첸, 『1초 후(One Second After)』 (토르: 뉴욕, 2009년)
15 보고서: 「소련 원자력 EMP 상층 대기 카자흐스탄 실험 184」(전기 인프라 안전 위원회: 워싱턴 DC, 날짜 미정), www.eiscouncil.org/APP_Data/upload/a4ce4b06-1a77-44d-83eb-842bb2a56fc6.pdf
16 존 S. 포스터 주니어 외, 「전자기 펄스(EMP) 공격으로 인한 미국 위협 평가 위원회 보고서」(EMP 위원회: 워싱턴 DC, 2004년), 1쪽, 2쪽, www.empcommission.org/docs/empc_exec_rpt.pdf
17 EMP 공격 위협 평가: 집행 보고서(EMP 위원회: 워싱턴 DC, 2017년), 4쪽, www.dtic.mil/dtic/tr/fulltext/u2/1051492.pdf
18 쉬핸과의 저자 인터뷰, 2017년 8월 3일
19 1999년 5월 2일, 그리고 5일 후, NATO군은 세르비아에 정전 폭탄을 투하하여 베오그라드에 장기간 정전 사태를 초래했다. 공격 이후 NATO 대변인은 전력망 공격이 당시 세르비아 대통령이었던 슬로보단 밀로셰비치에

게 코소보에서 군대를 철수하도록 압력을 가하기 위한 광범위한 노력의 일환이라고 밝혔다. 대변인은 "전국의 70%에 걸쳐 정전이 발생했다는 사실은 NATO가 이제 전력 공급을 장악하고 있음을 보여준다."라고 말했다. 마이클 R. 고든(Michael R. Gordon), "발칸 반도 위기: 개요; 발전소에 대한 NATO 공습, 임계치 돌파",《뉴욕타임스》, 1999년 5월 4일, www.nytimes.com/1999/05/04/world/crisis-balkans-overview-nato-air-attacks-power-plants-pass-threshold.html

20 리즈 슬라이(Liz Sly), "칼라시니코프 돌격 소총이 세상을 바꿨다. 이제 칼라시니코프 가미카제 드론이 있다",《워싱턴 포스트》, 2019년 2월 23일, www.washington post.com/world/2019/02/23/kalashnikov-assault-rifle-changed-world-now-theres-kalashnikov-kamikaze-drone/

21 유진 K. 차우, "해커는 잊어라: 다람쥐는 미국 전력망에 더 큰 위협이다", Week, 2014년 1월 28일, http://theweek.com/articles/452311/forget-hackers-squirrels-are-bigger-threat-americas-power-grid

22 존 무알렘, "다람쥐의 힘!",《뉴욕 타임스》, 2013년 8월 31일, www.nytimes.com/2013/09/01/opinion/sunday/squirrel-power.html

23 카일라 웨블리(Kayla Webley), "숫자로 보는 허리케인 샌디: 한 달 후 슈퍼스톰의 통계",《타임(Time)》, 2012년 11월 26일, http://nation.time.com/2012/11/26/hurricane-sandy-one-month-later/

24 스텐 오덴월드(Sten Odenwald), "태양 폭풍이란 무엇이고 지구에 어떤 영향을 미치는가?" 우주 과학자에게 물어보세요, NASA, https://image.gsfc.nasa.gov/poetry/ask/a10624.html

25 존 흐루스카(John Hruska), "대규모 태양 폭풍으로 미국 경제가 하루 400억 달러 손실 예상", ExtremeTech, 2017년 1월 23일, www.extremetech.com/extreme/243255-massive-solar-storm-cost-us-economy-40-billion-per-day

26 데보라 버드(Deborah Byrd), "태양 초강력 폭풍으로 하루 400억 달러 손실 예상", EarthSky, 2017년 1월 20일, http://earthsky.org/earth/40-billion-a-day-for-solar-super-storms

27 전력연구소(Electric Power Research Institute), 「전력 산업을 위한 변압기 비상 예비 전력 전략 고려 사항」 (미국 국토안보부 과학기술국: 워싱턴 DC, 2014년), 13쪽, www.dhs.gov/sites/default/files/publications/RecX%20-%20Emergency%20Spare%20Transformer%20Strategy-508.pdf

28 미국 에너지부, 전력 공급 및 에너지 신뢰성 사무국, www.oe.netl.doe.gov/OE417_annual_summary.aspx

29 키뱅크 산업 컨퍼런스(KeyBanc Industrial Conference)(Generac 투자자 발표 자료, 2017년 5월 31일). 가장 최근의 발표 자료를 보려면, 제너락(Generac) 웹사이트의 '투자자 발표 자료'를 참조, http://investors.generac.com/phoenix.zhtml?c=232690&p=irol-presentations

제4부 21세기 테라와트

16 테라와트 챌린지

1 '리처드 E. 스몰리(Richard E. Smalley): 팩트(Facts)', 노벨상, www.nobelprize.org/prizes/chemistry/1996/smalley/facts/

2 리처드 E. 스몰리, "미래의 세계 에너지 번영: 테라와트 과제", MRS Bulletin 30(2005년 6월), https://cohesion.rice.edu/NaturalSciences/Smalley/emplibrary/120204%20MRS%20Boston.pdf

3 세계 에너지 및 CO_2 현황 보고서(IEA: 파리, 2019년), www.iea.org/geco/

4 2016년 전 세계 설비 용량은 약 6,700기가와트였다. 참조: World Energy Outlook 2017(IEA: 파리, 2017년), 650쪽

5 앨리슨 스튜어트(Alison Stewart), "밀도가 우리의 운명인가?" 2012년 6월 11일, TED Radio Hour, 팟캐스트, www.npr.org/templates/transcript/transcript.php?storyId=154801764

6 스밀(Smil),『전력 밀도(Power Density)』, 163쪽

7 유엔 경제사회국, '2050년까지 세계 인구 97억 명으로 예상' 보도자료, 2015년 7월 29일, www.un.org/en/development/desa/news/population/2015-report.html

8 마이클 그린스톤(Michael Greenstone), "인도의 에어컨과 기후 변화 딜레마",《뉴욕 타임스》, 2016년 10월 26일, www.nytimes.com/2016/10/27/upshot/indias-air-conditioning-and-climate-change-quandary.html

9 내구 소비재 부문 – 에어컨(HDFC 은행 투자 자문 그룹: 뭄바이, 2017년), www.hdfcbank.com/assets/pdf/privatebanking/Sector_Update_Consumer_Durable_Air_Conditioners_April_2017.pdf

10 「냉방의 미래(The Future of Cooling)」(IEA: 파리, 2018년), 11쪽, https://webstore.iea.org/the-future-of-cooling

11 IEA, '에어컨 사용, 세계 전력 수요 증가의 주요 동인 중 하나로 부상' 보도자료, 2018년 5월 15일, www.iea. org/newsroom/news/2018/may/air-conditioning-use-emerges-as-one-of-the-key-drivers-of-global-electricity-dema.html
12 「냉방의 미래」
13 「2018년 세계 에너지 BP 통계 리뷰」, 2018년 중국은 약 6,500TWh의 물을 사용했다.
14 피터 그린(Peter Green), '500단어 이내로 물에 대해 알아야할 모든 것', *Quartz*, 2019년 2월 5일, https://qz.com/1538507/everything-you-need-to-know-about-water-in-500-words-or-less/
15 '수도 시설의 에너지 효율성', 지속 가능한 수자원 인프라, 미국 환경보호청, www.epa.gov/sustainable-water-infrastructure/energy-efficiency-water-utilities
16 헥사 리서치(Hexa Research), '2025년까지 268억 1천만 달러 규모에 달할 해수 담수화 시장: 헥사 리서치', 보도자료, 2017년 8월 29일, www.prnewswire.com/news-releases/water-desalination-market-size-worth-usd-2681-billion-by-2025-hexa-research-642089153.html. 헥사 리서치는 2016년 글로벌 담수화 시장 규모를 133억 달러로 추정했다. 자세한 내용은 다음 보고서를 참조: 「해수 담수화 시장 규모 및 예측, 기술별(역삼투압, 다단 여과, 다중 효과 증발법), 수자원별(해수, 염수, 폐수), 그리고 동향 분석, 2014년~2025년」(헥사 리서치: 펠튼, 캘리포니아, 2017년), www.hexaresearch.com/research-report/water-desalination-market
17 '글로벌 해수 담수화 시장 및 관련 기술(역삼투압, 다단 플래시 증발법, 다중 효과 증발법, 하이브리드 전기투석), 수자원(해수, 염수), 지역별 동향 및 예측 2018년~2025년」(Adroit 마켓 리서치: 댈러스, 2018년)
18 칼즈배드 담수화 플랜트 데이터, www.carlsbaddesal.com
19 폴 로저스(Paul Rogers), "미국 최대 규모의 해양 담수화 플랜트, 샌디에이고 인근에 건설 예정; 캘리포니아 해안의 미래?" 머큐리 뉴스, 2014년 5월 29일, www.mercurynews.com/2014/05/29/nations-largest-ocean-desalination-plant-goes-up-near-san-diego-future-of-the-california-coast/
20 「2018년 세계 에너지 BP 통계 리뷰」 (BP: 런던, 2018년), 데이터 팩, 112쪽
21 새미 로스, "남서부 지역 전례 없는 폭염으로 에너지 사용 기록 경신", USA 투데이, 2017년 6월 30일, www.usatoday.com/story/news/nation-now/2017/06/30/unprecedented-heat-southwest-shatters-energy-use-records/440423001/
22 크리스토퍼 헬먼(Christopher Helman), "한파 폭탄이 북동부를 강타하면서 천연가스 수요가 기록을 경신하다", 《포브스(Forbes)》, 2018년 1월 3일, www.forbes.com/sites/christopherhelman/2018/01/03/natural-gas-demand-hits-record-as-cold-bomb-targets-northeast/#64823318aacd
23 '국가별 비교: 전기―설치된 발전 용량', CIA 월드 팩트북, www.cia.gov/library/publications/the-world-factbook/rankorder/2236rank.html
24 '2017년 부패 인식 지수', 국제투명성기구, 2018년 2월 21일, www.transparency.org/news/feature/corruption_perceptions_index_2017
25 「2016년 세계 에너지 시나리오」(세계에너지협의회: 런던, 2016년), 9쪽, www.worldenergy.org/wp-content/uploads/2016/10/World-Energy-Scenarios-2016_Full-report.pdf

17 완전 재생 가능하다는 착각

1 '기후 변화 멈추기', 그린피스, www.coolplanet2009.org/climate-change-links-and-partners/ngos-for-sustainable-development/2-organisations-foundations-and-ngos/11-greenpeace.html
2 매튜 맥킨지(Matthew McKinzie), "NRDC 분석: 원자력 에너지와 더 안전한 기후 미래", *NRDC*, 2017년 9월 29일, www.nrdc.org/experts/matthew-mckinzie/nrdc-analysis-nuclear-energy-and-safer-climate-future
3 퍼시픽 가스 앤 일렉트릭 주식회사(PG&E Corporation), '캘리포니아 공공요금 위원회(CUPU, California Public Utilities Commission) 결정 이후, PG&E, 디아블로 캐니언(원자력 발전소) 공동 제안 당사자들과 향후 방향 논의 예정', 보도자료, 2018년 1월 11일 http://investor.pgecorp.com/news-events/press-releases/press-release-details/2018/After-CPUC-Decision-PGE-to-Confer-With-Diablo-Canyon-Joint-Proposal-Parties-on-Path-Forward/default.aspx. 또한 허드슨 생그리(Hudson Sangree), '디아블로 캐니언 폐쇄 법안, 브라운 주지사에게 전달', *RTO Insider*, 2018년 8월 22일, www.rtoinsider.com/diablo-canyon-jerry-brown-98544/
4 '핵 에너지와 지구 온난화에 관한 환경 성명서', 2005년 6월, 서명자 313명, www.citizon.org/documents/GroupNuclearStmt.pdf
5 브라이언 케네디(Brian Kennedy), "미국인들, 비용 및 환경 문제 해결 위해 태양광 발전 확대 강력 지지", 팩트탱크(블로그), 퓨 리서치 센터, 2016년 10월 5일, www.pewresearch.org/fact-tank/2016/10/05/americans-strongly-favor-expanding-solar-power-to-help-address-costs-and-environmental-concerns/
6 2016년 민주당 정강(민주당 정강위원회: 플로리다주 올랜도, 2016년), https://democrats.org/wp-ontent

uploads/2018/10/2016_DNC_Platform.pdf
7 '1972년 민주당 정강', 1972년 7월 10일, 미국 대통령 프로젝트, www.presidency.ucsb.edu/documents/1972-democratic-party-platform
8 레베카 리프킨(Rebecca Riffkin), "미국의 원자력 에너지 지지율 51%", 갤럽(*Gallup*), 2015년 3월 30일, www.gallup.com/poll/182180/support-nuclear-energy.aspx
9 제프 머클리(Jeff Merkley), "머클리(Merkley), 샌더스(Sanders), 머키(Markey), 부커(Booker), 미국을 100% 청정 에너지로 전환하기 위한 획기적인 법안 도입", 보도자료, 2017년 4월 27일, www.merkley.senate.gov/news/press-releases/merkley-sanders-markey-booker-introduce-landmark-legislation-to-transition-united-states-to-100-clean-and-renewable-energy
10 제프 머클리, "100 by '50Act: 2050년까지 모든 사람을 위한 100% 깨끗하고 재생 가능한 에너지로의 미국 전환"(제프 머클리 상원의원 사무실: 워싱턴 DC, 2017년), www.merkley.senate.gov/imo/media/doc/17.04.26%20100%20by%2050%201%20pager.pdf
11 머클리, "머클리, 샌더스, 머키, 부커"
12 앤드류 쿠오모, "ICYMI: 쿠오모 주지사, 기후 변화에 맞서 싸우기 위해 국가를 이끌 포괄적인 환경 이니셔티브 제안", 보도자료, 2017년 1월 11일, www.governor.ny.gov/news/icymi-governor-cuomo-proposes-sweeping-set-environmental-initiatives-lead-nation-fight-combat
13 로버트 브라이스, "100% 재생 에너지에 대한 끔찍한 망상, 폭로됨", *내셔널 리뷰 온라인*, 2017년 6월 24일, www.nationalreview.com/2017/06/renewable-energy-national-academy-sciences-christopher-t-m-clack-refutes-mark-jacobson/
14 '도시, 카운티, 주에서의 100% 약속', *시에라 클럽*, www.sierraclub.org/ready-for-100/commitments
15 '기업', RE100, http://there100.org/companies
16 그녀의 발언 영상은 다음에서 볼 수 있다: 존 파킨슨(John Parkinson), "알렉산드리아 오카시오-코르테스, 낸시 펠로시 사무실에서 시위를 주도하며 신입 의원 오리엔테이션을 시작하다", <ABC 뉴스>, 2018년 11월 13일, https://abcnews.go.com/Politics/alexandria-ocasio-cortez-opens-freshman-orientation-leading-protest/story?id=59165601
17 조셉 A. 울프슨, "AOC, 그린 뉴딜 옹호, 내러티브가 트럼프와 다른 비평가들에 의해 '조작'되고 있다고 말하다", 폭스 뉴스, 2019년 3월 22일, www.foxnews.com/entertainment/aoc-insists-green-new-deal-is-not-about-what-we-have-to-cut-back-on-but-its-about-being-more-expansive
18 "제목: 기후 변화의 시급한 위협에 대응하기 위한 법안 관련", 서한, 2019년 1월 10일, http://foe.org/wp-content/uploads/2019/01/Progressive-Climate-Leg-Sign-On-Letter-2.pdf
19 데이비드 로버츠, "유틸리티 회사들의 고민: 대중은 100% 재생 에너지를 원한다, 신속하게", *Vox*, 2018년 10월 11일, www.vox.com/energy-and-environment/2018/9/14/17853884/utilities-renewable-energy-100-percent-public-opinion
20 로버트 브라이스, "반과학, 반핵 좌파", *내셔널 리뷰 온라인*, 2015년 12월 11일, http://robertbryce.com/the-anti-science-anti-nuclear-left/, 2011년 저널리스트 빌 터커는 기후 운동가 빌 맥키벤에게 왜 다른 활동가들을 결집시킬 때 원자력 사용을 옹호하지 않는지 물었다. 맥키벤은 "만약 내가 핵에너지에 찬성한다는 입장을 밝힌다면, 이 운동(환경 운동)이 두 쪽으로 갈라질 것"이라고 답했다.
21 패트릭 그레이헨, 앨리스 사헬, 크리스토프 포데윌스, 「전력 부문의 에너지 전환: 2017년 현황」(아고라 에너지웬데: 베를린, 2017년), 37쪽, www.agora-energiewende.de/fileadmin2/Projekte/2018/Jahresauswertung_2017/Energiewende_2017_-_State_of_Affairs.pdf
22 윌리엄 윌크스와 브라이언 파킨, "독일의 경제 중추가 치솟는 전력 가격으로 고통받고 있다", 블룸버그, 2018년 9월 23일, www.bloomberg.com/news/articles/2018-09-24/electricity-power-prices-surge-for-german-mittelstand-merkel?utm_source=CCNet+Newsletter&utm_campaign=c857e8c585-EMAIL_CAMPAIGN_2018_09_24_12_40&utm_medium=email&utm_term=0_fe4b2f45ef-c857e8c585-20172653
23 엘미라 알라크바리 외 편집, 「온타리오주 전력 시장의 변화와 그 영향 이해」(프레이저 연구소: 밴쿠버, 2018년), ii쪽, www.fraserinstitute.org/sites/default/files/understanding-the-changes-in-ontarios-electricity-markets-web-final_0.pdf
24 사라 사첼리, "수도 요금(Hydro Rates)이 지방 예산에 큰 혼란을 야기하다", *윈저 스타*, 2017년 2월 13일, https://windsorstar.com/news/local-news/double-whammy-hydro-rates-wreak-havoc-on-municipal-budgets
25 엘미라 알라크바리 외, 『변화의 이해(*Understanding the Changes*)』, ii쪽
26 숀 제퍼즈, "더그 포드, 당선되면 수력 요금 12% 인하 약속", <CTV 뉴스 토론토>, 2018년 4월 27일, https://toronto.ctvnews.ca/ontario-election-2018/doug-ford-promises-12-per-cent-cut-to-hydro-rates-if-elected-1.3905227

27 아시파 카샴, "온타리오 선거 결과: 포퓰리즘 더그 포드, 총리가 되다", 《가디언》, 2018년 6월 8일, www.theguardian.com/world/2018/jun/08/ontario-election-results-populist-doug-ford-to-become-premier
28 엘리자베스 맥셰프리, "온타리오, 758건의 '불필요하고 낭비적인' 재생 에너지 계약 취소", 내셔널 옵저버, 2018년 7월 13일, www.nationalobserver.com/2018/07/13/news/ontario-cancelling-758-unnecessary-and-wasteful-renewable-energy-contracts
29 에즈라 러번트(Ezra Levant), "'이런 날이 올 줄은 상상도 못했다': 더그 포드(Doug Ford)가 온타리오주의 증오받던 그린 에너지 법(Green Energy Act)을 폐지하다", 레벨 미디어, 2018년 12월 7일, www.therbel.media/ontario-news-doug-ford-green-energy-ezra-levant-show-December-07-2018?safari_redirect
30 A. 오디세우스 패트릭, "스콧 모리슨, 호주가 또 다른 총리를 축출함에 따라 안정을 다짐하다", 《워싱턴 포스트》, 2018년 8월 24일, www.washingtonpost.com/world/australian-prime-minister-is-ousted-in-dispute-over-greenhouse-gas-emissions/2018/08/24/55f4bcce-a757-11e8-a656-943eefab5daf_story.html
31 앵거스 테일러, "에너지 덕목 신호 차단하고 고객 서비스 제공 시작", 호주 재무 리뷰, 2018년 9월 18일, www.angustaylor.com.au/media/media-releases/opinion-cut-energy-virtue-signalling-and-start-serving-customers
32 "앵거스 테일러, 정부가 '재생 에너지 목표를 대체하지 않을 것'이라고 확인", 시드니 모닝 헤럴드, 2018년 9월 18일, www.smh.com.au/politics/federal/angus-taylor-confirms-government-won-t-be-replacing-renewable-energy-target-20180918-p504j1.html
33 데미안 케이브, "호주 선거 결과: 스콧 모리슨 총리가 놀라운 승리를 거두다", 《뉴욕 타임스》, 2019년 5월 18일, www.nytimes.com/2019/05/18/world/australia/election-results-scott-morrison.html
34 "환경 보호와 청정 에너지 증진", 아놀드 슈워제네거, www.schwarzenegger.com/issues/milestone/protecting-the-environment-and-promoting-clean-energy
35 데이비드 R. 베이커, "캘리포니아는 2020년까지 재생 에너지 목표 50% 달성 - 10년 일찍", 샌프란시스코 크로니클, 2017년 11월 13일, www.sfchronicle.com/business/article/California-may-reach-50-renewable-power-goal-by-12354313.php
36 마크 넬슨과 마이클 셸렌버거, "2017년 캘리포니아의 전기 요금이 미국 다른 지역보다 세 배 더 많이 상승", Environmental Progress, 2018년 2월 12일, http://environmentalprogress.org/big-news/2018/2/12/electricity-prices-rose-three-times-more-in-california-than-in-rest-of-us-in-2017
37 캘리포니아주 프레즈노 카운티 고등법원, 200 대(對) 캘리포니아 대기자원위원회, 2018년 4월 27일에 제출, www.thetwohundred.org/wp-content/uploads/2018/07/Complaint_signed.pdf
38 캘리포니아주 프레즈노 카운티 고등법원 200호
39 알렉세이 코셰프, "캘리포니아, 2045년까지 100% 탄소 없는 전기 목표 승인", 새크라멘토 비, 2018년 9월 10일, www.sacbee.com/news/politics-government/capitol-alert/article218128485.html
40 제임스 부시넬, "속보! 캘리포니아 전기 요금이 높다", 하스 에너지 연구소, 2017년 2월 21일, https://energyathaas.wordpress.com/2017/02/21/breaking-news-california-electricity-prices-are-high/.
41 '남부 캘리포니아 전역에 저렴한 재생 가능 전력 공급', 테하카피 재생 가능 송전 프로젝트, 남부 캘리포니아 에디슨, https://on.sce.com/2PO8XKC
42 더그 카르파, "송신 비용 폭발은 캘리포니아 지역화 논쟁에서 사라진 이야기", 《유틸리티 다이브》, 2018년 7월 5일, www.utilitydive.com/news/exploding-transmission-costs-are-the-missing-story-in-californias-regional/526894/
43 제임스 템플, "배터리에 의존해 전력망을 청소할 수 없는 2조 5,000억 달러의 이유", 《MIT 테크놀러지 리뷰》, 2018년 7월 27일, www.technologyreview.com/s/611683/the-25-trillion-reason-we-cant-rely-on-batteries-to-clean-up-the-grid/
44 "파워월(Powerwall)은 정전 시 얼마나 오래 지속될까요?", 테슬라(Tesla), www.tesla.com/support/powerwall/how-long-will-powerwall-last-in-an-outage
45 템플, "2.5조 달러의 이유"
46 "테슬라 파워월: 완전한 배터리 리뷰", EnergySage, 2019년 5월 23일 최종 수정, www.energysage.com/solar/energy-storage/tesla-powerwall-home-battery/
47 매튜 R. 샤닉 외, "미국의 태양열 및 풍력 발전 신뢰성에 대한 지구물리학적 제약", 에너지 및 환경 과학, 4쪽 (2018년), http://pubs.rsc.org/en/content/articlelanding/2018/ee/c7ee03029k#!divAbstract
48 제임스 템플, "재생 에너지에만 의존하면 에너지 개편 비용이 크게 증가한다", 《MIT 테크놀러지 리뷰》, 2018년 2월 26일, www.technologyreview.com/s/610366/relying-on-renewables-alone-would-significantly-raise-the-cost-of-overhauling-the-energy/
49 캘리포니아 대학교 어바인, "풍력 및 태양광 발전이 미국 전력 수요의 5분의 4를 충족할 수 있다는 연구

결과", 사이언스 데일리, 2018년 2월 27일, www.sciencedaily.com/releases/2018/02/180227111639.htm
50 "테슬라 파워월: 완전한 배터리 리뷰"
51 마크 P. 밀스, 「새로운 에너지 경제: 마법적 사고의 연습」(맨해튼 연구소: 뉴욕, 2019년), www.manhattan-institute.org/green-energy-revolution-near-impossible
52 B. P. 허드(B. P. Heard) 외, 「입증 책임: 100% 재생에너지 전력 시스템의 실현 가능성에 대한 종합적 검토」, Renewable and Sustainable Energy Reviews 76호(2017년 9월), www.sciencedirect.com/science/article/pii/S1364032117304495
53 「2018년 세계 에너지 BP 통계 리뷰」
54 「재생 에너지 투자의 글로벌 동향 2017」(프랑크푸르트 금융 및 경영대학원: 프랑크푸르트, 2017년), 22쪽, www.greengrowthknowledge.org/sites/default/files/downloads/resource/Global%20Trends%20in%20Renewable%20Energy%20Investment%202017_0.pdf
55 「2018년 세계 에너지 BP 통계 리뷰」
56 「2018년 세계 에너지 BP 통계 리뷰」
57 「2018년 세계 에너지 BP 통계 리뷰」
58 「2018년 세계 에너지 BP 통계 리뷰」
59 「2018년 세계 에너지 BP 통계 리뷰」
60 크리스토퍼 T. M. 클랙(Clack)외 다수, 「100% 풍력, 수력, 태양광을 이용한 신뢰할 수 있는 저비용 전력망 제안 평가」, 국립과학원 회보 제114권, 제26호(2017년 6월), www.pnas.org/content/114/26/6722
61 유튜브에서 이용 가능: 마크 제이콥슨, 데이비드 레터맨의 인터뷰, 레이트 쇼, 2013년 10월 9일, www.youtube.com/watch?v=AqIu2J3vRJc
62 스탠포드 에너지, '스탠포드 주도의 그리드 신뢰성 연구, 코자렐리 상 수상', 보도자료, 2016년 3월 1일, https://energy.stanford.edu/news/stanford-led-study-grid-reliability-receive-2015-cozzarelli-prize
63 제이콥슨의 출판물 목록, 「국가, 주, 도시, 마을을 위한 100% 풍력, 수자원, 태양광(WWS) 전 부문 에너지 로드맵」, 마크 Z. 제이콥슨, 스탠포드 대학교, http://web.stanford.edu/group/efmh/jacobson/Articles/I/WWS-50-USState-plans.html. 2015년 보고서에서 주별 세부 정보와 함께 논의된 스프레드시트는 스탠포드에서도 온라인에 게시하고 있다. 스프레드시트에서 '주별 중간 세부 정보' 탭을 확인, http://web.stanford.edu/group/efmh/jacobson/Articles/I/USStates.xlsx
64 클랙(Clack) 외, 「제안에 대한 평가(Evaluation of a Proposal)」. 클랙의 논문이 출판된 지 3개월 후, 제이콥슨은 클랙을 명예훼손 혐의로 연방법원에 고소하여 1,000만 달러를 청구했다는 점에 주목해야 한다. 그는 공동 저자들은 고소하지 않았다. 제이콥슨은 또한 국립과학원(National Academy of Sciences)도 고소했다. 제이콥슨은 클랙의 논문이 자신의 명예를 훼손하고 자신과 공동 저자들을 "형편없고, 엉성하며, 무능하고, 아무것도 모르는 연구자처럼 보이게" 만들었다고 주장했다(참고: 로버트 브라이스, "한 환경론자가 학술적 의견 불일치로 고소하다", 내셔널 리뷰 온라인, 2017년 11월 10일, www.nationalreview.com/2017/11/environmentalist-who-claimed-us-could-run-renewables-sues-over-academic-disagreement/).
2019년 2월, 워싱턴 D.C. 연방법원에서 해당 사건에 대한 심리가 열린 직후, 제이콥슨은 돌연 소송을 취하하면서, 스탠포드 데일리에 따르면 그의 소송이 "학술적 토론을 억압하려는 의도가 결코 아니었다"고 주장했다(참고: 알렉스 차이(Alex Tsai), "스탠포드 교수, 과학 비평가 및 학술지 상대 1,000만 달러 명예훼손 소송 취하", Stanford Daily, 2018년 3월 2일, www.stanforddaily.com/2018/03/02/stanford-professor-retracts-10-million-libel-suit-against-scientific-critic-academic-journal/)
65 캘리포니아의 면적은 423,970제곱킬로미터이다. '미국(및 워싱턴 DC) 지역 및 순위', Enchanted Learning, www.enchantedlearning.com/usa/states/area.shtml
66 「2018년 세계 에너지 BP 통계 리뷰」
67 리 M. 밀러와 데이비드 W. 키스, "관측 기반 태양열 및 풍력 발전 용량 요인과 전력 밀도", 환경 연구 서한, 2018년 10월 4일, http://iopscience.iop.org/article/10.1088/1748-9326/aae102/meta, 이 논문은 풍력의 평균 전력 밀도를 0.5W/m²로, 태양광의 평균 전력 밀도를 5.4W/m²로 제시한다.
68 리아 버로우스, "풍력의 단점", 《하버드 가제트》, 2018년 10월 4일, https://news.harvard.edu/gazette/story/2018/10/large-scale-wind-power-has-its-down-side/
69 위키백과, 스밀, 최종 수정: 2019년 5월 16일 20:36, https://en.wikipedia.org/wiki/Contiguous_United_States
70 바츨라프 스밀(Vaclav Smil), 『에너지 신화와 현실: 과학을 에너지 정책 논쟁으로 가져오다(Energy Myths and Realities: Bringing Science to the Energy Policy Debate)』(AEI Press: 워싱턴 DC, 2010년), 125쪽
71 데이비드 로버츠, "이 거대한 신풍력 터빈은 경이롭다. 그것들은 또한 미래이다.", Vox, 2018년 10월 23일, www.vox.com/energy-and-environment/2018/3/8/17084158/wind-turbine-power-energy-blades

72 1919년 베츠는 풍력 터빈의 최대 효율이 약 59%라고 추측했다. 그러나 현대의 터빈은 그 수치에 근접하지 못하고 대신 약 35~45%의 효율을 보인다. '베츠 한계', 에너지 교육, 최종 수정: 2018년 7월 21일, https://energyeducation.ca/encyclopedia/Betz_limit
73 마이클 쿠저, "뉴욕 계획 또는 풍력 에너지, 관련 일자리", RTO 인사이더, 2018년 11월 28일, www.rtoinsider.com/new-york-nyserda-wind-power-106837/
74 레오 히크먼, "사람들에게 힘을", 《가디언》, 2009년 4월 29일, www.theguardian.com/environment/2009/apr/30/david-mckay-sustainable-energy
75 에밀리 고스덴, "풍력 발전소, 같은 에너지를 생산하는 데 수압 파쇄(Fracking) 부지보다 '700배 더 많은 땅' 필요", 《텔레그래프》, 2014년 8월 14일, www.telegraph.co.uk/news/earth/energy/fracking/11034470/Wind-farm-needs-700-times-more-land-than-fracking-site.html
76 데이비드 맥케이, "재생 에너지에 대한 현실 점검", 2012년 3월 영국 워릭에서 촬영된 TED 비디오, www.ted.com/talks/david_mackay_a_reality_check_on_renewables?language=en
77 에밀리 고스덴, "풍력과 태양광은 영국에게 돈 낭비라고 데이비드 매케이 경 교수가 마지막 인터뷰에서 말했다", 《텔레그래프》, 2016년 5월 3일, www.telegraph.co.uk/news/2016/05/03/wind-and-solar-a-waste-of-money-for-uk-prof-sir-david-mackay-sai/

18 이 땅은 내 땅이다

1 저자와의 인터뷰, 저자의 기사, "풍력은 농촌 미국에 대한 공격", 《로스앤젤레스 타임즈》, 2017년 2월 27일, www.latimes.com/opinion/op-ed/la-oe-bryce-backlash-against-wind-energy-20170227-story.html
2 AP 통신, "질 스타인, 스탠딩 록 시위(Standing Rock Protest: 미국 노스다코타주에서 진행된 다코타 접근 파이프라인(Dakota Access Pipeline) 건설에 반대하는 대규모 환경 운동 및 원주민 시위) 체포 건에 대해 유죄 인정 협상에 도달", 《가디언》, 2017년 8월 9일, www.theguardian.com/us-news/2017/aug/09/dakota-access-pipeline-jill-stein-arrest-green-party
3 에이미 시스크, "다코타 접근 파이프라인, 석유 운송을 뒤흔들다", 인사이드 에너지, 2017년 8월 14일, http://insideenergy.org/2017/08/14/dakota-access-pipeline-upends-oil-transport/
4 '발의안 112호 지지자들', Colorado Rising, https://corising.org/endorsements/. 또한, 콜로라도 상공회의소(Colorado Chamber of Commerce), 「발의안 97호, 석유 및 가스 시추정 이격 거리 규정, 11월 투표 자격 획득」, 콜로라도 캐피털 보고서, http://cochamber.com/2018/09/04/initiative-97-oil-and-gas-well-setback-measure-qualifies-for-november-ballot/ 참고.
5 '사설: 석유와 가스에 대한 금지 조항인 112호 발의 법안에 반대표를 던져라', 《덴버 포스트》, 2018년 10월 10일, www.denverpost.com/2018/10/10/proposition-112-is-ban-on-oil-and-gas/, 가스 생산 데이터는 '랭킹: 천연가스 시장 생산, 2017(백만 입방피트)', EIA, www.eia.gov/state/rankings/#/series/47
6 AFP, '수천 명의 석탄 반대 시위대가 독일 산림의 회복을 축하해', 《가디언》, 2018년 10월 6일, www.theguardian.com/environment/2018/oct/06/thousands-of-anti-coal-protesters-celebrate-german-forests-reprieve
7 로버트 M. 브라이스, "석유 폐기물 구덩이, 부주의한 새들을 함정에 빠뜨려", 《크리스천 사이언스 모니터》, 1990년 3월 19일, www.csmonitor.com/1990/0319/apit.html
8 브리태니커 백과사전 온라인, '2010년의 딥워터 호라이즌 기름 유출', 리처드 팔라디, 최종 수정: 2019년 4월 30일, www.britannica.com/event/Deepwater-Horizon-oil-spill-of-2010
9 드루 미카노비츠, "앨리소 캐넌 가스 누출은 재앙이었다. 이와 같은 저장 우물이 10,000개 더 있다.", 《로스앤젤레스 타임즈》, 2018년 5월 14일, www.latimes.com/opinion/op-ed/la-oe-michanowicz-aliso-canyon-gas-leak-20180514-story.html
10 마이클 스트롭, "프래킹 금지(Fracking Bans, 수압 파쇄 금지)는 계속 확산되고 있다", 에너지 & 환경: 대기 정화(블로그), 국립정책분석센터, 2014년 5월 19일, http://environmentblog.ncpathinktank.org/fracking-bans-continue-to-proliferate/ #sthash.Wjvyt1wY.dpbs
11 존 허들, "지사의 서명으로 메릴랜드는 수압 파쇄(Fracking)를 금지한 세 번째 주가 되었다.", StateImpact 펜실베니아, 2017년 4월 4일, https://stateimpact.npr.org/pennsylvania/2017/04/04/with-governors-signature-maryland-becomes-third-state-to-ban-fracking/
12 「2015 연례 보고서」(Food & Water Watch: 워싱턴 DC, 2016년), www.foodandwaterwatch.org/sites/default/files/rpt_1703_fww2015annualreport-c2.pdf
13 「수압 파쇄 금지 긴급 사례」(푸드 앤 워터 위치: 워싱턴 DC, 2015년), www.foodandwaterwatch.org/sites/default/files/urgent_case_for_ban_on_fracking.pdf

14 천연자원보호위원회(Natural Resources Defense Council, Inc.), 2017년 양식 990(Form 990), GuideStar, http://www.nrdc.org/sites/default/files/nrdc-2017-form-990.pdf
15 앤드류 포스트먼, "대규모 오염원을 차단하는 방법", NRDC, 2016년 1월 27일, www.nrdc.org/land/fracking-community-defense/
16 어스저스티스(Earthjustice) 2016년 양식 990, 가이드스타, https://pdf.guidestar.org/PDF_Images/2017/941/730/2017-941730465-0fab25cb-9.pdf
17 컨택처(Contact Us), Earthjustice, https://earthjustice.org/about/contact
18 주드 클레멘테, "풍력 터빈이 부동산 가치를 떨어뜨리는가?", 《포브스》, 2016년 9월 23일, www.forbes.com/sites/judeclemente/2015/09/23/do-wind-turbines-lower-property-values/
19 제레미 P. 제이콥스, "위스콘신 '건강 위험' 판결이 풍력 산업에 충격을 줄 수 있다", 에너지 뉴스 네트워크, 2015년 9월 17일, http://midwestenergynews.com/2015/09/17/wisconsin-health-hazard-ruling-could-shock-wind-industry/
20 턱스 터젤, "링컨 윈드팜에서 체포된 시위대", 《포틀랜드 프레스 헤럴드》, 2010년 11월 8일, www.pressherald.com/news/Protesters-arrested-at-Lincoln-maine-windfarm.html
21 로버트 브라이스, "대규모 풍력 발전 단지(Big Wind)에 대한 반발은 계속된다", 내셔널 리뷰 온라인, 2012년 11월 27일, www.nationalreview.com/2012/11/backlash-against-big-wind-continues-robert-bryce/
22 사라 파보, "LA 카운티 감독관, 비법인 지역(unincorporated areas)에서 대형 풍력 터빈 사용 금지", 로스앤젤레스 데일리 뉴스, 2015년 7월 14일, www.dailynews.com/government-and-politics/20150714/la-county-supervisors-to-ban-large-wind-turbines-in-unincorporated-areas
23 "로스앤젤레스 카운티의 유틸리티 규모 풍력 터빈을 금지하는 감독위원회", 북미 풍력, 2015년 7월 16일, www.nawindpower.com/e107_plugins/content/content.php?content.14428
24 할리 쿡, "로스앤젤레스 카운티 비법인 구역에서 풍력 터빈 금지", KHTS, 2015년 7월 23일, www.hometownstation. com/santa-clarita-news/los-angeles-county-news/wind-turbines-banned-in-unincorporated-los-angeles-county-157488
25 로즈 데이비슨, "캘리포니아, 재생 에너지 목표 50% 설정", 월간 《윈드파워》, 2015년 9월 15일, www.windpowermonthly.com/article/1363977/california-sets-50-renewable-energy-target.
26 에린 맨스필드, "블리터스도르프, 이라스버그에 500피트 풍력 터빈 두 기 제안", VTDigger, 2015년 8월 7일, http://vtdigger.org/2015/08/07/blittersdorf-proposes-two-500-foot-wind-turbines-in-irasburg/
27 브루스 파커, "반란: 버몬트 타운, 거대 풍력 터빈에 274-9로 투표하다", 버몬트 워치독, 2015년 10월 2일, www.windaction.org/posts/43511-revolt-vermont-town-votes-274-9-against-giant-wind-turbines
28 칼시 스툴즈, "빌링스 카운티 위원회에서 풍력 발전소 신청이 거부됨", 비스마르크 트리뷴, 2016년 11월 15일, https://bismarcktribune.com/wind-farm-application-rejected-by-billings-county-commission/article_14c9d7d6-24ad-53cc-97b9-b02b6d9404e7.html
29 '아이오와: 주 프로필 및 에너지 추정치', EIA, 최종 수정: 2019년 4월 18일, www.eia.gov/state/?sid=IA. 다음 기사도 참조: AP 통신, "회사, 풍력 발전소 건설을 위해 블랙 호크 카운티에 두 번째 부지 제안", 《워싱턴 타임즈》, 2015년 9월 17일, www.washingtontimes.com/news/2015/sep/17/company-proposes-2nd-black-hawk-county-spot-for-wi/
30 팀 제이미슨, "블랙 호크 카운티 풍력 프로젝트 철회", 쿠리어, 2015년 10월 21일, https://wcfcourier.com/news/local/govt-and-politics/black-hawk-county-wind-project-withdrawn/article_10fdce35-c698-54ad-9ae9-3f3b77983f02.html
31 키트 케네디, "뉴욕, '30' 재생 에너지 목표로 역사적인 '50' 채택", NRDC, 2016년 8월 1일, www.nrdc.org/experts/kit-kennedy/new-york-adopts-historic-50-30-renewables-goal
32 로버트 브라이스, "재생 에너지를 위한 싸움에서 바람을 빨아들이다", 《뉴욕 포스트》, 2016년 3월 28일, https://nypost.com/2016/03/28/sucking-wind-in-the-fight-for-renewable-energy/
33 마커스 울프, "등대 소유주들이 풍력 발전소 검토 자금을 요청했지만 거절당했다", 《워터타운 데일리 타임즈》, 2018년 12월 11일, www.watertowndailytimes.com/news03/lighthouse-owners-appeal-for-wind-farm-review-funds-rejected-20181211
34 마커스 울프, "풍력 농장 해고에 대한 또 다른 제안, 다양한 반응을 얻고 있다", 《워터타운 데일리 타임즈》, 2018년 12월 9일, www.watertowndailytimes.com/news03/another-motion-for-wind-farm-dismissal-receives-varying-responses-20181209
35 마커스 울프, "아펙스, 갈루 아일랜드 윈드에 대한 제10조 신청 철회", 《워터타운 데일리 타임즈》, 2019년 2월 9일, www.watertowndailytimes.com/news03/apex-withdraws-article-10-application-for-galloo-island-wind-20190209
36 토마스 J. 프로하스카, "온타리오 호수 풍력 프로젝트는 죽었다, 서머셋 감독관은 말한다", 버팔로 뉴스,

2019년 4월 11일, https://buffalonews.com/2019/04/11/town-supervisors-think-somerset-yates-wind-project-is-dead-as-company-announces-indefinite-delay/
37 나는 등대 풍력 프로젝트에 대한 기사를 찾기 위해 《타임스(Times)》의 자료실을 반복적으로 확인했다. 2019년 5월 말까지도 그 신문은 여전히 이 이야기를 다루지 않았다.
38 위키백과, '힌턴, 오클라호마' 참조, 최종 수정: 2019년 2월 20일, 00:42, https://en.wikipedia.org/wiki/Hinton,_Oklahoma
39 로버트 브라이스, "거대 '녹색'과 잔혹함: 풍력 에너지 거대 기업이 미국 소도시를 공격하다", 내셔널 리뷰 온라인, 2017년 5월 2일, www.nationalreview.com/2017/05/wind-turbine-company-sues-small-towns-get-tax-credits/
40 브라이스, "거대 '녹색'과 잔혹함"
41 존 슈나이더, "주니아타 타운십을 상대로 제기된 소송", 광고주, 2019년 4월 3일, www.tuscolatoday.com/index.php/2019/04/03/lawsuit-filed-against-juniata-township/
42 로버트 브라이스, "넥스트에라(NextEra), 에스더 라이트먼에 대한 소송 취하하지 않을 것", 내셔널 리뷰 온라인, 2015년 7월 13일, www.nationalreview.com/2015/07/big-wind-still-slapping-canadian-woman/
43 넥스트에라 에너지(NextEra Energy), '넥스트에라 에너지, 12번째로 세계에서 가장 윤리적인 기업 중 하나로 선정', 보도자료, 2019년 2월 26일, www.investor.nexteraenergy.com/news-and-events/news-releases/2019/02-26-2019-110955805
44 매튜 가드너, 로버트 S. 맥킨타이어, 리처드 필립스, 35퍼센트 법인세 신화(조세 및 경제 정책 연구소: 워싱턴 DC, 2017년), www.itep.org/pdf/35percentfullreport.pdf
45 자세한 내용은 굿 잡 퍼스트(Good Jobs First), www.goodjobsfirst.org/ 참조
46 'NextEra Energy', 보조금 추적기 모회사 요약, 굿 잡 퍼스트, https://subsidytracker.goodjobsfirst.org/parent/nextera-energy
47 「2018년 연례 보고서」(넥스트에라 에너지: 플로리다주 주노 비치, 2018년), 97쪽, www.investor.nexteraenergy.com/~/media/Files/N/NEE-IR/reports-and-fillings/annual-reports/NextEra%20Energy_Annual_Report_2018.pdf. 이 세액 공제 이월액 중 29억 달러는 연방 세액 공제였고, 3억 4,400만 달러는 주(州) 세액 공제였다.
48 대럴 래드포드, "바람에 맞서 벽을 세운 자치주 소도시들", 《쿠리어-타임즈》, 2018년 11월 1일, www.wfmz.com/news/poconos-coal/wind-turbine-application-denied-by-penn-forest-township/938471853
49 윌 루이스, "펜 포레스트 타운십(Penn Forest Township)에 의해 풍력 터빈 신청이 거부되다", WFMZ-TV, 2018년 12월 17일, www.wfmz.com/news/poconos-coal/wind-turbine-application-denied-by-penn-forest-township/938471853/
50 로버트 브래들리 주니어, "충분하다! 마티스(Martis), 싱클레어(Sinclair)의 산업용 풍력에 응답하다(대면 토론 촉구)", 마스터리소스(blog), 2018년 3월 5일, www.masterresource.org/wind-power-grassroots-debate/martis-sinclair-wind/
51 '발전 용량 및 에너지', 캘리포니아 에너지 위원회, 최종 수정: 2019년 5월 6일, www.energy.ca.gov/almanac/electricity_data/electric_generation_capacity.html
52 롭 니콜렙스키, "캘리포니아의 풍력 에너지: 좋은 소식과 나쁜 소식", 샌디에이고 유니온-트리뷴, 2017년 8월 28일, www.sandiegouniontribune.com/business/sd-fi-california-wind-20170825-story.html
53 "자발적인 수용지가 아니다(NOT a Willing Host)", 온타리오 풍력 저항(Ontario Wind Resistance), http://ontario-wind-resistance.org/not-a-willing-host
54 자세한 내용은 유럽 풍력 발전 플랫폼, www.epaw.org 참조
55 바이에른 규칙은 2014년에 시행되었다. 줄리안 베텐겔, "바바리아 선거의 변화가 독일 에너지 정책에 영향을 미칠 수 있다", 클린 에너지 와이어, 2018년 10월 12일, www.cleanenergywire.org/news/shake-bavarias-election-may-impact-german-energy-policy
56 "폴란드, 풍력 발전소 건설 가능 장소에 대한 제한 도입", 《로이터》, 2016년 5월 23일, www.reuters.com/article/us-energy-poland-windfarm-idUSKCN0YE17V
57 "카윈 존스, 웨일즈가 '에너지 10년'을 잡아야 한다고 말하다" 〈BBC 뉴스〉, 2011년 5월 26일, www.bbc.co.uk/news/uk-wales-13563168
58 BBC 뉴스, 2011년 5월 24일, www.bbc.com/news/uk-wales-13498707, "세네드의 중서부 및 서부 웨일즈 권력 시위자들"
59 조슈아 S. 힐, "영국 정부, 970MW 나비투스 베이 해상 풍력 발전소 거부", 클린테크니카, 2015년 9월 11일, http://cleantechnica.com/2015/09/11/uk-government-refuse-970-mw-navitus-bay-offshore-wind-farm/
60 OffshoreWind.biz, "영국 정부, 내비투스 베이 해상 풍력 발전 프로젝트(Navitus Bay Project) 거부", 2015년

9월 11일, www.offshorewind.biz/2015/09/11/uk-thumbs-down-navitus-bay-project/
61 알리스테어 먼로(Alistair Munro), "논란이 많았던 하이랜드 풍력 발전소 계획이 거부되다"라는 제목의 기사에 따르면, 거부된 프로젝트들 중에는 베인모르(Bhein Mhor)산과 라임킬른(Limekiln)도 포함되어 있었다, 《스코츠맨(Scotsman)》, 2015년 7월 13일, www.scotsman.com/news/environment/controversial-highlands-wind-farm-plan-rejected-1-3829360
62 "샐러키와 글렌캐슬리 풍력 발전소 건설 계획에 대한 승인이 거부돼", 〈BBC 뉴스〉, 2015년 11월 17일, www.bbc.com/news/uk-scotland-highlands-islands-34842315
63 이안 라마치, "네스호 터빈이 거부된 만큼 '이 정도면 충분하다'", 《프레스 앤 저널》, 2016년 4월 13일, www.pressandjournal.co.uk/fp/news/highlands/887713/ness-side-turbines-rejected/
64 '풍력 에너지 FAQ', 스코틀랜드 어게인스트 스핀, https://scotlandagainstspin.org/wind-energy-faqs/
65 안카 구르즈, "전기화로는 나아가지만 내 뒷마당에서는 안돼", 폴리티코, 2018년 10월 9일, www.politico.eu/article/going-electric-but-not-in-my-back-yard-germany-wind-coal-nuclear-power/
66 클레멘테, '풍력 터빈'
67 마이클 S. 맥캔, "아담스 카운티 일리노이주 부동산 가치 영향에 관한 마이클 맥캔의 증언", 2010년 6월 8일, 윈드 액션, www.windaction.org/posts/26696-testimony-of-michael-mccann-on-property-value-impacts-in-adams-county-il#.W8X72S_Mzvd
68 산체스 매닝, "방호 풍력 터빈이 수천 대의 집을 앗아간다: 대규모 풍력 발전소로부터 1.2마일 이내의 주택 가치가 11% 감소했다는 연구 결과가 나왔다.", Daily Mail 2014년 1월 25일, www.dailymail.co.uk/news/article-2546042/Proof-wind-turbines-thousands-home-value-homes-1-2-miles-wind-farms-slashed-11-cent-study-finds.html
69 야신 수낙과 라인하르트 매들레너, 「풍력 농장 가시성이 부동산 가치에 미치는 영향: 차이의 공간적 차이 분석」, 《에너지 이코노믹스》 제55호(2016년 3월), www.sciencedirect.com/science/article/pii/S014098831600044X
70 벤자민 웨르만, "풍력 터빈이 부동산 가격을 해친다는 연구 결과", 클린 에너지 와이어(Clean Energy Wire), 2019년 1월 21일, www.cleanenergywire.org/news/wind-turbines-hurt-property-prices-study-finds. 전체 연구는 다음을 참조: 마누엘 프론델 외 다수, 「글로벌 혜택을 위한 지역 비용: 풍력 터빈 사례」(RWI: 독일 에센, 2019년 1월), www.rwi-essen.de/media/content/pages/publikationen/ruhr-economic-papers/rep_18_791.pdf
71 로버트 브라이스, 『작고 빠르고 가벼우며 밀도가 높고 저렴: 혁신이 재앙주의자들이 틀렸다는 것을 계속 증명하는 방법』(Public Affairs: 뉴욕, 2014년), 부록 E
72 J. 미코와이차크(J. Mikolajczak) 외, 「풍력 터빈 근접성에 대한 성장기 집오리(학명: Anser anser f. domestica)의 반응에 대한 예비 연구」, 폴란드 수의학 저널 제16권, 제4호(2013년): 679-686쪽, www.researchgate.net/publication/260561143_Preliminary_studies_on_the_reaction_of_growing_geese_Anser_anser_f_domestica_to_the_proximity_of_wind_turbines
73 마우고르자타 카르보프스카(Malgorzata Karwowska) 외, 「풍력 터빈으로부터의 다양한 거리가 성장하는 돼지의 육질에 미치는 영향」, 동물 과학 연보 제15권, 제4호(2015년), https://content.sciendo.com/view/journals/aoas/15/4/article-p1043.xml
74 R. C. N. 애그뉴(Agnew), V. J. 스미스(Smith), R. C. 포크스(Fowkes), 『풍력 터빈, 오소리의 만성 스트레스 유발』(unp 출판 원고, 2016년), https://research-repository.st-andrews.ac.uk/bitstream/handle/10023/9208/Agnew_WindTurbines_JWD_AAM.pdf?sequence=1&isAllowed=y
75 마이클 니센바움, "풍력 터빈, 건강, 능선, 계곡", 내셔널 윈드 워치, 2010년 5월 9일, www.wind-watch.org/documents/wind-turbines-health-ridgelines-and-valleys/
76 닛센바움과의 개인적인 소통, 2010년 2월 12일. 닛센바움은 또한 한 풍력 발전소 관련 청문회에서 진술서를 제출했는데, 다음 웹사이트에서 확인할 수 있다. '마이클 닛센바움 박사 진술서, 레코드 힐 풍력 발전 프로젝트 항소', 윈드 액션, 2009년 9월 17일, www.windaction.org/documents/23732
77 "의사는 풍력 터빈 소음이 건강에 해로울 수 있다고 말한다." VTDigger, 2010년 6월 2일, https://vtdigger.org/2010/06/02/doctor-says-wind-turbine-noise-can-harm-health/
78 M. A. 니센바움, J. J. 아라미니, C. D. 해닝, 「산업용 풍력 터빈 소음이 수면과 건강에 미치는 영향」, Noise Health(2012년 9월~10월), www.ncbi.nlm.nih.gov/pubmed/23117539
79 칼 V. 필립스, "적절한 해석 i79. 칼 V. 필립스, 「산업용 풍력 터빈이 인근 주민들에게 미치는 건강 영향에 대한 역학적 증거의 적절한 해석」, 과학기술사회 회보 제31권, 제4호(2011년 8월), https://eric.ed.gov/ ?id=EJ932840
80 알렉 N. 솔트, "풍력 터빈은 인간 건강에 해로울 수 있다", 워싱턴 대학교 세인트루이스 의과대학 알렉 솔트 연구실, oto.wustl.edu/saltlab/Wind-Turbines
81 알렉 N. 솔트와 제프리 T. 릭텐, 「저주파 소리로부터의 지각 기반 보호만으로는 충분하지 않을 수 있다」

(2012년 8월 19일부터 22일까지 뉴욕 인터노이즈(Inter.noise)에서 발표된 논문), https://bit.ly/2Qz0vEp

82 쉬안쉬우 애니 첸과 피터 나린스, 「풍력 터빈과 유령 이야기: 인프라가 인간의 청각 시스템에 미치는 영향」, 〈음향학 투데이〉(2012년 4월), https://acousticstoday.org/wp-content/uploads/2017/09/Article_7of7_from_ATCODK_8_2.pdf. 이 연구는 솔트의 연구와 마찬가지로 "청각 민감도의 개인 간 차이로 인해 일부 사람들이 '잘 들리지 않는' 것을 감지할 수 있다"는 사실을 강조한다. 그들은 계속해서 "피험자들의 음조 인식 부족에도 불구하고 청각적 피질 반응과 초음파 노출로 인한 달팽이관 조절이 관찰되었다."라고 말한다. 이 연구들은 인간의 말초 및 중추 청각 반응에 대한 인프라 영향에 대한 강력한 증거를 제공한다." 즉, 듣지 못한다고 해서 신체가 반응하지 않는 것은 아니다.

83 에스퍼 흐바스 슈미트와 매즈 크로커, 「풍력 터빈 소음 노출과 관련된 건강 영향: 체계적 검토」, PLOSOne, 2014년 12월 4일, https://journals.plos.org/plosone/article?id=10.1371/journal.pone.0114183

84 밀라드 아바시 외 다수, 「풍력 터빈 소리가 근로자의 전반적인 건강, 수면 방해 및 성가심에 미치는 영향: 이란 만질 풍력 발전소의 파일럿 연구」, 〈환경 건강 과학 및 공학 저널〉(2015), https://jehse.biomedcentral.com/articles/10.1186/s40201-015-0225-8

85 크리스티안 크레켈과 알렉산더 제란, 「풍력 터빈의 존재가 주변 사람들에게 부정적인 외부 효과를 주나요? 웰빙 데이터의 증거」, 〈환경 경제 및 경영 저널〉 제82호(2017년 3월), www.sciencedirect.com/science/article/pii/S0095069616304624#

86 아나벨라 보텔호 등, 「풍력 농장 소음이 지역 주민들의 완화 조치 채택 결정에 미치는 영향」, 〈국제 환경 연구 및 공중 보건 저널〉(2017년 7월), www.ncbi.nlm.nih.gov/pmc/articles/PMC5551191/

87 제레미 디튼과 오웬 애그뉴, "풍력 발전소는 보는 사람의 눈에 따라 편향된다", Popular Science, 2018년 3월 6일, www.popsci.com/aesthetics-wind-energy

88 마이크 휴렛, "행정법 판사, PUC(공공 사업 위원회)가 프리본 자치주 풍력 발전 프로젝트 기각 권고", 《스타 트리뷴》, 2018년 5월 17일, http://m.startribune.com/administrative-law-judge-says-puc-should-reject-freeborn-county-wind-project/482980081/

89 마이크 휴렛, "남부 미네소타의 풍력 프로젝트, 반발을 받다", 《스타 트리뷴》, 2017년 11월 18일, www.startribune.com/wind-project-in-southern-minnesota-gets-pushback/458079653/

90 크리스틴 레저, "팔머스 터빈의 다음 단계는?", 케이프 코드 타임즈(Cape Cod Times), 2018년 10월 14일, www.capecodtimes.com/news/20181014/whats-next-for-falmouth-turbines

91 크리스틴 레저, "팔머스 공무원, 풍력 터빈 해체 계획 명령", 케이프 코드 타임즈(Cape Cod Times), 2017년 12월 20일, www.capecodtimes.com/news/20171220/falmouth-official-orders-plan-to-dismantle-wind-turbine

92 스티븐 위드로, "팔머스 레지던트, 지속적인 터빈 문제에 대해 말하다", 《팔머스 엔터프라이즈》, 2018년 8월 28일, www.capenews.net/falmouth/news/falmouth-resident-shares-lasting-turbine-troubles/article_7211f529-fd23-5dbb-87ab-d6cbdaf3fd47.html

93 도넬 엘러, "아이오와 동부의 이웃들이 터빈을 무너뜨리고 승리하기 위해 싸우고 있다", 《드모인 레지스터(Des Moines Register)》, 2018년 11월 21일, www.desmoinesregister.com/story/money/business/2018/11/21/iowa-first-wind-developers-ordered-tear-down-turbines-land-use-lawsuit-supreme-court/1922334002/

94 「국가 독성학 프로그램, 초저주파음(Infrasound): 독성학 문헌에 대한 간략한 리뷰」(국립보건원: 베데스다, MD, 2001년), 5쪽, https://ntp.niehs.nih.gov/ntp/htdocs/chem_background/exsumpdf/infrasound_508.pdf

95 저자와 워렌과의 이메일 교환, 2010년 2월 17일 및 19일

96 저자 모이어 인터뷰, 전화 인터뷰, 2010년 2월 17일

97 킨 가족은 2014년 BBC 보도에 등장했다. 디아메이드 플레밍, "풍력 에너지를 둘러싼 아일랜드의 농촌 시위", 〈BBC 뉴스〉, 2014년 2월 2일, www.bbc.com/news/world-europe-25966198

98 킨(Keane)의 이메일, 2016년 9월 14일

99 킨의 이메일, 2016년 9월 21일

100 위스콘신의 다른 주민들도 풍력 터빈에서 발생하는 소음에 대해 불만을 제기했다. 'Shirley Wind Project', 유튜브 동영상, 2011년 12월 22일, www.youtube.com/watch?v=71DxuicwCXw

101 폴 스루바스, "보건 당국, 풍력 터빈 전투의 다음 단계를 검토하다", 《그린베이 프레스 가제트》, 2014년 10월 26일, www.greenbaypressgazette.com/story/news/local/2014/10/26/health-officials-weigh-next-step-wind-turbine-battle/17967875/.

102 더그 슈나이더, "셜리 풍력 발전소가 어떤 사람들을 아프게 하나요? 어떤 전문가에게 물어보느냐에 따라 다릅니다." 《그린베이 프레스 가제트》, 2017년 9월 13일, www.greenbaypressgazette.com/story/news/2017/09/13/does-shirley-wind-farm-make-some-people-sick-depends-which-expert-you-ask/637984001/

카운티, 책임 있는 풍력 에너지를 위한 브라운 카운티 시민, www.bccrwe.com

103 더그 슈나이더, "보건 책임자, 풍력 발전소에서 '엄청난 편두통' 겪어", 《그린베이 프레스 가제트》, 2016년 3월 20일, www.greenbaypressgazette.com/story/news/2016/03/20/health-chief-got-such-migraines-wind-farm/82059968/, 생물다양성 센터, www.biological diversity.org/species/reptiles/desert_tortoise/index.html
104 '사막거북 구하기', '생물 다양성 센터', www.biologicaldiversity.org/species/reptiles/desert_tortoise/index.html
105 프랭크 엘트먼, "태양광 프로젝트는 나무의 숲을 구할 수 없나요?", 샌디에이고 유니온-트리뷴, 2016년 7월 23일, www.sandiegouniontribune.com/sdut-solar-project-cant-save-the-forest-for-the-trees-2016jul23-story.html
106 스콧 쉔크, "스폿실베이니 태양광 발전소 공청회 연기", 프리랜스 스타, 2019년 1월 25일, www.fredericksburg.com/news/local/spotsylvania/spotsylvania-solar-farm-public-hearing-postponed/article_518d7fd5-eaf7-52d6-9c93-1ac8b931599b.html
107 스콧 댄스, "태양광으로 갈까요, 아니면 나무를 구할까요? 조지타운 대학교 태양광 발전소가 찰스 카운티의 240에이커 숲을 개간할 것입니다.", 《볼티모어 선》, 2019년 1월 31일, www.baltimoresun.com/news/maryland/environment/bs-md-georgetown-solar-trees-20190131-story.html
108 로버트 브라이스, "뉴욕의 에너지 정책은 불가능한 환상에 달려 있다", 《뉴욕 포스트》, 2019년 5월 20일, https://nypost.com/2019/05/20/new-yorks-energy-policy-depends-on-an-impossible-fantasy/
109 K. 숀 스몰우드, 「북미 풍력 에너지 프로젝트 중 조류와 박쥐 치사율 추정치 비교」, 〈야생동물 학회 회보〉 37호, 1호 (2013년 3월): 19–33, http://onlinelibrary.wiley.com/doi/10.1002/wsb.260/abstract
110 조엘 페이글 외 다수, "미국 본토 풍력 에너지 시설에서의 흰머리수리(Bald Eagle) 및 검독수리(Golden Eagle) 폐사", <랩터 연구 저널(Journal of Raptor Research)> 제47권, 제3호 (2013년 9월): 311–315쪽, www.researchgate.net/publication/271250740_Bald_Eagle_and_Golden_Eagle_Mortalities_at_Wind_Energy_Facilities_in_the_Contiguous_United_States
111 페이젤(Pagel)과의 전화 인터뷰, 2013년 9월 18일
112 「2018년 세계 에너지 BP 통계 리뷰」
113 「독수리 보존 계획 안내: 모듈 1—육지 기반 풍력 에너지, 버전 2」(미국 철새 관리국 어류 및 야생동물 서비스 부서: 워싱턴 DC, 2013년), iv쪽, http://digitalmedia.fws.gov/utils/getdownloaditem/collection/document/id/1802/filename/1803.pdf/mapsto/pdf/type/singleitem
114 예일 환경 360, "풍력 농장은 생태계의 정점 포식자처럼 행동할 수 있다, 연구 결과", E360 다이제스트, 2018년 11월 5일, https://e360.yale.edu/digest/wind-farms-can-act-like-apex-predators-in-ecosystems-study-finds
115 마리아 테이커, 아몬드 잠브레, 하샬 보살, 「풍력 발전소는 영양 단계 전반에 걸쳐 생태계에 연쇄적인 영향을 미친다」, 〈자연 생태학 및 진화〉 제2권(2018년): 1,854–1,858쪽, www.nature.com/articles/s41559-018-0707-z#author-information
116 Thomas J. O'Shea 외 다수, 「박쥐의 다발성 폐사 사건: 글로벌 리뷰」, 〈포유류 리뷰〉 제3권, 제46호(2016년 1월): 175-190쪽, http://onlinelibrary.wiley.com/doi/10.1111/mam.12064/abstract
117 에이미 매튜스 아모스, "풍력 에너지 터빈에 의한 박쥐 학살은 계속되고 있다", 사이언티픽 아메리칸, 2016년 6월 7일, www.scientificamerican.com/article/bat-killings-by-wind-energy-turbines-continue/
118 로버트 브라이스, "대형 풍력 발전업체에 대한 보조금 지급 중단", 《뉴욕 포스트》, 2017년 11월 9일, https://nypost.com/2017/11/09/stop-subsidizing-the-big-wind-bullies/
119 J. Miner, "풍력 터빈으로 수만 마리의 박쥐가 멸종 위기종 목록에 포함돼", 런던 자유출판사, 2016년 7월 20일, www.lfpress.com/2016/07/20/wind-turbines-killing-tens-of-thousands-of-bats-including-many-on-the-endangered-species-list
120 조안나 클라인, "텍사스의 여름 저녁은 박쥐 쇼 없이는 완성되지 않는다", 《뉴욕 타임스》, 2016년 8월 28일, www.nytimes.com/2016/08/29/science/texas-bats-show.html
121 터틀과의 전화 인터뷰, 2014년 2월 17일
122 제프리 토미치, "아이오와 지주들이 클린 라인 프로젝트에서 승리를 주장하다", E&E 뉴스, 2017년 5월 19일, www.eenews.net/stories/1060054786
123 카일 매시, "클린 라인 선반 아칸소 계획; 대표단의 공격 강화", 《아칸소 비즈니스》, 2018년 1월 23일, www.arkansasbusiness.com/article/120518/clean-line-shelves-plans-for-arkansas-delegation-steps-up-attack
124 케빈 랜돌프, "아칸소 의회 대표단, 클린 라인 에너지 파트너스와의 DOE 파트너십 종료를 환호하다", 《데일리에너지 인사이더》, 2018년 3월 27일, https://dailyenergyinsider.com/news/11477-arkansas-congressional-delegation-cheers-termination-doe-partnerships-clean-line-energy-partners/
125 줄리안 스펙터, "뉴햄프셔, 노던 패스 송전선 허가 거부", 《그린테크 미디어》, 2018년 2월 1일, www.greentechmedia.com/articles/read/new-hampshire-rejects-northern-pass#gs.ezn4l_8
126 제프리 토믹, "그레인 벨트 익스프레스의 새 소유주가 승인을 위해 새로운 노력을 기울인다", E&E 뉴스,

2018년 11월 16일, www.eenews.net/energywire/2018/11/16/stories/1060106395
127 AP 통신, "미주리 유틸리티 그룹, 논란의 여지가 있는 송전선에 합류", *Fox 2*, 2016년 6월 3일, http://fox2now.com/2016/06/03/missouri-utility-group-joins-controversial-transmission-line-2/
128 *Caldwell County News*, 2019년 1월 22일, www.mycaldwellcounty.com/news/citizens-tell-governor-grain-belt-express-not-public-utility, "시민들, 주지사에게 '그레인 벨트 익스프레스는 공공 시설이 아니다'라고 지적"
129 에드워드 맥킨리, "미주리 대법원, 그레인 벨트 익스프레스를 막는 장애물 제거", 캔자스시티 스타, 2018년 7월 17일, www.kansascity.com/news/business/article215051730.html
130 M. M. 핸드(Hand) 외, 편저, 『재생 가능 전기 미래 연구(*Renewable Electricity Futures Study*)』,(콜로라도주 레이크우드: 국립 재생에너지 연구소, 2012년), 26쪽, www.nrel.gov/docs/fy13osti/52409-ES.pdf. 그림 ES-8은 90% 재생 에너지 시나리오에서 미국이 약 2억 메가와트-마일의 새로운 송전 용량을 필요로 할 것임을 보여준다. 그래프의 설명에는 "인접한 미국 내 기존 총 송전 용량은 1억 5,000만~2억 메가와트-마일로 추정된다."고 명시되어 있다.
131 '송전(Transmission)', 에디슨 전기 연구소, www.eei.org/issuesandpolicy/transmission/Pages/default.aspx

19 원자력의 필요성

1 마리아 포포바, "우리의 친구 원자(Our Friend the Atom): 디즈니의 1956년 핵에너지에 대한 그림 선전", 브레인 피킹스, 2013년 2월 18일, www.brainpickings.org/2013/02/18/our-friend-the-atom-disney/
2 '인디언 포인트 원자력 발전소 2호기', 미국 원자력 규제 위원회, 최종 수정: 2018년 4월 30일, www.nrc.gov/info-finder/reactors/ip2.html
3 크리스틴 메이시, "미국 전역의 댐", Places(2010년 1월), https://placesjournal.org/article/dams-across-america/
4 리처드 F. 와인그로프, "1956-1966년의 위대한 10년", 고속도로 역사, 연방 고속도로청, www.fhwa.dot.gov/infrastructure/50interstate.cfm, '인디언 포인트에서의 원자력, 문제 및 논란의 역사', 『뉴욕 타임스』, 1983년 5월 6일, www.nytimes.com/1983/05/06/nyregion/at-indian-pt-a-history-of-nuclear-power-problems-and-controversy.html
5 두 원자로, 즉 2호기와 3호기의 총 출력은 2,069메가와트이다. 이는 후버 댐과 거의 같은 출력이다. 하지만 인디언 포인트의 면적(1제곱킬로미터)은 후버 댐이 만든 수역인 미드 호수가 덮고 있는 영토의 극히 일부에 불과하다. 미드 호수의 표면적은 약 247제곱마일(640제곱킬로미터)이다.
6 「인디언 포인트에서의 원자력 사고: 결과와 비용」(NRDC: 뉴욕, 2011년), 8쪽, www.nrdc.org/sites/default/files/NRDC-1336_Indian_Point_FSr8medium.pdf
7 멜라니 그레이시 웨스트, "인디언 포인트 폐쇄로 뉴욕이 암흑에 빠지지는 않을 것", 『월스트리트 저널』, 2017년 1월 9일, www.wsj.com/articles/indian-point-closure-wont-leave-new-york-in-the-dark-1484000729
8 이 추정치는 연간 370기가와트시를 생산할 것으로 예상되는 90기가와트시 규모의 사우스 포크 풍력 발전 프로젝트를 기반으로 한다. 출력 수치는 마크 해링턴, 'Comptroller: 해상 풍력 발전소 프로젝트는 (20년 계약 기간 동안 롱아일랜드) 요금 납부자에게 16억 2,000만 달러의 비용이 발생', 뉴스데이, www.newsday.com/long-island/offshore-wind-farm-to-cost-ratepayers-1-62b-comptroller-finds-1.13351693). 이는 1메가와트의 해상 용량이 연간 약 4.1기가와트시를 생산한다는 것을 의미한다. 따라서 인디언 포인트의 에너지 생산량을 연간 16,400기가와트시로 맞추기 위해서는 4,005메가와트의 해상 풍력 용량이 필요하다.
9 풍력 에너지의 발전량(footprint), 즉 용량 밀도는 제곱미터당 3와트이다. 따라서 40억 와트를 제곱미터당 3와트로 나누면 13억 3,300만 제곱미터 또는 1,333제곱킬로미터가 된다. 이는 약 515제곱마일에 해당한다.
10 해상풍력 프로젝트의 예상 발전량은 설비 용량 1메가와트당 4.1기가와트시로, 육상풍력 프로젝트의 기록된 발전량보다 상당히 높다. 예를 들어, 2017년 텍사스는 22,637메가와트의 풍력 설비를 갖추고 67,061기가와트의 전기를 생산했다. 따라서 미국에서 풍력 발전에 가장 적합한 주 중 하나인 텍사스에서 1메가와트의 풍력 설비 용량은 연간 약 3기가와트의 전기를 생산한다. 2017년 텍사스의 풍력 발전량은 WindExchange의 '미국의 현재 운영중 및 잠재적으로 활용 가능한 풍력 용량 및 발전량', http://windexchange.energy.gov/maps-data/321 을 참조.
2017년 텍사스의 풍력 발전량은 EIA의 'Electricity Data Browser', http://bit.ly/2EwmlRU를 참조. 따라서 인디언 포인트를 텍사스에서 생산되는 육상 풍력 에너지로 대체하려면 약 5,533메가와트의 풍력 발전 용량이 필요하다. 이 용량을 위해서는 18억 4,400만 제곱미터(1,844제곱킬로미터) 또는 약 711제곱마일의 면적이 필요하다.
11 저자는 원자력 에너지 연구소 데이터를 기반으로 계산한다.
12 2018년 세계 에너지에 대한 BP 통계 검토. 2017년 미국의 태양광 생산량은 총 약 78테라와트시였다.

13 제임스 한센, "베이비 로렌과 쿨에이드", 2011년 7월 29일, www.columbia.edu/~jeh1/mailings/2011/20110729_BabyLauren.pdf
14 앤드류 C. 레브킨, "환경 정책에 영향을 미치지만 원자력 발전에 반대하는 사람들에게", Dot Earth(블로그), 《뉴욕 타임스》, 2013년 11월 3일, https://dotearth.blogs.nytimes.com/2013/11/03/to-those-influencing-environmental-policy-but-opposed-to-nuclear-power/?_r=0
15 인용문은 데이비드 슈마허가 감독한 2017년 다큐멘터리 〈더 뉴 파이어〉에서 발췌한 것이다.
16 "오늘날 세계 원자력 발전", 세계 원자력 협회, 최종 수정: 2019년 2월, www.world-nuclear.org/info/current-and-future-generation/nuclear-power-in-the-world-today/
17 청정 에너지 시스템에서의 원자력 발전(IEA: 파리, 2019년), https://webstore.iea.org/nuclear-power-in-a-clean-energy-system
18 '인디언 포인트 핵 폐기 후 뉴욕 전력은 충분할 것으로 전망: 보고서', 《로이터》, 2017년 12월 13일, www.reuters.com/article/us-new-york-entergy-indian-point/n-y-power-seen-sufficient-after-indian-point-nuclear-retirement-report-idUSKBN1E72DU
19 '속보: 인디언 포인트 폐쇄로 전력 배출량 29% 급증, 14년간의 감소 추세 반전', Environmental Progress, 2017년 1월 8일, http://environmentalprogress.org/big-ews/2017/1/8/breaking-closure-of-indian-point-would-spike-power-emissions-29-reversing-14-years-of-declines
20 메리 C. 세레즈, '버몬트 양키 원자력 발전소 폐쇄로 뉴잉글랜드의 온실가스 배출량 증가', MassLive, 2017년 2월 18일, www.masslive.com/news/index.ssf/2017/02/report_closure_of_vermont_yank.html
21 '버몬트 양키 폐쇄 이후 더 많은 천연가스를 사용하는 뉴잉글랜드', 에너지 연구소, 2016년 1월 20일, http://instituteforenergyresearch.org/analysis/new-england-using-more-natural-gas-following-vermont-yankee-closure/
22 루카스 데이비스와 캐서린 하우스먼, "원자력 발전소 폐쇄의 시장 영향", 〈미국 경제 저널: 응용 경제학〉 제8권, 제2호(2016년): 92-122쪽, http://faculty.haas.berkeley.edu/ldavis/Davis%20and%20Hausman%20AEJ%202016.pdf
23 레베카 스미스, "엑셀론, 일리노이주 원자력 발전소 두 곳 폐쇄 추진", 《월스트리트 저널》, 2016년 6월 2일, www.wsj.com/articles/exelon-moves-to-close-two-illinois-nuclear-plants-1464873850
24 사라 페흐트, "1년 후: 후쿠시마 원전 사고 타임라인", 《사이언티픽 아메리칸》, 2012년 3월 8일, www.scientificamerican.com/article.cfm?id=one-year-later-fukushima-nuclear-disaster
25 마리 사이토, 다케나카 키요시, 제임스 토팜, "인사이트: 후쿠시마를 폐쇄하려는 일본의 '긴 전쟁'", 《로이터》, 2013년 3월 8일, www.reuters.com/article/2013/03/08/us-japan-fukushima-idUSBRE92417Y20130308
26 쿠미 나이두, "원자력 에너지는 필요 없다", 《뉴욕 타임스》, 2011년 3월 22일, www.nytimes.com/2011/03/23/opinion/23iht-ednaidoo23.html
27 데이비드 브라운, "연구에 따르면 원자력이 전기를 만드는 가장 안전한 방법", 《워싱턴 포스트》, 2011년 4월 2일, www.washingtonpost.com/national/nuclear-power-is-safest-way-to-make-electricity-according-to-2007-study/2011/03/22/AFQUbyQC_story.html
28 마크 홀트, 리처드 J. 캠벨, 메리 베스 니키틴, 「후쿠시마 원전 재앙」(의회조사국: 워싱턴 DC, 2012년), 1쪽, www.fas.org/sgp/crs/nuke/R41694.pdf. 다음 기사도 참조: "후쿠시마 다이이치 원전 직원 두 명, 쓰나미로 익사… 지하 검사 명령 받았던 것으로 드러나", <Beyond Nuclear>, 2011년 8월 2일, www.beyondnuclear.org/home/2011/8/2/two-fukushima-daiichi-workers-drowned-by-tsunami-had-been-or.html
29 「후쿠시마 방사선 문제 없음: 보고서」, 〈News.com.au〉, 2013년 6월 1일, www.news.com.au/world/breaking-news/no-radiation-problems-from-fukushima-rep/news-story/3e8c5247f469482254cec4776ddfca02
30 토마스에 대한 자세한 내용은 'Gerry Thomas 교수님', 임페리얼 칼리지 런던, www.imperial.ac.uk/people/geraldine.thomas
31 〈후쿠시마 원자로 내부〉, 60분 호주, 2018년 10월 22일, www.youtube.com/watch?v=bSNn7fdaPVs, 토마스의 인용문은 약 11시 15분경에 확인할 수 있다.
32 〈기자, 비행기에서 심각한 방사능 검출〉, 60분 호주, 2018년 10월 23일, www.youtube.com/watch?v=tIphDdosaJg
33 제임스 콘카, "방사선과 인간 생명의 가치", 《포브스》, 2018년 7월 23일, www.forbes.com/sites/jamesconca/2018/07/23/radiation-and-the-value-of-a-human-life/amp/
34 미국 유전학회, 「히로시마와 나가사키 원자폭탄의 장기적 건강 영향은 예상만큼 심각하지 않다」, 사이언스 데일리, 2016년 8월 11일, www.sciencedaily.com/releases/2016/08/160811120353.htm
35 「핵폐기물, 펀더멘털」, NEI, www.nei.org/fundamentals/nuclear-waste
36 「프랑스의 원자력 발전」, 세계 원자력 협회, 2018년 11월, www.world-nuclear.org/information-library/country-profiles/countries-a-f/france.aspx
37 「핵폐기물 관리: 유카 마운틴 저장소의 주요 속성, 과제 및 비용과 두 가지 잠재적 대안」(정부 책임국: 워싱턴

DC, 2009년), www.gao.gov/new.items/d1048.pdf
38 라이언 트레이시, "핵폐기물 정책을 경멸하는 패널", 《월스트리트 저널》, 2011년 7월 29일, http://online.wsj.com/article/SB10001424053111904888304576476112957361004.html
39 레베카 위비, "유카산이 죽음에서 돌아왔나요?", 하이 컨트리 뉴스, 2017년 5월 8일, www.hcn.org/articles/is-yucca-mountain-back-from-the-dead
40 EIA, 「원자력규제위원회, 30년 만에 첫 원자력 발전소 건설 승인」, 투데이 인 에너지, 2012년 3월 5일, www.eia.gov/todayinenergy/detail.cfm?id=5250
41 태드 무어(Thad Moore), "샌티 쿠퍼, SCE&G, 사우스캐롤라이나 약 250억 달러 규모의 원자력 발전소 가동 중단", 포스트 앤 쿠리어, 2017년 7월 31일, www.postandcourier.com/business/santee-cooper-sce-g-pull-plug-on-roughly-billion-nuclear/article_c173c0fa-75fb-11e7-a086-cfcd325f82e7.html
42 몰리 사무엘과 엠마 허트, "기업들, 보글(Vogtle) 플랜트 건설을 계속하기 위해 합의", WABE, 2018년 9월 26일, www.wabe.org/companies-reach-deal-to-keep-construction-going-at-plant-vogtle/
43 「기술 평가: 원자로」(정부 책임국: 워싱턴 DC, 2015년), 31쪽, www.gao.gov/assets/680/671686.pdf
44 「전 세계 신규 원자로 계획」, 〈세계 원자력 협회〉, 최종 수정: 2019년 4월 , www.world-nuclear.org/information-library/current-and-future-generation/plans-for-new-reactors-worldwide.aspx
45 「중국의 원자력 발전」, 〈세계 원자력 협회〉, 최종 수정: 2019년 4월, www.world-nuclear.org/information-library/country-profiles/countries-a-f/china-nuclear-power.aspx
46 "아부다비 바라카 원자력 발전소", 《파워 테크놀로지》, www.power technology.com/projects/barakah-nuclear-power-plant-abu-dhabi/
47 스탠리 카르발류, "2018년에 가동될 UAE 최초의 원자로: 장관", 《로이터》, 2017년 9월 25일, www.reuters.com/article/us-emirates-nuclear/uaes-first-nuclear-reactor-to-operate-in-2018-minister-idUSKCN1C0126
48 "미국 NRC, APR-1400 원자로 설계 인증 예정", 세계 원자력 뉴스, 2019년 5월 1일, http://world-nuclear-news.org/Articles/US-NRC-set-to-certify-APR-1400-reactor-design
49 김재원, "집중 기업: 친환경을 위해 고군분투하는 한국전력", 《닛케이 아시아 리뷰》, 2017년 6월 1일, https://asia.nikkei.com/Business/Company-in-focus-Kepco-struggles-to-go-green
50 브라이언 왕, "인도, 12기의 원자로 추가 건설 승인", Nextbigfuture(블로그), 2018년 2월 16일, www.nextbigfuture.com/2018/02/india-approves-construction-of-12-more-nuclear-reactors.html
51 '평화를 위한 원자들', 《이코노미스트》, 2018년 8월 2일, www.economist.com/europe/2018/08/02/the-world-relies-on-russia-to-build-its-nuclear-power-plants
52 앤드류 E. 크레이머, "미래의 원자력 발전소가 러시아 근처에 떠 있을 수 있다", 《뉴욕 타임스》, 2018년 8월 26일, www.nytimes.com/2018/08/26/business/energy-environment/russia-flo
53 「핵 추진 선박」, 〈세계원자력협회〉, 최종 수정: 2018년 11월, www.world-nuclear.org/information-library/non-power-nuclear-applications/transport/nuclear-powered-ships.aspx
54 '소형 모듈형 원자로(SMR)', NuScale, www.nuscalepower.com/benefits/smallest-reactor
55 'AP1000 원자력 발전소 설계', 웨스팅하우스, www.westinghousenuclear.com/New-Plants/AP1000-PWR/Overview
56 '뉴스케일, SMR 기술에 대한 미국 DOE 자금 지원 획득', NuScale, www.nuscalepower.com/about-us/doe-partnership 소개
57 '뉴스케일, 미국 서부 주 주지사 및 유틸리티 업체와 함께 프로그램 WIN 시작', 프로젝트, NuScale, www.nuscalepower.com/our-technology/technology-validation/program-win
58 케빈 불리스, "더 안전한 원자력, 절반 가격에", 《MIT 테크놀러지 리뷰》, 2013년 3월 12일, www.technologyreview.com/news/512321/safer-nuclear-power-at-반값/
59 매트 윌드, "지상 에너지의 용융염 원자로 설계 조사", NEI 원자력 노트(blog), 2015년 5월 5일, http://neinuclearnotes.blogspot.com/2015/05/investigating-terrestrial-energys.html
60 리 필립스, "기후 변화를 막을 수 있는 새롭고 안전한 원자로", 《MIT 테크놀러지 리뷰》, 2019년 2월 27일, www.technologyreview.com/s/612940/the-new-safer-nuclear-reactors-that-might-help-stop-climate-change/
61 저자 하그레이브와의 인터뷰, 2018년 12월 13일
62 '우리에 대하여', 회사, TAE Technologies, https://tae.com/company/
63 필립스, '새롭고 안전한 원자로'
64 캐서린 부르작, "퓨전 스타트업, 향후 수십 년 내 에너지 혁명을 희망하다", 화학 및 엔지니어링 뉴스, 2018년 8월 6일, https://cen.acs.org/energy/nuclear-power/Fusion-start-ups-hope-revolutionize/96/i32
65 레이첼 펠트먼, "왜 우리는 핵융합 능력이 없을까?", 대중 역학, 2013년 5월 16일, www.www.popularmechanics.com/science/energy/a8914/why-dont-we-have-fusion-power-15480435/

20 미래의 그리드

1 자세한 내용은 브카르즈이(Bkerzay) 게스트하우스, https://bkerzay.com
2 「2018년 세계 에너지 BP 통계 리뷰」
3 「2018년 세계 에너지 BP 통계 리뷰」
4 니마 엘바기르, 도미니크 반 히어든, 엘리자 매킨토시, 〈더티 에너지〉, CNN, https://edition.cnn.com/interactive/2018/05/africa/congo-cobalt-dirty-energy-intl/
5 제임스 빈센트, "희귀한 지구 원소는 중국이 생각하는 비밀 무기가 아니다", Verge, 2019년 5월 23일, www.theverge.com/2019/5/23/18637071/rare-earth-china-production-america-demand-trade-war-tariffs
6 팀 모언, 〈세계의 기술 욕망으로 가득 찬 디스토피아 호수〉, BBC, 2015년 4월 2일, www.bbc.com/future/story/20150402-the-worst-place-on-earth
7 롭 니콜레프스키, "리튬 이온 배터리를 재활용하는 새로운 방법은 전기 자동차와 환경의 생명줄이 될 수 있다", 《로스앤젤레스 타임즈》, 2018년 3월 16일, www.latimes.com/business/technology/la-fi-lithium-ion-battery-recycling-20180316-story.html
8 「2018년 세계 에너지 BP 통계 리뷰」
9 마크 P. 밀스, "보이지 않는 디지털 석유 혁명의 지리적 함의", 미국 상원 에너지 및 천연자원위원회 증언, 2017년 7월 18일, 워싱턴 DC, www.energy.senate.gov/public/index.cfm/files/serve?File_id=C18F97E3-A1E8-4F31-BB41-89548216C432
10 "엑손, 북미 가스 생산량이 정점을 찍었다고 말하다", 《로이터》, 2007년 1월 19일, www.reuters.com/article/Utilities/idUSN2163310420050621
11 크리스 페더센, 「미국 LNG: 미래를 위한 벤치마크」(S&P 글로벌 플랫츠: 런던, 2017년), 2쪽, www.platts.com/IM.Platts.Content/InsightAnalysis/IndustrySolutionPapers/SR-us-lng-benchmark-for-the-future-052017.pdf
12 「2018년 세계 에너지 BP 통계 리뷰」의 2007년 데이터. 2019년 3월, EIA는 2019년 가스 생산량이 하루 평균 900억 입방피트를 조금 넘을 것이라고 예측했다. 단기 에너지 전망(EIA: 워싱턴 DC, 2019년)에서 '천연가스' 참조, www.eia.gov/outlooks/steo/report/natgas.php
13 「출구 시점별 미국 천연가스 수출 및 재수출」, EIA, www.eia.gov/dnav/ng/ng_move_poe2_a_EPG0_ENG_Mmcf_a.htm
14 2017년 중국은 하루에 약 230억 입방피트를 사용하고 있었다. 「2018년 세계 에너지 BP 통계 리뷰」 참조
15 나타샤 투락과 톰 디크리스토퍼, 〈사우디 석유 대기업 아람코, 셈프라 에너지로부터 천연가스 구매 계약 체결〉, CNBC, 2019년 5월 22일, www.cnbc.com/2019/05/22/saudi-oil-giant-aramco-strikes-deal-to-buy-us-natural-gas-from-sempra.html
16 「출구 시점별 미국 천연가스 수출 및 재수출」, EIA, www.eia.gov/dnav/ng/NG_MOVE_POE2_A_EPG0_ENG_MMCF_A.htm
17 「국제 에너지 전망」(EIA: 워싱턴 DC, 2017년), 79쪽, www.eia.gov/outlooks/ieo/pdf/0484(2017).pdf
18 「2017년 인도, LNG 수입 터미널 11곳 추가 확보를 원한다」, 마스터 매리너스 협회, 방글라데시, 2018년 2월 12일, www.smmbd.org/india-wants-eleven-more-lng-import-terminals/
19 「2017년 세계 에너지 전망(World Energy Outlook 2017)」, 650쪽. 이러한 전망은 '새로운 정책 시나리오'에서 나온 것이다.
20 「2018년 세계 에너지 BP 통계 리뷰」, 1990년 전기 생산량은 총 12,000테라와트시 미만이었다. 2017년까지 생산량은 25,000테라와트시를 초과했다.

결론 전기는 인간의 권리가 되었다

1 알록 자(Alok Jha), "프랜세스 애쉬크로프트: 우리는 전기적 충동에 의해 통제된다", 《가디언》, 2012년 6월 23일, www.theguardian.com/technology/2012/jun/24/frances-ashcroft-ion-channel-physiology
2 프랜시스 애쉬크로프트, 『생명의 불꽃: 인체의 전기』(W. W. 노턴: 뉴욕, 2012년), 6쪽
3 브라이스, 『더 작고, 더 빠르고, 더 가볍고, 더 밀도가 높고, 더 저렴하게』, 9쪽
4 "알라는 그분의 빛으로 인도하신다⋯" 아와이시아(Awaisia), www.awaisiah.com/silsila-e-awaisiah/hazrat-ghulam-muhammad/sayings/item/326-allah-guides-to-his-light
5 마이클 J. 윌킨스, "빛", 성경 공부 도구(Bible Study Tools), www.biblestudytools.com/dictionaries/bakers-evangelical-dictionary/light.html

■ 참고 문헌

- 제임스 A. 로빈슨(James A. Robinson), 다론 아제모을루(Acemoglu, Daren), 『국가가 실패하는 이유: 권력, 번영, 빈곤의 기원(Why Nations Fail: The Origins of Power, Prosperity, and Poverty)』, 크라운 비즈니스(Crown Business): 뉴욕, 2012년
- 프랜시스 애쉬크로프트(Ashcroft, Frances). 『생명의 불꽃: 인체의 전기(The Spark of Life: Electricity in the Human Body)』. W. W. 노턴: 뉴욕, 2012년
- 로버트 브라이스(Bryce, Robert). 『더 작고, 더 빠르고, 더 가볍고, 더 밀도가 높고, 더 저렴하게: 혁신은 어떻게 재앙론자들이 틀렸음을 계속 증명하고 있는가(Smaller Faster Lighter Denser Cheaper: How Innovation Keeping the Catastrophists Wrong)』, 퍼블릭어페어즈: 뉴욕, 2014년
- 로버트 A, 카로(Caro, Robert A), 『린든 존슨 시대: 권력으로 가는 길 1권(The Path to Power. Vol. 1 of The Years of Lyndon Johnson)』, 빈티지: 뉴욕, 1983년
- 앤서니 샴페인(Champagne, Anthony), 『샘 레이번 하원의원(Congressman Sam Rayburn)』, 럿거스 대학교 출판부: 뉴저지주 뉴브런즈윅, 1984년
- 조셉 커닝햄(Cunningham, Joseph J), 『뉴욕전력(New York Power)』, 크리에이트스페이스, 자체 출판, 2013년
- 프레드릭 달젤(Dalzell, Frederick), 『공학적 발명: 프랭크 J. 스프래그와 미국 전기 산업(Engineering Invention: Frank J. Sprague and the U.S. Electrical Industry)』. MIT 대학교 출판부: 매사추세츠주 케임브리지, 2009년
- 로니 더거(Dugger, Ronnie). 『정치인: 린든 존슨의 삶과 시대(The Politician: The Life and Times of Lyndon Johnson)』. W. W. 노턴: 뉴욕, 1982년
- 윌리엄 R. 포르첸(Forstchen, William R), 『1초 후(One Second After)』. 토르(Tor): 뉴욕, 2009년
- 폴 프라운드(Freund, Paul)와 올라프 카르스타드(Olav Kaarstad). 『불 켜두기(KTLO): 기후 변화 세기의 화석 연료(eping the Lights On: Fossil Fuels in the Century of Climate Change)』. 대학출판부: 오슬로(Universitetsforlaget), 2007년
- 존 A. 개러티(Garraty, John A.), 피터 게이(Peter Gay), 편집자(eds.), 『컬럼비아 세계사(The Columbia History of the World)』. 하퍼 앤 로(Harper & Row): 뉴욕, 1972년
- 에드워드 글래저(Glaeser, Edward), 『도시의 승리: 우리의 가장 위대한 발명품이 우리를 더 부유하고, 더 똑똑하고, 더 친환경적이며, 더 건강하고, 더 행복하게 만드는 방법(Triumph of the City: How Our Greatest Invention Makes Us Richer, Smarter, Greener, Healthier, and Happier)』, 펭귄: 뉴욕, 2011년
- 제임스 글릭(Gleick, James), 『정보: 역사, 이론, 홍수(The Information: A History, a Theory, a Flood)』, 빈티지: 뉴욕, 2011년
- 로버트 J. 고든(Gordon, Robert J.), 『미국 성장의 흥망성쇠: 남북전쟁 이후 미국의 생활 수준(The Rise and Fall of American Growth: The U.S. Standard of Living Since the Civil War)』, 프린스턴 대학교 출판부: 뉴저지주 프린스턴, 2016년
- 피터 Z. 그로스만(Grossman, Peter Z.), 『미국 에너지 정책과 실패 추구(U.S. Energy Policy and the Pursuit of Failure)』, 케임브리지 대학교 출판부: 케임브리지, 2013년
- 리처드 N. 하스(Haass, Richard N.), 『개입: 냉전 이후 세계에서 미국의 군사력 사용(Intervention: The Use of American Military Force in the Post-Cold War World)』, 개정판, 브루킹스 연구소 출판부: 워싱턴 DC, 1999년
- 피터 W. 휴버(Huber, Peter W.), 마크 P. 밀스(Mark P. Mills), 『바닥 없는 우물: 연료의 황혼, 낭비의 미덕, 그리고 결코 에너지가 고갈되지 않을 이유(The Bottomless Well: The Twilight of Fuel, the Virtue of Waste, and Why We Will Never Run Out of Energy)』, 베이직 북스: 뉴욕, 2005년
- 토마스 P. 휴스(Hughes, Thomas P), 『전력망, 서구 사회의 전기화: 1880-1990(Networks of Power: Electrification in Western Society: 1880-1930)』, 존스 홉킨스 대학교 출판부: 볼티모어, 1983년
- 폴 이스라엘(Israel, Paul), 『에디슨: 발명의 삶(Edison: A Life of Invention)』, 존 와일리 & 선즈: 뉴욕, 1993년
- 질 존스(Jonnes, Jill), 『빛의 제국: 에디슨, 테슬라, 웨스팅하우스, 그리고 세계 전기화 경쟁(Empires of Light: Edison, Tesla, Westinghouse, and the Race to Electrify the World)』, 랜덤하우스: 뉴욕, 2003년
- 모리 클레인(Klein, Maury), 『전력 생산자: 증기, 전기, 그리고 현대 미국을 발명한 사람들(The Power Makers: Steam, Electricity, and the Men Who Invented Modern America.)』, 블룸즈버리: 뉴욕, 2008년
- 테드 코펠(Koppel, Ted), 『라이트 아웃: 사이버 공격: 준비되지 않은 나라: 그 여파에서 살아남기(Lights Out: A Cyberattack, a Nation Unprepared, Surviving the Aftermath)』, 크라운: 뉴욕, 2015년

- 조엘 코트킨(Kotkin, Joel), 『도시: 세계사(The City: A Global History)』, 모던 라이브러리: 뉴욕, 2005년
- 사라 브래드포드 랜다우(Landau, Sarah Bradford), 칼 W. 콘딧(Carl W. Condit), 『뉴욕 마천루의 부상, 1865-1913(Rise of the New York Skyscraper, 1865-1913)』, 예일대학교 출판부: 뉴헤이븐, 코네티컷주(CT), 1996년
- 조나단 레서(Lesser, Jonathan), 레오나르도 R. 지아치노(Leonardo Giacchino), 『에너지 규제의 기본(Fundamentals of Energy Regulation)』, 퍼블릭 유틸리티스 리포트 주식회사: 레스톤, 버지니아주(VA), 2013년
- 데이비드 J. C. 맥케이(MacKay, David J. C.), 『지속가능한 에너지 - 더운 공기 없이(Sustainable Energy—Without the Hot Air)』, UIT 캠브리지 유한회사, 2009년
- 찰스 R. 모리스(Morris, Charles R.), 『혁신의 새벽: 최초의 미국 산업 혁명(The Dawn of Innovation: The First American Industrial Revolution)』, 퍼블릭어페어즈, 뉴욕, 2012년
- 찰스 R. 모리스(Morris, Charles R.), 『데드 머니의 폭도들: 대공황과 세계 대공황: 1929-1939(A Rabble of Dead Money: The Great Crash and the Global Depression: 1929-1939)』, 퍼블릭어페어즈: 뉴욕, 2017년
- 조지 W. 노리스(Norris, George W.), 『자유주의자들의 싸움: 조지 W. 노리스 자서전(Fighting Liberal: The Autobiography of George W. Norris)』, 2판, 비스포북스: 링컨, 네브라스카주(NE), 2009년
- 데이비드 E. 나이(Nye, David E.), 『미국의 전기화: 새로운 기술의 사회적 의미(Electrifying America: Social Meanings of a New Technology)』, MIT 출판부: 케임브리지, 메사추세츠주(MA), 1990년
- 브루스 래플리(Rapley, Bruce), 베이커 허브(Huub Bakker), 편집자, 『소리, 소음, 깜빡임 및 풍력 발전소 활동에 대한 인간의 인식(Sound, Noise, Flicker and the Human Perception of Wind Farm Activity)』, 앳킨슨 & 래플리 컨설팅 주식회사: 뉴질랜드 파머스톤 북부, 2010년
- 리처드 로즈(Rhodes, Richard), 『에너지: 인류 역사(Energy: A Human History)』, 뉴욕: 사이본 & 슈스터, 2017년
- 매트 리들리(Ridley, Matt), 『합리적 낙관주의자: 번영은 어떻게 진화하는가(The Rational Optimist: How Prosperity Evolves)』, 하퍼콜린스: 뉴욕, 2010년
- 크래크 R. 로치(Roach, Craig R.), 『그냥 짜릿한: 벤자민 플랭클린부터 일론 머스크까지 (전기를 이용해) 세상을 바꾼 기술(Simply Electrifying: The Technology That Transformed the World, from Benjamin Franklin to Elon Musk)』, 벤벨라 북스, 2017년
- 프랭크 로섬 주니어(Rowsome, Frank, Jr.), 『전기 견인의 탄생: 발명가 프랭크 줄리안 스프래그의 특별한 삶과 시대(The Birth of Electric Traction: The Extraordinary Life and Times of Inventor Frank Julian Sprague)』, 자체 출판, 크리에이트스페이스, 2013년
- 필립 F. 슈어(Schewe, Phillip F.), 『그리드: 전기화된 세상의 심장을 통한 여행(The Grid: A Journey Through the Heart of Our Electrified World.)』, 조셉 헨리 출판사: 워싱턴 DC, 2007년
- 볼프강 시벨부시(Schivelbusch, Wolfgang), 『환멸의 밤: 19세기 빛의 산업화(Disenchanted Night: The Industrialization of Light in the Nineteenth Century)』, 캘리포니아 버클리 대학교 출판부, 1988년
- 헨리 R. 슐레진저(Schlesinger, Henry), 『배터리: 휴대용 전원이 기술 혁명을 촉발한 과정(The Battery: How Portable Power Sparked a Technological Revolution)』, 하퍼콜린스: 뉴욕, 2010년
- 바츨라프 스밀(Smil, Vaclav), 『20세기 창조: 1867-1914년의 기술 혁명과 그 지속적인 영향(Creating the Twentieth Century: Technical Innovations of 1867-1914 and Their Lasting Impact)』, 옥스퍼드 대학교 출판부: 뉴욕, 2005년
- 바츨라프 스밀(Smil, Vaclav), 『에너지에 대한 오해와 현실: 에너지 정책 논쟁에 과학을 접목하다(Energy Myths and Realities: Bringing Science to the Energy Policy Debate)』, AEI 출판사: 워싱턴 DC, 2010년
- 바츨라프 스밀(Smil, Vaclav), 『전력 밀도: 에너지원 및 용도를 이해하는 열쇠(Power Density: A Key to Understanding Energy Sources and Uses)』, MIT 출판부: 케임브리지, MA, 2015년
- 바츨라프 스밀(Smil, Vaclav), 『세계화의 원동력: 디젤 엔진과 가스터빈의 역사와 영향(Prime Movers of Globalization: The History and Impact of Diesel Engines and Gas Turbines)』, MIT 출판부: 케임브리지, MA, 2010년
- 윌리엄 터커(Tucker, William), 『지상 에너지: 핵 에너지가 어떻게 녹색 혁명을 이끌고 미국의 에너지 오디세이를 끝낼 것인가(Terrestrial Energy: How Nuclear Power Will Lead the Green Revolution and End America's Energy Odyssey)』, 바틀비 프레스: 새비지, 메릴랜드주(MD), 2008년
- 폴 비냐(Vigna, Paul), 마이클 J. 케이시(Michael J. Casey), 『암호화폐 시대 : 비트코인과 디지털 화폐가 세계 경제 질서에 도전하는 방식(The Age of Cryptocurrency: How Bitcoin and Digital Money Are Challenging the Global Economic Order)』, 세인스 마틴 출판: 뉴욕, 2015년
- 버튼 K. 휠러(Wheeler, Burton K), 『서부의 양키: 몬태나 출신의 자유분방한 미국 상원의원의 솔직한 이야기(Yankee from the West: The Candid Story of the Freewheeling U.S. Senator from Montana)』, 더블데이: 뉴욕, 1962년
- 존 윌리엄(Williams, John), 『콜로라도 강 하류 관리 당국의 숨겨진 이야기(The Untold Story of the Lower Colorado River Authority. College Station)』, 텍사스 A&M 대학교 출판부: 칼리지스테이션, 2016년

색인

숫자, A-Z

100 by '50법안 ·· 256
10H 규정 ·· 293
1인당 전기 소비량 ································· 129
1초 후 ··· 237-238
200(Two Hundred) ································ 262
2차 에너지 ·· 43
350.org ··· 257, 280
AWS 시크릿 리전 ································· 201
BLU114/B ··· 146
CIA(미 중앙정보국) ··· 191 그림, 199 그림, 201, 351 그림
E24 솔루션 ······························· 342, 343, 354
EMP 공격에 의한 정전 ················ 237-239
EMP 위원회 ··· 238
EU 독점 금지법 ···································· 192
GDP ······ 59, 61, 106, 128-130, 142, 151, 161, 192, 60 그래프
J. P. 모건 ··· 82
J. 프레퍼 에커트 ··································· 189
KMGT(킬로, 메가, 기가, 테라) ········ 45, 46
KUB-UAV(드론) ··································· 239
LED 조명 ·· 226
M-PESA ·· 209
RWI ··· 296
SLAPP 소송 ··· 288
USS 노틸러스 ······································· 336

ㄱ

가소메터 ·· 50
가스등 ··· 49-51, 64
가전 제품 ············· 57, 58, 106, 117, 118, 128, 193
가정용 대기 전력 발전기 ················ 241-242
거대 기술 기업들: 자이언트 파이브 참조 ··· 190, 195
건식 (원통) 저장 용기 ··· 329, 330, 331 사진, 332
고래기름 ·· 50
고전압 변압기 ······································ 241
고전압 송전선 ································· 313, 315
고전압 직류 송전선(Rock Island Clean Line) ··· 313
고효율 저배출(HELE) 프로젝트 ··········· 182
공공사업청(Public Works Administration) ··· 88
공정 주택법 ··· 263
공정고용주택법 ···································· 263
공터 신화 ······································· 280, 281
공화당 지지층 ······································ 256
교류(AC) 발전기/시스템 ························ 65
교육 ·· 114
교토 의정서 ··· 181
구글 ······················· 187, 191, 192, 195, 196 그림
구글 페이 ······································· 204, 209
국가는 왜 실패하는가 ························· 139
국경을 넘나드는 전기 무역 ················· 133
국립 재생 가능 에너지 연구소(NREL) ········· 315
국제 에너지 기구(IEA) ··· 61, 129, 160 그림, 250, 323, 349, 351 그림
국제단위계(SI) ································ 45, 359

국제인권감시기구(Human Rights Watch) ······ 151
국제 박쥐 보호 단체 ··························· 313
굿 잡 퍼스트(Good Jobs First) ·············· 290
그레그 입 ··· 195
그레인 벨트 익스프레스(Grain Belt Express) ··· 314
그레인저 모건 ····································· 273
그린피스 ··· 180, 205 그래프, 254, 255, 280, 320, 326, 327, 336
글래스-스티걸 법 ·································· 88
기슬리 카트리나르손 ····················· 14, 353
기후 변화에 관한 정부 간 패널(IPCC) ········· 110
김용 ·· 176

ㄴ

나가사키 ·· 328
나렌드라 모디 ····································· 209
나비투스만 해상 풍력발전소 ············· 294
남아프리카공화국 ······················· 118, 151
납산 배터리 ······························· 341-342, 345
냉방의 미래(국제에너지기구) ············· 250
네트워크 ···· 28, 42, 83, 136, 188, 195, 206-208, 213, 217, 237, 248, 295, 345
넥스트에라 에너지 ······················· 287, 289
넬슨 산토스 ··· 260
노던 패스 트랜스미션 ························ 314
노먼 슈워츠코프 ································· 145
녹색 에너지법(캐나다) ························ 261
농촌 전기화법(노리스-레이번 법; 1936) ··· 96
농촌전기국(REA) ······························ 94-95
누리엘 루비니 ····································· 216
누출 ·· 49-50, 137, 337
뉴딜 ··· 27, 31, 81, 85, 88, 94, 101, 103-104, 106-107, 115, 258, 318
뉴딜 시대 경제의 전기 의존도 ········· 183-226
뉴스케일 파워 ······························· 337-339
뉴욕 상무위원회 ·································· 86
뉴욕 전력 ·· 67
니콜라 테슬라 ······································ 65
닐 P. 안데르센과 엘리자베스 ············ 302

ㄷ

다론 아제모을루 ································· 139
다코타 액세스 송유관 ················· 279, 285
단일 유체 이론 ···································· 40
담수화 시설 ··· 251
대공황 ··· 85, 86
대기오염 ··········· 122, 165, 167, 168 사진, 260, 350
대럴 래드포드 ····································· 291
대마초 사업 ······················ 30, 218, 225, 232
대마초 산업의 이산화탄소 배출량 ······ 222
대마초 재배에 사용하는 전기 ······· 218-230
댄 캄먼 ·· 273
댐 ······ 53, 88, 91, 95, 97, 99, 100, 133, 148, 204-205, 318
더그 카파 ·· 265
더그 포드 ·· 261
데드맨 제어 ·· 76
데이브와 로즈 엔즈 ············ 305-307, 308 사진
데이브와 비르짓트 랭루드 ·················· 301
데이비드 케네디 ··································· 88

데이비드 키이스 ······································ 274
데이비드 J. C. 맥케이 ······················ 247, 277
데이터 센터 비상용 발전기 ············· 197-201
데이터 센터 용량 ··································· 189
데이터 센터의 전력망 ···························· 197
데이터로 본 세상 ····································· 51
도널드 트럼프 ······························· 155, 280
도시 교통수단 ··· 70
도시 이주 ···································· 56, 246-250
도시 인구 증가 ······································ 249
도시바 ·· 333
도시화 ·· 249
독수리와 풍력 터빈 ······························· 310
독일 산업 연맹 ····································· 181
독일 석탄 반대 시위 ···························· 280
독일의 석탄 발전량 ······························ 180
독일의 온실가스 배출량 감축 노력 ··········· 181
독일의 재생 가능 에너지 ················ 259, 271
독일의 전력 생산량 ······························ 269
독일의 풍력발전 반대 ··························· 296
듀크 에너지 ·· 305
드론의 전략 무기화 ······························ 239
드와이트 D. 아이젠하워 ················ 145, 318
등유 ··· 50
디아블로 캐년 ······································· 255
딕 암퍼 ·· 308
딕 체니 ·· 153
딘 러스크 ·· 148
딥워터 호라이즌 ··································· 281
땔감 ··· 55, 94, 118, 173

ㄹ

라이트 엘리스 ······································· 309
랑치 수력발전소(베트남) ······················ 148
레디 킬로와트 ······················ 109, 116 그림, 117
레바논 내전 ··· 163
레바논 발전선(powerships) ··· 166-167, 168 사진
레바논의 발전소 마피아 ··· 157-159, 161, 165, 167
레바논의 연료 ······································· 166
레바논의 전기 ································· 157-168
레베카 스미스 ······································· 232
레이저 ······································· 54, 57, 58 표, 248
레헤나 자마달 ······················ 109, 110 사진, 156
로니 더거 ·· 94, 98
로듐 그룹 ··· 25
로버트 카로 ····································· 99, 108
로버트 하그리브스 ································ 339
로사톰 ······································ 335-336, 338
로이 그린슬레이드 ································ 194
로저 앤드루스 ··· 59
로저 필케 주니어 ·································· 171
루이스 뭄포드 ······································· 318
루카스 데이비스 ··································· 325
리 레이먼드 ··· 347
리 밀러 ·· 274
리버 루즈 공장 ································· 56-57
리버키퍼(Riverkeeper) ·························· 319
리차드 체디드 ································ 164, 353
리처드 닉슨 ··· 148
리처드 스몰리 ······································· 247
리치몬드 연합 여객 철도 ······················ 71

리튬이온 배터리 ··· 266, 342, 344-345, 361 그림
릭 나이트 ··· 206
릭 스콧 ··· 235
린든 존슨 ····················· 94, 95, 97 그림, 108, 148

ㅁ

마누엘 프론델 ······································· 296
마디드첸다 차토부치 ···························· 110
마력(horsepower) ································· 45
마르완 엘 쿠리 ····································· 342
마샬 포드 댐 ·· 97
마스힐 풍력발전소 ································ 298
마야 암마르 ··· 162
마운트 곡스(Mt. Gox) ·························· 214
마이크 매든 ··· 230
마이크 휴렛 ··· 302
마이크로그리드(microgrid) ··········· 342-343
마이크로소프트 ··· 187, 192, 196 그림, 198-199,
                            199 그래프, 200, 205 그래프
마이클 A. 쉬한 ····································· 239
마이클 D. 안토노비치 ·························· 284
마이클 니센바움 ··································· 298
마이클 맥캔 ··· 295
마이클 브룬 ··································· 255, 257
마이클 블룸버그 ··································· 174
마이클 셸렌버거 ··································· 262
마이클 오핸런 ······································· 153
마이클 제이 케이시 ······························ 213
마이클 키인 ··· 305
마케팅 ·· 117
마크 P. 밀스 ·································· 203, 268
마크 Z. 제이컵슨 ·································· 272
마크 넬슨 ·· 262
마크 델루치 ··· 272
마크 러팔로 ··· 257
마크 리나스 ··· 278
마크 저커버그 ································ 193-194
말콤 턴불 ·· 261
맥스 로저 ·· 51
맨해튼 고가 철도 ··································· 70
멀린 터틀 ·· 312
메리 카메론 ··· 272
메리맥 제조사 ··· 56
메모리얼 메디컬 센터(뉴올리언스) ··········· 235
메모리얼에서의 닷새(핑크) ··················· 234
메이 보브 ·· 257
메탈-할라이드 조명 ······················· 219, 221
메트칼프 변전소 ······················· 231-232, 243
멸종 위기종 ······························· 308, 312-313
명예훼손 소송 ································ 288-289
모닝스타 ··· 223, 225
무결성 결여(부족) ························· 160, 253
무결성의 중요성 ············ 137-139, 140, 142-144
무기력한 사람들의 수 ···························· 28
무스타파 바알바키 ································ 161
문해율(literacy rates) ··························· 118
미 서부의 성공적 확장 ··························· 88
미 전력연구소 ······································· 241
미 풍력 에너지 협회 ···························· 296
미국공학한림원(NAE) ················· 57, 58 표

미국 국립과학원회보 ························· 272
미국 국립보건원 ···························· 303
미국 그린피스 ······························ 180
미국 에너지부 ······························ 241
미국 원자력규제위원회(NRC) ············· 333
미국 원자력의 미래에 대한 블루 리본 위원회 ··· 332
미국 유전학회 ······························ 328
미국 전력망 ························· 26, 104
미국 지구물리학연맹 ······················ 241
미국 지구물리학회(AGU) ·················· 26
미국 최대 담수화 시설 ···················· 251
미국 회계감사원(U.S. GAO) ·············· 328
미국의 전기 생산 증가 ······················ 81
미래의 그리드 ························ 341-352
민주당 ············ 89, 90, 254, 256-257, 320
민주당의 기후 변화 강령 ··················· 256

ㅂ

바라카 원전(아부다비) ···················· 335
바람의 그림자 ······························ 275
바츨라프 스밀 ························· 54, 275
바톤 겔먼 ··································· 149
발암 물질 노출 ····························· 165
발의안 112(콜로라도) ······················ 280
발전소 마피아 ················ 157-161, 165, 167
방사선 ······························ 298, 327-328
배터리 ··· 39, 40, 43, 44, 136, 138, 197, 248,
         258, 266, 267, 268, 341, 342, 343,
         344, 345, 352, 357, 361
백열등 ··································· 50-52
버니 샌더스 ······························· 256
버니와 셰릴 하겐 ························· 301
버드 스터디 캐나다 ······················· 312
버락 오바마 ························· 175, 332
버몬트 양키 원자력 발전소 ··············· 324
버튼 휠러 ························· 89, 91 사진
베다니 프루 ······························· 272
베어 리지 태양열 발전소 ················· 309
베이루트 전기(아이폰 앱) ················ 161
베츠 한계 ································· 276
베트남 전쟁 ······························· 148
벤 허드 ··································· 268
벤모 ································ 209, 216
벤자민 프랭클린 ···························· 39
벤트 트리 풍력발전소 ···················· 301
변압기 ··· 24, 65, 80, 133, 138, 147, 164, 231-
         232, 238, 240-241
보조금 사냥 ······························· 290
볼프강 시벨부시 ···························· 48
부전강 수력발전소(북한) ················· 148
부패인식지수(CPI) ············· 139 그림, 253
북베트남의 발전기 ························ 149
불법 침해 지정 ····························· 292
뷰캐넌 댐 ······························ 97, 99
브루클린 다리 ······························· 67
브리아나 캘릭스 ·························· 228
브카르즈이 ···························· 342-343
블랙 힐스 에너지 ·························· 199
블룸버그 자선 단체 ··················· 174-175
비르짓타 요스도티르 ····················· 354
비자 동부 운영 센터 ····················· 207

비자 카드 ································· 199
비트코인 ·························· 207, 211, 214-216
빈곤의 경제학(콜리어) ······················ 61
빌 게이츠 ································· 194
빌 맥키벤 ································· 259
빌 쇼튼 ··································· 262
빌딩 높이 ····························· 64, 66
빙(Bing) ································· 192

ㅅ

사담 후세인 ························ 146, 150
사무엘 인술 ···················· 82, 86, 104
사바나강 ································· 332
사보타주(파괴자)에 의한 정전 ····· 26, 236-241
사우디아라비아 아람코 ···················· 347
사이버 공격 ················ 236, 237, 241, 243
사회 체계적 무결성 ·················· 140, 154
사회적 책임 센터 ·························· 151
산업 혁명 ··················· 18, 53, 55, 178
산제이 카 초드리 ···················· 169-170
새로운 경제 ······························· 188
샌오노프레 원자력 발전소 ············ 324-325
샘 레이번 ····················· 89, 97 사진, 98
생명의 불꽃 ······························· 354
생물 다양성 센터 ·························· 175
서부에서 온 미국인 ···················· 89-90
서비스로서의 인프라(IaaS) ·············· 200
석유를 넘어서 캠페인 ···················· 254
석탄 감시단(CoalSwarm) ················· 180
석탄 의존 ······················ 170, 172, 225
석탄을 넘어서 캠페인 ··············· 174, 254
세계 무역 ································· 342
세계 전기 발전 용량 ················ 351 그림
세계원자력협회(WNA) ···················· 330
세계은행 ··· 61, 120, 131 그림, 139 그림, 143,
            151, 166, 176 그림
세계화 ··································· 133
세르게이 브린 ···························· 194
세스 마이어스 ······················· 15, 128
세탁기 ···················· 108, 115, 117, 128
셈프라 에너지 ···························· 347
셜리 풍력발전소 ·························· 305
셰니에르 에너지 ·························· 180
셰리 핑크 ································· 234
셰일 혁명 ·························· 282, 346-347
셸리 뉴턴 ································· 287
소셜 미디어 ······························· 193
소형 모듈식 원자로(SMR) ················ 337
송금 ································ 208, 210
수압 파쇄 ··············· 256, 282-283, 346, 349
수압 파쇄 방지 캠페인 ····················· 283
수압 파쇄에 반대하는 미국인 ············· 282
수직 도시 ······························ 63-80
수차 ································· 52, 55-56
수풍댐 ··································· 148
스밀 저서『에너지 신화와 현실: 과학을 에너지
정책 논쟁에 끌어오기』················· 193
스코틀랜드 ························ 52, 294, 297
스코틀랜드 스핀 반대 ···················· 294
스콧 댄스 ································· 309
스콧 모리슨 ·························· 261-262

색인 403

스탠딩 록 인디언 보호구역 ·········· 279
스튜어트 브랜드 ···················· 249
스티브 깁슨 ························ 296
스티브 잡스 ························ 194
스티븐 브릭 ························ 266
스프래그 일렉트릭 레일웨이 앤드 모터 ········ 70
스프래그 일렉트릭 엘리베이터 ········ 73-74
시너지 리서치 그룹 ················· 200
시스코 ····························· 189
시에라 클럽 ··· 174, 180, 254-255, 257, 280,
309, 320, 327
시카고 대화재(1871) ·················· 50
신뢰성 ························· 28, 273
신용카드 ················ 206, 208-210, 217

ㅇ

아고라 에네르기벤데 ················· 259
아놀드 슈워제네거 ··················· 262
아델 압둘 마흐디 ···················· 155
아동 결혼율 ················· 119, 119 표3
아동, 유아 사망률 ·············· 129, 151
아드로이트 마켓 리서치 ··············· 251
아마존 ··· 28, 43, 187, 193, 195-198, 199 그림,
200-201, 203-204, 205 그림
아마존 웹 서비스(AWS) ·········· 200-202
아메리칸 일렉트릭 파워(AEP) ·········· 237
아불 바카트 ························ 117
아이다호 국립연구소 ················· 338
아이리스 오르티즈 ···· 22, 24-26, 28, 134-138
아이슬란드 ···· 14, 31, 61, 191 그림, 199 그림,
210-215, 353-354
아크 전등(호광등) ····················· 50
아크뷰 ····························· 224
아틀란틱 윈드 ······················ 291
아프리카 ···················· 253, 269, 270
아흐메드 후세인 ···················· 154
안나 푸 ···························· 235
안토넬라 바타글리니 ················· 294
알렉 솔트 ························· 299
알렉산더 그레이엄 벨 ················· 42
알렉산드리아 오카시오 코르테스 ········ 257
알리페이 ·························· 209
알리소 캐년 ························ 281
알버트 베츠 ······················· 276
알파벳 ··· 187, 191-193, 195 그림, 199, 200,
202, 205 그림
암페어 ·························· 40-41
암호화폐 ················ 207, 211-217, 249
암호화폐의 시대(비냐, 케이시) ·········· 213
앙겔라 메르켈 ······················ 181
앙투안 사브 ··················· 343, 354
애쉬 콜린스 ························ 117
애플 ··· 187, 192, 196 그림, 197, 199 그림,
202, 205, 227
애플 페이 ····················· 204, 209
액화석유가스(LPG) ··················· 111
액화천연가스(LNG) ·············· 176, 180
앤드류 카네기 ···················· 53, 82
앤드류 쿠오모 ··················257, 286
앨런 D. 파스테르나크 ················ 130
앵거스 테일러 ······················ 261
야간 광도 ······················· 60-61

어니스트 모니즈 ···················· 340
어둠 ··· 29, 31, 48, 52, 80, 81, 89, 96, 112, 113,
121, 125, 132, 354-357
어스저스티스(Earthjustice) ············ 283
어스 퍼스트!(Earth First!) ············ 284
에너지 신화와 현실(스밀) ············· 275
에너지 전환(Energiewende) ······ 181, 259
에너지 정보국(EIA) ·············· 224, 347
에너지와 전력 ···················· 44-45
에니악(ENIAC) ····················· 189
에드거 앨런 포 ······················ 49
에드워드 J. 마키 ···················· 256
에드워드 히버드 존슨 ················· 68
에디슨 전기연구소 ··················· 243
에밀리 백커스 ················· 218, 223
에반 밀스 ············· 224, 226, 227 그림
에스더 라이트만 ················ 288-289
에어컨 ··· 57-59, 102, 214, 233, 249, 250
에와 코파츠 ························ 180
에이펙스 클린 에너지 ················ 286
에퀴터블 생명보험 건물 ··············· 64
에티스피어 인스티튜트(Ethisphere Institute) ··· 289
엑셀론 코퍼레이션 ·················· 105
엔터지 ···························· 329
엘라디아 다빌라 ···················· 236
엘렉트로니아 벨차토우(폴란드) ········· 179
엘리 부리 ························· 161
엘리베이터 ······· 64-65, 74-80, 233, 317
엘리사 오티스 ······················· 73
여성 고용 ························· 118
여성, 소녀들과 교육 ················· 115
연 실험 ························· 39-40
연료별 세계 전력 생산 점유율 ········ 174 그림
연료의 중요성 ····················· 135
연방 에너지규제위원회(FERC) ·········· 93
연방 전력법(1935년) ·················· 93
연방 전력위원회(FPC) ············93, 103
영국 ··· 45, 48-49, 51, 61, 82, 130, 178, 192,
278, 294, 296-297, 298, 327, 354
영국 열량 단위(BTU) ················· 45
영국의 석탄 발전량 ·················· 178
오드리 머피 ······················· 306
오크리지 국립연구소 ················ 338
온실가스 배출 감축 노력 ············· 181
옵티멈 리뉴에이블 ·················· 285
와트 ······ 41-42, 52-54, 71, 227 그림, 360 표
와트시(Wh) ························ 45
용융염 원자로 ················· 338-339
우드로 윌슨 ························ 88
원자력 발전선 ············· 335-336, 338
원자력 발전소 폐쇄와 온실가스 배출량 ···· 324
원자력 잠수함 ······················ 336
원자력의 필요성 ···················· 316
웨스턴 유니온 ······················ 73
웨스팅하우스 AP1000 ········· 333-334, 337
웨스팅하우스 파산 ·················· 333
웨일즈 ···························· 295
위스콘신 파워 앤 라이트 ············· 301
윌리엄 R. 포스첸 ··················· 237
윌리엄 노드하우스 ··················· 60
윌리엄 하워드 태프트 ················ 87
윌슨 댐 ··························· 88
윌프레도 로크 ·········· 22, 45, 134-135, 143

유럽 송전 시스템 운영자 네트워크(ENTSO-E) … 295
유럽위원회 …………………………… 181, 191-192
유엔 방사선 영향 과학위원회(UNSCEAR) … 327
유엔 식량농업기구(UFAO) ………………………… 152
유엔 인간개발지수(HDI) …………………………… 131
유엔아동기구(UNICEF) …………………………… 119
유잉 쿡 …………………………………………………… 233
유튜브 …………………………………………………… 189
이니그마 ………………………………………………… 214
이더리움 …………………… 212, 214, 215, 216
이라크 ………… 146-156, 158 사진, 225, 336, 338
이라크 전력망 ……………………………… 147, 154
이라크 지수 …………………………………………… 153
이라크와 이란 ………………………………………… 155
이라크의 전기 …………………… 146, 153, 225
이반파 …………………………………………………… 308
이스라엘 방위군 ……………………………………… 163
이스라엘과 레바논 …………………………………… 163
이슬람 인구 …………………………………… 113-114
이온 채널 ……………………………………………… 354
인간의 권리인 전기 ………………………………… 354
인도 과학연구소 ……………………………………… 310
인도네시아 …………………………………………… 178
인도와 모바일 기반 결제시스템 ……… 209-210
인도와 에어컨 ……………………………………… 250
인도와 재생 가능 에너지 ………………………… 269
인도와 천연가스 ………………………………… 348-349
인도의 석탄 발전량 ……………………… 169-173
인도의 여성과 소녀들 ……………………………… 108
인도의 연료 …………………………………………… 169
인도의 원자력 발전 ………………………………… 335
인도의 전기 ……………………………… 169-173
인도의 페이팀 ………………………………………… 209
인디언 포인트 에너지센터 … 316, 321 그림, 331 사진
일렉트리시테 드 프랑스(EDF) ………………… 105
일렉트리시테 뒤 리방(EdL) ……………………… 158
일렉트릭 볼드 앤 셰어 ………………………… 84, 92
일마즈 바야르 ………………………………………… 58
일본의 석탄 발전량 ……………………… 181-182
일본의 온실가스 배출량 감축 노력 ………… 182

ㅈ

자무르 발전소(레바논) ……………………………… 163
자본 … 83, 98, 135-138, 142-144, 167, 177, 253, 339, 340, 343, 357
자유주의의 싸움(노리스) ………………… 94, 107
자이언트 파이브(Giant Five)의 자체 전력망…… 188
자이언트 파이브와 재생 가능 에너지… 201-205
자이언트 파이브의 발전 능력 ………… 205 그림
자이언트 파이브의 시가 총액 증가 …… 191 그림
자이언트 파이브의 전기 사용량 … 193-201, 196 그림
자이언트 파이브의 지배력 ……… 194-195, 196 그림
자일람 라메쉬 ……………………………………… 170
재생 가능 에너지 시스템에 필요한 토지 면적 계산 오류 ………………………………………… 274-275
전 세계 재생 가능 에너지 지출 ………………… 269
전 세계 전력 소비 지출 … 228, 113-114, 119 표, 134
전기 견인차의 탄생(로섬) ………………………… 72
전기 모터 …………………………… 65, 67-68, 70, 73
전기 비용의 하락 …………………………………… 101

전기 빈곤 …………… 28, 113-114, 119 표, 134
전기 생산과 기후 변화 ……………………………… 32
전기 소비량 추정 ……………………… 127-134
전기 소비와 경제 성장 인과성 …………………… 58
전기 소비와 부의 상관관계 ……………………… 61
전기 소비와 인간 복지의 상관관계 추정 … 119, 129, 130
전기 인프라 안전보장이사회(Electric Infrastructure Security Council) ……………………………… 177
전기 입문 …………………………………… 31, 37-46
전기 자동차 …………………………… 27, 223, 252
전기 절도 ………………… 137, 140-142, 154, 227-228
전기 철도 시스템 ……………………… 70-71, 73
전기에 의존 ……………………………………………… 22
전기와 몸 ……………………………………… 353-358
전기와 석탄 ……………………………… 169-183
전기와 완전 재생 가능 자원 …………… 254-278
전기와 원자력 에너지 …… 254-256, 318-340
전기와 정전 ……………………………… 231-243
전기와 테라와트 챌린지 피해 ………… 247-253
전기와 토지 이용에 따른 피해 ………… 279-315
전기의 뉴딜 정책 ………………………… 85-94
전기의 무결성, 자본, 연료 …………… 135-144
전기의 변혁적인 힘 ……………………… 47-62
전기의 사각지대에 놓인 여성 ………… 109-123
전기의 영향 …………………………………………… 121
전기의 운반(송전) ……………………………… 133
전기의 저장 ……………………………… 361 그림
전기의 종교적 상징성 …………………………… 356
전기의 철칙 ……………………………………… 171
전기주택농업공사 …………………………… 115, 117
전기화와 고용 ………………………………… 118, 119
전기화와 교육 …………………………………… 114-115
전력 밀도 … 54-57, 222-223, 226-227, 274-276, 318, 345
전력 밀도(스밀) … 54-57, 222-223, 226-227, 274-276, 318, 345
전력 밀도의 중요성 …………………………… 56-57
전력 수요 증가 ……………………………… 249, 271
전력 기반 시설 공격 ……………………………… 148
전력망과 마이크로그리드 ………………… 342, 343
전력망의 무결성, 자본, 연료 ………… 135-144
전력망의 크기 …………………………… 133-134
전력망의 통제 …………………………………… 134
전보 …………………………………… 42-43, 100
전압 …………………………… 40-42, 54, 65, 80
전자기 펄스(EMP) ………………………………… 237
전자의 흐름 제어 …………………………………… 38
전화 … 41-43, 58 그림, 99, 209, 287, 292, 339
정보(글릭) ……………………………………………… 42
정보시민연합 ………………………………………… 292
정보화 시대 ……………………………… 28, 188-189
정전 빈도 …………………………………………… 242
정전 폭탄 …………………………………… 146, 147
제1차 이라크 전쟁 ………… 146, 150-151, 239
제2차 이라크 전쟁 ……………………… 152-153
제너럴 일렉트릭 …………………… 30, 84, 276, 301
제네렉 파워 시스템 ……………………………… 242
제네시스 ……………………………………… 211, 214
제리 나피 …………………………………………… 329
제리 브라운 ………………………………………… 262
제시 오스벨 ………………………………… 66, 79
제이 굴드 …………………………………… 70, 73

색인 405

제인 롱 ················ 273
제인 아라프 ············ 154
제임스 A. 로빈슨 ········ 139
제임스 글릭 ············ 42
제임스 부쉬넬 ·········· 264
제임스 와트 ············ 52
제임스 콩카 ············ 328
제임스 한센 ············ 322
제임스 해밀턴 ·········· 202
제프 머클레이 ·········· 256
제프 베이조스 ·········· 194
제프리 리히텐한 ········ 299
조명의 산업화 ·········· 48
조세경제정책연구소 ······ 290
조세 회피(피난처) ······· 210
조셉 커닝햄 ············ 67
조야슈리 로이 ········ 110 사진, 120, 356
조엘 코킨 ·············· 195
조엘 파겔 ·············· 310
조제프 엘 아사드 ········ 157, 161
조지 W. 부시 ·········· 153, 161
조지 웨스팅하우스 ······ 65, 121
존 D. 록펠러 ·········· 82
W. 모클리 ············· 189
존 감보아 ············· 264
존 코블링 ············· 63
존 카모디 ············· 99
주니에 발전소(레바논) ··· 168 사진
주드 클레멘테 ········· 295
줄(J) ·················· 45
중국 국가전력망공사 ···· 105
중국광핵그룹 ·········· 334
중국핵공업집단공사 ···· 334
중동 ······· 156, 164, 251, 269, 270 그래프
즉각적인 전력 공급 ···· 47
지구 백과 ············· 249
지구의 벗 ············ 175, 258, 327
지속 가능한 에너지:뜨거운 공기 없이(맥케이) ··· 277
지역주의 ············· 134
지열 발전소 ·········· 53, 143
지예 발전소(레바논) ··· 164
지주회사 ············ 83-93, 98, 101
지폐 ················ 208-209, 216-217
직류(DC) 전동기 ······ 69, 80
짐 아르토 ············ 285
짐 피스크 ············ 70

ㅊ

찰리 포터 ············ 303
참정권 운동 ·········· 121
천연가스 ··· 27, 32-33, 43, 55, 84, 104, 133, 154, 174 그림, 179-180, 252, 254, 265, 280-281, 325, 338, 342, 345-350, 351 그림, 352
천연가스를 넘어서 캠페인 ········ 254
천연자원보호위원회(NRDC) ······· 255
철새 조약 ············ 281
청정공기 특별위원회 ·· 266
청정에너지 뉴욕연합 ·· 276
체니 허쉬 ··········· 303
체르노빌 ············ 327, 328

체사르 마르케티 ······· 77
초고층 건물(빌딩) ······ 56-57
초초임계 연소 ········ 182
초저주파 소음 영향 ···· 299-300
최대 가동 시간 ········ 195, 197
친환경 뉴딜 ·········· 27

ㅋ

카라데니즈 지주회사 ·· 166, 168 사진
카시프 임란 ·········· 59
칼 필립스 5세 ········ 299
칼라시니코프 그룹 ···· 239
칼레드 나글 ·········· 160-161
칼레드 알 바루크 ······ 167
캐럴린 키세인 ········ 353
캐링턴 사건 ········· 240, 241
캐서린 하우스먼 ······ 325
캘리포니아 독립 계통운영기구 ···· 232
캘리포니아 대기자원위원회(CARB) ··· 262
캘리포니아주풍력에너지협회장 ····· 293
캘커타 전기 공급기업(CESC) ······· 169
컴퓨터 마이크로칩 ··· 57
케냐 ················ 209
케네스 그린 ········· 261
켄 칼데이라 ········· 323
코로나 질량 방출 ···· 240
코리 부커 ··········· 256
코발트 ············· 27, 342, 344
코소바 에레(Kosova e Re) 발전소 ··· 176
코자렐리상 ········· 273
콜레라 ············· 147, 151
쿠미 나이두 ········ 326
크리스 헬먼 ········ 256
크리스토퍼 클랙 ··· 272
클라우드 채굴자 ···· 211
클라우드 컴퓨팅과 스토리지 사업 ······ 200
클린 라인 에너지 파트너스 ··········· 313

ㅌ

타운 가스 ··········· 49-50
타이슨 컬버 ··· 13, 109, 158 사진, 168 사진, 177 사진, 219 사진, 331 사진
탄소세 ············· 256
탈석탄 동맹 ········ 178
태양열 에너지 발전소 ······· 143
테네시강 유역 개발공사 ····· 88, 103-104
테라와트 챌린지(Terawatt Challenge) ··· 247
테슬라 ········· 27, 65, 80, 266-268, 361 그림
테슬라 파워월 ······ 266, 361 그림
토니 모이어 ······· 304
토르콘 ············· 338-339
토마스 E. 그리피스 ··· 149
토머스 뉴코멘 ····· 52
토머스 에디슨 ···· 47, 50, 51, 63, 64, 65, 67, 68, 69, 71, 78, 80, 82, 89, 121, 135, 137, 167
토미 코코란 ······· 99
톰 스타인포트 ····· 327
투자자 소유의 전력 회사 ········ 105, 243

투표권 ·· 120-122
티모시 어브리치 ································ 289
팀 모임 ··· 344

ㅍ

파트마굴 술탄 ················ 166-167, 168 그림
파하드 만주 ······································· 190
패러데이 새장 ··································· 242
퍼거스 유잉 ······································ 294
퍼블릭 시티즌 ··································· 255
퍼시 비쉬 셸리 ································· 354
퍼시픽 가스&전기(PG&E) ················ 232
페달레스 전기 협동조합 ·········· 98-101, 108
페드와이어 자금 서비스 ···················· 208
페이스북 ··· 187, 193-195, 197 그림, 204, 205 그림, 227
펜트하우스 ····································· 78-79
폐기물 격리 파일럿 플랜트(WIPP) ········ 332
폐화(demonetization) ················· 13, 209
포드 자동차 ·· 55
포스탈 텔레그래프 빌딩 ················ 76 사진
포스탈 텔레그래프 케이블 회사 ··············73
폴 M. 크라이언 ································· 311
폴 비냐 ··· 213
폴 코쿰 ··· 57
폴 콜리어 ·· 61
폴 포갈 ·· 291
폴란드 풍력에너지협회 ······················ 293
푸드 앤 워터워치(FWW) ···················· 258
푸에르토리코 ··· 22-25, 28, 135, 137, 143, 235-236, 257
푸에르토리코 전력공사(PREPA) ·············24
풍력 기지에 대항하는 유럽인 플랫폼(EPAW) ··· 293
풍력 등대 ··· 286
풍력 터빈 소음 ························· 300-301
풍력 터빈에 의한 코르티솔 증가 ············ 297
풍력발전 반대 ···························· 291, 297
퓨 리서치 센터 ············ 113-114, 115 그림, 255
프랑스 풍력발전 사업 ························ 294
프랑스의 석탄 발전량 ················· 178-179
프랑스의 핵폐기물 처리 ···················· 330
프랜시스 애슈크로프트 ······················ 354
프랭크로섬 주니어 ······························· 72
프랭크 줄리안 스프래그 ······················· 65
프랭클린 루스벨트 ··············· 85, 95, 100
프레저 연구소 ······················· 260, 261

프롬 더 애쉬즈(다큐멘터리 필름) ············ 175
플레인즈와 이스턴 클린 라인 ············· 313
플로리다 전력 ··································· 235
플루오르 ··· 337
피터 Z. 그로스만 ······················· 15, 103
피터 나린스 ······································ 300

ㅎ

하드스크래블 풍력발전 시설 ················ 339
하산 나스랄라 ··································· 162
하이데르 알 아바디 ··························· 155
한국 ··· 334-335
한국 전쟁 ·································· 148-149
한국전력공사(KEPCO) ······················ 335
한국 로슬링 ······································ 114
할리우드 힐즈 재활센터 ····················· 235
함바흐 숲 ·· 280
합리적으로 달성 가능한 낮은 수준(ALARA) ··· 328
해군사관학교 ····························· 66-67
해리 레이드 ······································ 332
핵융합 에너지 ··································· 340
핵폐기물 정책법 ······························· 331
핸퍼드 부지 ······································ 332
허리케인 마리아 ··· 23-25, 28, 134-135, 235-236
허리케인 샌디 ··································· 240
허리케인 어마 ··································· 235
허리케인 카트리나 ······················ 233, 235
허버트 후버 ······································· 86
헤즈볼라 ··································· 162-164
헥사 리서치 ····································· 251
헨리 포드 ··· 91
호주 ··· 121, 139 그림, 176, 178, 261, 262, 268, 280, 298, 327
화재의 위험 ······································· 50
화폐 ·· 206-217
화폐의 전기화 ······················· 206-217
환경 워킹 그룹(EWG) ······················· 258
환경 진보 ··········· 15, 262, 263 그림, 268, 329
환경법률연합(ELAW) ························ 175
후버 댐 ············· 88, 204, 205 그래프, 318
후세인 무슬 ······························· 158그림
후안-슈 애니 첸 ································ 300
후쿠시마 제1원전(일본) ············ 180-181, 325
희토류 원소 ······································ 344
히로시마 ··· 328
힐다 솔리스 ······································ 284

전기와 국가의 부(富)

2025. 10. 22. 초 판 1쇄 인쇄
2025. 12. 3. 초 판 1쇄 발행

지은이 | 로버트 브라이스(Robert Bryce)
옮긴이 | 이강덕
펴낸이 | 이종춘
펴낸곳 | BM (주)도서출판 성안당

주소 | 04032 서울시 마포구 양화로 127 첨단빌딩 3층(출판기획 R&D 센터)
      10881 경기도 파주시 문발로 112 파주 출판 문화도시(제작 및 물류)
전화 | 02) 3142-0036
      031) 950-6300
팩스 | 031) 955-0510
등록 | 1973. 2. 1. 제406-2005-000046호
출판사 홈페이지 | www.cyber.co.kr
ISBN | 978-89-315-3759-8 (13320)
정가 | 19,800원

이 책을 만든 사람들
책임 | 최옥현
진행 | 조혜란, 김해영
교정·교열 | 정동홍, 채정화
본문 디자인 | 디자인라인, 박주연
표지 디자인 | 박원석
홍보 | 김계향, 임진성, 김주승, 최정민, 이해솜
국제부 | 이선민, 조혜란
마케팅 | 구본철, 차정욱, 오영일, 나진호, 강호묵
마케팅 지원 | 장상범
제작 | 김유석

성안당 Web 사이트

이 책의 어느 부분도 저작권자나 BM (주)도서출판 성안당 발행인의 승인 문서 없이 일부 또는 전부를 사진 복사나 디스크 복사 및 기타 정보 재생 시스템을 비롯하여 현재 알려지거나 향후 발명될 어떤 전기적, 기계적 또는 다른 수단을 통해 복사하거나 재생하거나 이용할 수 없음.

■ 도서 A/S 안내

성안당에서 발행하는 모든 도서는 저자와 출판사, 그리고 독자가 함께 만들어 나갑니다.
좋은 책을 펴내기 위해 많은 노력을 기울이고 있습니다. 혹시라도 내용상의 오류나 오탈자 등이 발견되면 **"좋은 책은 나라의 보배"**로서 우리 모두가 함께 만들어 간다는 마음으로 연락주시기 바랍니다. 수정 보완하여 더 나은 책이 되도록 최선을 다하겠습니다.
성안당은 늘 독자 여러분들의 소중한 의견을 기다리고 있습니다. 좋은 의견을 보내주시는 분께는 성안당 쇼핑몰의 포인트(3,000포인트)를 적립해 드립니다.
잘못 만들어진 책이나 부록 등이 파손된 경우에는 교환해 드립니다.